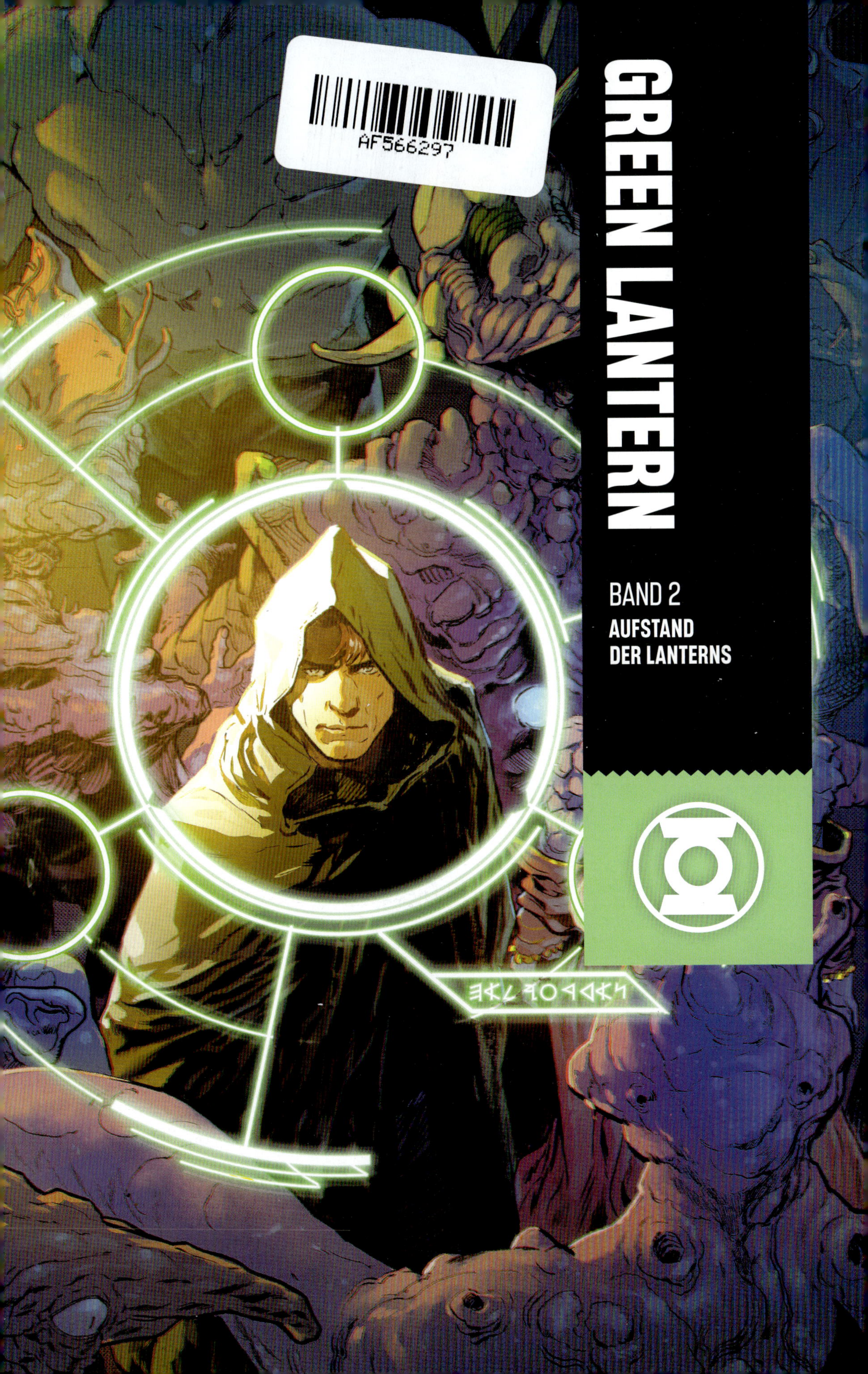
GREEN LANTERN
BAND 2
AUFSTAND
DER LANTERNS

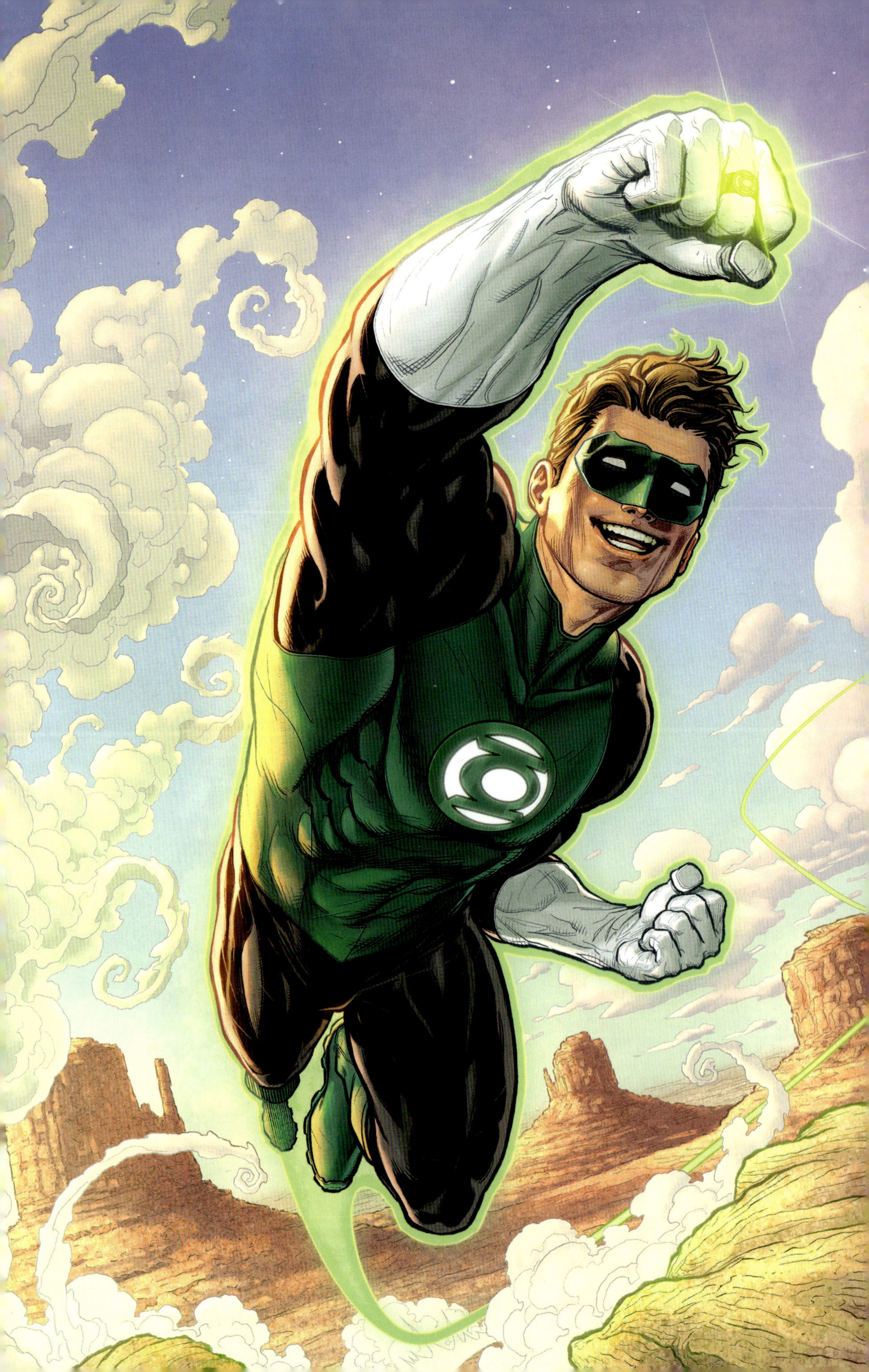

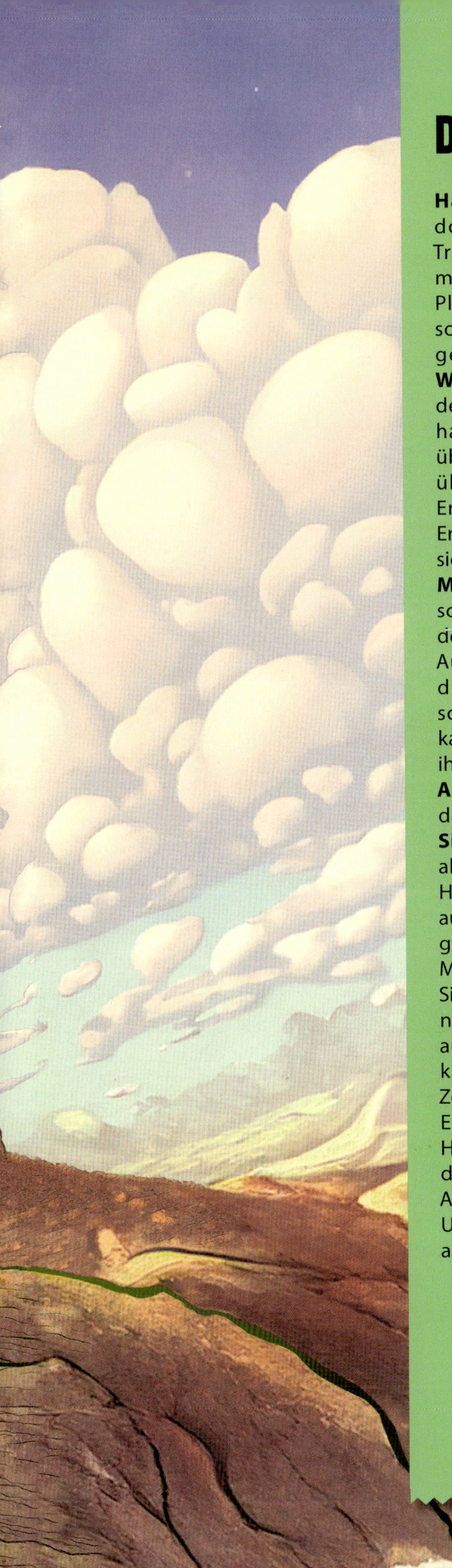

DER GRÜNE PLANET

Hal Jordan ist zurück als **Green Lantern** – doch nichts ist mehr so wie es war! Der Träger des grünen Energierings rast nicht mehr durch die Tiefen des Weltalls, um ferne Planeten und Alien-Völker zu beschützen, sondern ist an seinen Heimatplaneten Erde gebunden. Nach dem Verschwinden der **Wächter des Universums**, den Begründern des intergalaktischen **Green Lantern Corps**, haben die **United Planets** das Kommando über die intergalaktische Schutzorganisation übernommen und mit einem ihrer ersten Erlasse den **Raumsektor 2814** mitsamt der Erde zur Quarantänezone erklärt. Zwar konnte sich Hal auf wundersame Weise aus einer alten **Manhunter**-Rüstung einen neuen Energiering schmieden, kann mit diesem allerdings nicht den blauen Erdball verlassen.
Auch bei seiner alten Flamme **Carol Ferris**, die mit ihrer neuen Langzeitbeziehung schnurstracks den Hafen der Ehe ansteuert, kann Hal nicht landen, ebenso wenig gelingt es ihm, seinen neuen Job bei Carols Firma **Ferris Air** lange zu behalten. Fast schon ein Segen, dass Hal das Wirken seines alten Erzfeindes **Sinestro** von diesen Problemen ablenkt. Die abtrünnige ehemalige Green Lantern will wie Hal die Erde schnellstmöglich verlassen, um auf seine Heimatwelt **Korugar** zurückzukehren, greift aber dabei auf Mittel zurück, die massiv Menschenleben gefährden. Als Hal sich Sinestro in den Weg stellt, kann dieser plötzlich nicht nur gelbe Furchtenergie, sondern auch die rötlich strahlende Macht des Zorns kanalisieren ... ein besorgniserregendes Zeichen dafür, dass die vielfarbigen Mächte des Emotionsspektrums aus dem Lot geraten sind. Hal muss die Erde dringend verlassen, um diesen Problemen auf den Grund zu gehen. Aber was geschah eigentlich wirklich, als die United Planets das Corps übernahmen und Hal auf die Erde verbannt wurde?

Christian Heiß

JEREMY ADAMS
Story

AMANCAY NAHUELPAN
XERMÁNICO
Zeichnungen & Tusche

ROMULO FAJARDO JR.
Farben

CHRISTIAN HEISS
Übersetzung

GIANLUCA PINI
Lettering

EDWIN GALMON
STEVE BEACH
XERMÁNICO
Original-Cover

GREEN LANTERN erscheint bei **PANINI COMICS**, Schloßstraße 76, D-70176 Stuttgart. Druck: Lito Terrazzi S.r.l. – Prato. Pressevertrieb: Stella Distribution GmbH, D-22297 Hamburg. Direkt-Abos auf **www.paninicomics.de**. Geschäftsführer **Hermann Paul**, Publishing Director Europe **Marco M. Lupoi**, Finanzen/Logistik **Felix Bauer**, Marketing Director **Holger Wiest**, Marketing **Thorsten Kleinheinz**, Vertrieb **Alexander Bubenheimer**, PR/Presse **Steffen Volkmer**, Publishing Manager **Lisa Pancaldi**, Redaktion **Tommaso Caretti**, **Christian Grass**, **Christian Heiß**, **Nicola Soressi**, **Monika Trost**, **Daniela Uhlmann**, **Jürgen Zahn**, Übersetzung **Christian Heiß**, Proofreading **Monja Reichert**, Lettering **Gianluca Pini**, grafische Gestaltung **Rudy Remitti**, **Nicola Spano**, Art Director **Alessandro Gucciardo**, Redaktion Panini Comics **Annalisa Califano**, **Beatrice Doti**, Prepress **Francesca Aiello**, **Andrea Bisi**, Repro/Packager **Alessandro Nalli** (coordinator), **Anna Boselli**, **Mario Da Rin Zanco**, **Valentina Esposito**, **Luca Ficarelli**, **Linda Leporati**. Cover von **Edwin Galmon**, *Green Lantern 7*.

Digitale Ausgaben:
ISBN 978-3-7569-1223-0 (.pdf) / ISBN 978-3-7569-1224-7 (.epub) / ISBN 978-3-7569-1225-4 (.mobi)

Bibliografische Information der Deutschen Nationalbibliothek
Die Deutsche Nationalbibliothek verzeichnet diese Publikation in der Deutschen Nationalbibliografie; detaillierte bibliografische Daten sind im Internet über dnb.d-nb.de abrufbar.

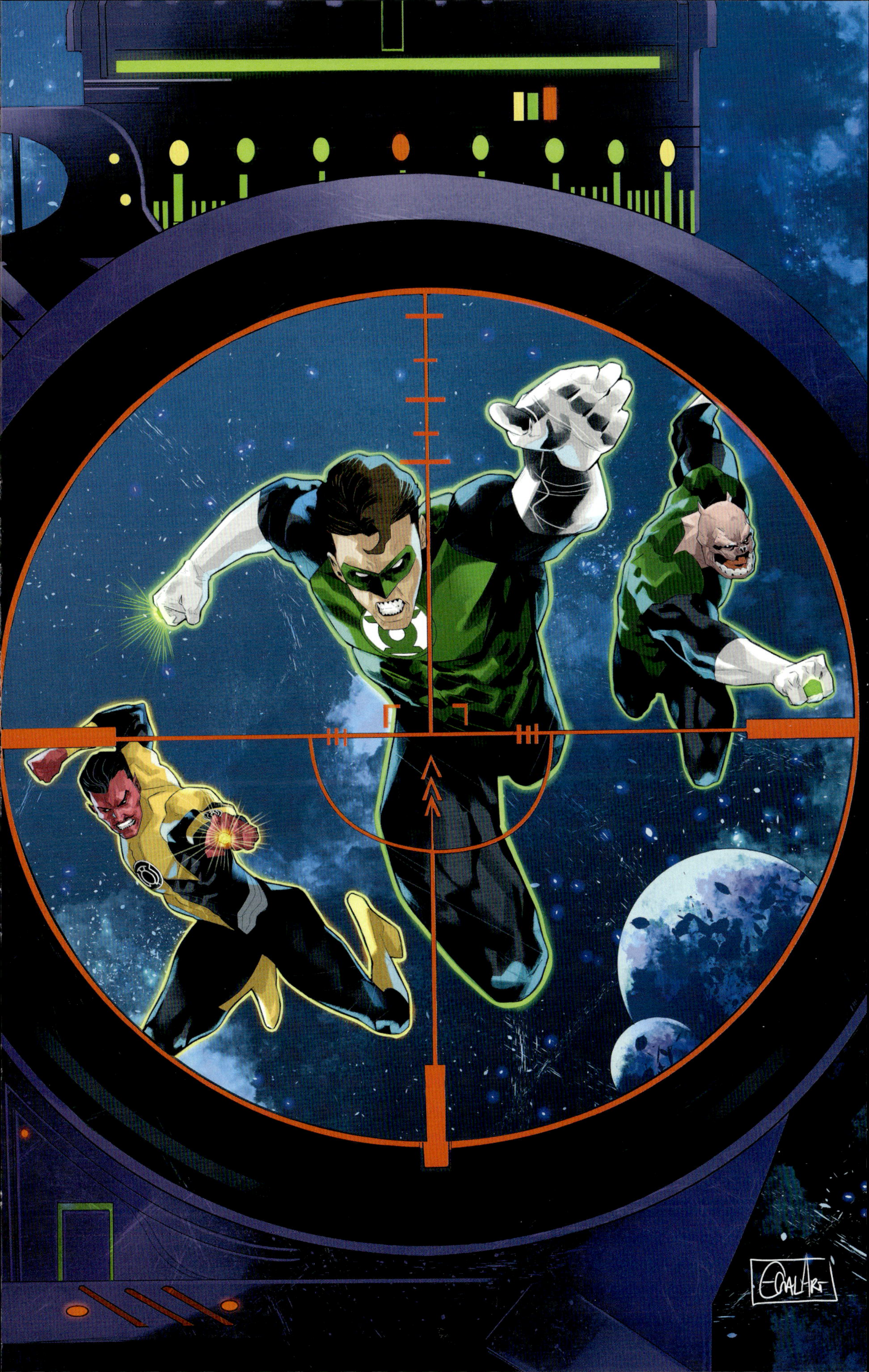

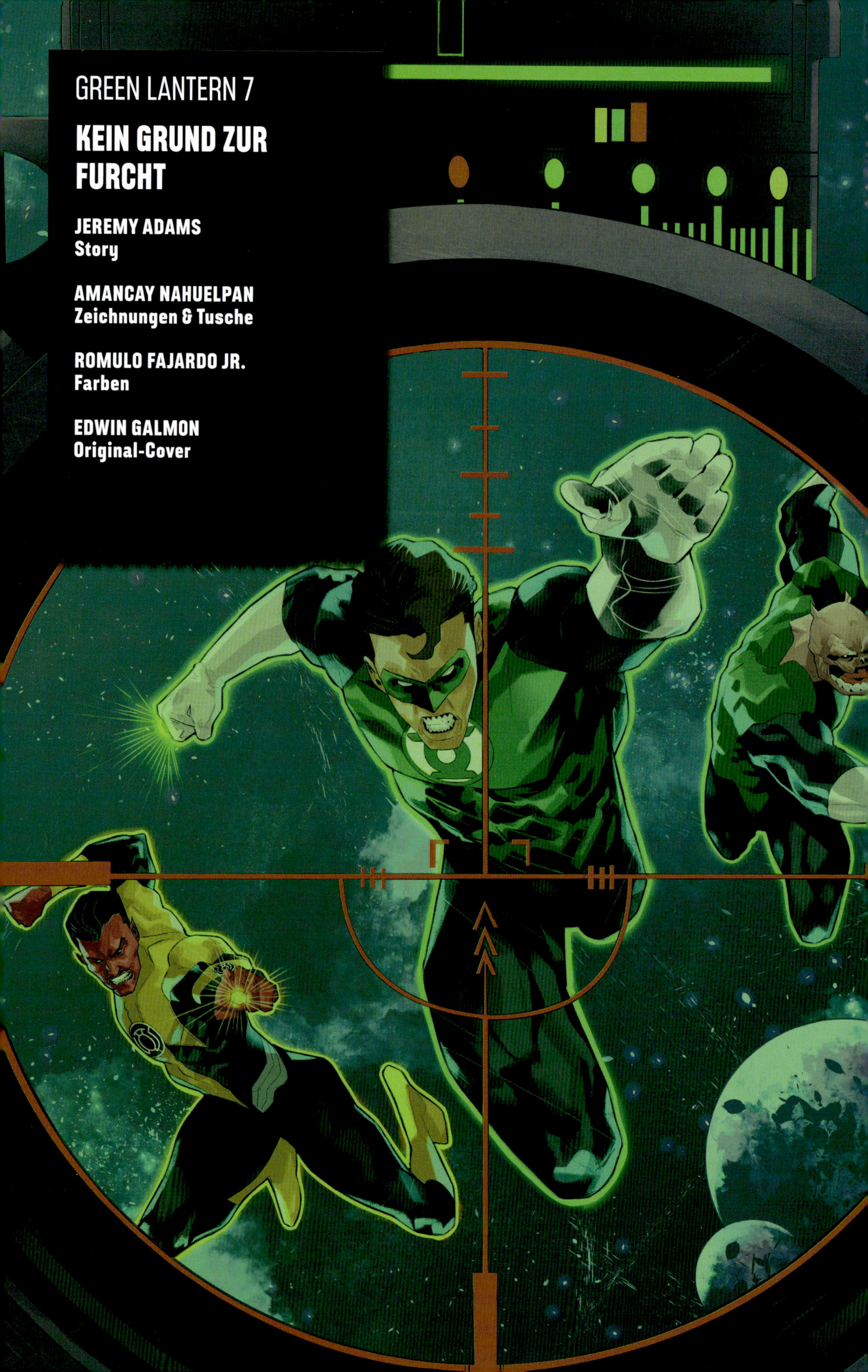

GREEN LANTERN 7

KEIN GRUND ZUR FURCHT

JEREMY ADAMS
Story

AMANCAY NAHUELPAN
Zeichnungen & Tusche

ROMULO FAJARDO JR.
Farben

EDWIN GALMON
Original-Cover

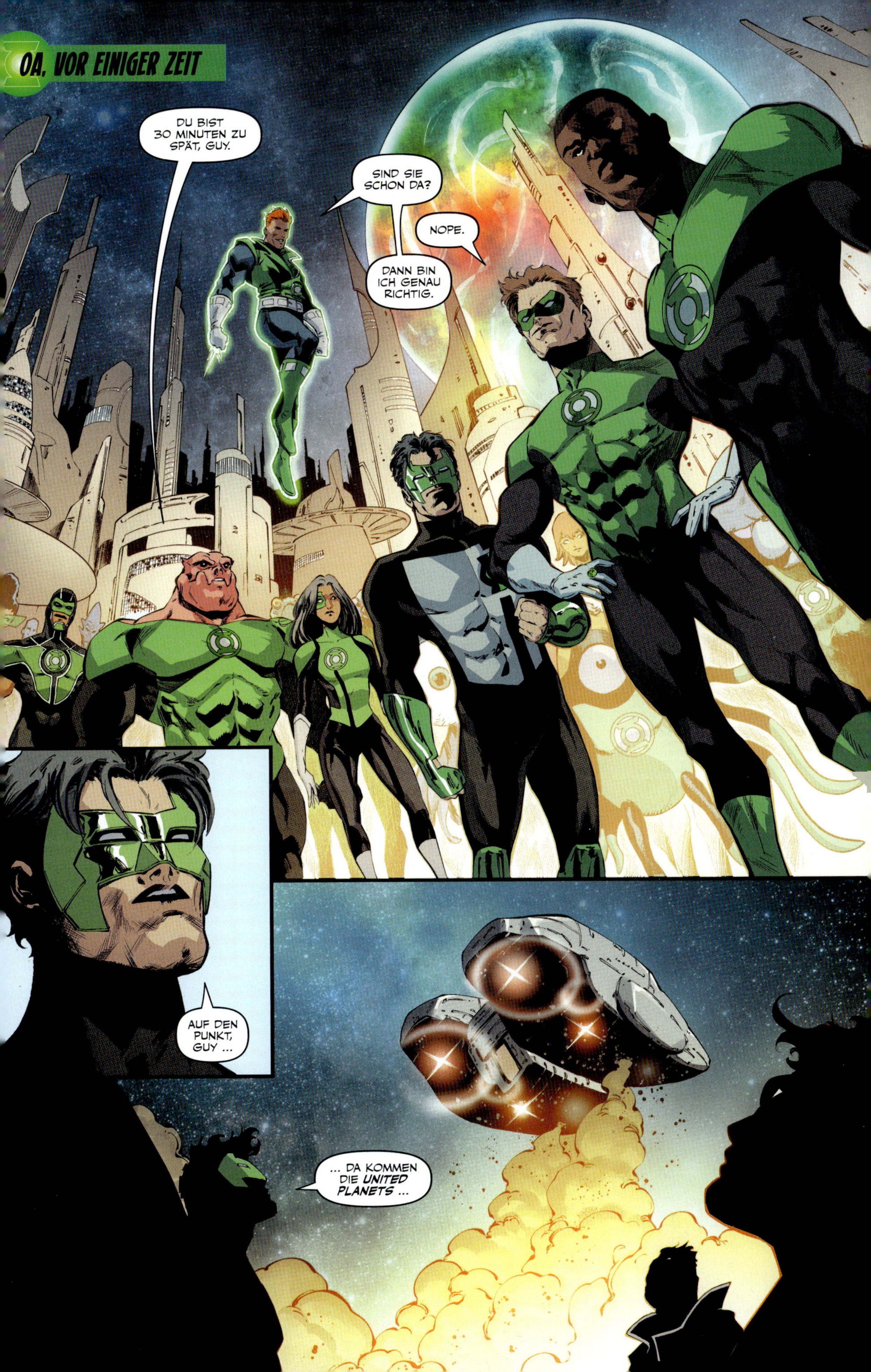
OA, VOR EINIGER ZEIT
DU BIST 30 MINUTEN ZU SPÄT, GUY.
SIND SIE SCHON DA?
NOPE.
DANN BIN ICH GENAU RICHTIG.
AUF DEN PUNKT, GUY ...
... DA KOMMEN DIE UNITED PLANETS ...

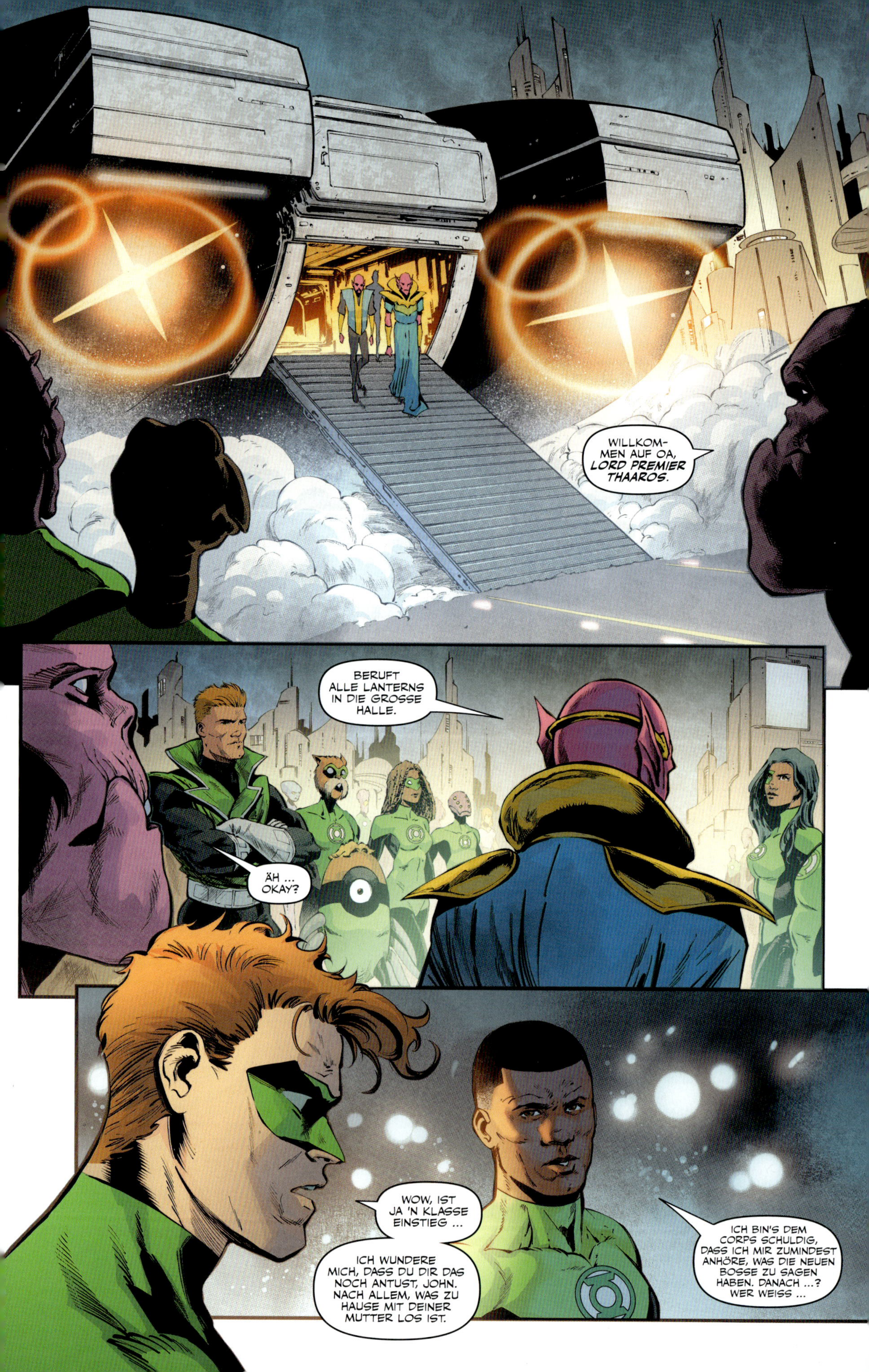
WILLKOMMEN AUF OA, LORD PREMIER THAAROS.
BERUFT ALLE LANTERNS IN DIE GROSSE HALLE.
ÄH ... OKAY?
WOW, IST JA 'N KLASSE EINSTIEG ...
ICH WUNDERE MICH, DASS DU DIR DAS NOCH ANTUST, JOHN. NACH ALLEM, WAS ZU HAUSE MIT DEINER MUTTER LOS IST.
ICH BIN'S DEM CORPS SCHULDIG, DASS ICH MIR ZUMINDEST ANHÖRE, WAS DIE NEUEN BOSSE ZU SAGEN HABEN. DANACH ...? WER WEISS ...

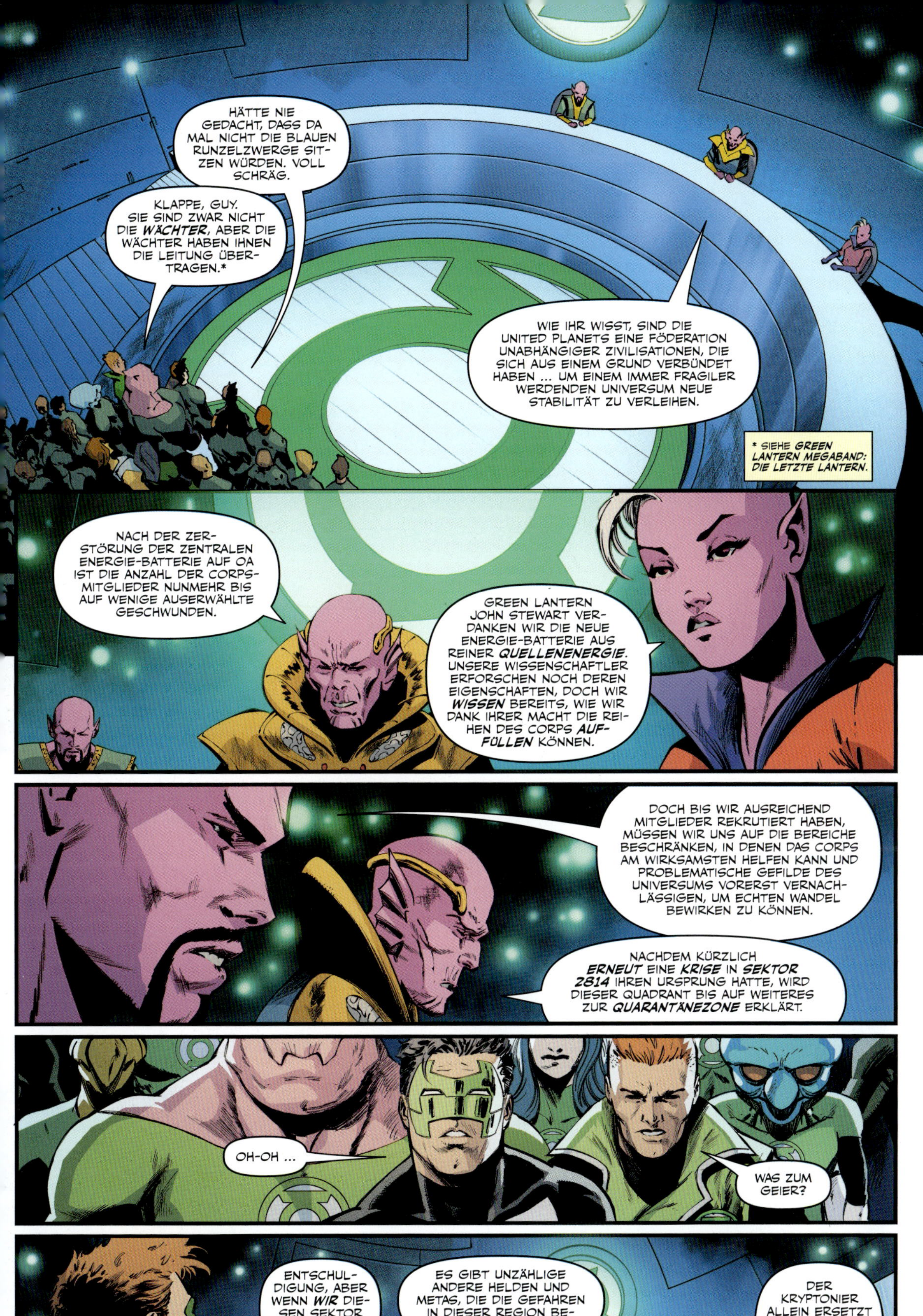
HÄTTE NIE GEDACHT, DASS DA MAL NICHT DIE BLAUEN RUNZELZWERGE SIT-ZEN WÜRDEN. VOLL SCHRÄG.
KLAPPE, GUY. SIE SIND ZWAR NICHT DIE *WÄCHTER*, ABER DIE WÄCHTER HABEN IHNEN DIE LEITUNG ÜBER-TRAGEN.*
WIE IHR WISST, SIND DIE UNITED PLANETS EINE FÖDERATION UNABHÄNGIGER ZIVILISATIONEN, DIE SICH AUS EINEM GRUND VERBÜNDET HABEN ... UM EINEM IMMER FRAGILER WERDENDEN UNIVERSUM NEUE STABILITÄT ZU VERLEIHEN.
* SIEHE *GREEN LANTERN MEGABAND: DIE LETZTE LANTERN.*
NACH DER ZER-STÖRUNG DER ZENTRALEN ENERGIE-BATTERIE AUF OA IST DIE ANZAHL DER CORPS-MITGLIEDER NUNMEHR BIS AUF WENIGE AUSERWÄHLTE GESCHWUNDEN.
GREEN LANTERN JOHN STEWART VER-DANKEN WIR DIE NEUE ENERGIE-BATTERIE AUS REINER *QUELLENENERGIE*. UNSERE WISSENSCHAFTLER ERFORSCHEN NOCH DEREN EIGENSCHAFTEN, DOCH WIR *WISSEN* BEREITS, WIE WIR DANK IHRER MACHT DIE REI-HEN DES CORPS *AUF-FÜLLEN* KÖNNEN.
DOCH BIS WIR AUSREICHEND MITGLIEDER REKRUTIERT HABEN, MÜSSEN WIR UNS AUF DIE BEREICHE BESCHRÄNKEN, IN DENEN DAS CORPS AM WIRKSAMSTEN HELFEN KANN UND PROBLEMATISCHE GEFILDE DES UNIVERSUMS VORERST VERNACH-LÄSSIGEN, UM ECHTEN WANDEL BEWIRKEN ZU KÖNNEN.
NACHDEM KÜRZLICH *ERNEUT* EINE *KRISE* IN *SEKTOR 2814* IHREN URSPRUNG HATTE, WIRD DIESER QUADRANT BIS AUF WEITERES ZUR *QUARANTÄNEZONE* ERKLÄRT.
OH-OH ...
WAS ZUM GEIER?
ENTSCHUL-DIGUNG, ABER WENN *WIR* DIE-SEN SEKTOR NICHT MEHR BEWACHEN ...
ES GIBT UNZÄHLIGE ANDERE HELDEN UND METAS, DIE DIE GEFAHREN IN DIESER REGION BE-KÄMPFEN KÖNNEN.
DER KRYPTONIER ALLEIN ERSETZT DOCH MINDES-TENS ... WIE VIELE LANTERNS SIND AUS DIE-SEM SEKTOR?

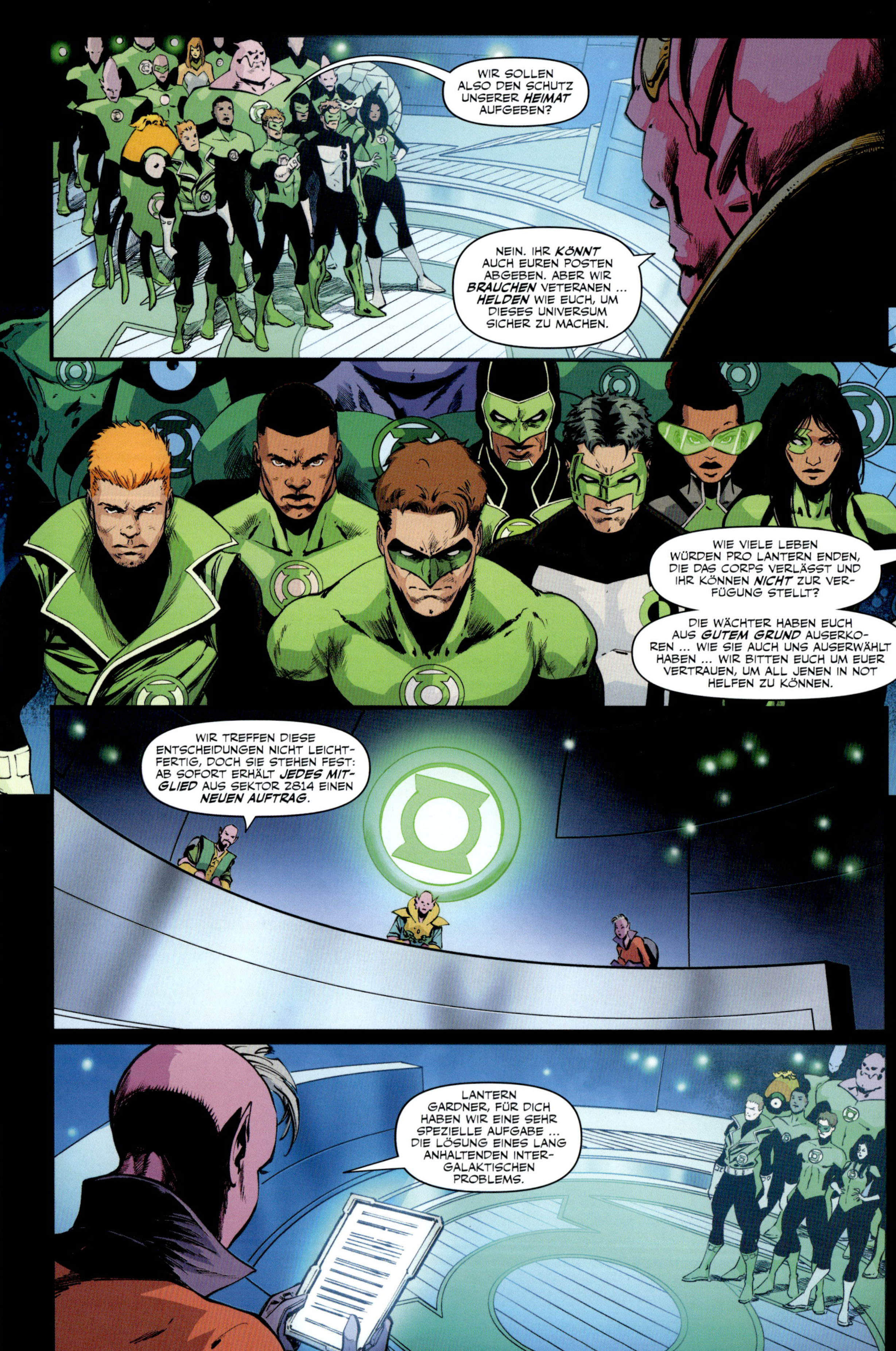

WIR SOLLEN ALSO DEN SCHUTZ UNSERER *HEIMAT* AUFGEBEN?
NEIN. IHR *KÖNNT* AUCH EUREN POSTEN ABGEBEN. ABER WIR *BRAUCHEN* VETERANEN ... *HELDEN* WIE EUCH, UM DIESES UNIVERSUM SICHER ZU MACHEN.
WIE VIELE LEBEN WÜRDEN PRO LANTERN ENDEN, DIE DAS CORPS VERLÄSST UND IHR KÖNNEN *NICHT* ZUR VERFÜGUNG STELLT?
DIE WÄCHTER HABEN EUCH AUS *GUTEM GRUND* AUSERKOREN ... WIE SIE AUCH UNS AUSERWÄHLT HABEN ... WIR BITTEN EUCH UM EUER VERTRAUEN, UM ALL JENEN IN NOT HELFEN ZU KÖNNEN.
WIR TREFFEN DIESE ENTSCHEIDUNGEN NICHT LEICHTFERTIG, DOCH SIE STEHEN FEST: AB SOFORT ERHÄLT *JEDES MITGLIED* AUS SEKTOR 2814 EINEN *NEUEN AUFTRAG*.
LANTERN GARDNER, FÜR DICH HABEN WIR EINE SEHR SPEZIELLE AUFGABE ... DIE LÖSUNG EINES LANG ANHALTENDEN INTERGALAKTISCHEN PROBLEMS.

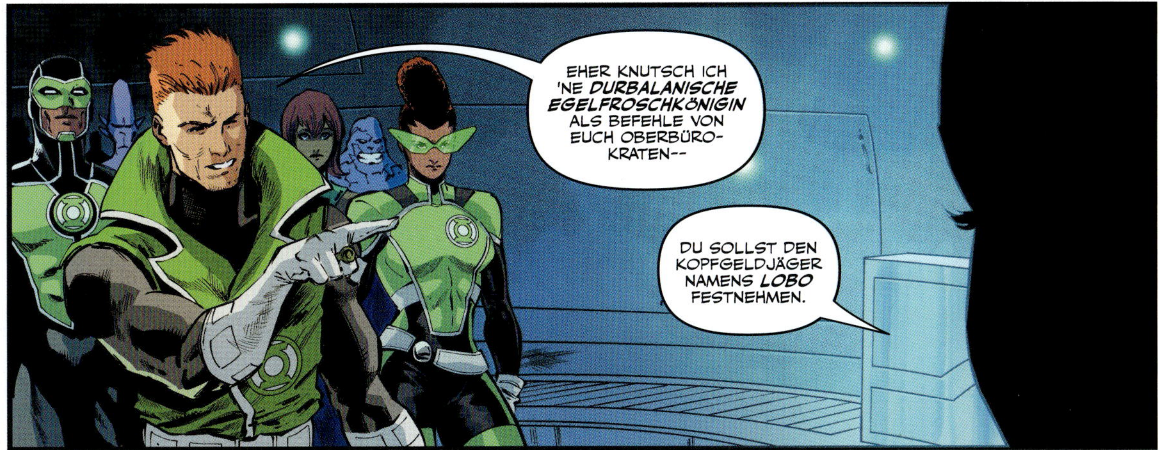
EHER KNUTSCH ICH 'NE *DURBALANISCHE EGELFROSCHKÖNIGIN* ALS BEFEHLE VON EUCH OBERBÜROKRATEN--
DU SOLLST DEN KOPFGELDJÄGER NAMENS *LOBO* FESTNEHMEN.

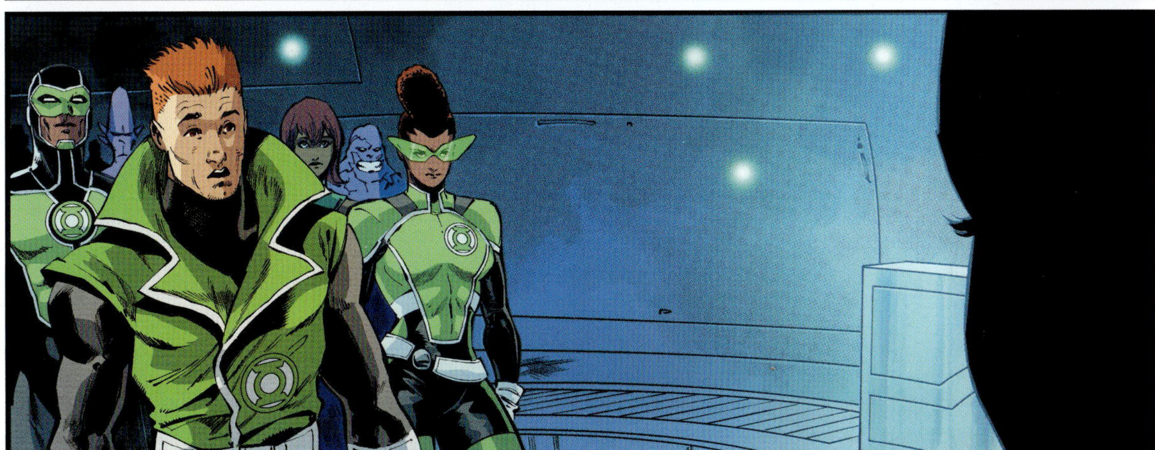

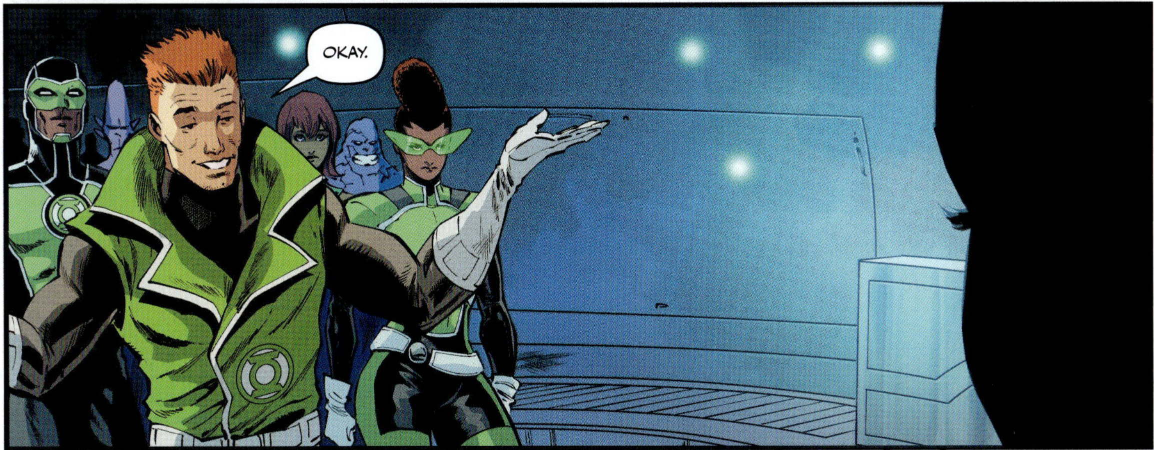
OKAY.

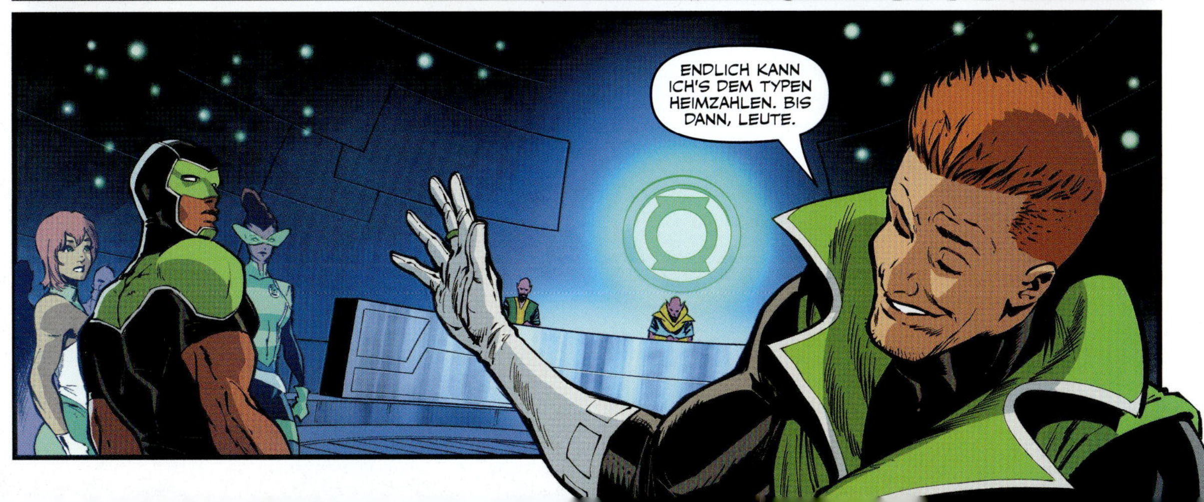
ENDLICH KANN ICH'S DEM TYPEN HEIMZAHLEN. BIS DANN, LEUTE.

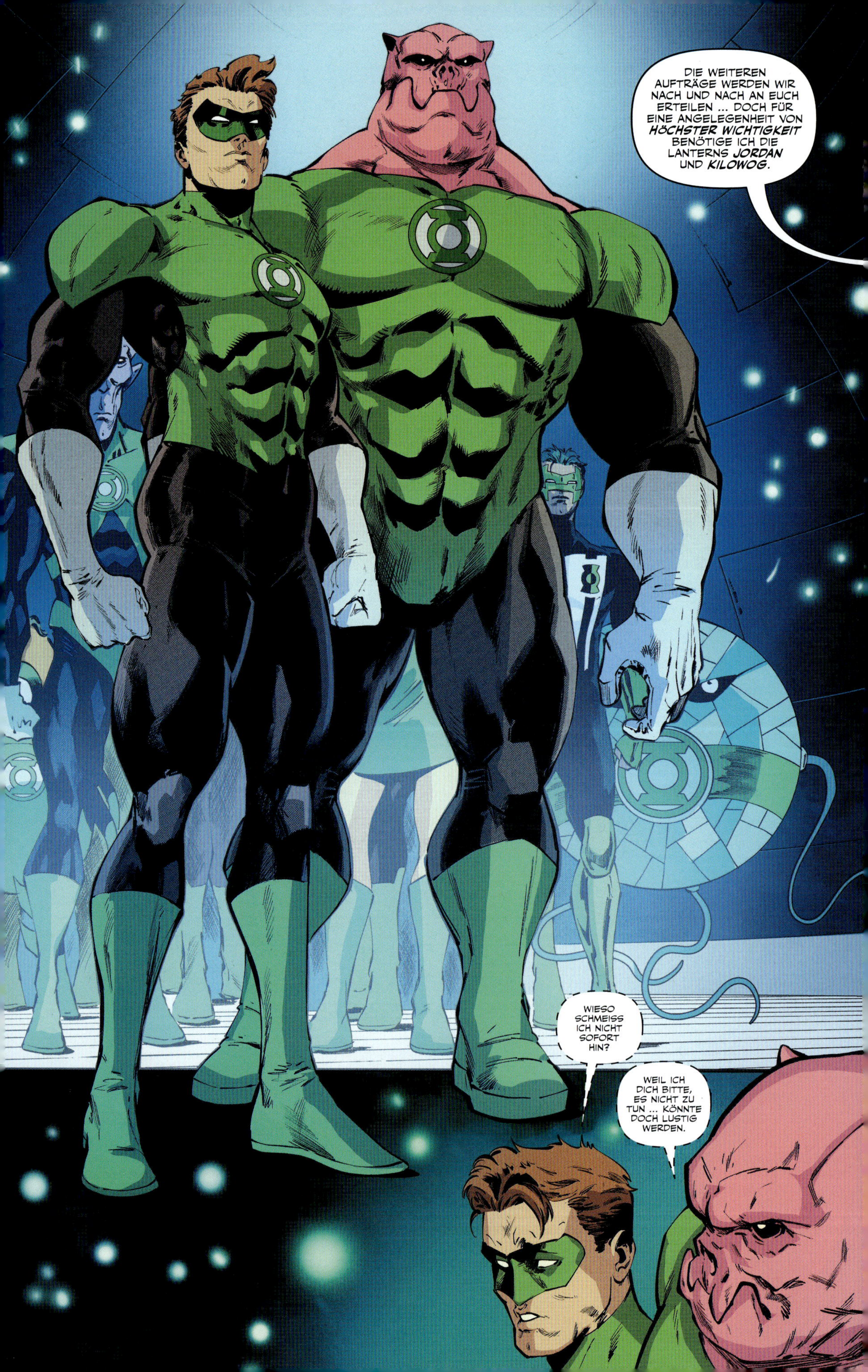
DIE WEITEREN AUFTRÄGE WERDEN WIR NACH UND NACH AN EUCH ERTEILEN ... DOCH FÜR EINE ANGELEGENHEIT VON HÖCHSTER WICHTIGKEIT BENÖTIGE ICH DIE LANTERNS JORDAN UND KILOWOG.
WIESO SCHMEISS ICH NICHT SOFORT HIN?
WEIL ICH DICH BITTE, ES NICHT ZU TUN ... KÖNNTE DOCH LUSTIG WERDEN.

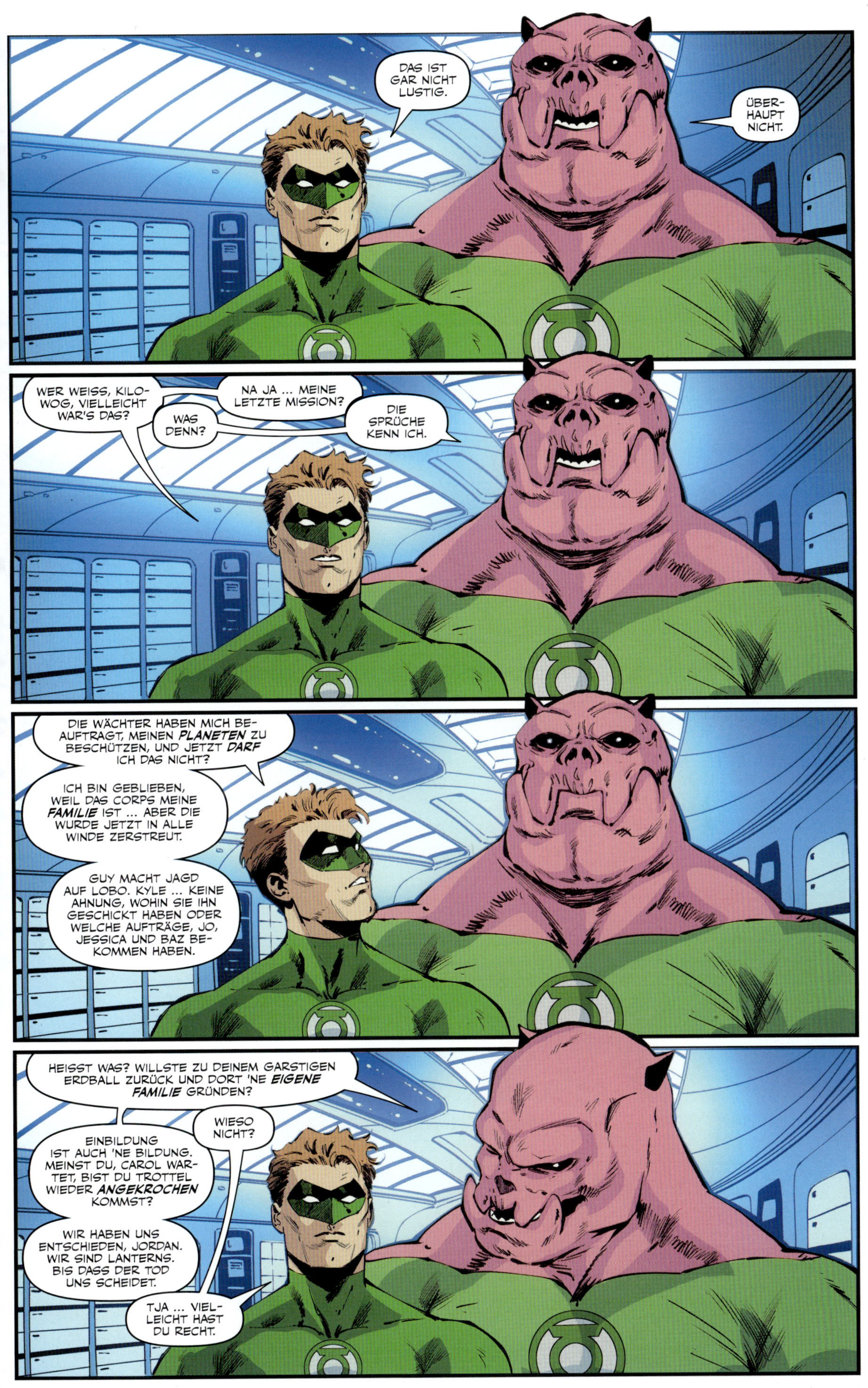
DAS IST GAR NICHT LUSTIG.
ÜBER-HAUPT NICHT.
WER WEISS, KILO-WOG, VIELLEICHT WAR'S DAS?
WAS DENN?
NA JA ... MEINE LETZTE MISSION?
DIE SPRÜCHE KENN ICH.
DIE WÄCHTER HABEN MICH BE-AUFTRAGT, MEINEN *PLANETEN* ZU BESCHÜTZEN, UND JETZT *DARF* ICH DAS NICHT?
ICH BIN GEBLIEBEN, WEIL DAS CORPS MEINE *FAMILIE* IST ... ABER DIE WURDE JETZT IN ALLE WINDE ZERSTREUT.
GUY MACHT JAGD AUF LOBO. KYLE ... KEINE AHNUNG, WOHIN SIE IHN GESCHICKT HABEN ODER WELCHE AUFTRÄGE, JO, JESSICA UND BAZ BE-KOMMEN HABEN.
HEISST WAS? WILLSTE ZU DEINEM GARSTIGEN ERDBALL ZURÜCK UND DORT 'NE *EIGENE FAMILIE* GRÜNDEN?
WIESO NICHT?
EINBILDUNG IST AUCH 'NE BILDUNG. MEINST DU, CAROL WAR-TET, BIST DU TROTTEL WIEDER *ANGEKROCHEN* KOMMST?
WIR HABEN UNS ENTSCHIEDEN, JORDAN. WIR SIND LANTERNS. BIS DASS DER TOD UNS SCHEIDET.
TJA ... VIEL-LEICHT HAST DU RECHT.

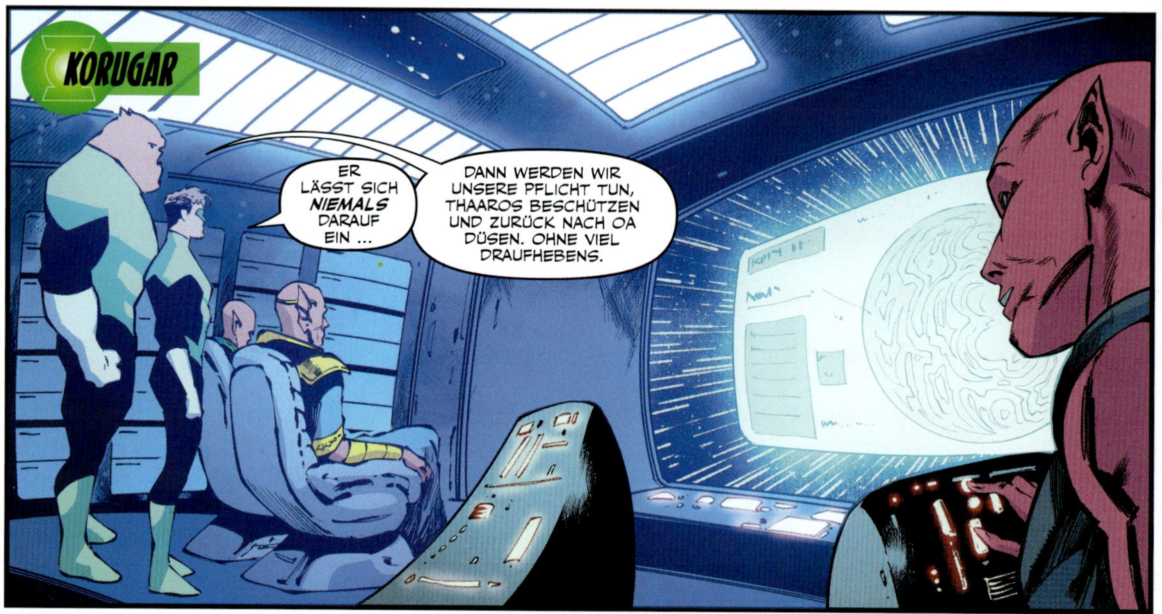
KORUGAR
ER LÄSST SICH NIEMALS DARAUF EIN ...
DANN WERDEN WIR UNSERE PFLICHT TUN, THAAROS BESCHÜTZEN UND ZURÜCK NACH OA DÜSEN. OHNE VIEL DRAUFHEBENS.

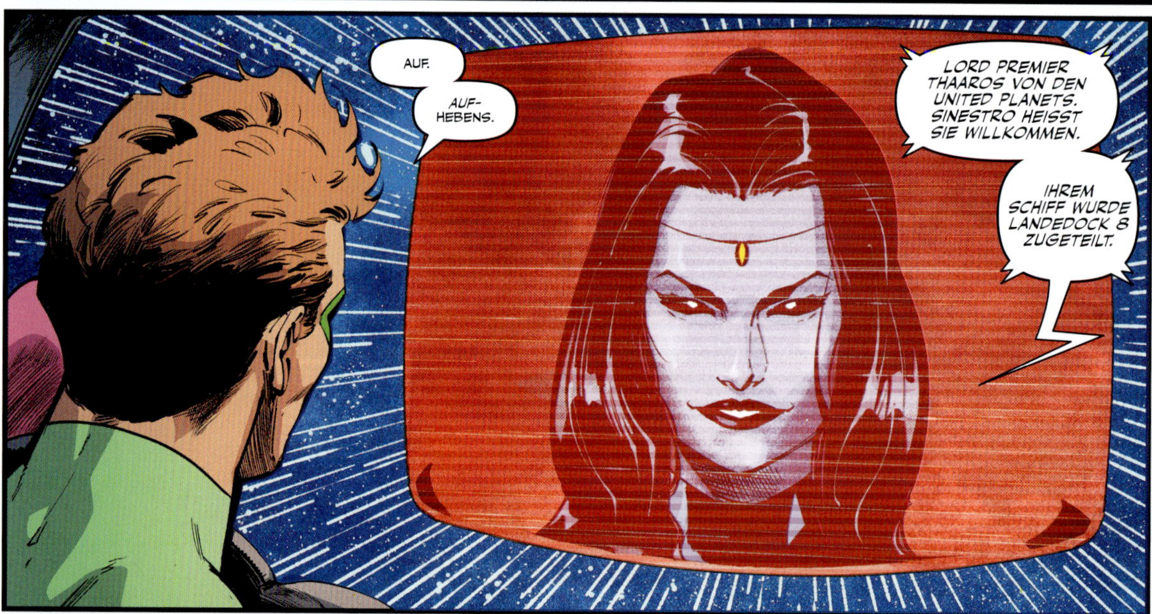
AUF.
AUF-HEBENS.
LORD PREMIER THAAROS VON DEN UNITED PLANETS. SINESTRO HEISST SIE WILLKOMMEN.
IHREM SCHIFF WURDE LANDEDOCK 8 ZUGETEILT.

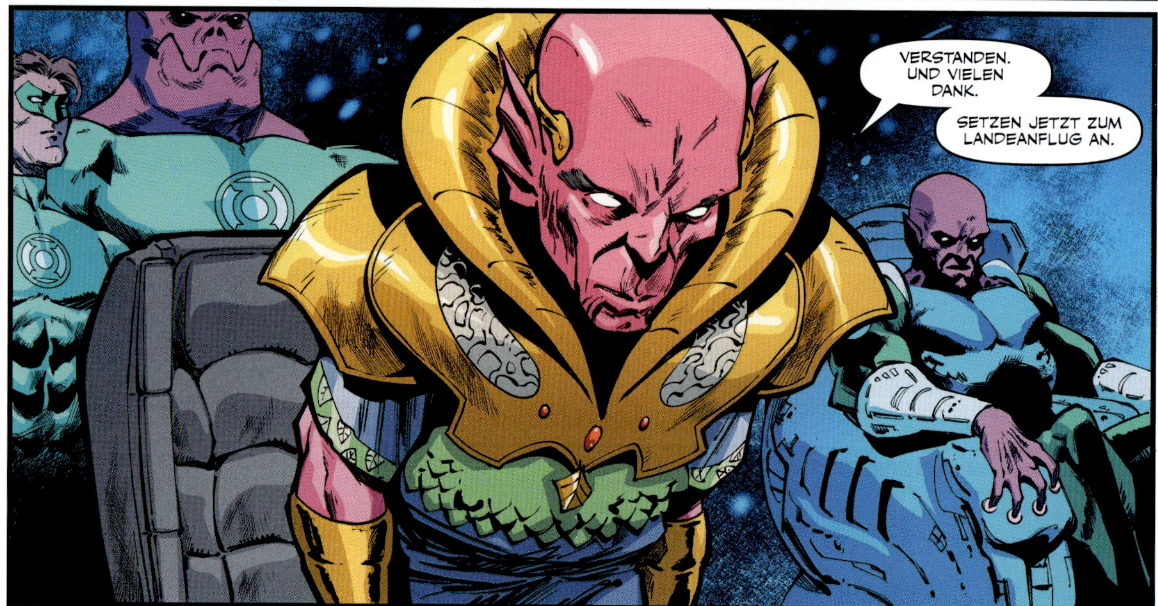
VERSTANDEN. UND VIELEN DANK.
SETZEN JETZT ZUM LANDEANFLUG AN.

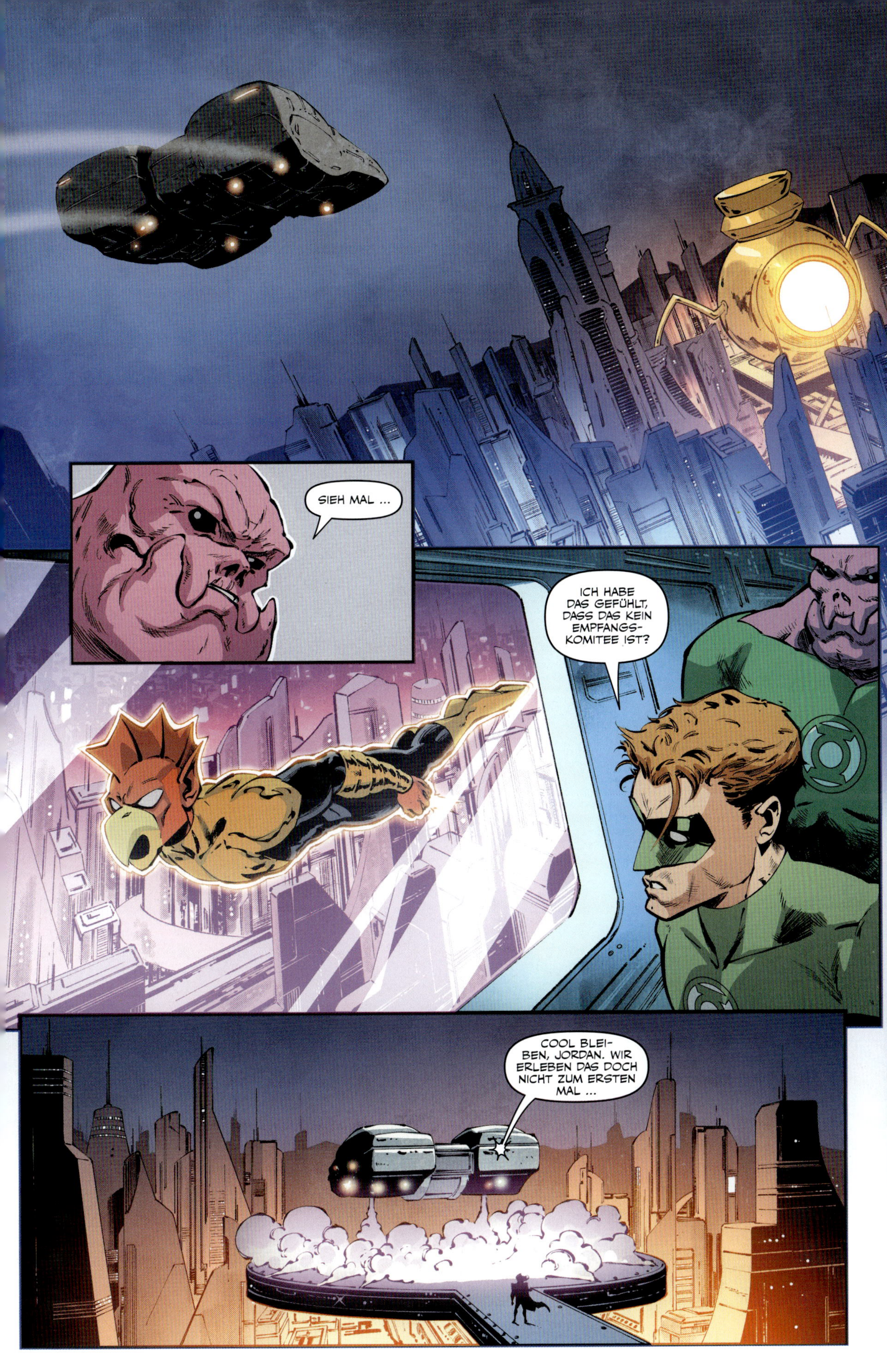
SIEH MAL ...
ICH HABE DAS GEFÜHLT, DASS DAS KEIN EMPFANGS-KOMITEE IST?
COOL BLEI-BEN, JORDAN. WIR ERLEBEN DAS DOCH NICHT ZUM ERSTEN MAL ...

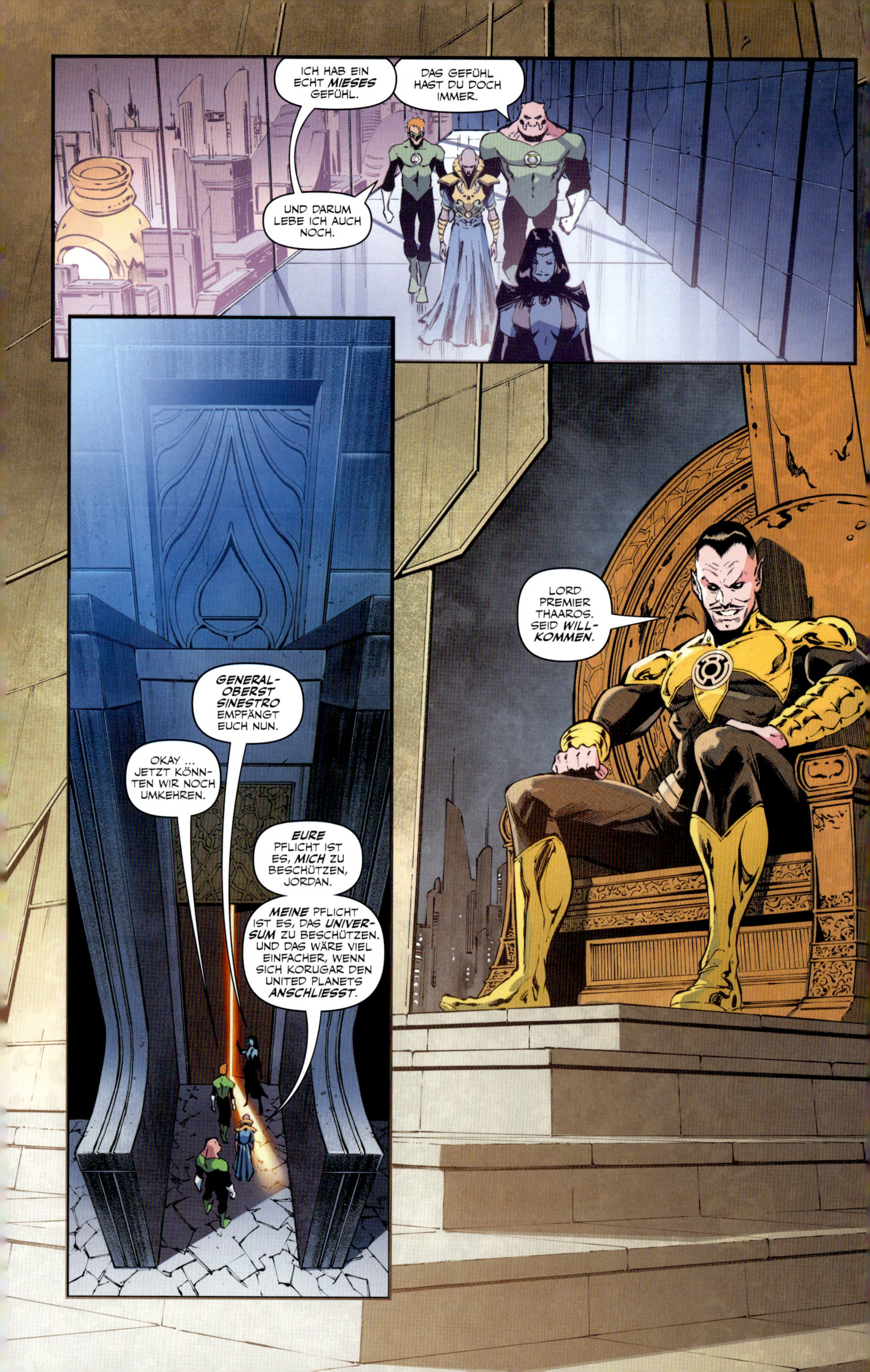
ICH HAB EIN ECHT MIESES GEFÜHL.
DAS GEFÜHL HAST DU DOCH IMMER.
UND DARUM LEBE ICH AUCH NOCH.
GENERAL-OBERST SINESTRO EMPFÄNGT EUCH NUN.
OKAY ... JETZT KÖNNTEN WIR NOCH UMKEHREN.
EURE PFLICHT IST ES, MICH ZU BESCHÜTZEN, JORDAN.
MEINE PFLICHT IST ES, DAS UNIVERSUM ZU BESCHÜTZEN. UND DAS WÄRE VIEL EINFACHER, WENN SICH KORUGAR DEN UNITED PLANETS ANSCHLIESST.
LORD PREMIER THAAROS. SEID WILLKOMMEN.

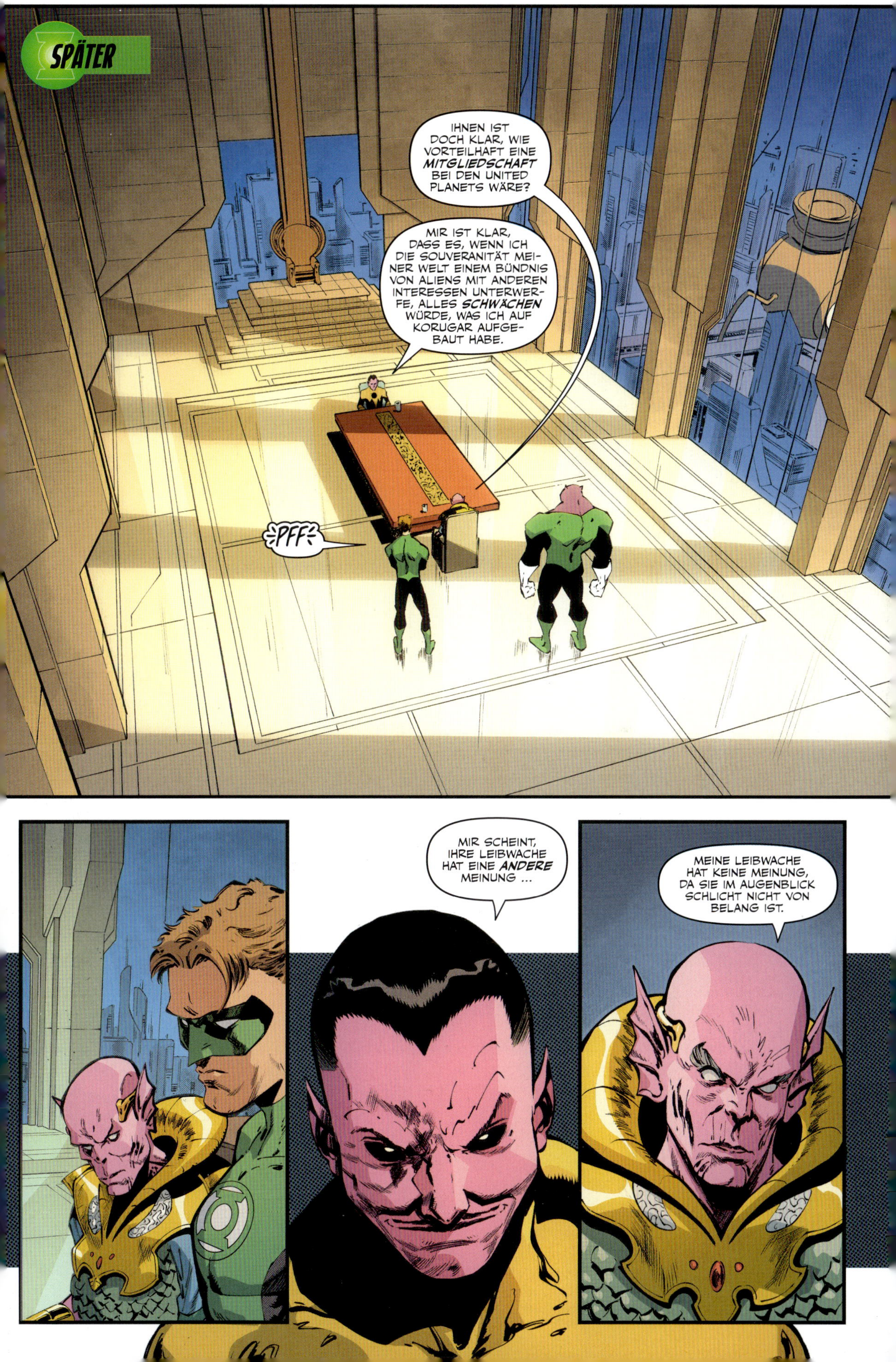

SPÄTER

IHNEN IST DOCH KLAR, WIE VORTEILHAFT EINE *MITGLIEDSCHAFT* BEI DEN UNITED PLANETS WÄRE?

MIR IST KLAR, DASS ES, WENN ICH DIE SOUVERANITÄT MEINER WELT EINEM BÜNDNIS VON ALIENS MIT ANDEREN INTERESSEN UNTERWERFE, ALLES *SCHWÄCHEN* WÜRDE, WAS ICH AUF KORUGAR AUFGEBAUT HABE.

PFF

MIR SCHEINT, IHRE LEIBWACHE HAT EINE *ANDERE* MEINUNG ...

MEINE LEIBWACHE HAT KEINE MEINUNG, DA SIE IM AUGENBLICK SCHLICHT NICHT VON BELANG IST.

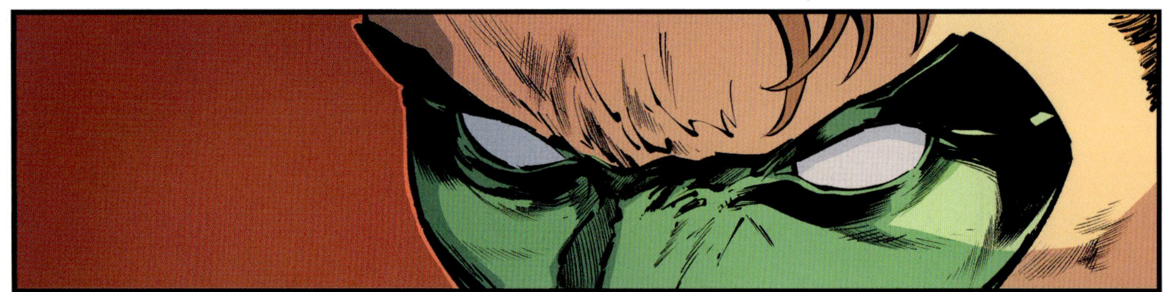

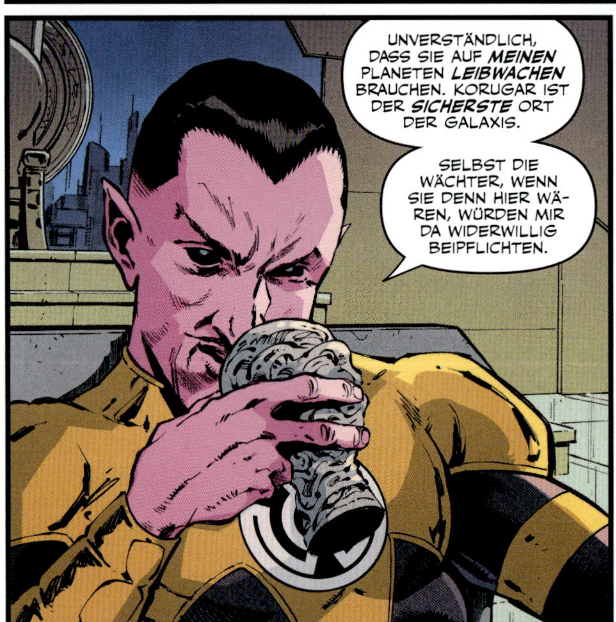

UNVERSTÄNDLICH, DASS SIE AUF MEINEN PLANETEN LEIBWACHEN BRAUCHEN. KORUGAR IST DER SICHERSTE ORT DER GALAXIS.
SELBST DIE WÄCHTER, WENN SIE DENN HIER WÄREN, WÜRDEN MIR DA WIDERWILLIG BEIPFLICHTEN.

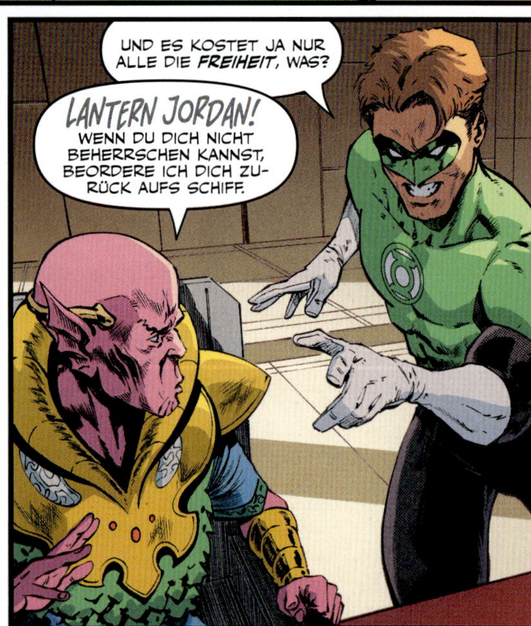

UND ES KOSTET JA NUR ALLE DIE FREIHEIT, WAS?
LANTERN JORDAN! WENN DU DICH NICHT BEHERRSCHEN KANNST, BEORDERE ICH DICH ZURÜCK AUFS SCHIFF.

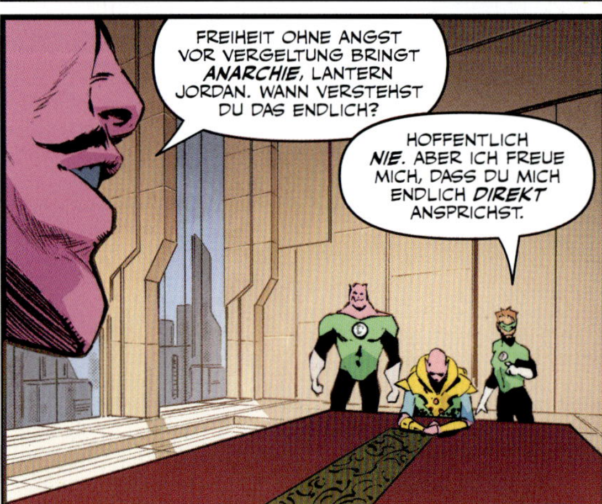

FREIHEIT OHNE ANGST VOR VERGELTUNG BRINGT ANARCHIE, LANTERN JORDAN. WANN VERSTEHST DU DAS ENDLICH?
HOFFENTLICH NIE. ABER ICH FREUE MICH, DASS DU MICH ENDLICH DIREKT ANSPRICHST.

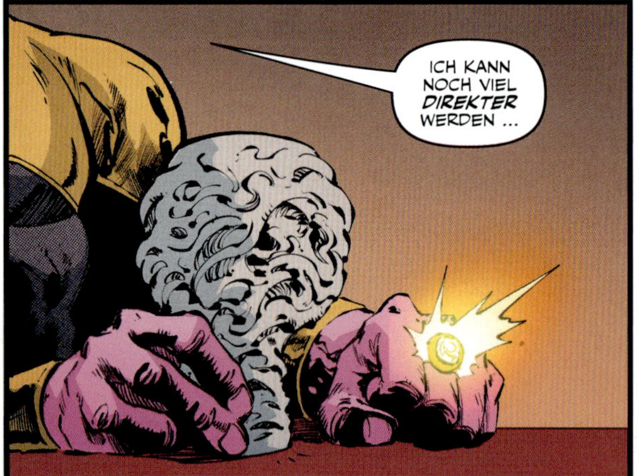

ICH KANN NOCH VIEL DIREKTER WERDEN ...

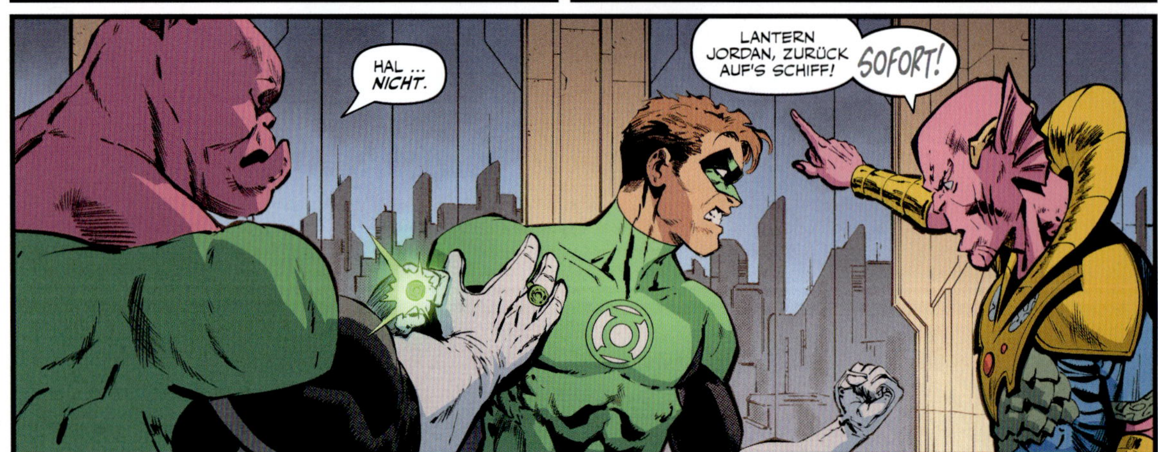

HAL ... NICHT.
LANTERN JORDAN, ZURÜCK AUF'S SCHIFF!
SOFORT!

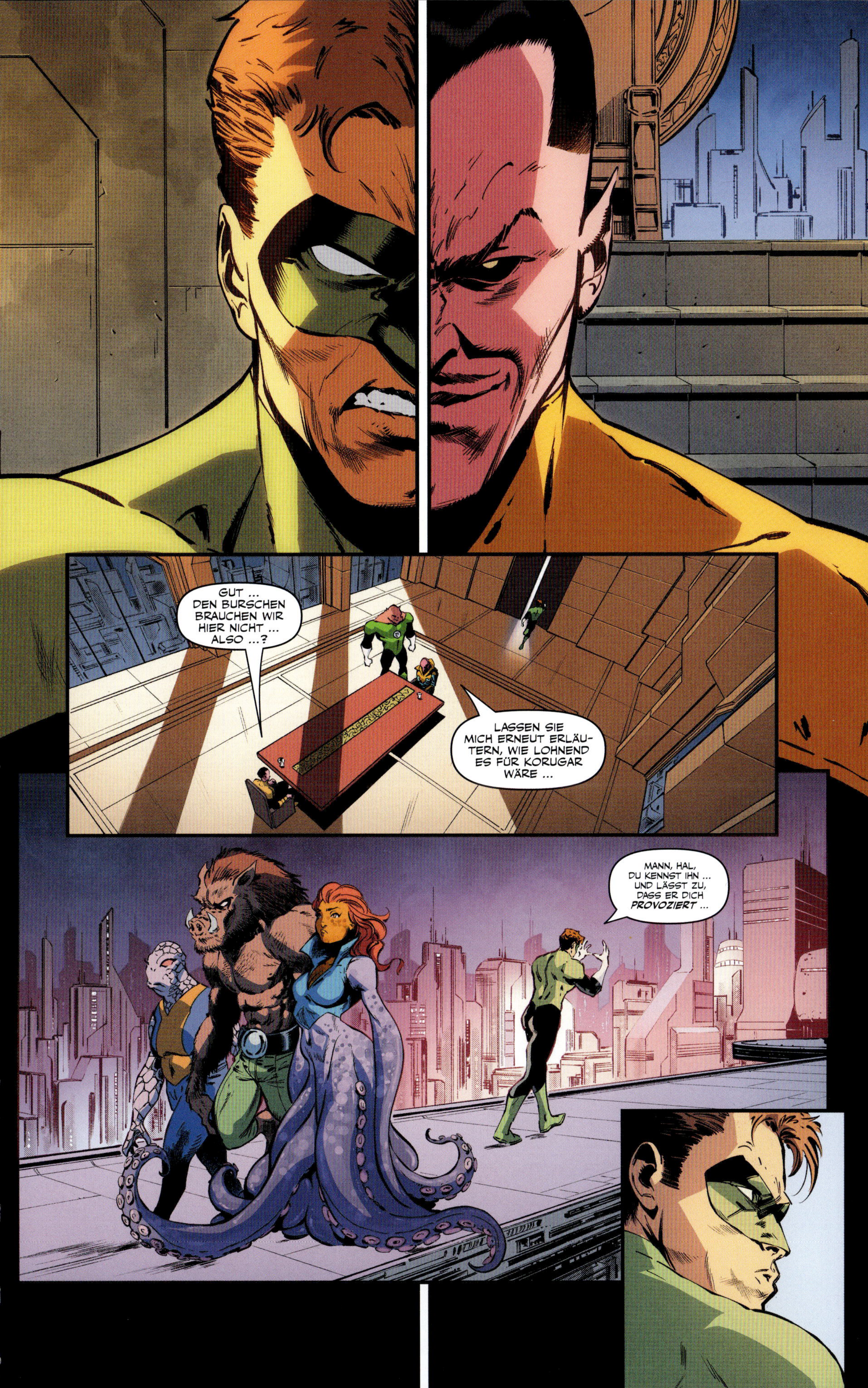
GUT ... DEN BURSCHEN BRAUCHEN WIR HIER NICHT ... ALSO ...?
LASSEN SIE MICH ERNEUT ERLÄUTERN, WIE LOHNEND ES FÜR KORUGAR WÄRE ...
MANN, HAL, DU KENNST IHN ... UND LÄSST ZU, DASS ER DICH *PROVOZIERT* ...

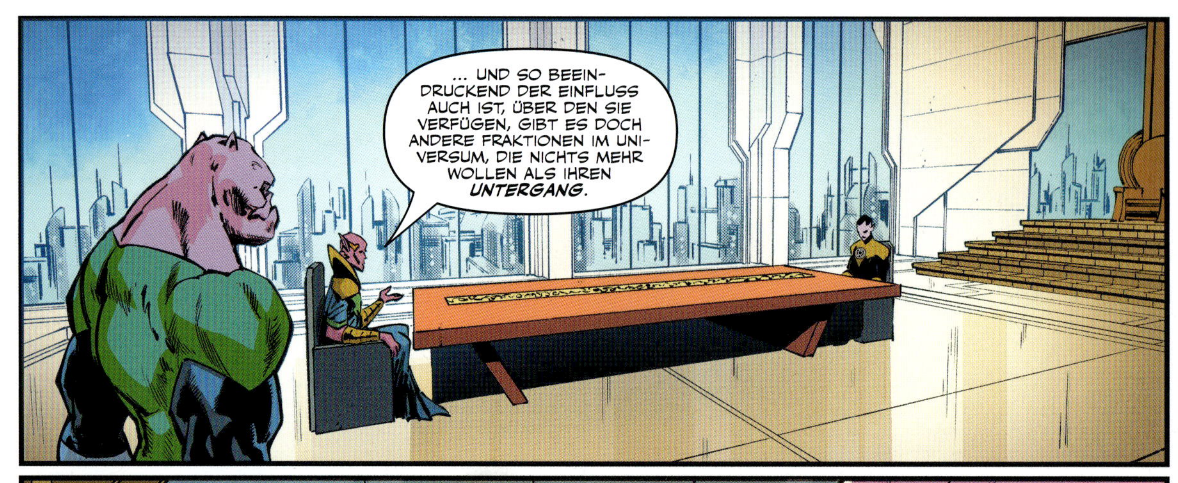
... UND SO BEEIN-DRUCKEND DER EINFLUSS AUCH IST, ÜBER DEN SIE VERFÜGEN, GIBT ES DOCH ANDERE FRAKTIONEN IM UNIVERSUM, DIE NICHTS MEHR WOLLEN ALS IHREN *UNTERGANG*.

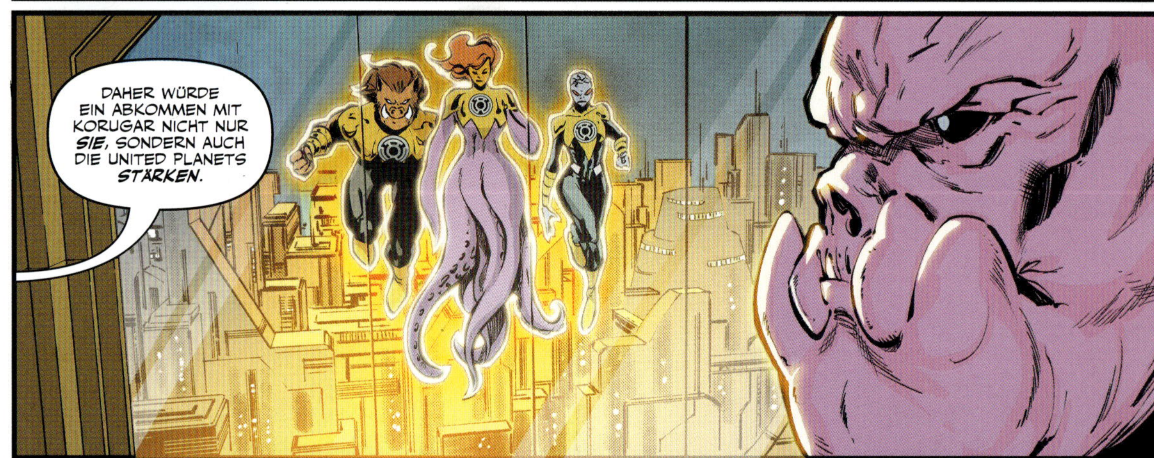
DAHER WÜRDE EIN ABKOMMEN MIT KORUGAR NICHT NUR *SIE*, SONDERN AUCH DIE UNITED PLANETS *STÄRKEN*.

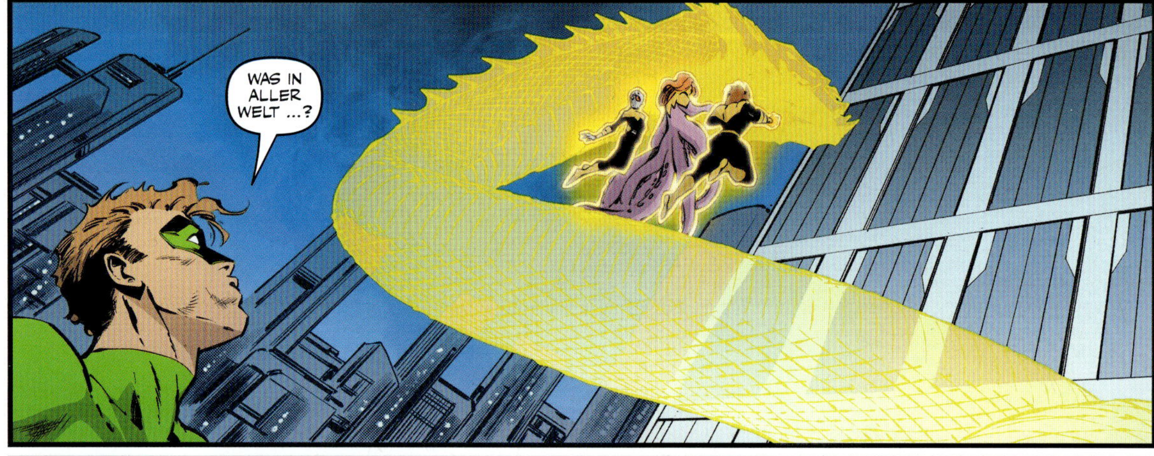
WAS IN ALLER WELT ...?

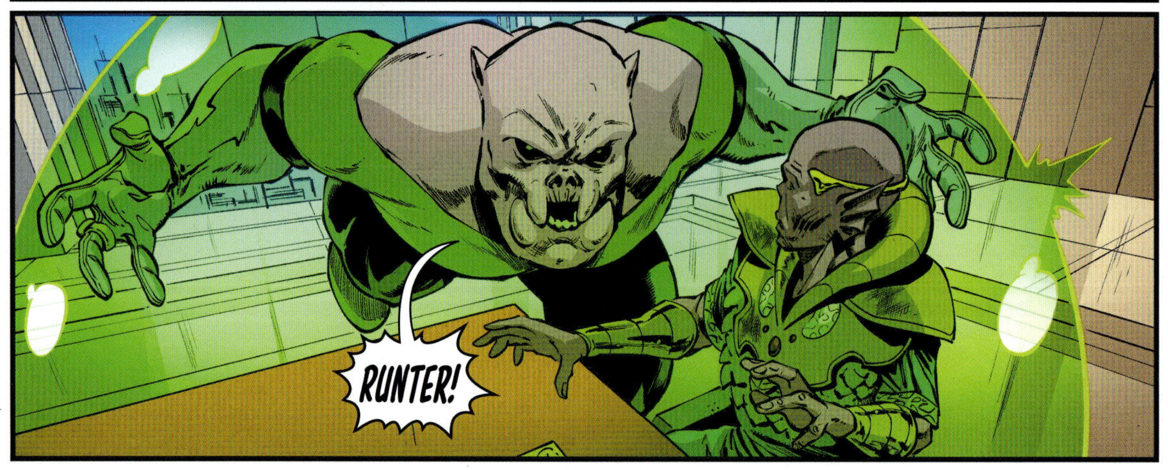
RUNTER!

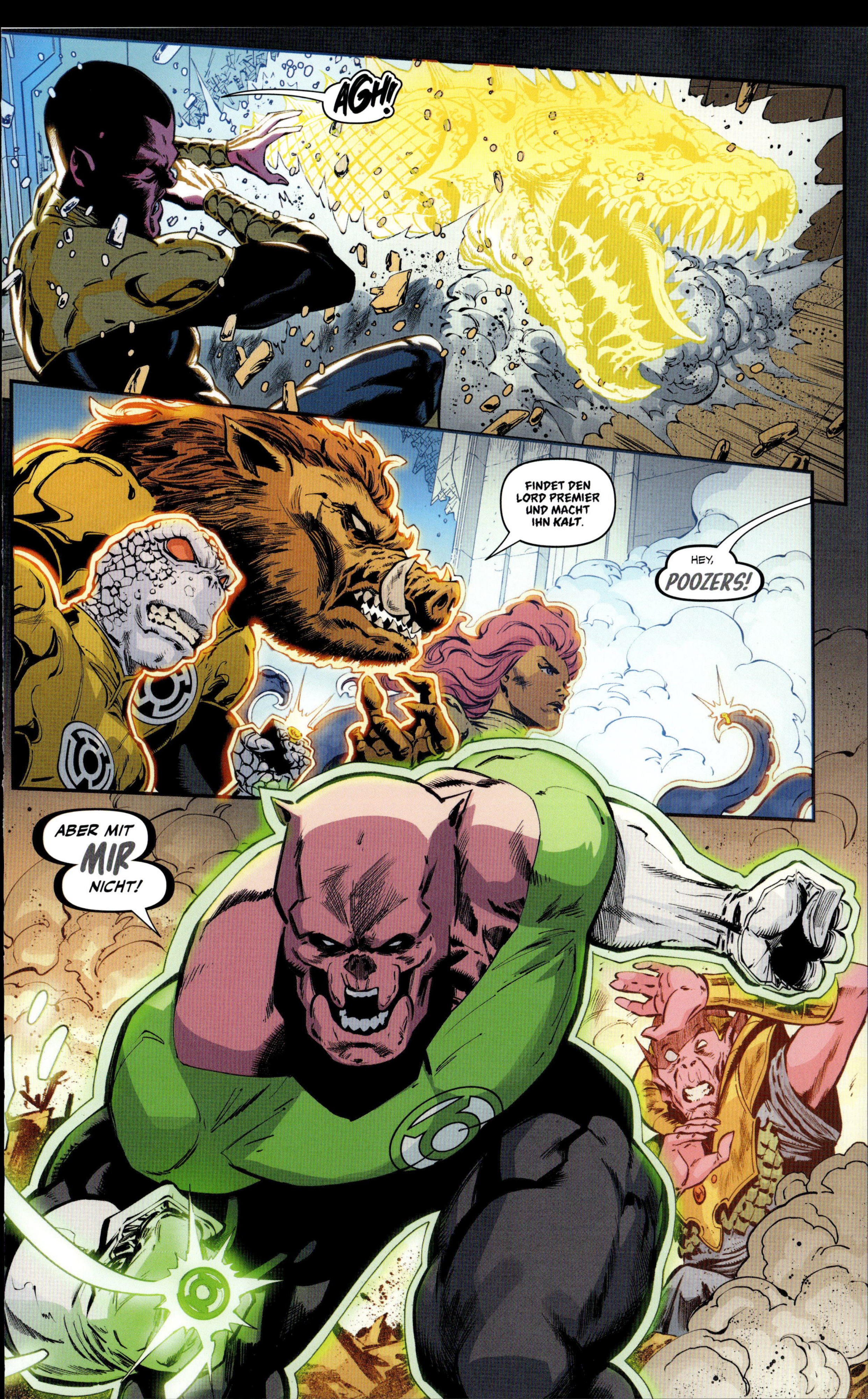
AGH!
FINDET DEN LORD PREMIER UND MACHT IHN KALT.
HEY, POOZERS!
ABER MIT MIR NICHT!

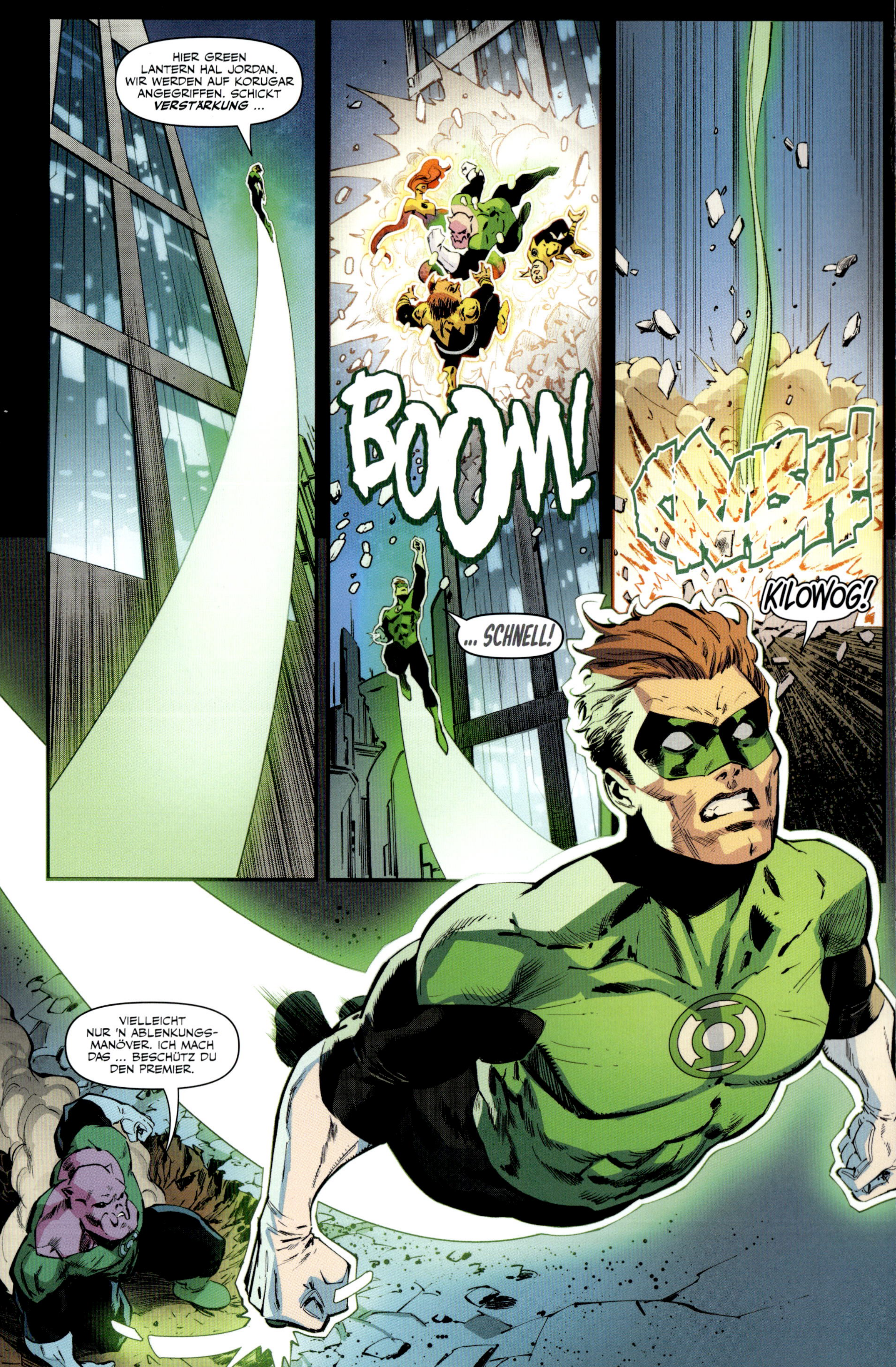
HIER GREEN LANTERN HAL JORDAN. WIR WERDEN AUF KORUGAR ANGEGRIFFEN. SCHICKT VERSTÄRKUNG ...
BOOM!
... SCHNELL!
KILOWOG!
VIELLEICHT NUR 'N ABLENKUNGS-MANÖVER. ICH MACH DAS ... BESCHÜTZ DU DEN PREMIER.

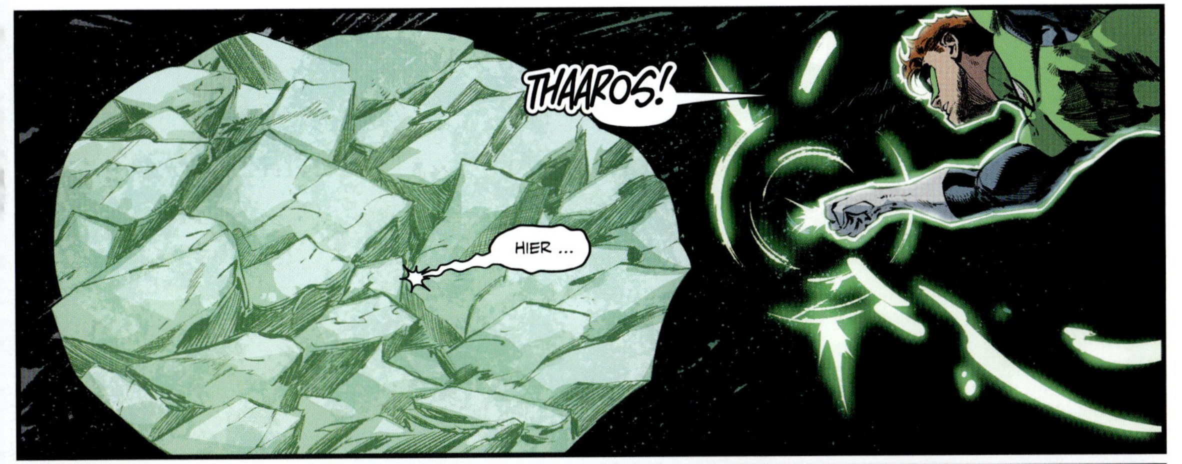
THAAROS!
HIER ...

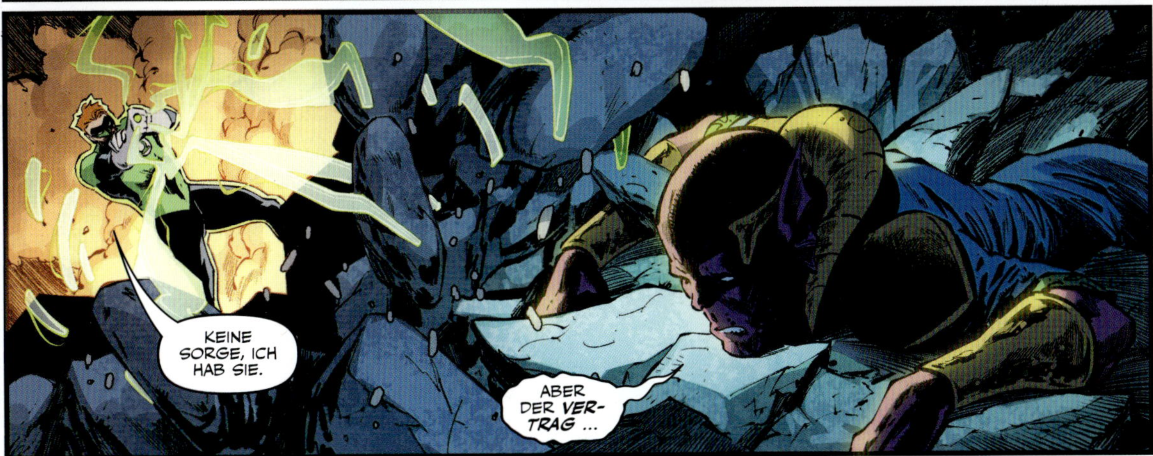
KEINE SORGE, ICH HAB SIE.
ABER DER VERTRAG ...

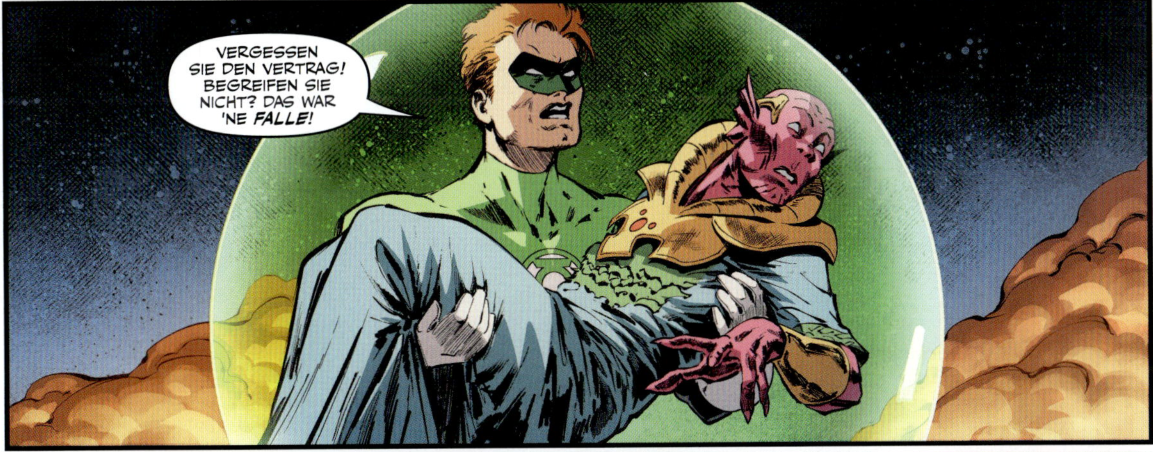
VERGESSEN SIE DEN VERTRAG! BEGREIFEN SIE NICHT? DAS WAR 'NE FALLE!

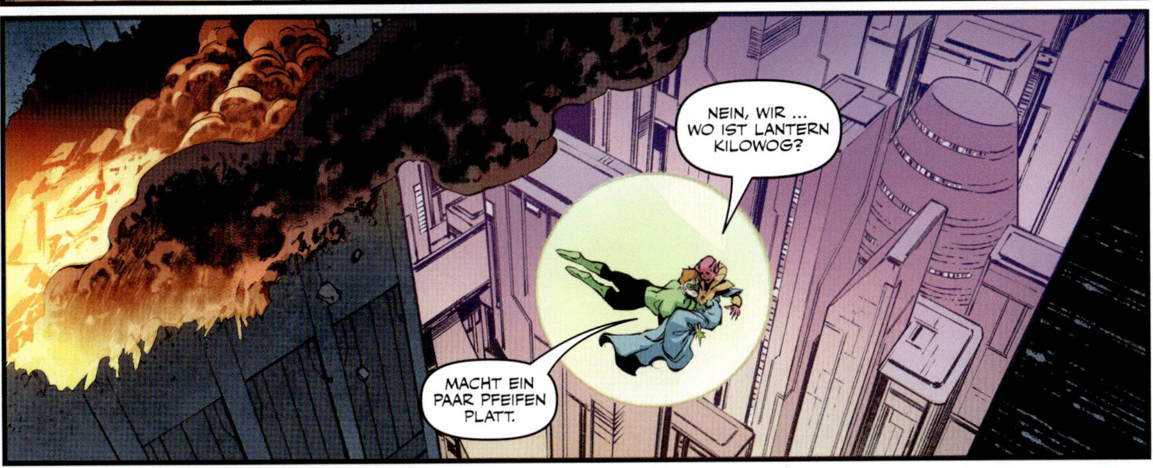
NEIN, WIR ... WO IST LANTERN KILOWOG?
MACHT EIN PAAR PFEIFEN PLATT.

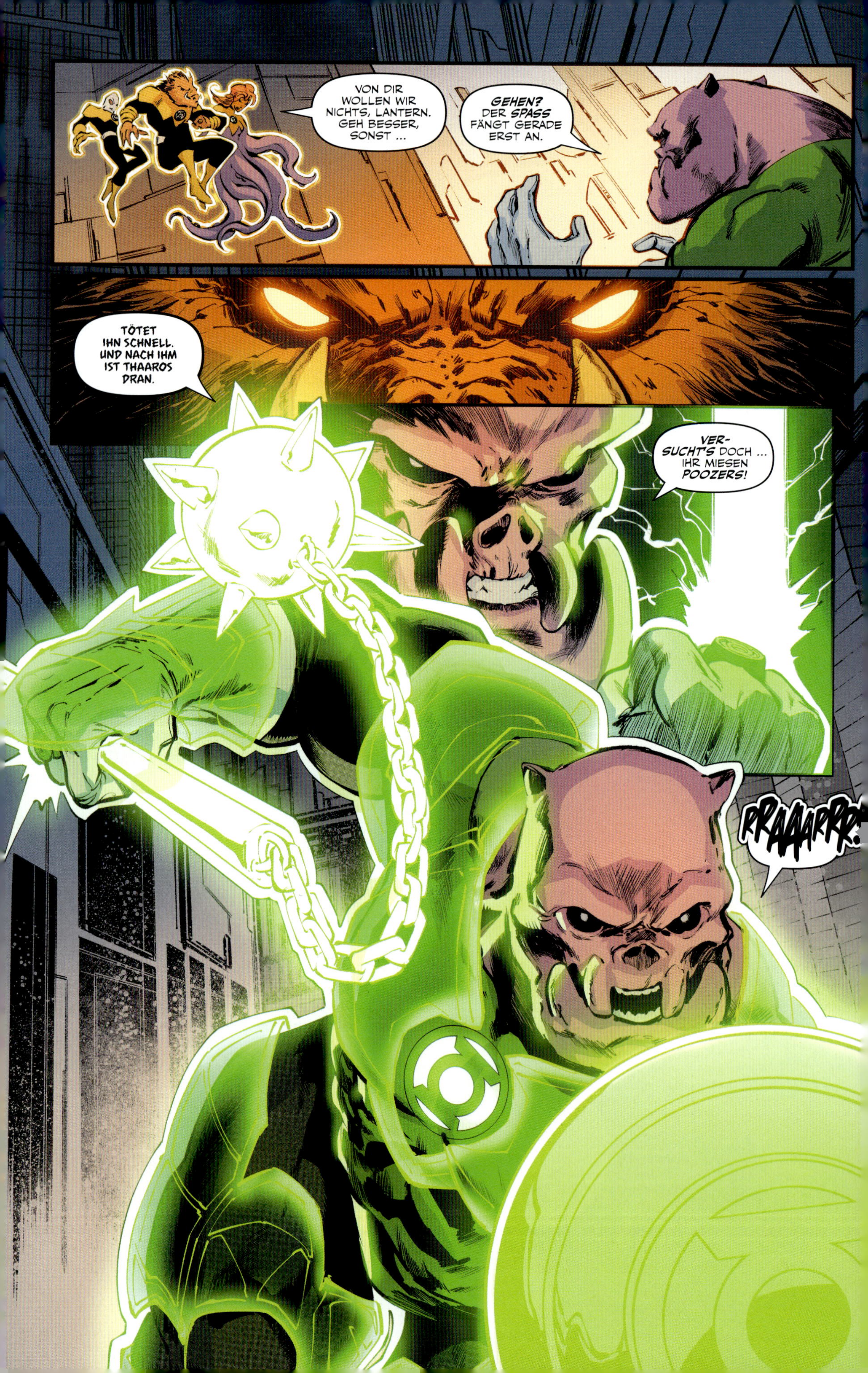
VON DIR WOLLEN WIR NICHTS, LANTERN. GEH BESSER, SONST ...
GEHEN? DER SPASS FÄNGT GERADE ERST AN.
TÖTET IHN SCHNELL. UND NACH IHM IST THAAROS DRAN.
VER-SUCHT'S DOCH ... IHR MIESEN POOZERS!
RRAAAARRR!

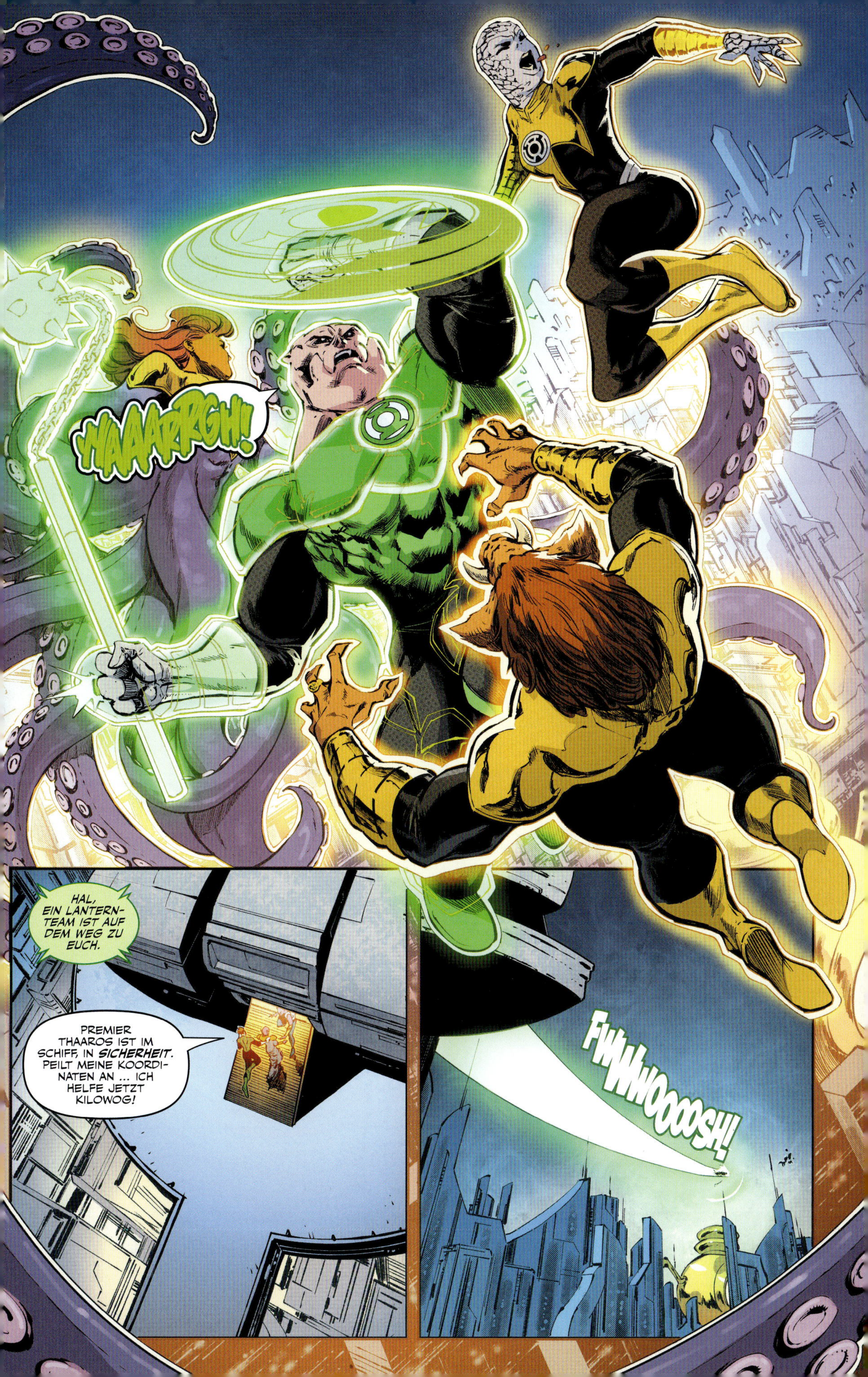
YAAARRGH!
HAL, EIN LANTERN-TEAM IST AUF DEM WEG ZU EUCH.
PREMIER THAAROS IST IM SCHIFF, IN *SICHERHEIT*. PEILT MEINE KOORDINATEN AN ... ICH HELFE JETZT KILOWOG!
FWWWOOOOSH!

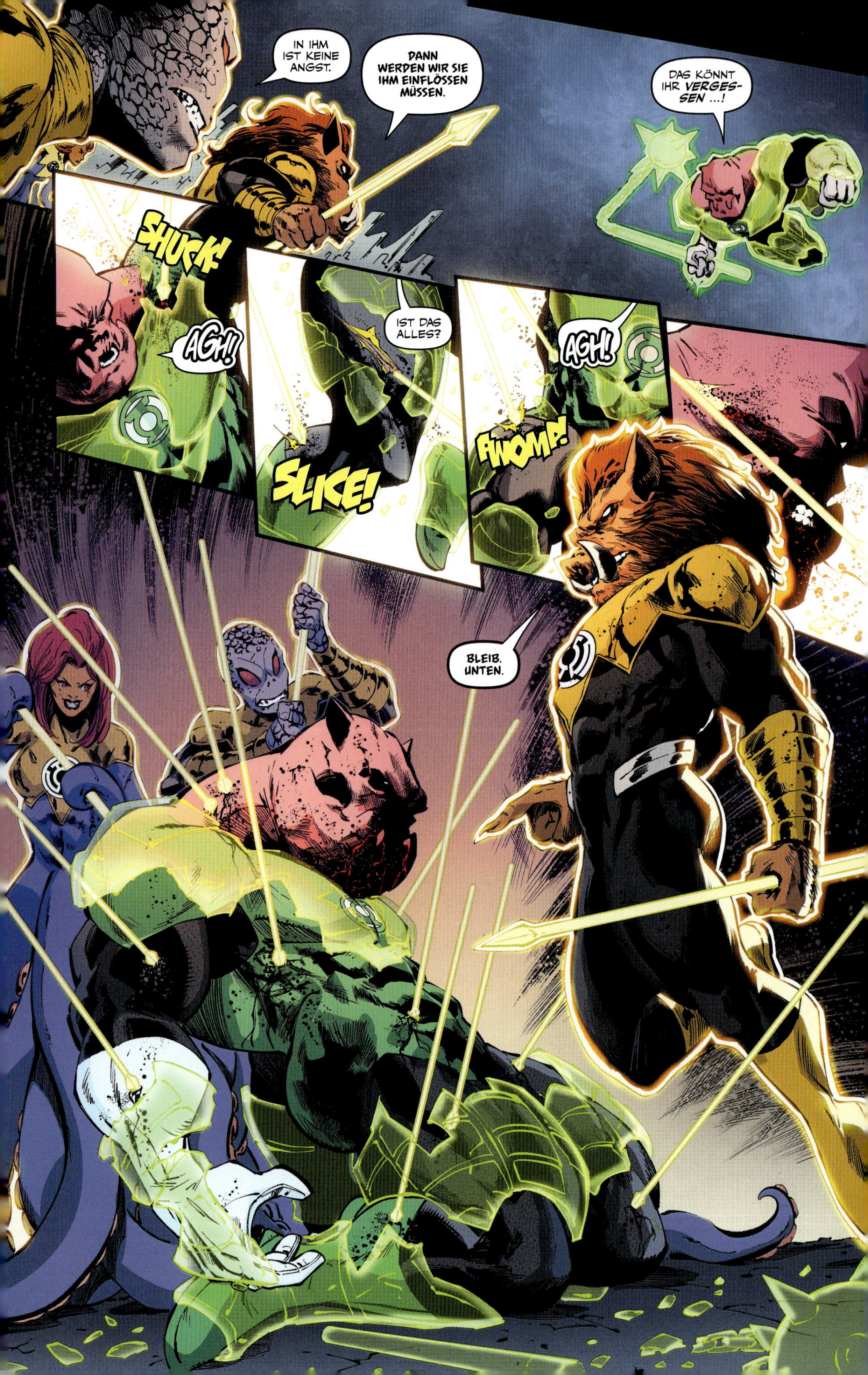
IN IHM IST KEINE ANGST.
DANN WERDEN WIR SIE IHM EINFLÖSSEN MÜSSEN.
DAS KÖNNT IHR VERGES- SEN ...!
SHUCK!
AGH!
IST DAS ALLES?
SLICE!
AGH!
FWOMP!
BLEIB. UNTEN.

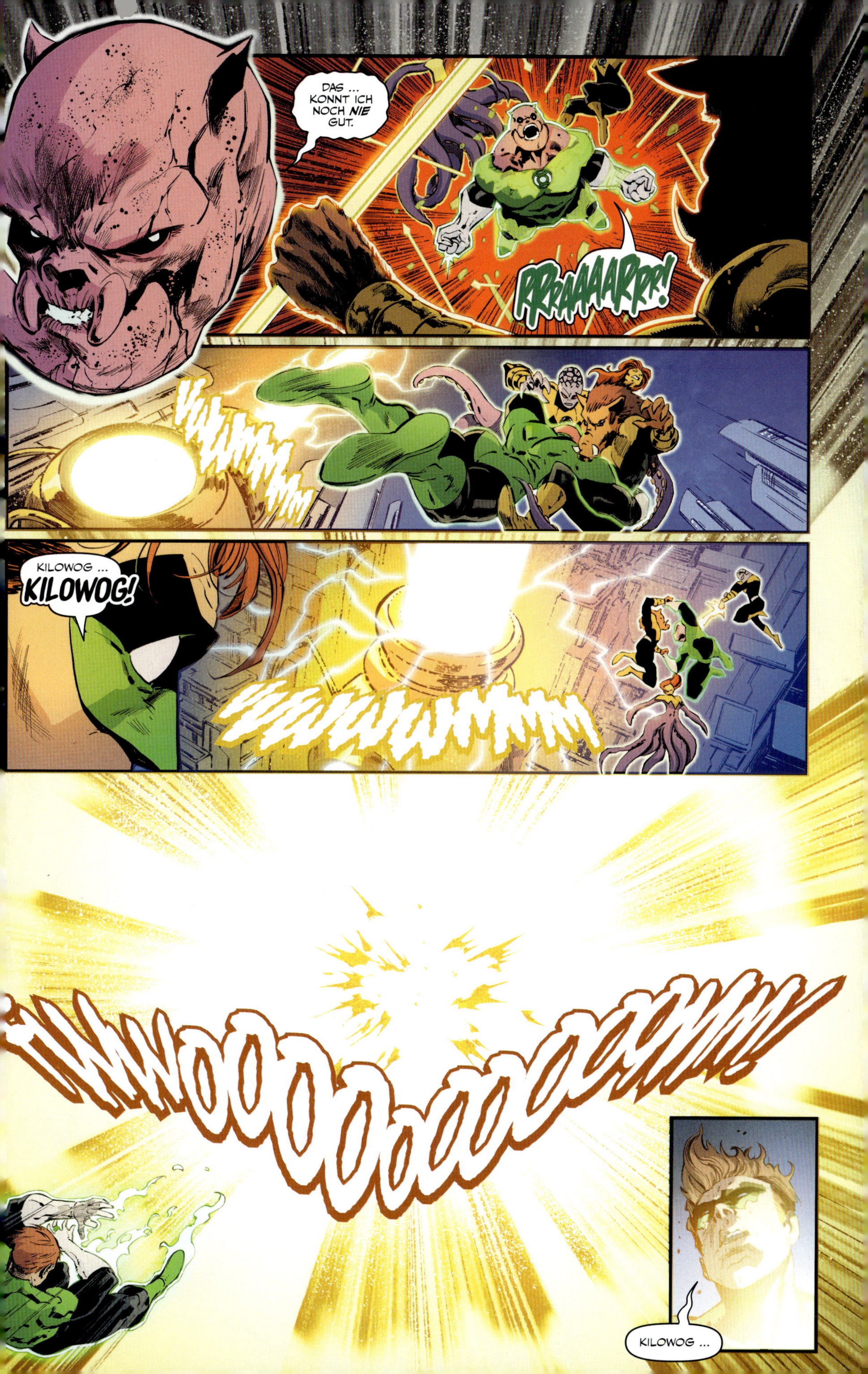
DAS ... KONNT ICH NOCH *NIE* GUT.
RRRAAAARRR!
KILOWOG ... KILOWOG!
KILOWOG ...

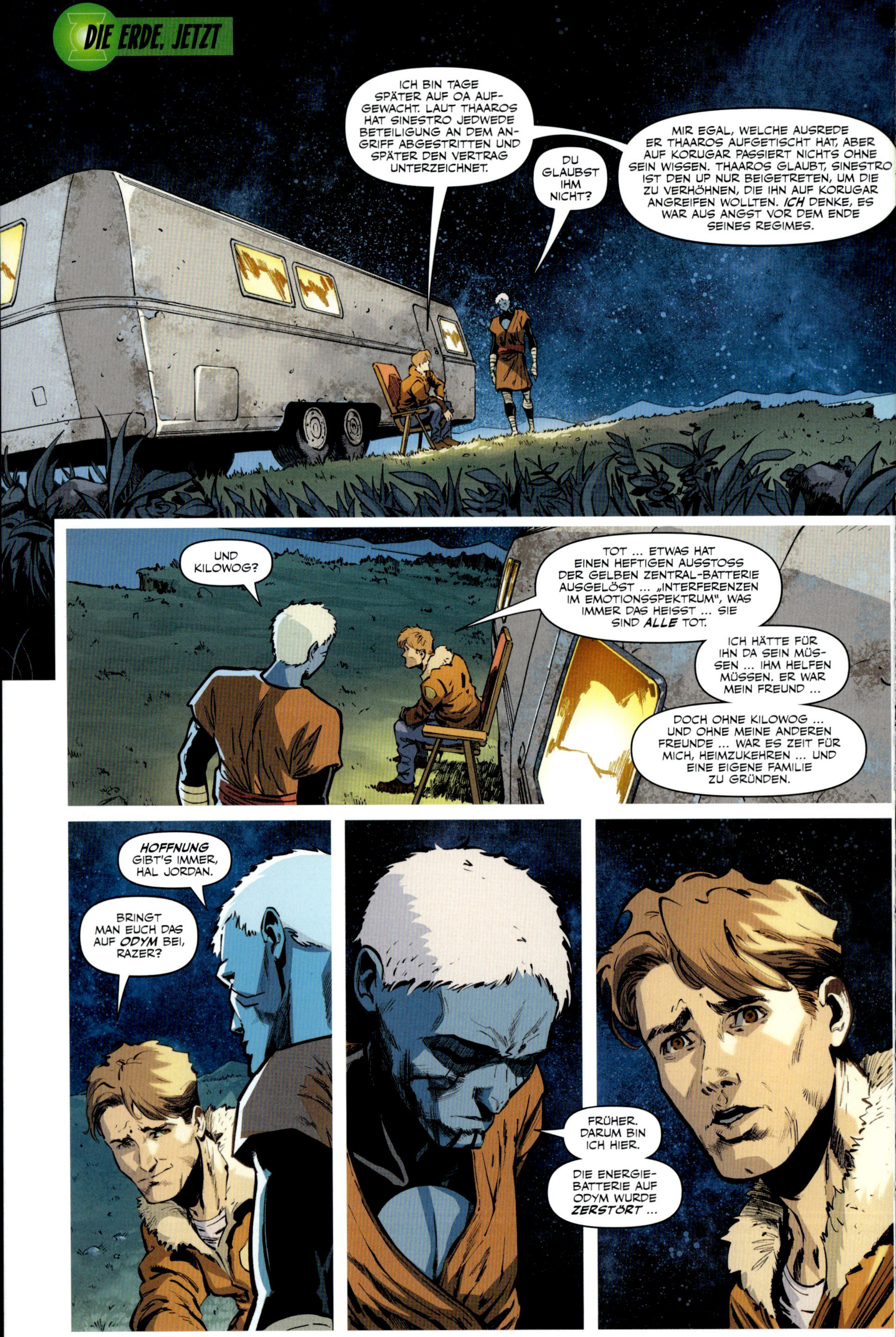

DIE ERDE, JETZT

ICH BIN TAGE SPÄTER AUF OA AUFGEWACHT. LAUT THAAROS HAT SINESTRO JEDWEDE BETEILIGUNG AN DEM ANGRIFF ABGESTRITTEN UND SPÄTER DEN VERTRAG UNTERZEICHNET.

DU GLAUBST IHM NICHT?

MIR EGAL, WELCHE AUSREDE ER THAAROS AUFGETISCHT HAT, ABER AUF KORUGAR PASSIERT NICHTS OHNE SEIN WISSEN. THAAROS GLAUBT, SINESTRO IST DEN UP NUR BEIGETRETEN, UM DIE ZU VERHÖHNEN, DIE IHN AUF KORUGAR ANGREIFEN WOLLTEN. *ICH* DENKE, ES WAR AUS ANGST VOR DEM ENDE SEINES REGIMES.

UND KILOWOG?

TOT ... ETWAS HAT EINEN HEFTIGEN AUSSTOSS DER GELBEN ZENTRAL-BATTERIE AUSGELÖST ... „INTERFERENZEN IM EMOTIONSSPEKTRUM", WAS IMMER DAS HEISST ... SIE SIND *ALLE* TOT.

ICH HÄTTE FÜR IHN DA SEIN MÜSSEN ... IHM HELFEN MÜSSEN. ER WAR MEIN FREUND ...

DOCH OHNE KILOWOG ... UND OHNE MEINE ANDEREN FREUNDE ... WAR ES ZEIT FÜR MICH, HEIMZUKEHREN ... UND EINE EIGENE FAMILIE ZU GRÜNDEN.

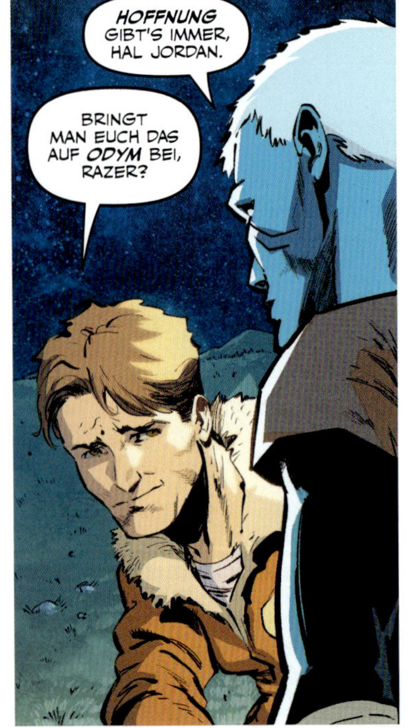

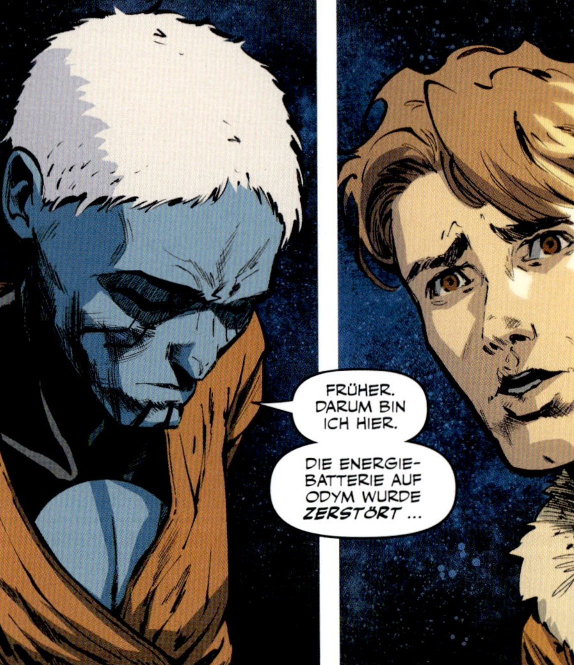

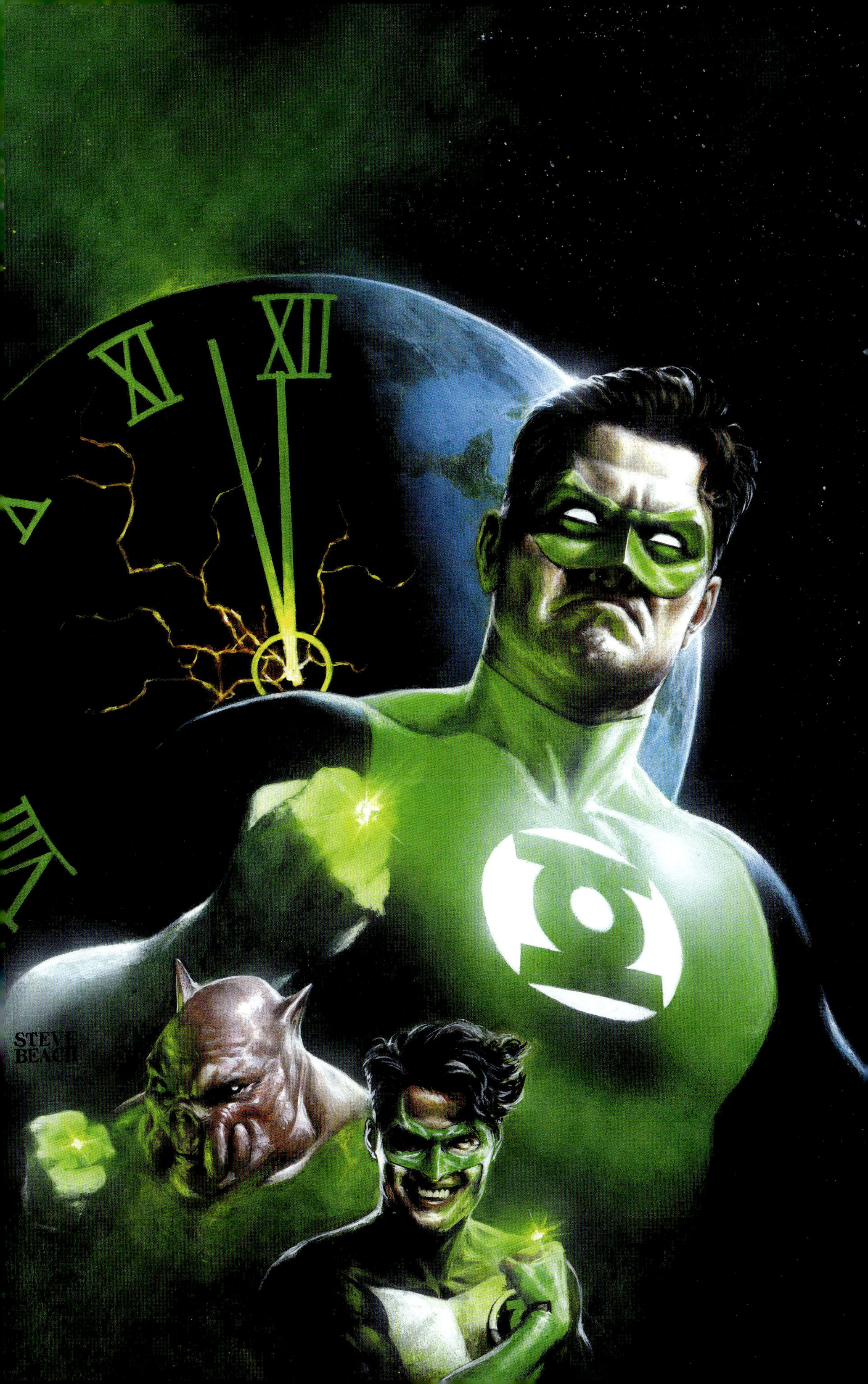
STEVE
BEACH

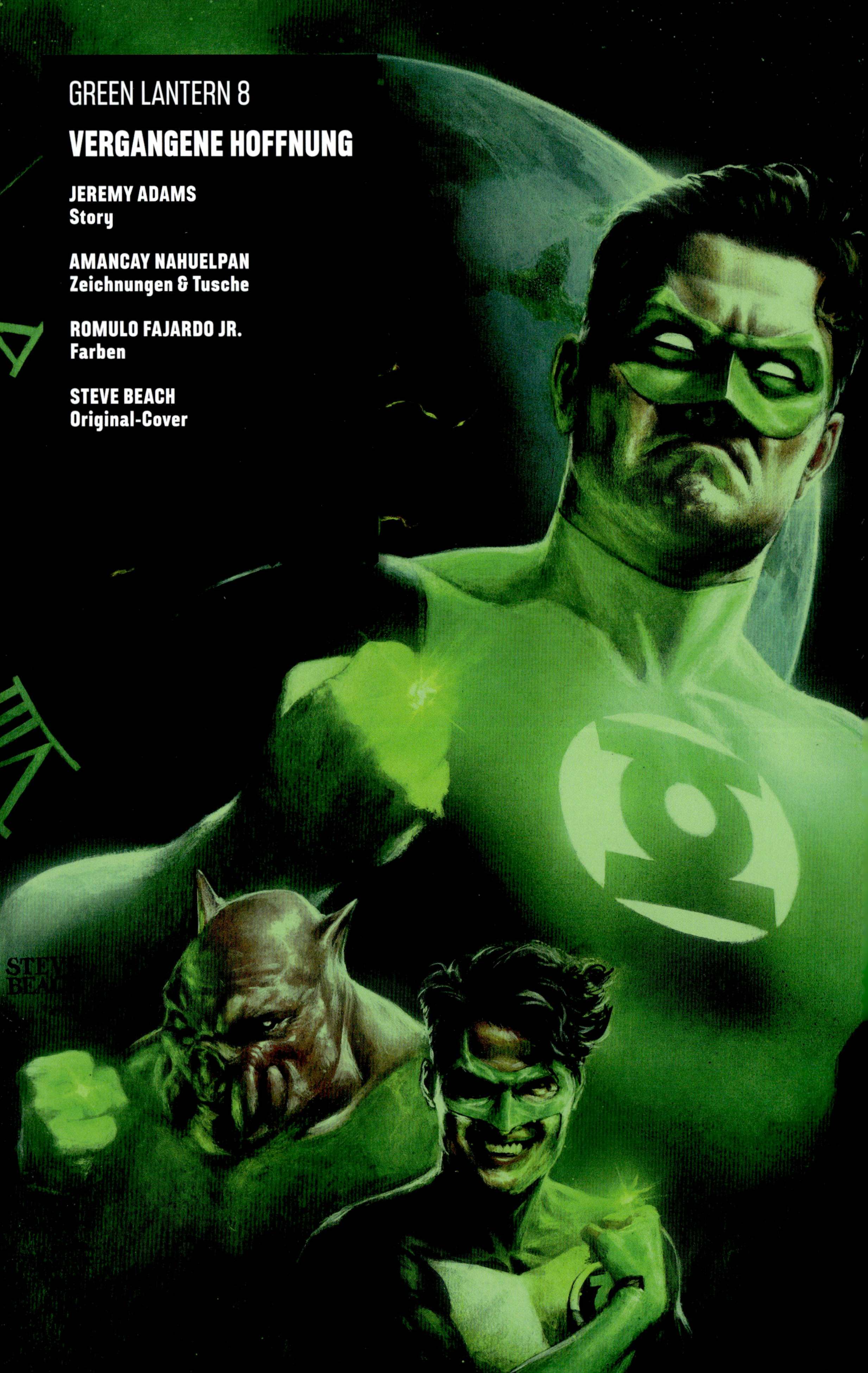

GREEN LANTERN 8

VERGANGENE HOFFNUNG

JEREMY ADAMS
Story

AMANCAY NAHUELPAN
Zeichnungen & Tusche

ROMULO FAJARDO JR.
Farben

STEVE BEACH
Original-Cover

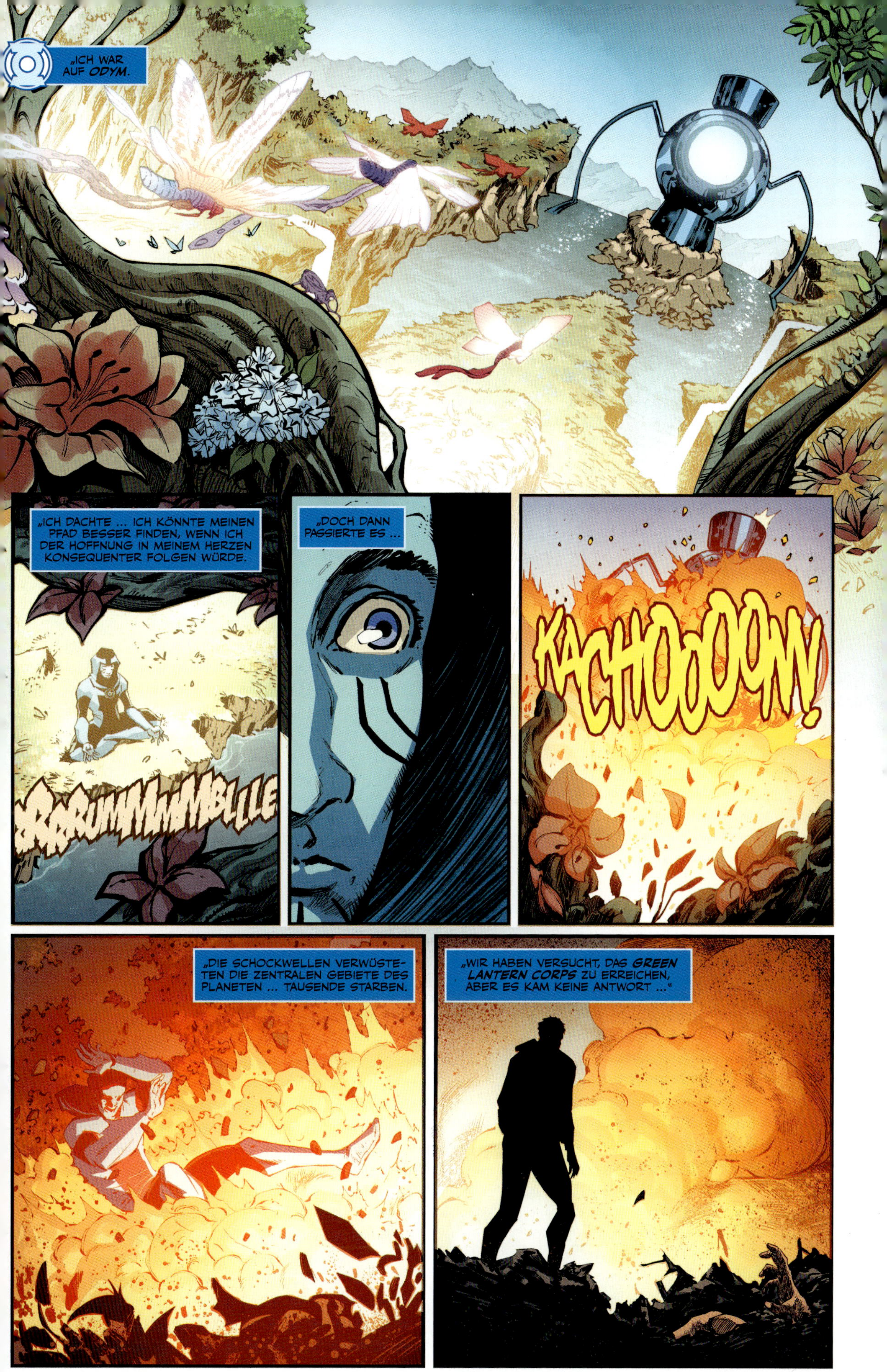

„ICH WAR AUF *ODYM*.

„ICH DACHTE ... ICH KÖNNTE MEINEN PFAD BESSER FINDEN, WENN ICH DER HOFFNUNG IN MEINEM HERZEN KONSEQUENTER FOLGEN WÜRDE.

BRRUMMMMMBLLLE

„DOCH DANN PASSIERTE ES ...

KACHOOOOM!

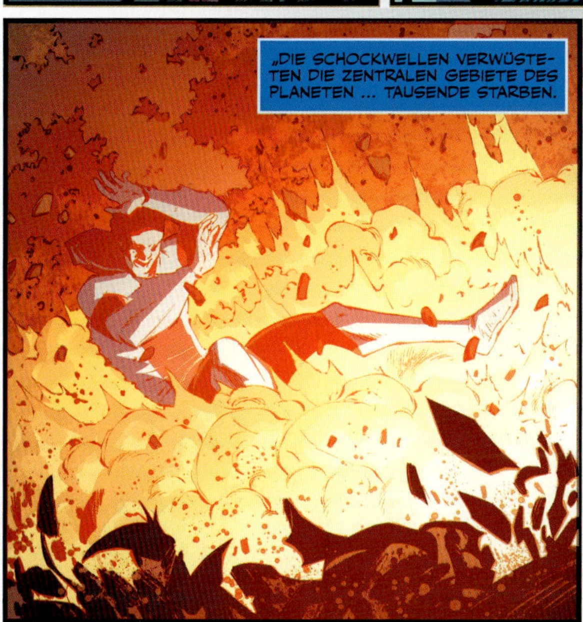

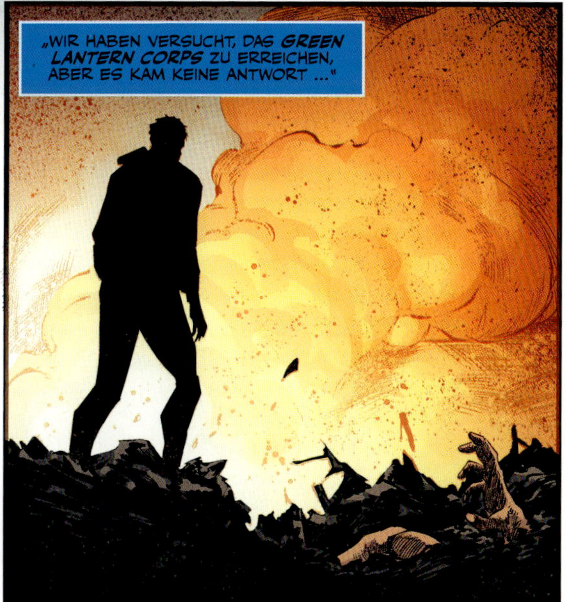

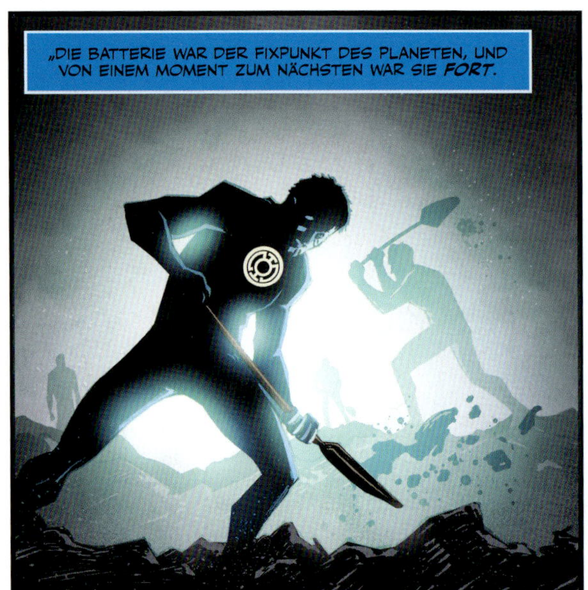
„DIE BATTERIE WAR DER FIXPUNKT DES PLANETEN, UND VON EINEM MOMENT ZUM NÄCHSTEN WAR SIE *FORT*.

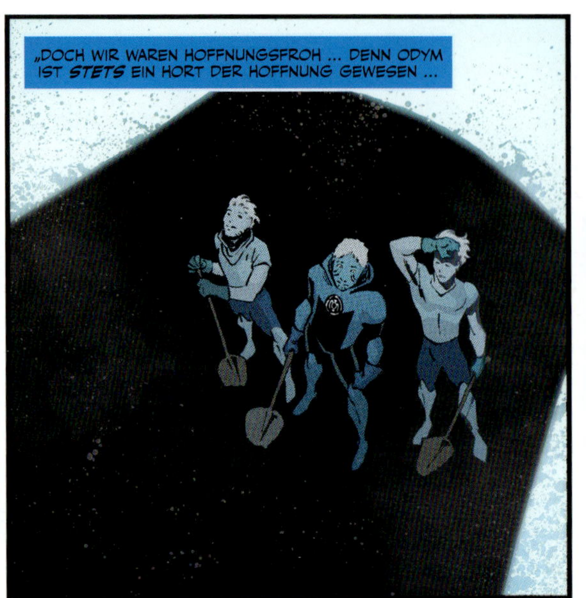
„DOCH WIR WAREN HOFFNUNGSFROH ... DENN ODYM IST *STETS* EIN HORT DER HOFFNUNG GEWESEN ...

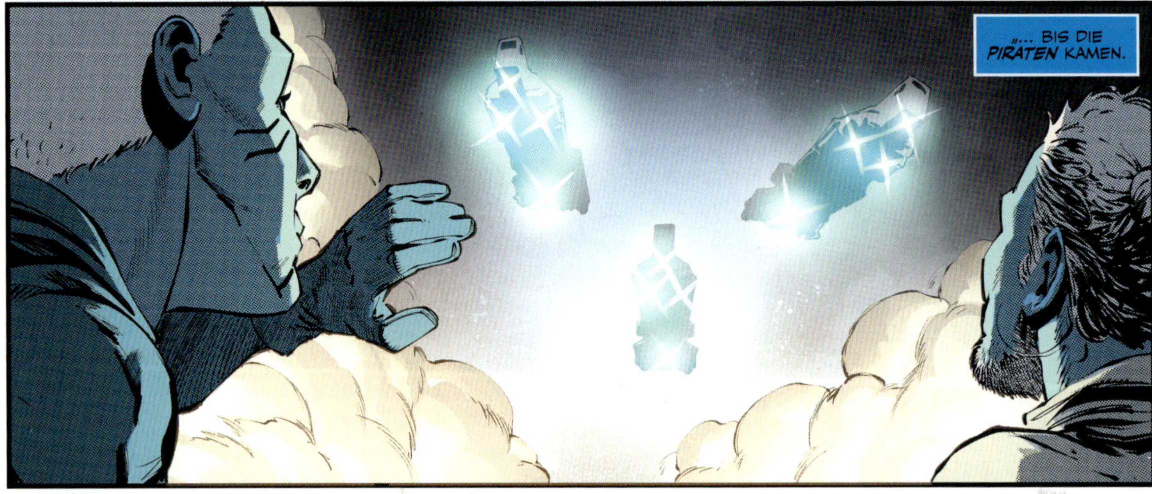
„... BIS DIE *PIRATEN* KAMEN.

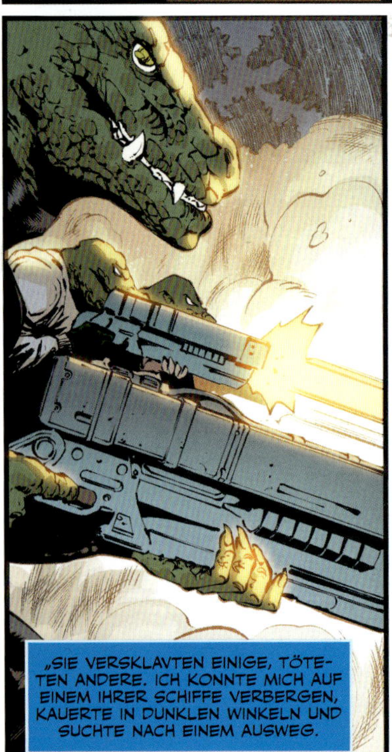
„SIE VERSKLAVTEN EINIGE, TÖTETEN ANDERE. ICH KONNTE MICH AUF EINEM IHRER SCHIFFE VERBERGEN, KAUERTE IN DUNKLEN WINKELN UND SUCHTE NACH EINEM AUSWEG.

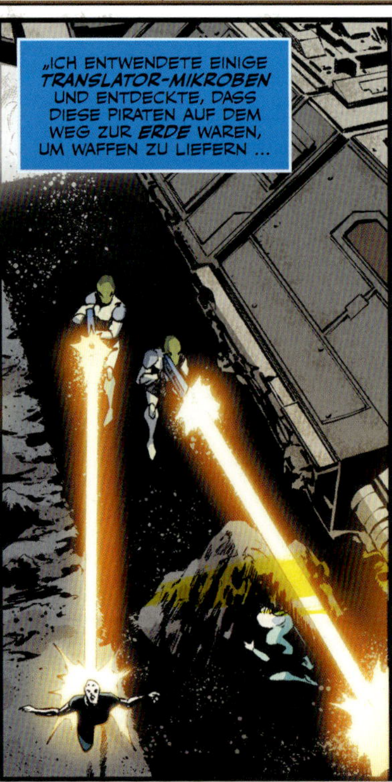
„ICH ENTWENDETE EINIGE *TRANSLATOR-MIKROBEN* UND ENTDECKTE, DASS DIESE PIRATEN AUF DEM WEG ZUR *ERDE* WAREN, UM WAFFEN ZU LIEFERN ...

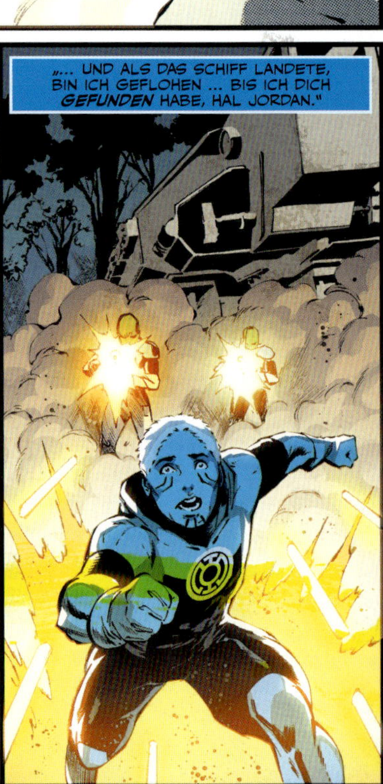
„... UND ALS DAS SCHIFF LANDETE, BIN ICH GEFLOHEN ... BIS ICH DICH *GEFUNDEN* HABE, HAL JORDAN."

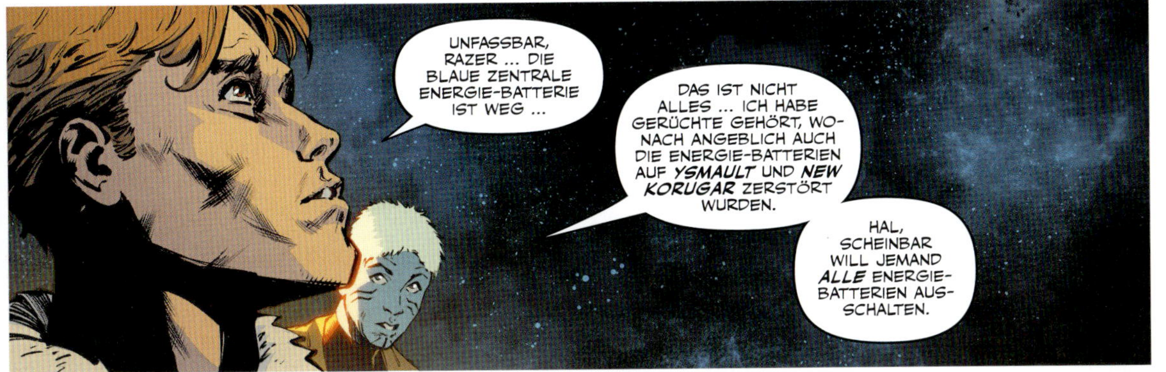
UNFASSBAR, RAZER ... DIE BLAUE ZENTRALE ENERGIE-BATTERIE IST WEG ...
DAS IST NICHT ALLES ... ICH HABE GERÜCHTE GEHÖRT, WONACH ANGEBLICH AUCH DIE ENERGIE-BATTERIEN AUF YSMAULT UND NEW KORUGAR ZERSTÖRT WURDEN.
HAL, SCHEINBAR WILL JEMAND ALLE ENERGIE-BATTERIEN AUSSCHALTEN.

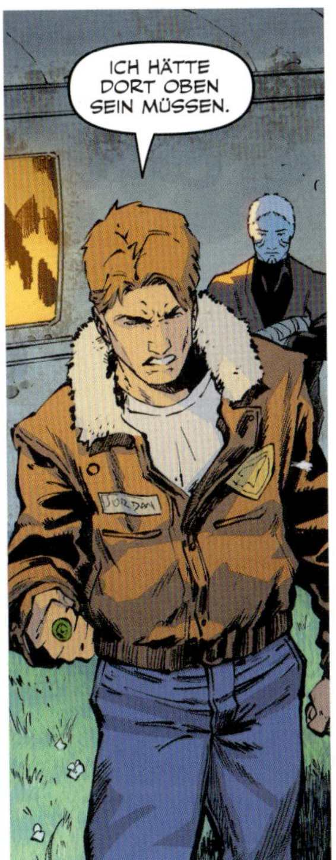
ICH HÄTTE DORT OBEN SEIN MÜSSEN.

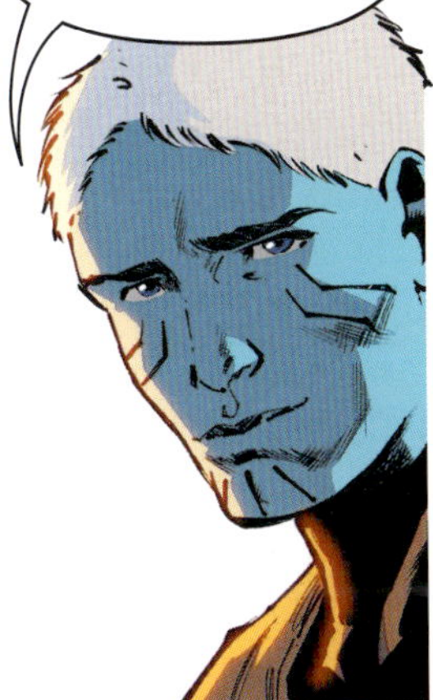
AU MANN ... AUF DEN ALTEN 'HAL JORDAN-RETTERKOMPLEX HÄTT ICH ECHT VERZICHTEN KÖNNEN ...
DU HÄTTEST FÜR ODYM NICHTS TUN KÖNNEN, EBENSO WENIG WIE DU FÜR KILOWOG ETWAS TUN KONNTEST. UND AUSSERDEM HAST DU GENAU DAS GETAN, WORUM KILOWOG DICH GEBETEN HAT ... UND ZUMINDEST DAFÜR WÄRE ER DIR SICHER DANKBAR.

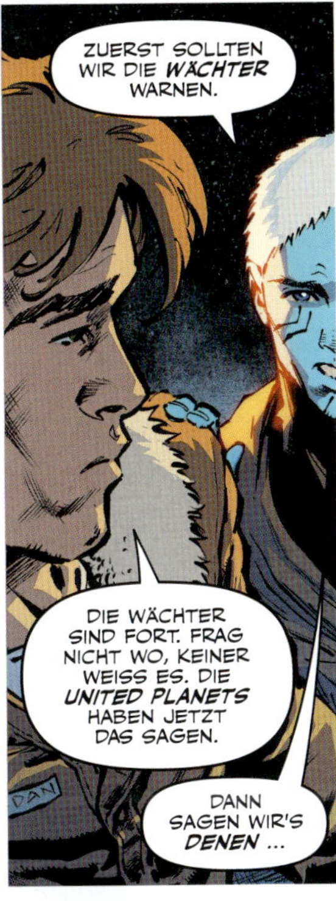
ZUERST SOLLTEN WIR DIE WÄCHTER WARNEN.
DIE WÄCHTER SIND FORT. FRAG NICHT WO, KEINER WEISS ES. DIE UNITED PLANETS HABEN JETZT DAS SAGEN.
DANN SAGEN WIR'S DENEN ...

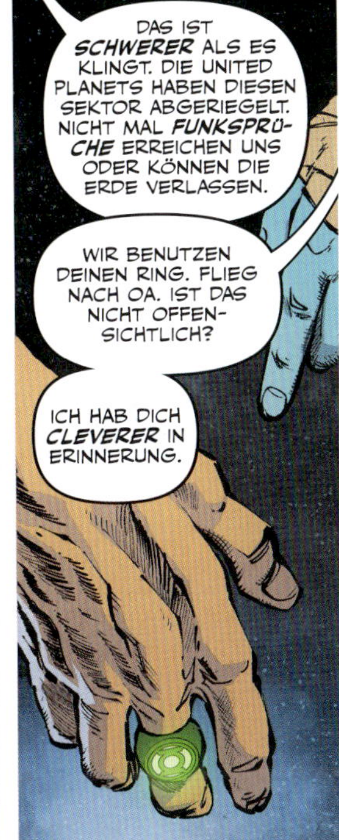
DAS IST SCHWERER ALS ES KLINGT. DIE UNITED PLANETS HABEN DIESEN SEKTOR ABGERIEGELT. NICHT MAL FUNKSPRÜCHE ERREICHEN UNS ODER KÖNNEN DIE ERDE VERLASSEN.
WIR BENUTZEN DEINEN RING. FLIEG NACH OA. IST DAS NICHT OFFENSICHTLICH?
ICH HAB DICH CLEVERER IN ERINNERUNG.

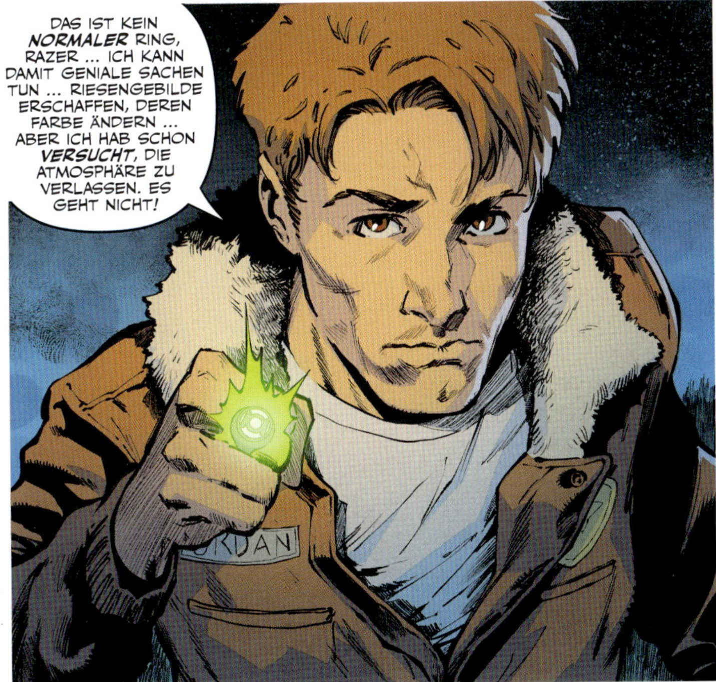
DAS IST KEIN NORMALER RING, RAZER ... ICH KANN DAMIT GENIALE SACHEN TUN ... RIESENGEBILDE ERSCHAFFEN, DEREN FARBE ÄNDERN ... ABER ICH HAB SCHON VERSUCHT, DIE ATMOSPHÄRE ZU VERLASSEN. ES GEHT NICHT!

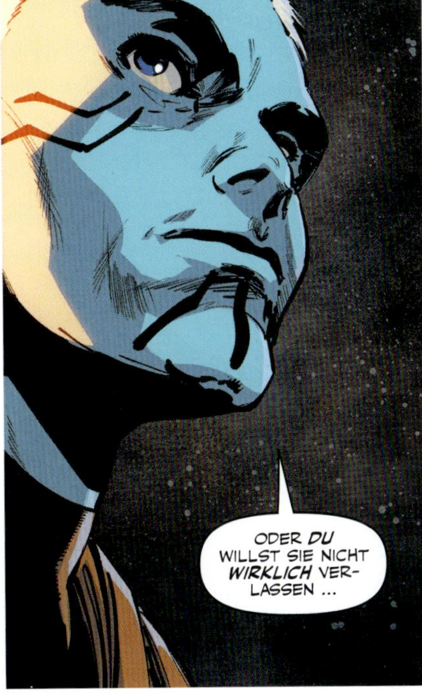
ODER DU WILLST SIE NICHT WIRKLICH VERLASSEN ...

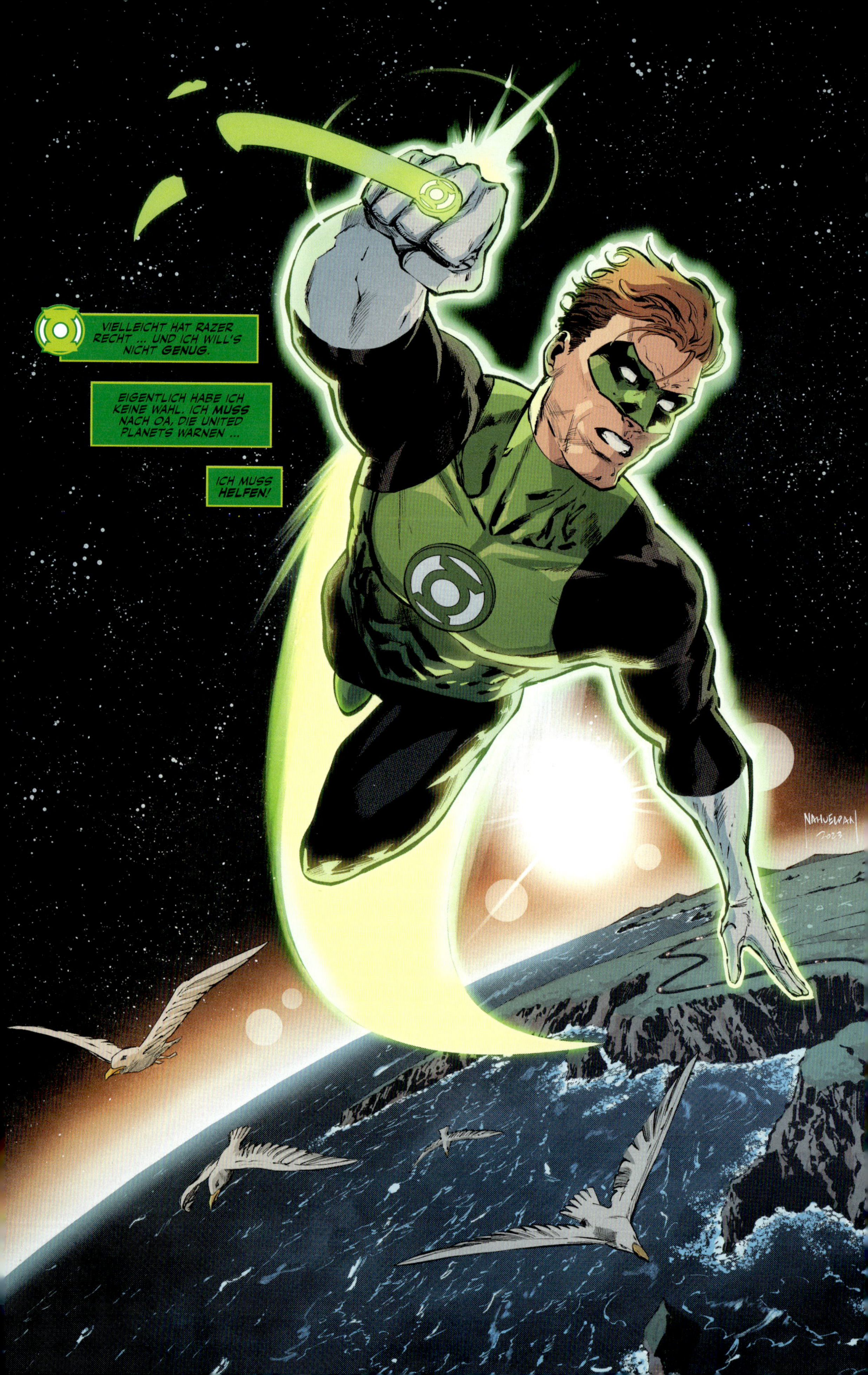
VIELLEICHT HAT RAZER RECHT ... UND ICH WILL'S NICHT GENUG.
EIGENTLICH HABE ICH KEINE WAHL. ICH MUSS NACH OA, DIE UNITED PLANETS WARNEN ...
ICH MUSS HELFEN!
NAHUELPAN 2023

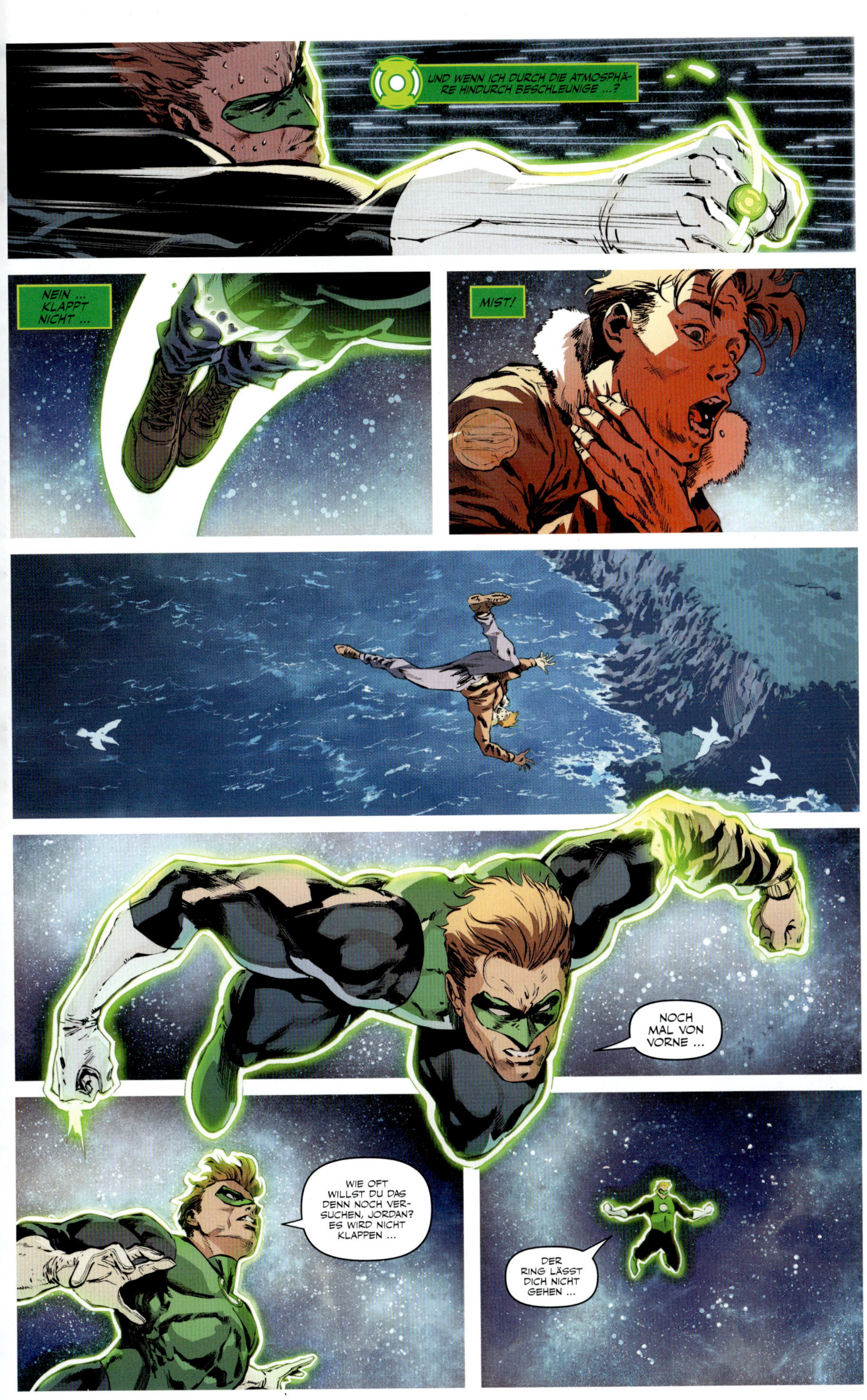
UND WENN ICH DURCH DIE ATMOSPHÄ-RE HINDURCH BESCHLEUNIGE …?
NEIN … KLAPPT NICHT …
MIST!
NOCH MAL VON VORNE …
WIE OFT WILLST DU DAS DENN NOCH VER-SUCHEN, JORDAN? ES WIRD NICHT KLAPPEN …
DER RING LÄSST DICH NICHT GEHEN …

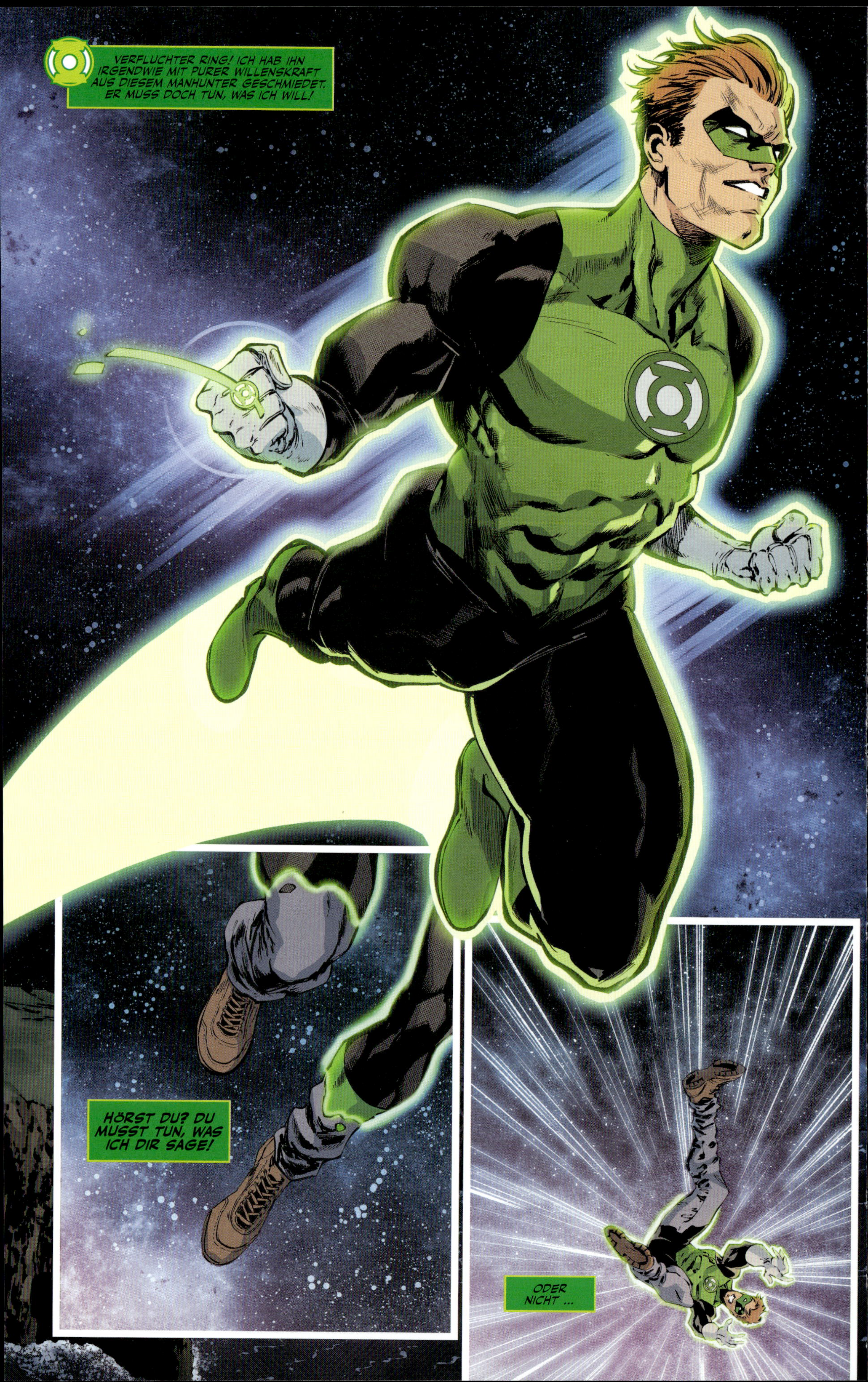
VERFLUCHTER RING! ICH HAB IHN IRGENDWIE MIT PURER WILLENSKRAFT AUS DIESEM MANHUNTER GESCHMIEDET. ER MUSS DOCH TUN, WAS ICH WILL!
HÖRST DU? DU MUSST TUN, WAS ICH DIR SAGE!
ODER NICHT ...

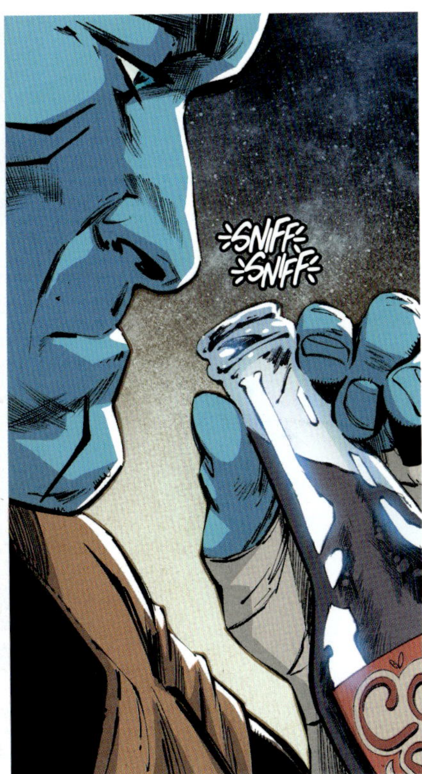
SNIFF
SNIFF
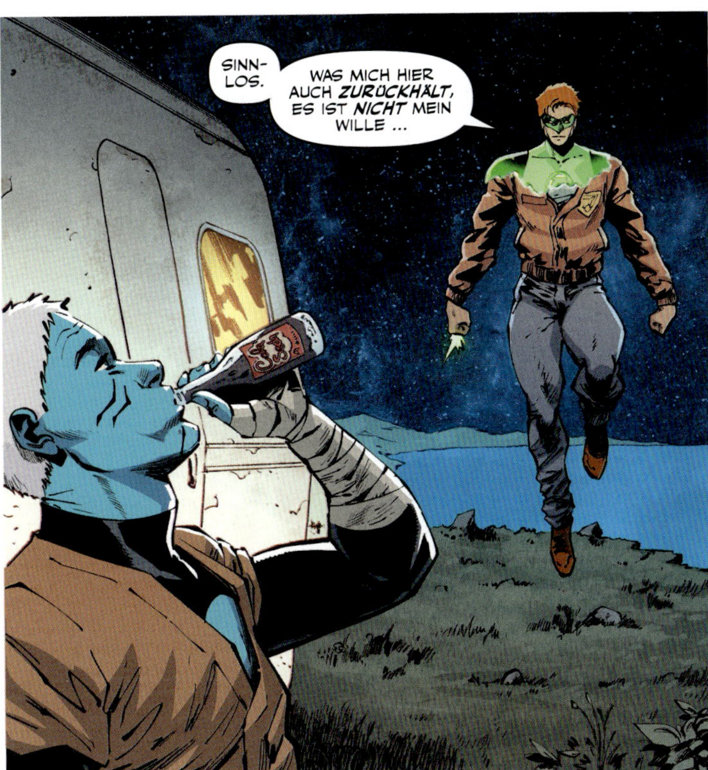
SINN-
LOS.
WAS MICH HIER AUCH ZURÜCKHÄLT, ES IST NICHT MEIN WILLE ...
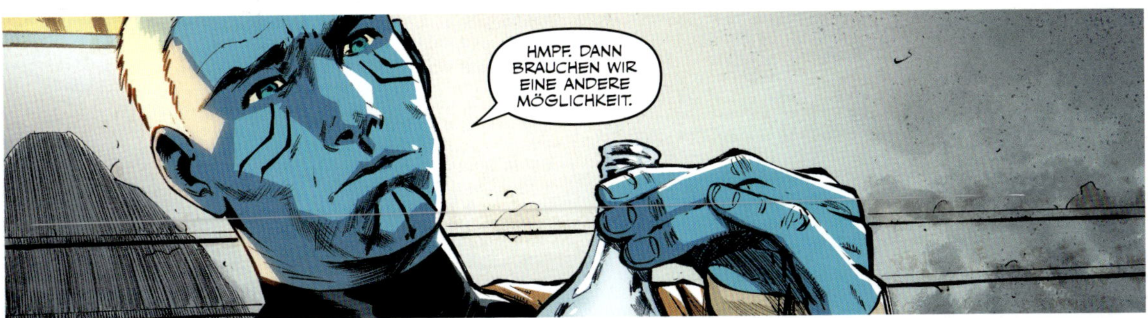
HMPF. DANN BRAUCHEN WIR EINE ANDERE MÖGLICHKEIT.
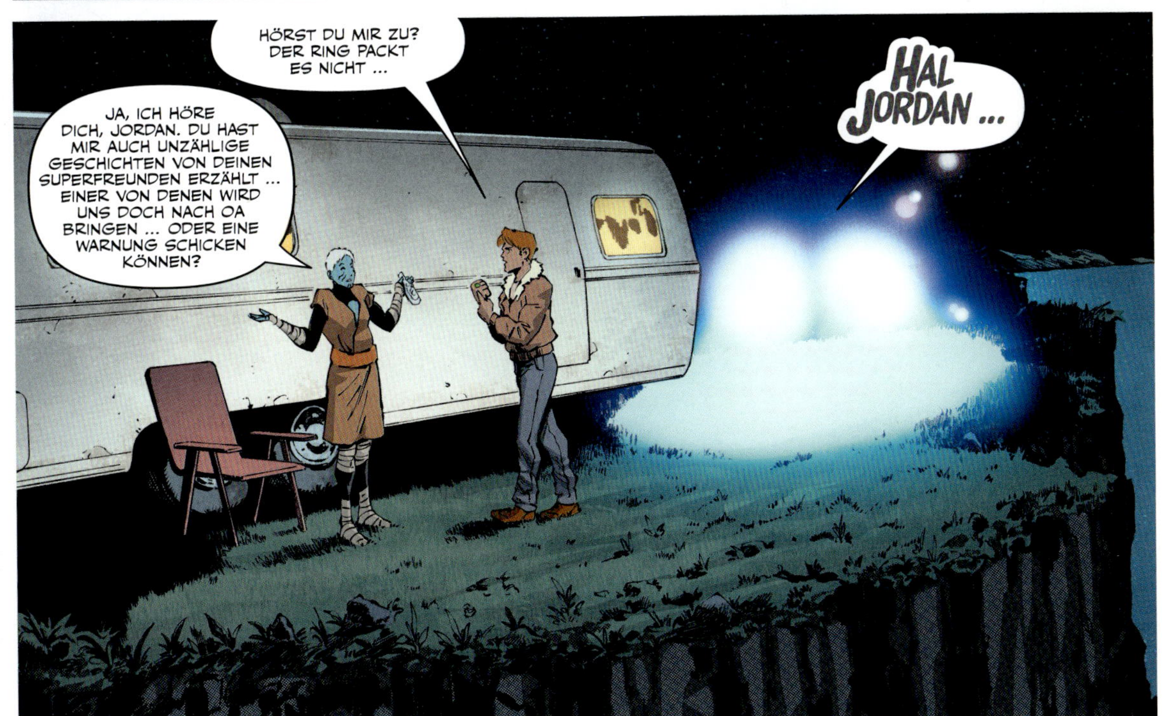
HÖRST DU MIR ZU? DER RING PACKT ES NICHT ...
JA, ICH HÖRE DICH, JORDAN. DU HAST MIR AUCH UNZÄHLIGE GESCHICHTEN VON DEINEN SUPERFREUNDEN ERZÄHLT ... EINER VON DENEN WIRD UNS DOCH NACH OA BRINGEN ... ODER EINE WARNUNG SCHICKEN KÖNNEN?
HAL JORDAN ...

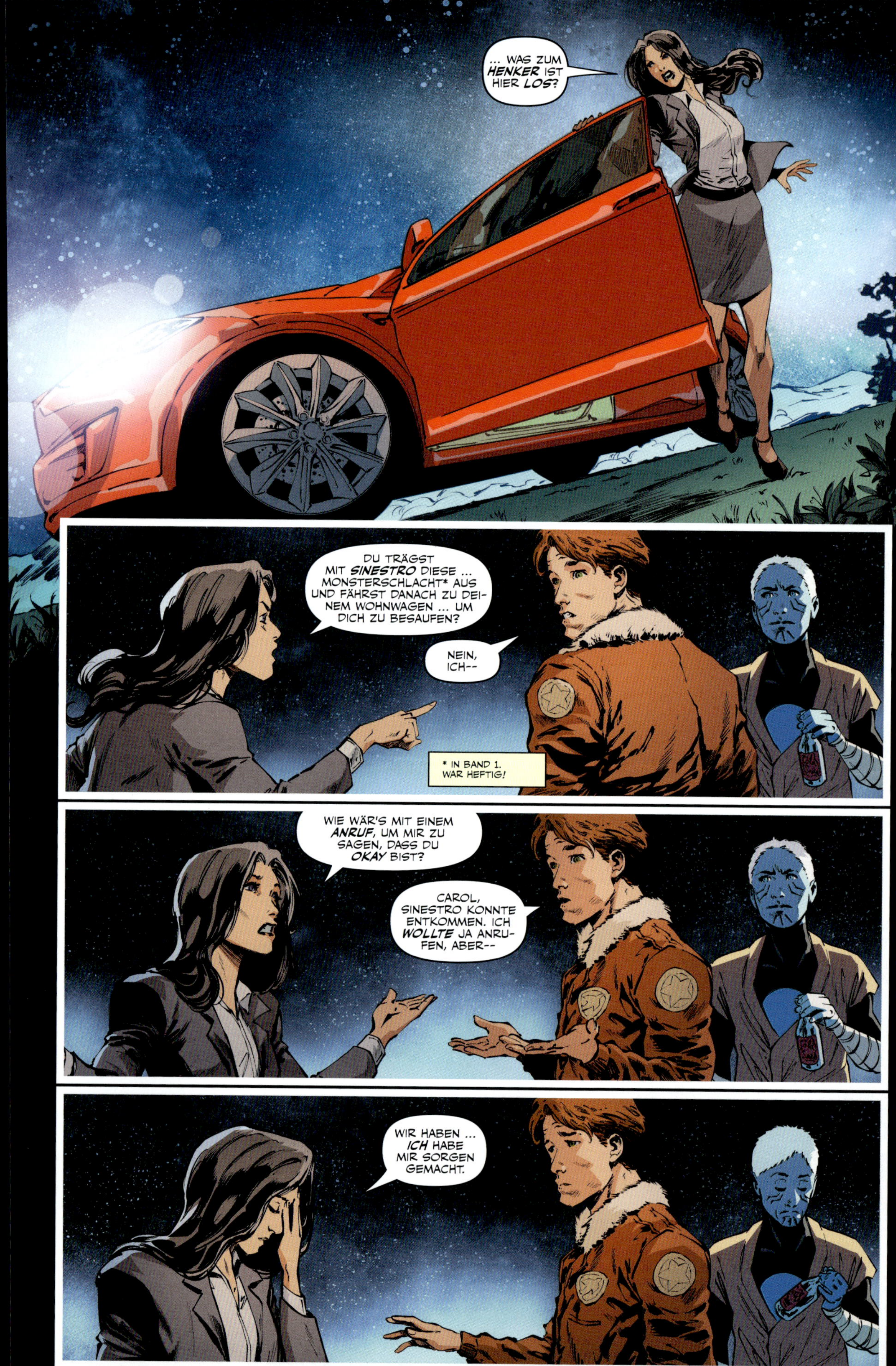
... WAS ZUM HENKER IST HIER LOS?
DU TRÄGST MIT SINESTRO DIESE ... MONSTERSCHLACHT* AUS UND FÄHRST DANACH ZU DEINEM WOHNWAGEN ... UM DICH ZU BESAUFEN?
NEIN, ICH--
* IN BAND 1. WAR HEFTIG!
WIE WÄR'S MIT EINEM ANRUF, UM MIR ZU SAGEN, DASS DU OKAY BIST?
CAROL, SINESTRO KONNTE ENTKOMMEN. ICH WOLLTE JA ANRUFEN, ABER--
WIR HABEN ... ICH HABE MIR SORGEN GEMACHT.

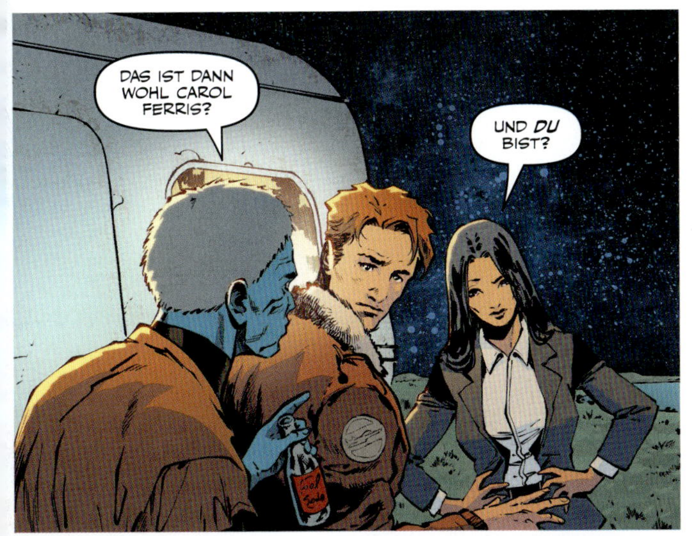
DAS IST DANN WOHL CAROL FERRIS?
UND *DU* BIST?

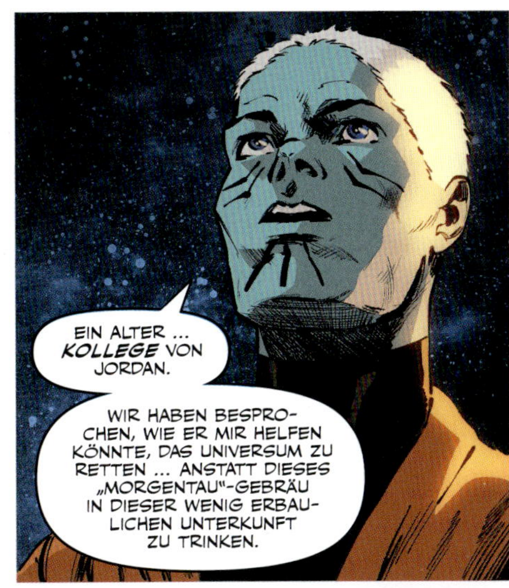
EIN ALTER ... *KOLLEGE* VON JORDAN.
WIR HABEN BESPRO-CHEN, WIE ER MIR HELFEN KÖNNTE, DAS UNIVERSUM ZU RETTEN ... ANSTATT DIESES „MORGENTAU"-GEBRÄU IN DIESER WENIG ERBAU-LICHEN UNTERKUNFT ZU TRINKEN.

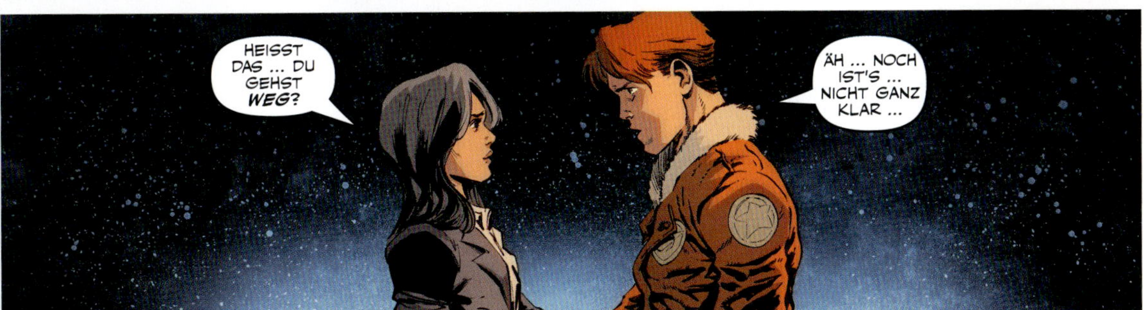
HEISST DAS ... DU GEHST *WEG*?
ÄH ... NOCH IST'S ... NICHT GANZ KLAR ...

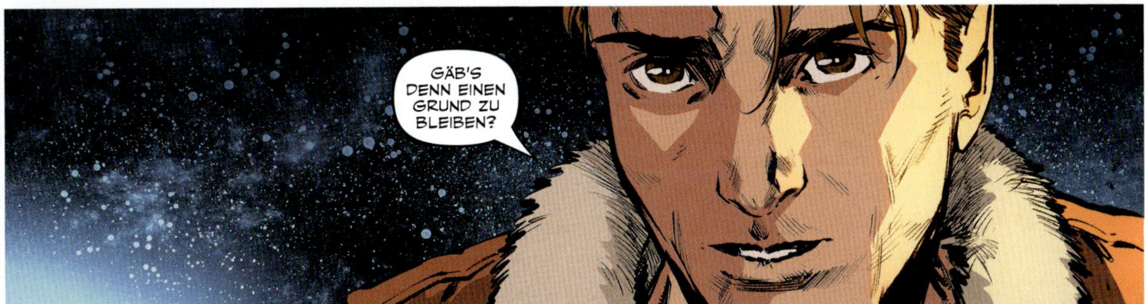
GÄB'S DENN EINEN GRUND ZU BLEIBEN?

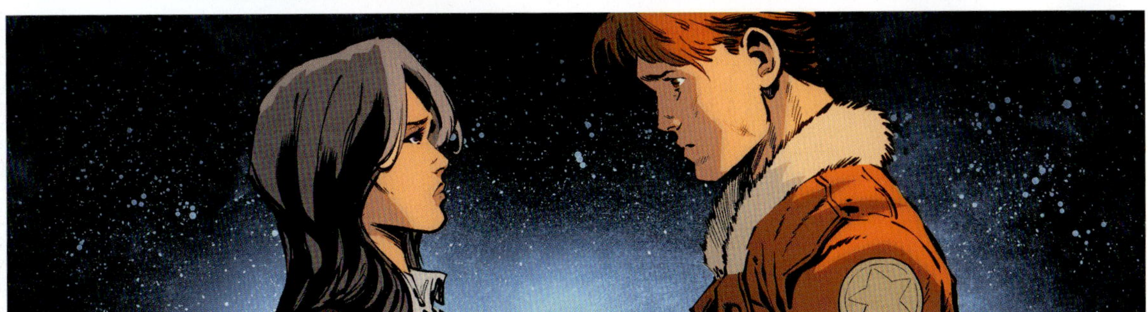

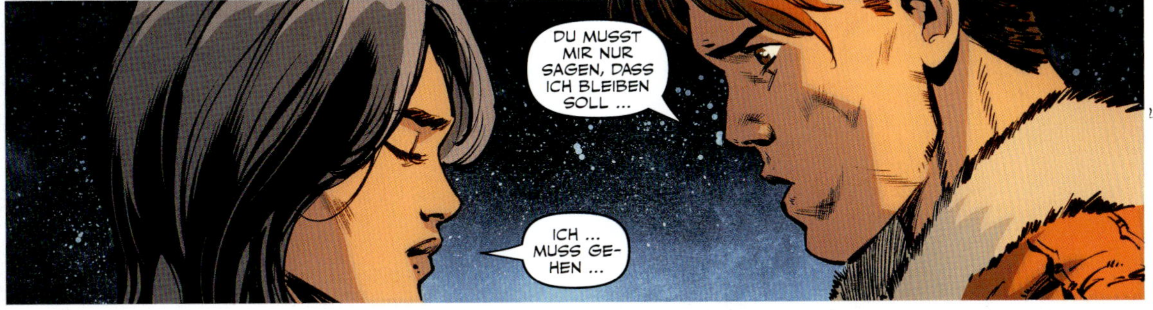
DU MUSST MIR NUR SAGEN, DASS ICH BLEIBEN SOLL ...
ICH ... MUSS GE-HEN ...

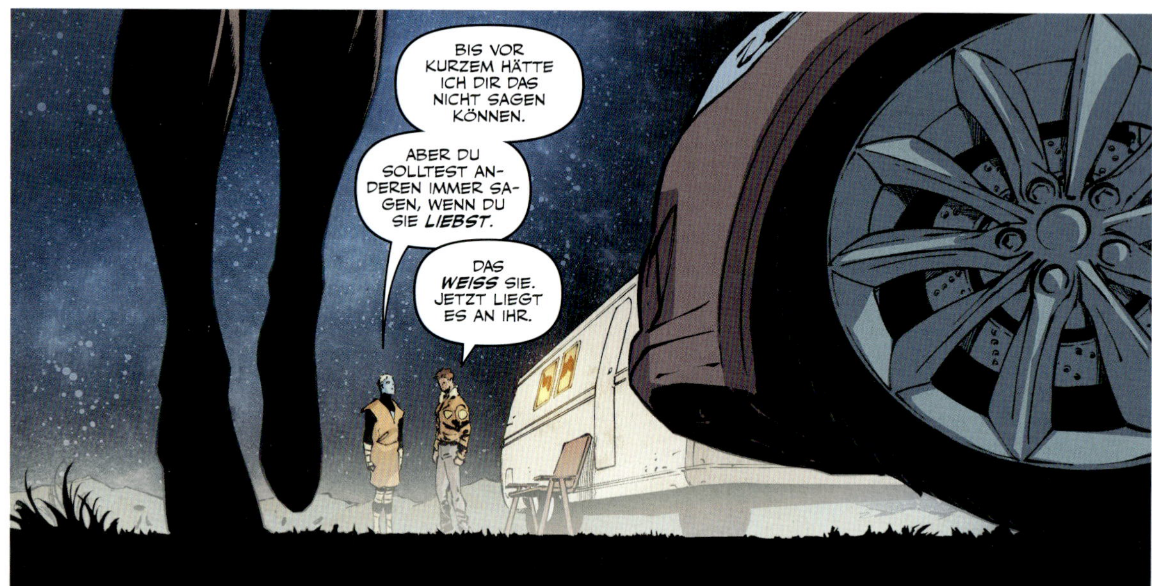
BIS VOR KURZEM HÄTTE ICH DIR DAS NICHT SAGEN KÖNNEN.
ABER DU SOLLTEST ANDEREN IMMER SAGEN, WENN DU SIE *LIEBST*.
DAS *WEISS* SIE. JETZT LIEGT ES AN IHR.

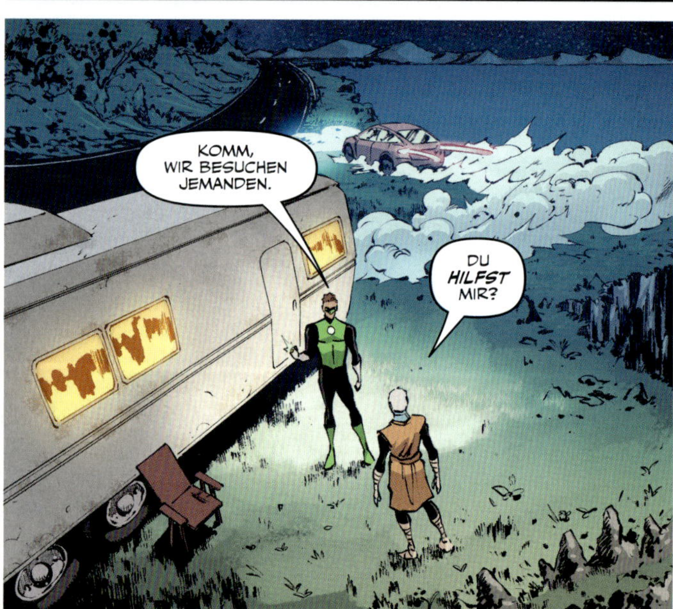
KOMM, WIR BESUCHEN JEMANDEN.
DU *HILFST* MIR?

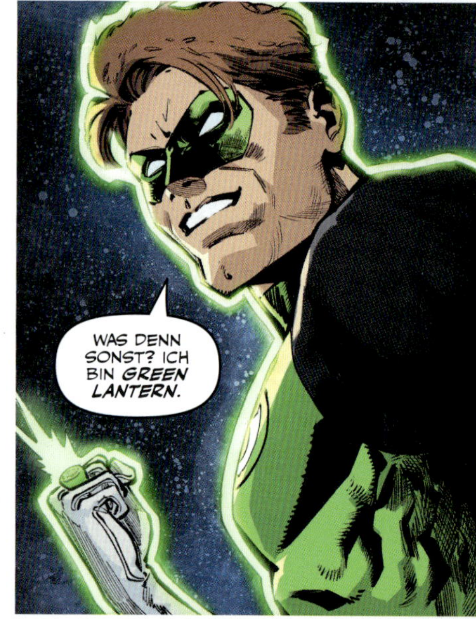
WAS DENN SONST? ICH BIN *GREEN LANTERN*.

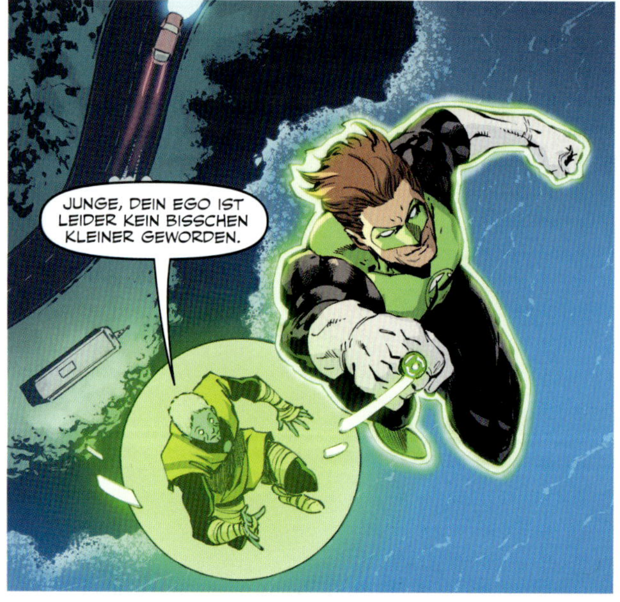
JUNGE, DEIN EGO IST LEIDER KEIN BISSCHEN KLEINER GEWORDEN.

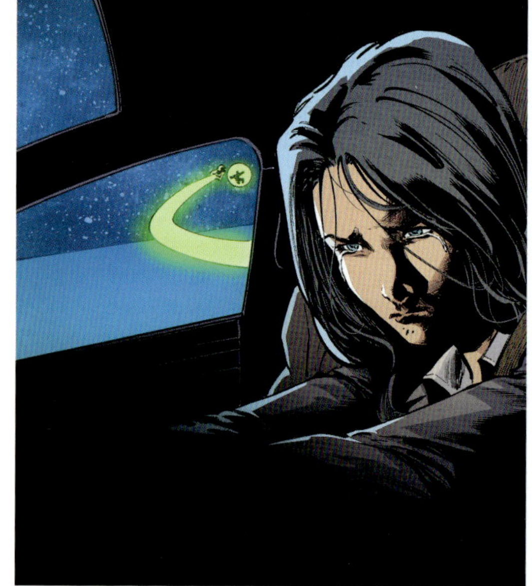

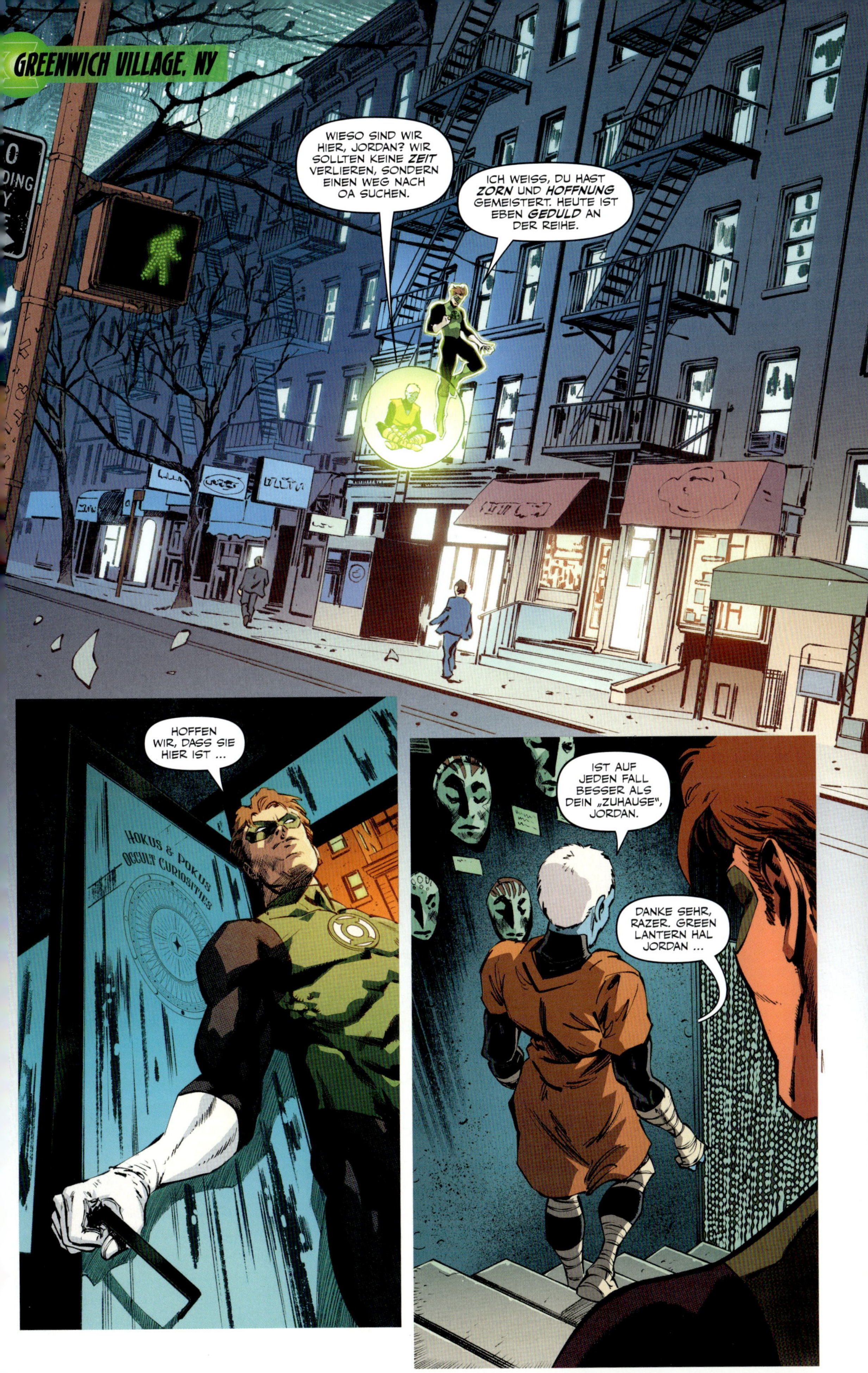
GREENWICH VILLAGE, NY
WIESO SIND WIR HIER, JORDAN? WIR SOLLTEN KEINE ZEIT VERLIEREN, SONDERN EINEN WEG NACH OA SUCHEN.
ICH WEISS, DU HAST ZORN UND HOFFNUNG GEMEISTERT. HEUTE IST EBEN GEDULD AN DER REIHE.
HOFFEN WIR, DASS SIE HIER IST ...
HOKUS & POKUS OCCULT CURIOSITIES
IST AUF JEDEN FALL BESSER ALS DEIN „ZUHAUSE", JORDAN.
DANKE SEHR, RAZER. GREEN LANTERN HAL JORDAN ...

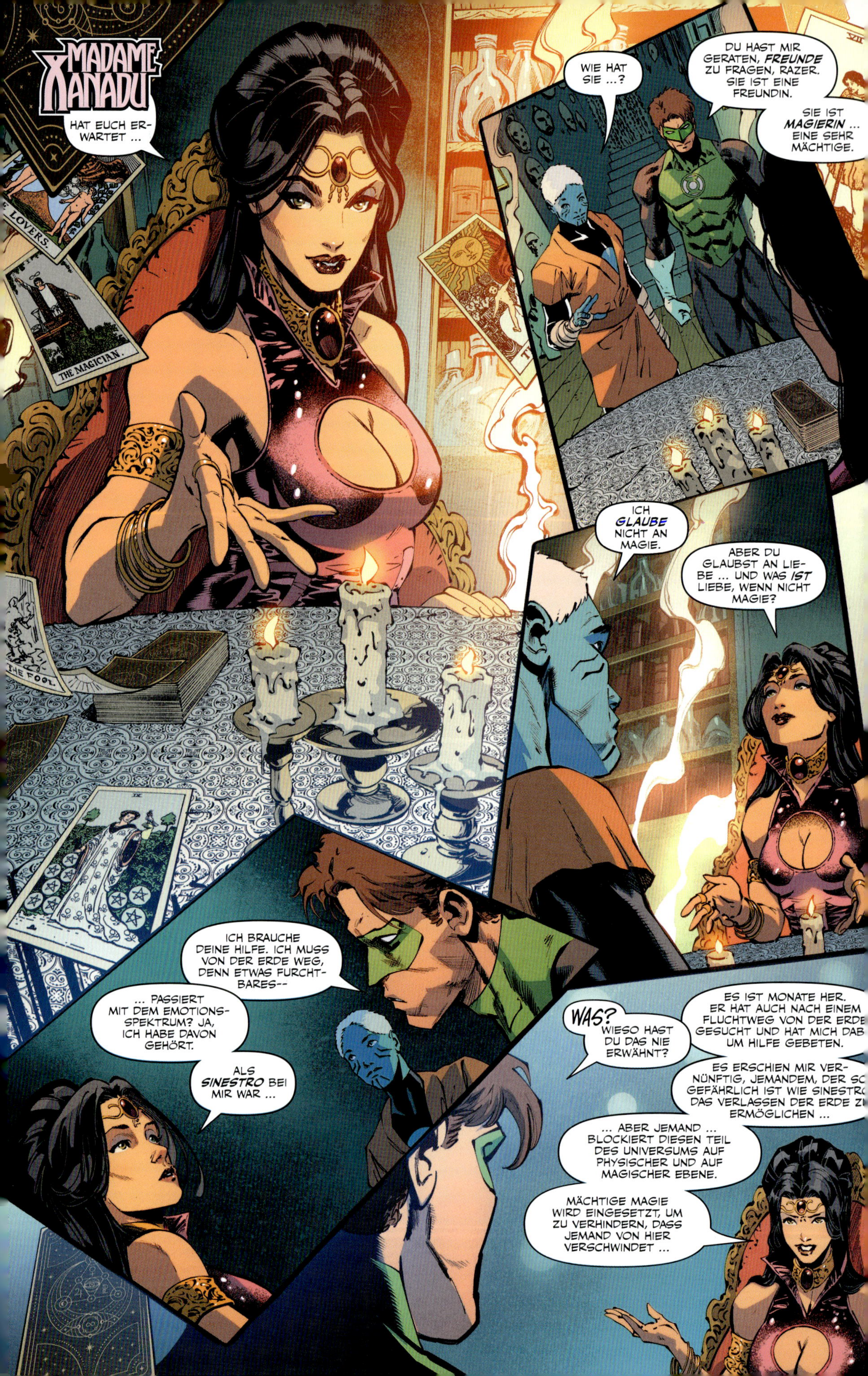
MADAME XANADU
HAT EUCH ER-WARTET ...
LOVERS.
THE MAGICIAN.
WIE HAT SIE ...?
DU HAST MIR GERATEN, *FREUNDE* ZU FRAGEN, RAZER. SIE IST EINE FREUNDIN.
SIE IST *MAGIERIN* ... EINE SEHR MÄCHTIGE.
ICH *GLAUBE* NICHT AN MAGIE.
ABER DU GLAUBST AN LIE-BE ... UND WAS *IST* LIEBE, WENN NICHT MAGIE?
THE FOOL.
ICH BRAUCHE DEINE HILFE. ICH MUSS VON DER ERDE WEG, DENN ETWAS FURCHT-BARES--
... PASSIERT MIT DEM EMOTIONS-SPEKTRUM? JA, ICH HABE DAVON GEHÖRT.
ALS *SINESTRO* BEI MIR WAR ...
WAS? WIESO HAST DU DAS NIE ERWÄHNT?
ES IST MONATE HER. ER HAT AUCH NACH EINEM FLUCHTWEG VON DER ERDE GESUCHT UND HAT MICH DAB UM HILFE GEBETEN.
ES ERSCHIEN MIR VER-NÜNFTIG, JEMANDEM, DER SO GEFÄHRLICH IST WIE SINESTRO DAS VERLASSEN DER ERDE Z ERMÖGLICHEN ...
... ABER JEMAND ... BLOCKIERT DIESEN TEIL DES UNIVERSUMS AUF PHYSISCHER UND AUF MAGISCHER EBENE.
MÄCHTIGE MAGIE WIRD EINGESETZT, UM ZU VERHINDERN, DASS JEMAND VON HIER VERSCHWINDET ...

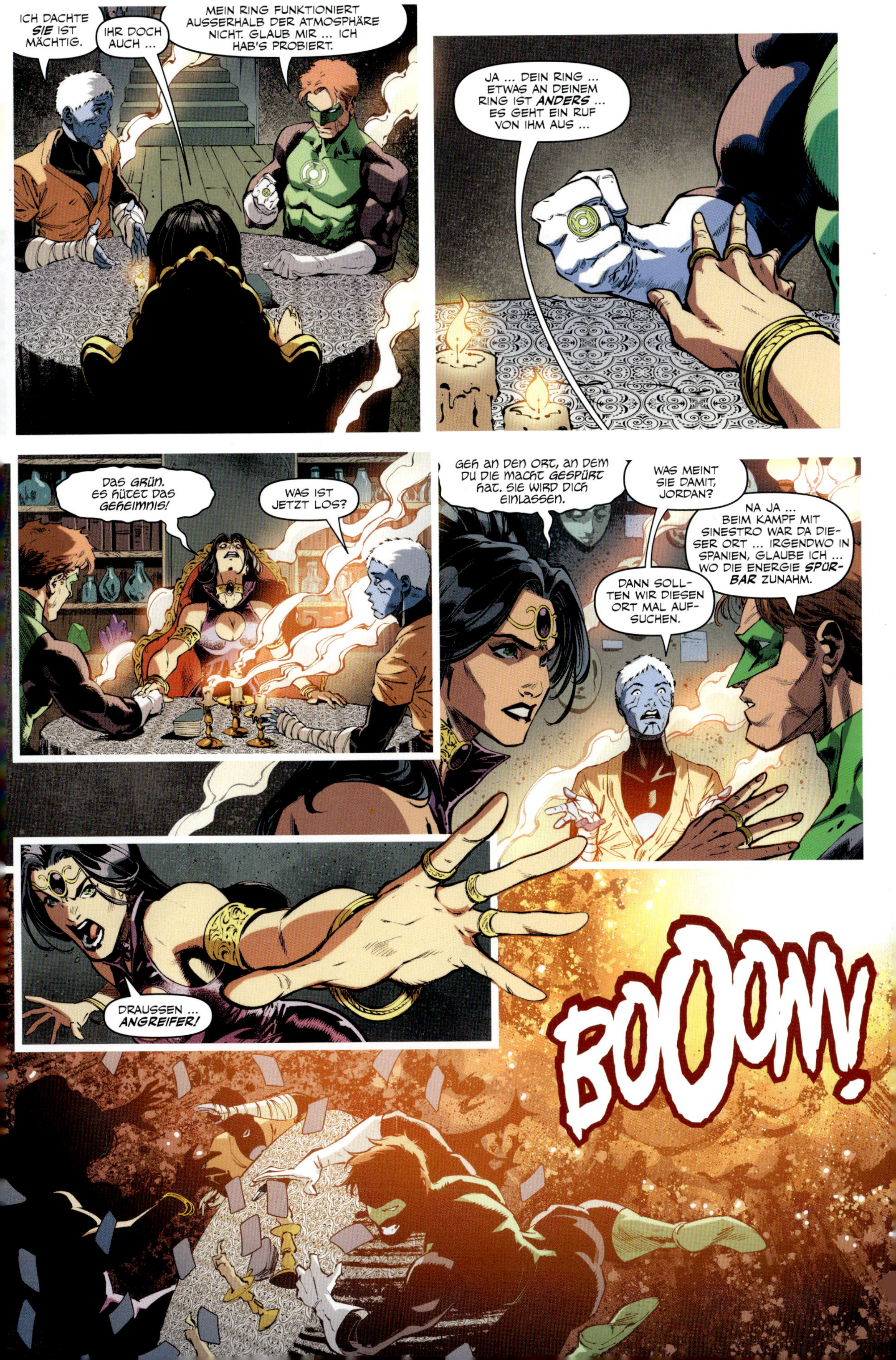

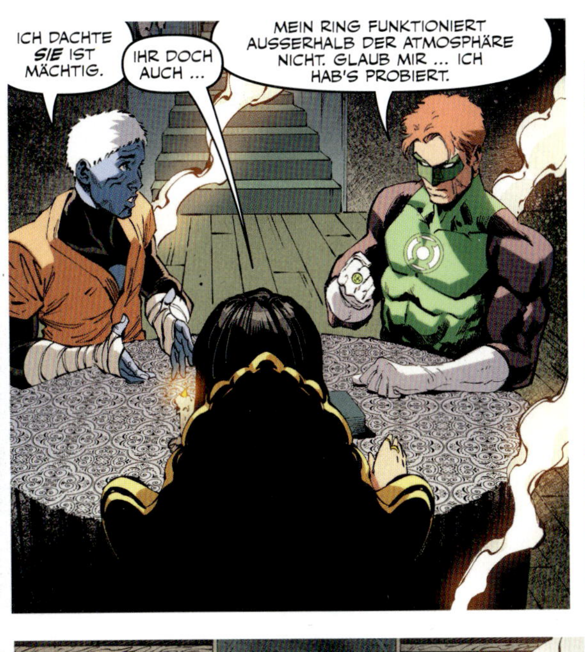

ICH DACHTE *SIE* IST MÄCHTIG.
IHR DOCH AUCH ...
MEIN RING FUNKTIONIERT AUSSERHALB DER ATMOSPHÄRE NICHT. GLAUB MIR ... ICH HAB'S PROBIERT.

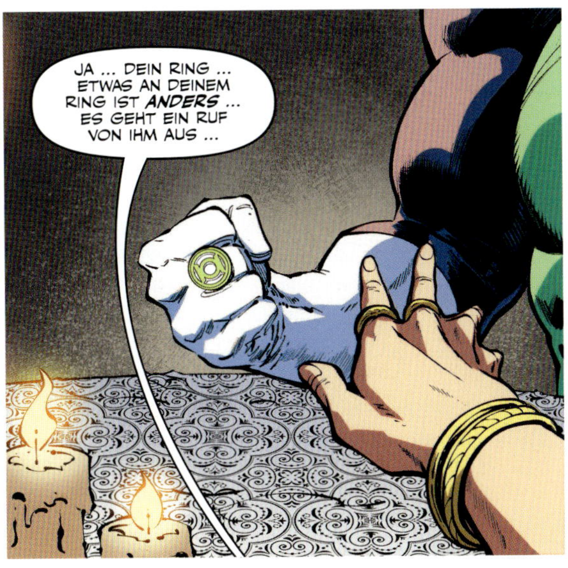

JA ... DEIN RING ... ETWAS AN DEINEM RING IST *ANDERS* ... ES GEHT EIN RUF VON IHM AUS ...

DAS *GRÜN*. ES HÜTET DAS *GEHEIMNIS*!
WAS IST JETZT LOS?
GEH AN DEN ORT, AN DEM DU DIE MACHT *GESPÜRT* HAT. SIE WIRD DICH EINLASSEN.
WAS MEINT SIE DAMIT, JORDAN?
NA JA ... BEIM KAMPF MIT SINESTRO WAR DA DIE-SER ORT ... IRGENDWO IN SPANIEN, GLAUBE ICH ... WO DIE ENERGIE *SPÜR-BAR* ZUNAHM.
DANN SOLL-TEN WIR DIESEN ORT MAL AUF-SUCHEN.
DRAUSSEN ... *ANGREIFER!*
BOOOOM!

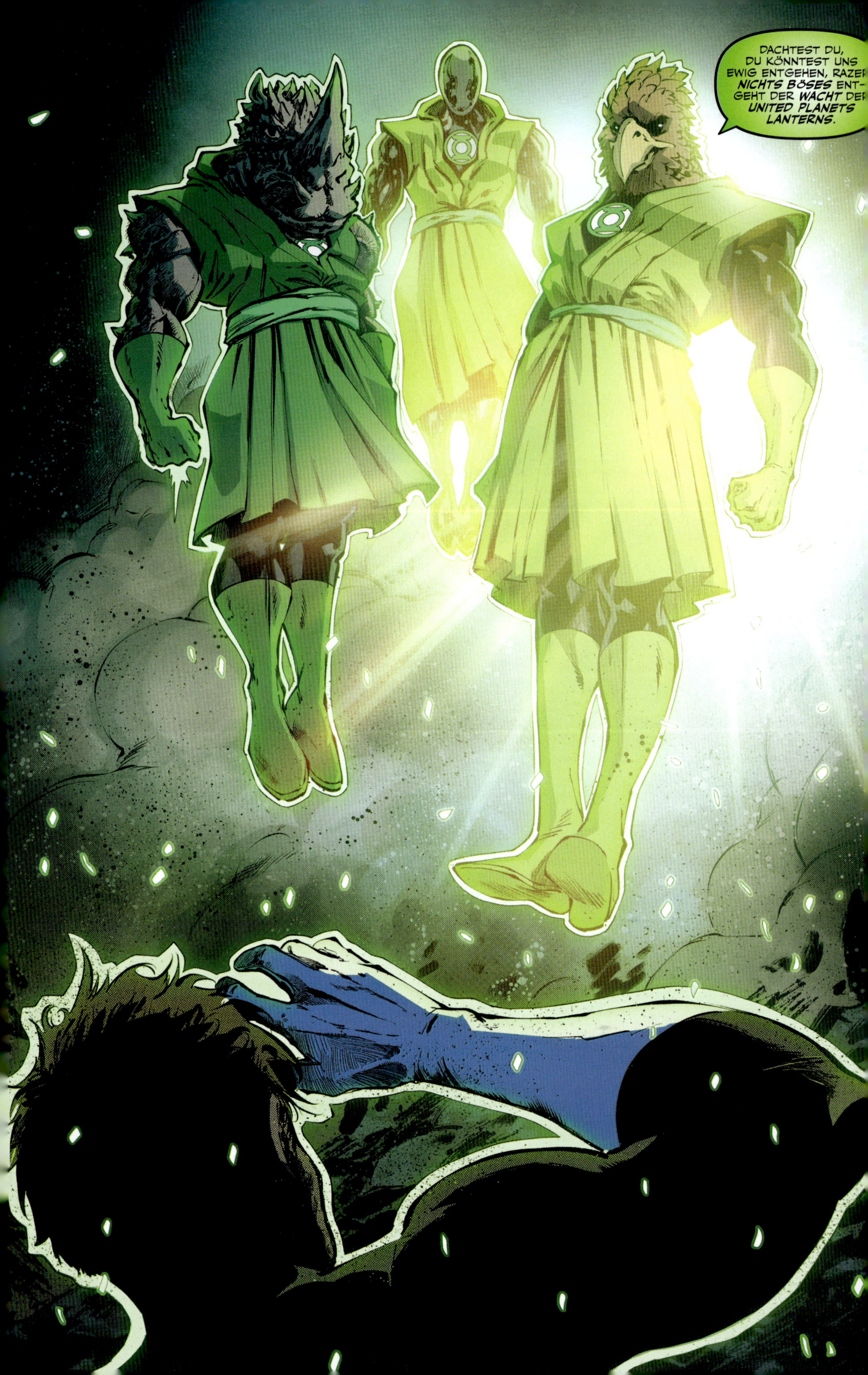
DACHTEST DU, DU KÖNNTEST UNS EWIG ENTGEHEN, RAZER
NICHTS BÖSES ENTGEHT DER WACHT DER UNITED PLANETS LANTERNS.

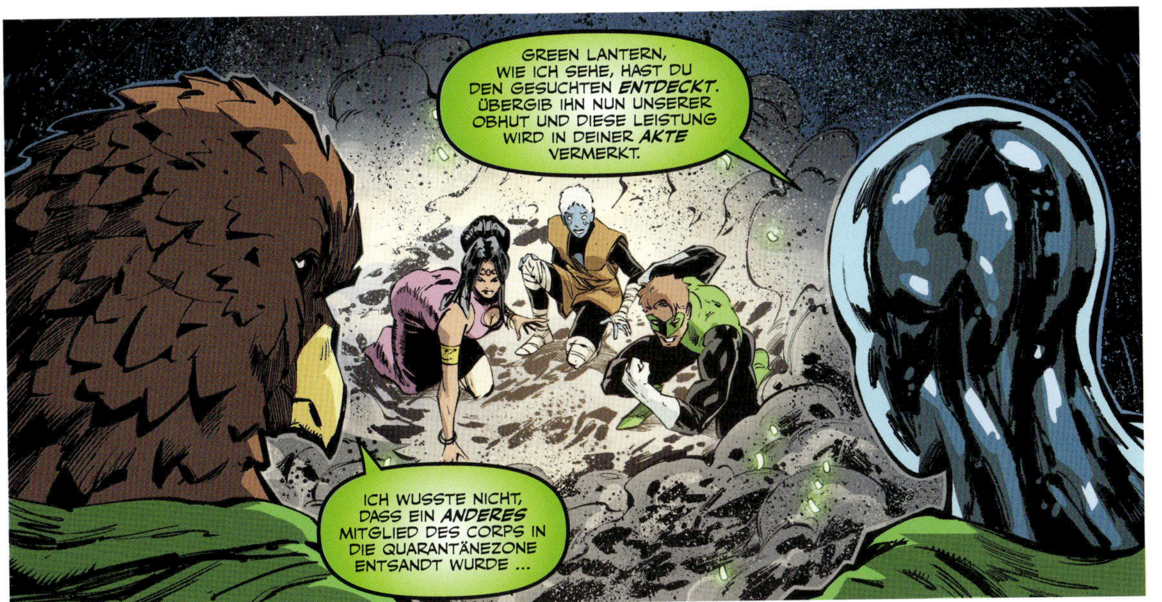
GREEN LANTERN, WIE ICH SEHE, HAST DU DEN GESUCHTEN ENTDECKT. ÜBERGIB IHN NUN UNSERER OBHUT UND DIESE LEISTUNG WIRD IN DEINER AKTE VERMERKT.
ICH WUSSTE NICHT, DASS EIN ANDERES MITGLIED DES CORPS IN DIE QUARANTÄNEZONE ENTSANDT WURDE ...

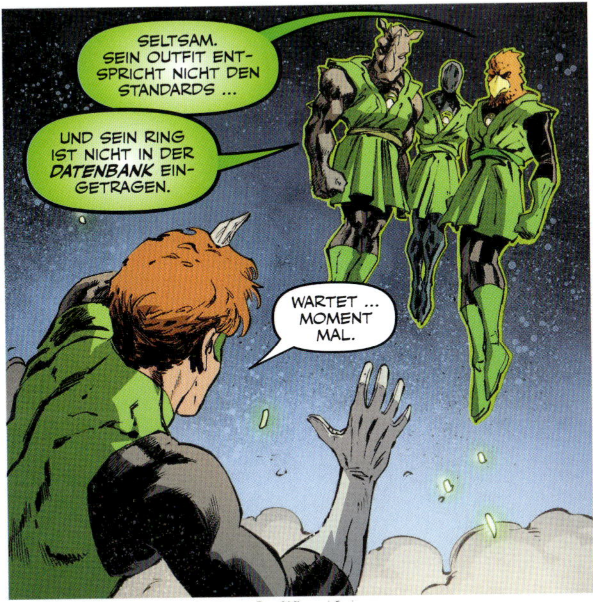
SELTSAM. SEIN OUTFIT ENTSPRICHT NICHT DEN STANDARDS ...
UND SEIN RING IST NICHT IN DER DATENBANK EINGETRAGEN.
WARTET ... MOMENT MAL.

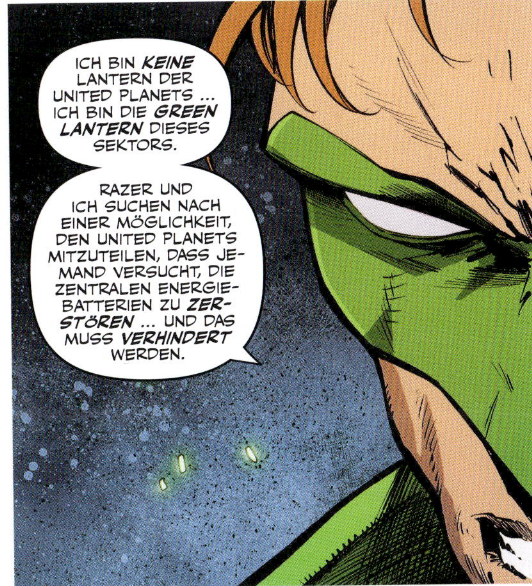
ICH BIN KEINE LANTERN DER UNITED PLANETS ... ICH BIN DIE GREEN LANTERN DIESES SEKTORS.
RAZER UND ICH SUCHEN NACH EINER MÖGLICHKEIT, DEN UNITED PLANETS MITZUTEILEN, DASS JEMAND VERSUCHT, DIE ZENTRALEN ENERGIEBATTERIEN ZU ZERSTÖREN ... UND DAS MUSS VERHINDERT WERDEN.

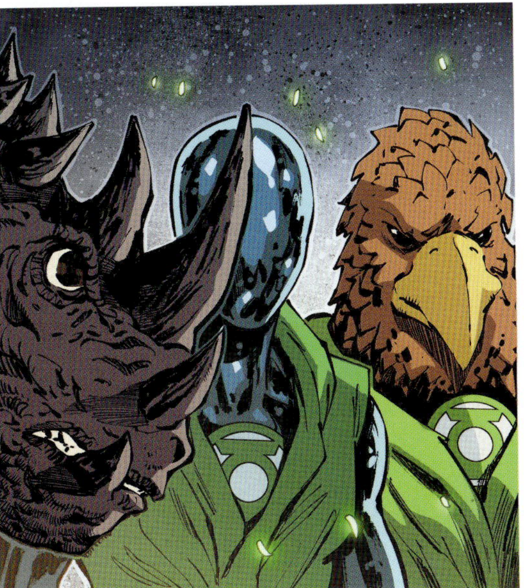

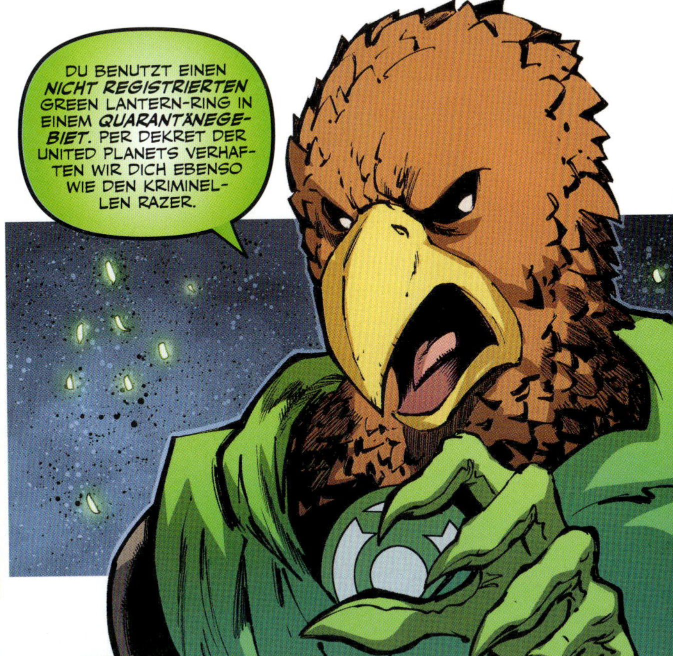
DU BENUTZT EINEN NICHT REGISTRIERTEN GREEN LANTERN-RING IN EINEM QUARANTÄNEGEBIET. PER DEKRET DER UNITED PLANETS VERHAFTEN WIR DICH EBENSO WIE DEN KRIMINELLEN RAZER.

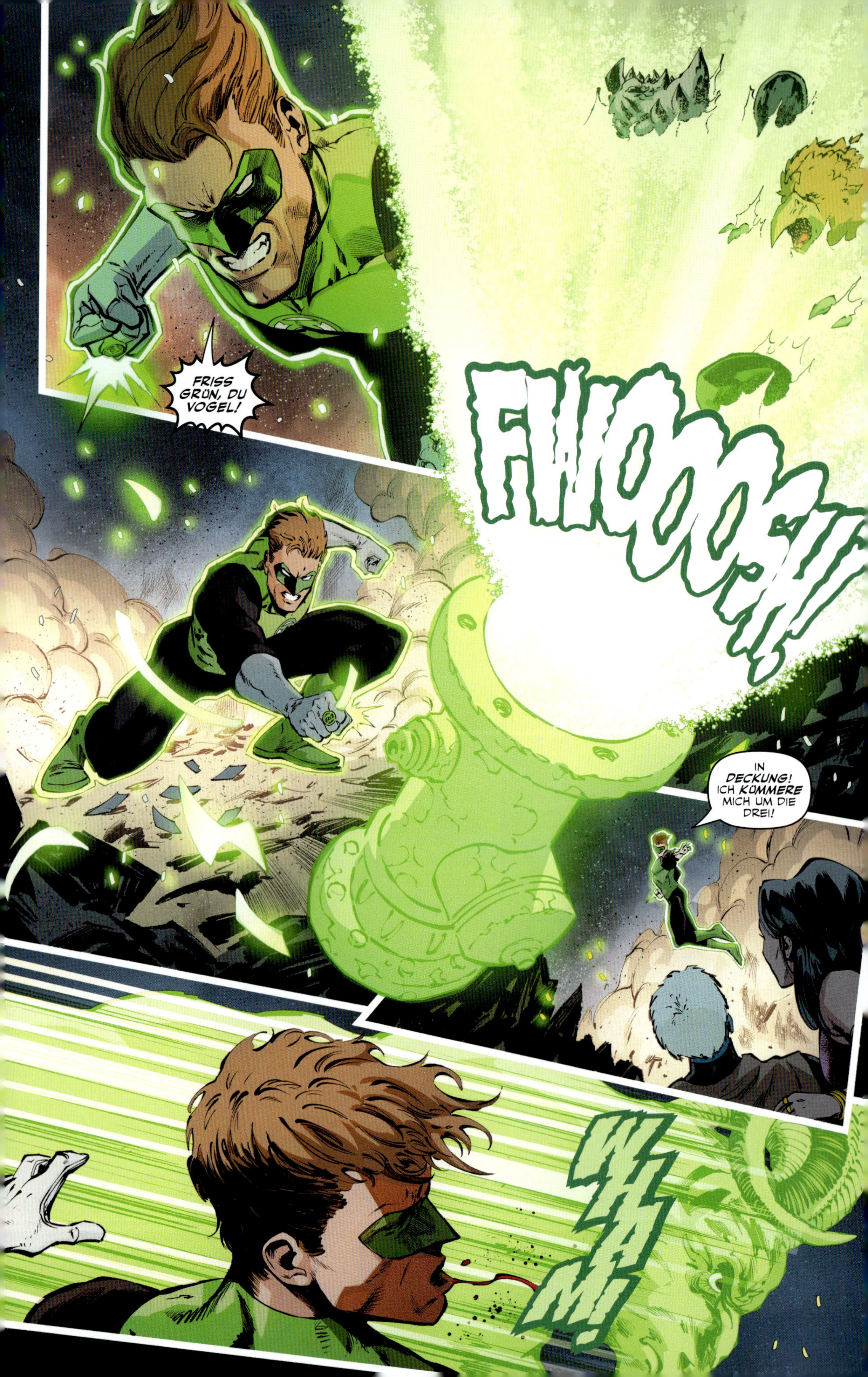
FRISS GRÜN, DU VOGEL!
FWOOOSH!
IN DECKUNG! ICH KÜMMERE MICH UM DIE DREI!
WHAM!

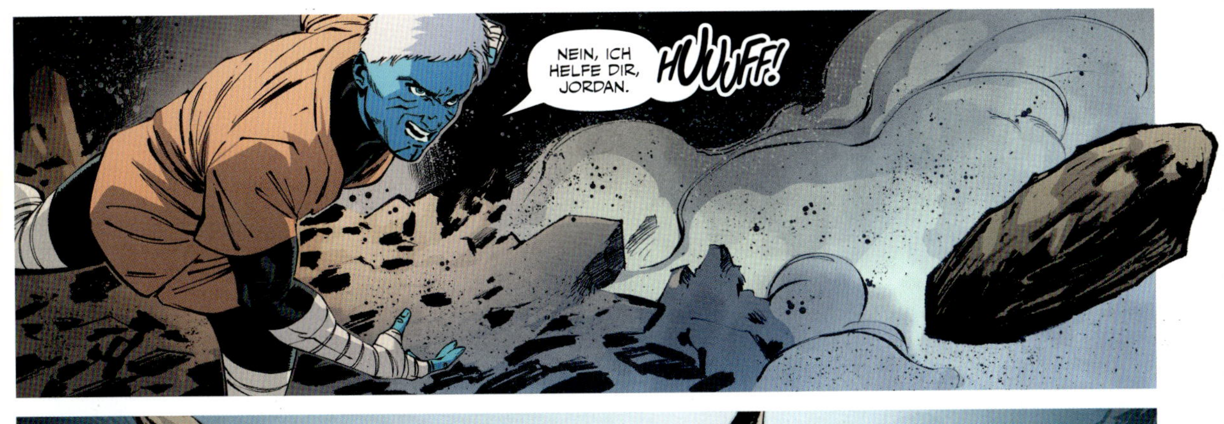
NEIN, ICH HELFE DIR, JORDAN.
HUUUFF!

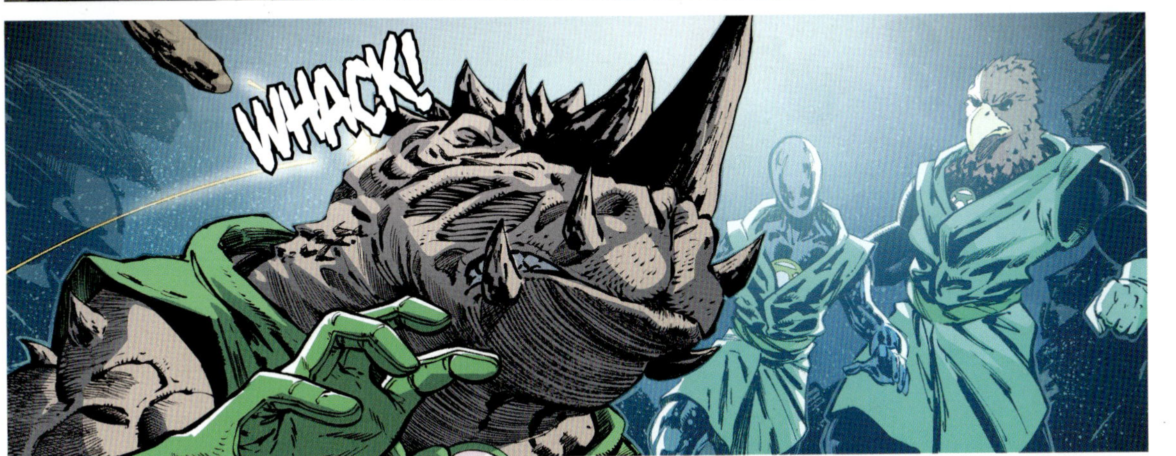
WHACK!

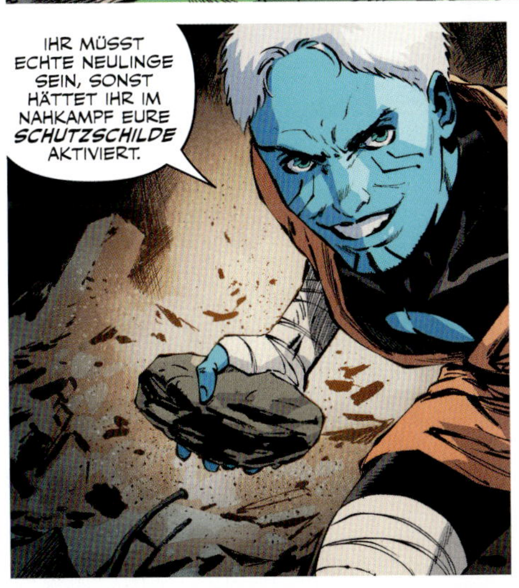
IHR MÜSST ECHTE NEULINGE SEIN, SONST HÄTTET IHR IM NAHKAMPF EURE *SCHUTZSCHILDE* AKTIVIERT.

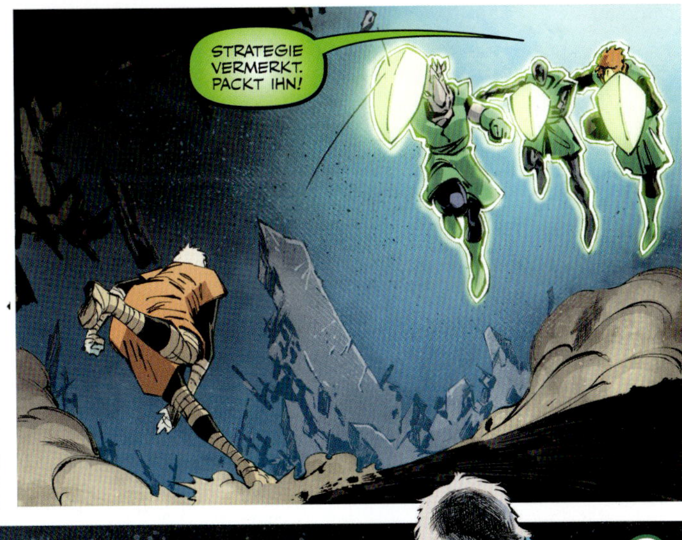
STRATEGIE VERMERKT. PACKT IHN!

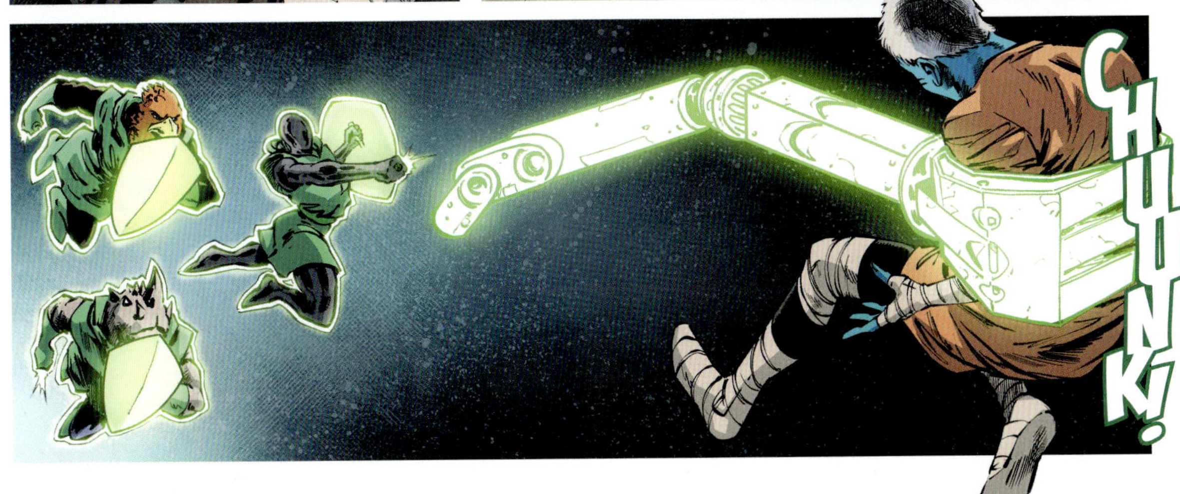
CHUUNK!

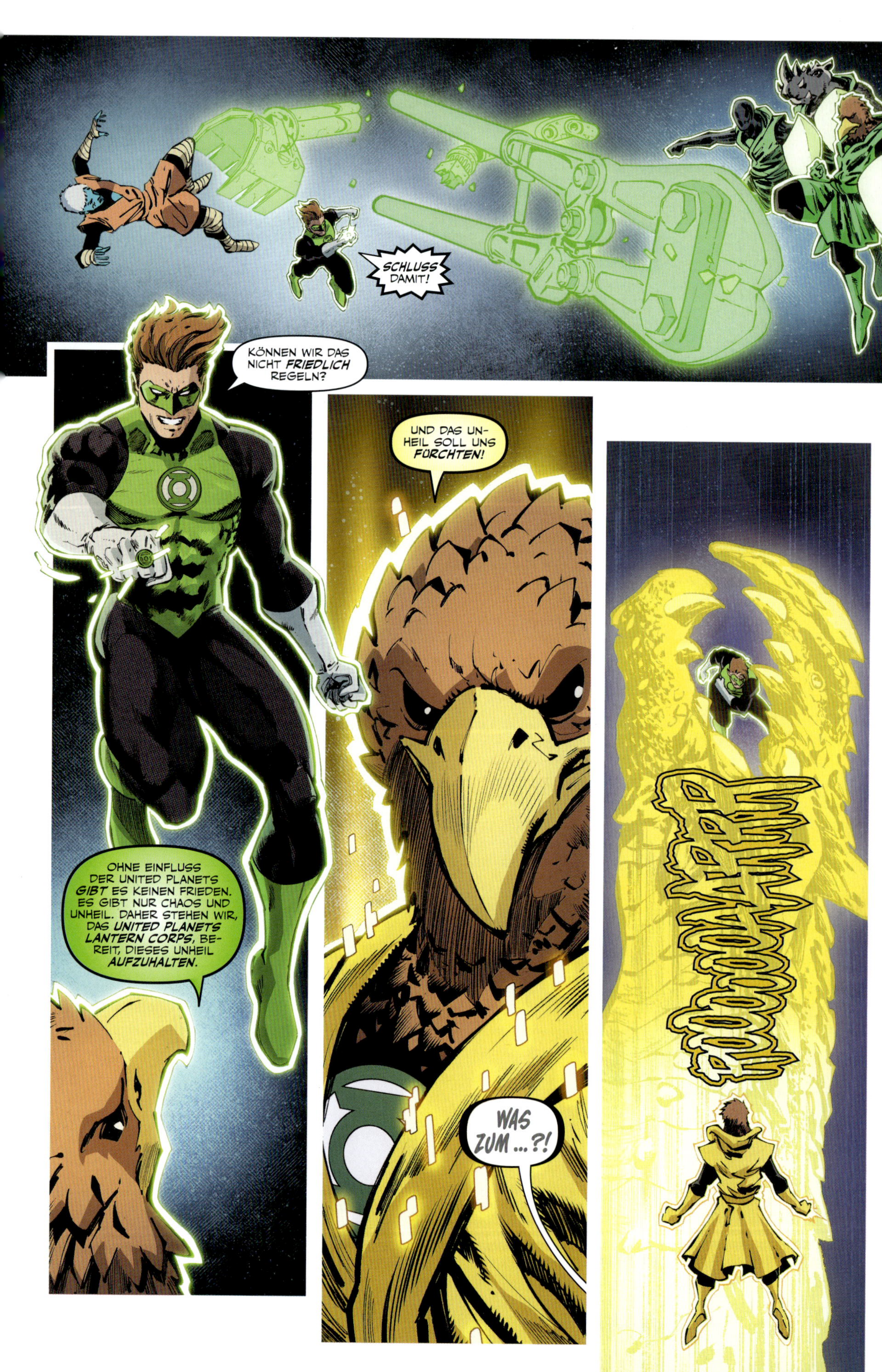
SCHLUSS DAMIT!
KÖNNEN WIR DAS NICHT FRIEDLICH REGELN?
OHNE EINFLUSS DER UNITED PLANETS GIBT ES KEINEN FRIEDEN. ES GIBT NUR CHAOS UND UNHEIL. DAHER STEHEN WIR, DAS UNITED PLANETS LANTERN CORPS, BEREIT, DIESES UNHEIL AUFZUHALTEN.
UND DAS UNHEIL SOLL UNS FÜRCHTEN!
WAS ZUM ...?!

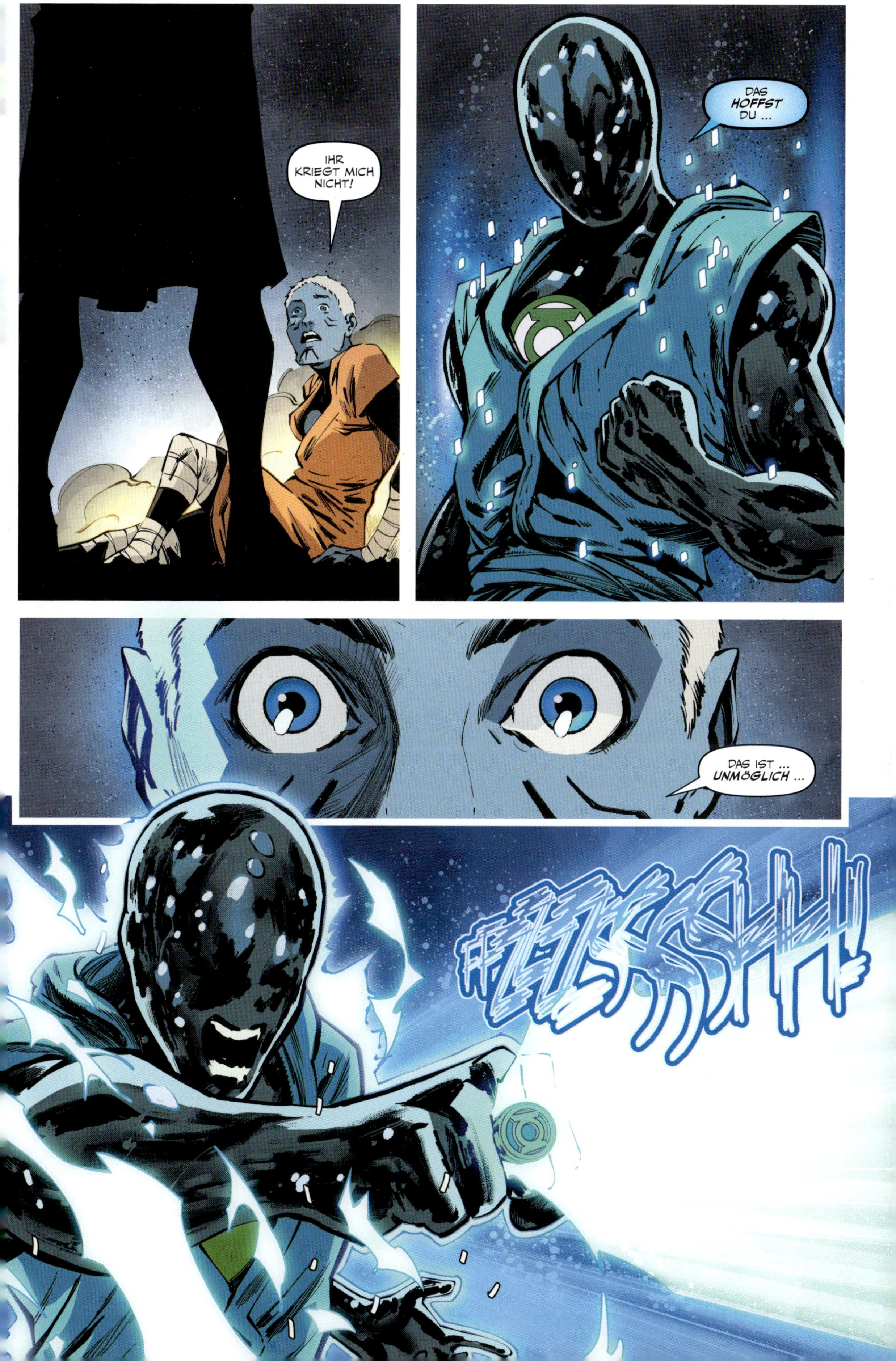

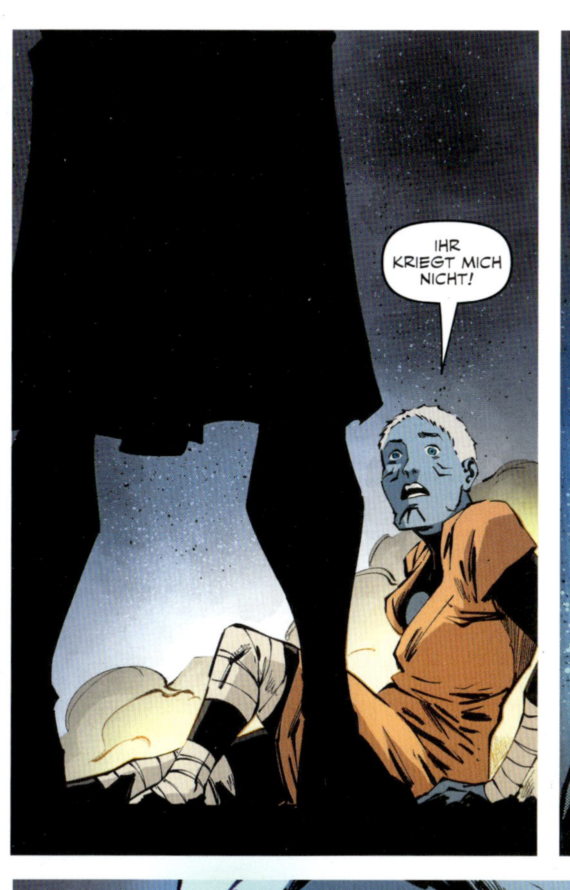

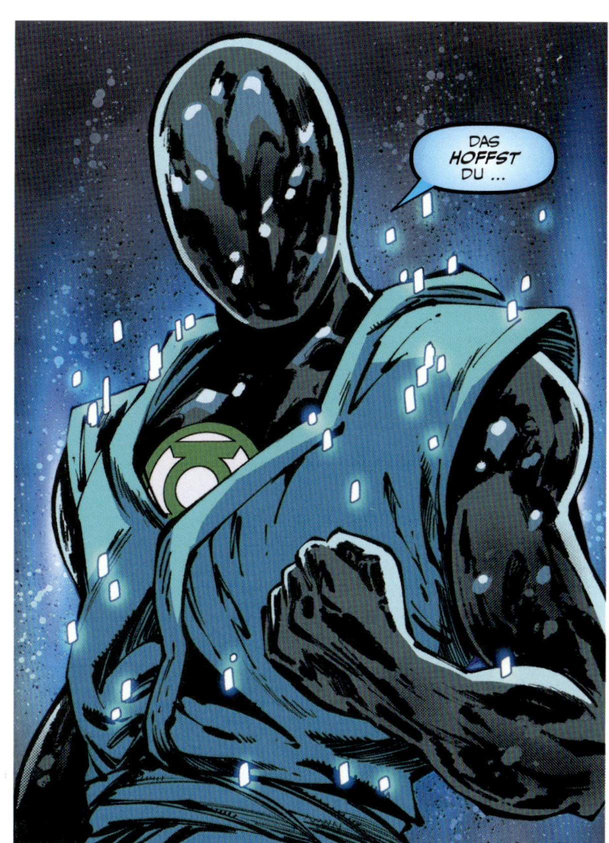

DAS IST ... *UNMÖGLICH* ...

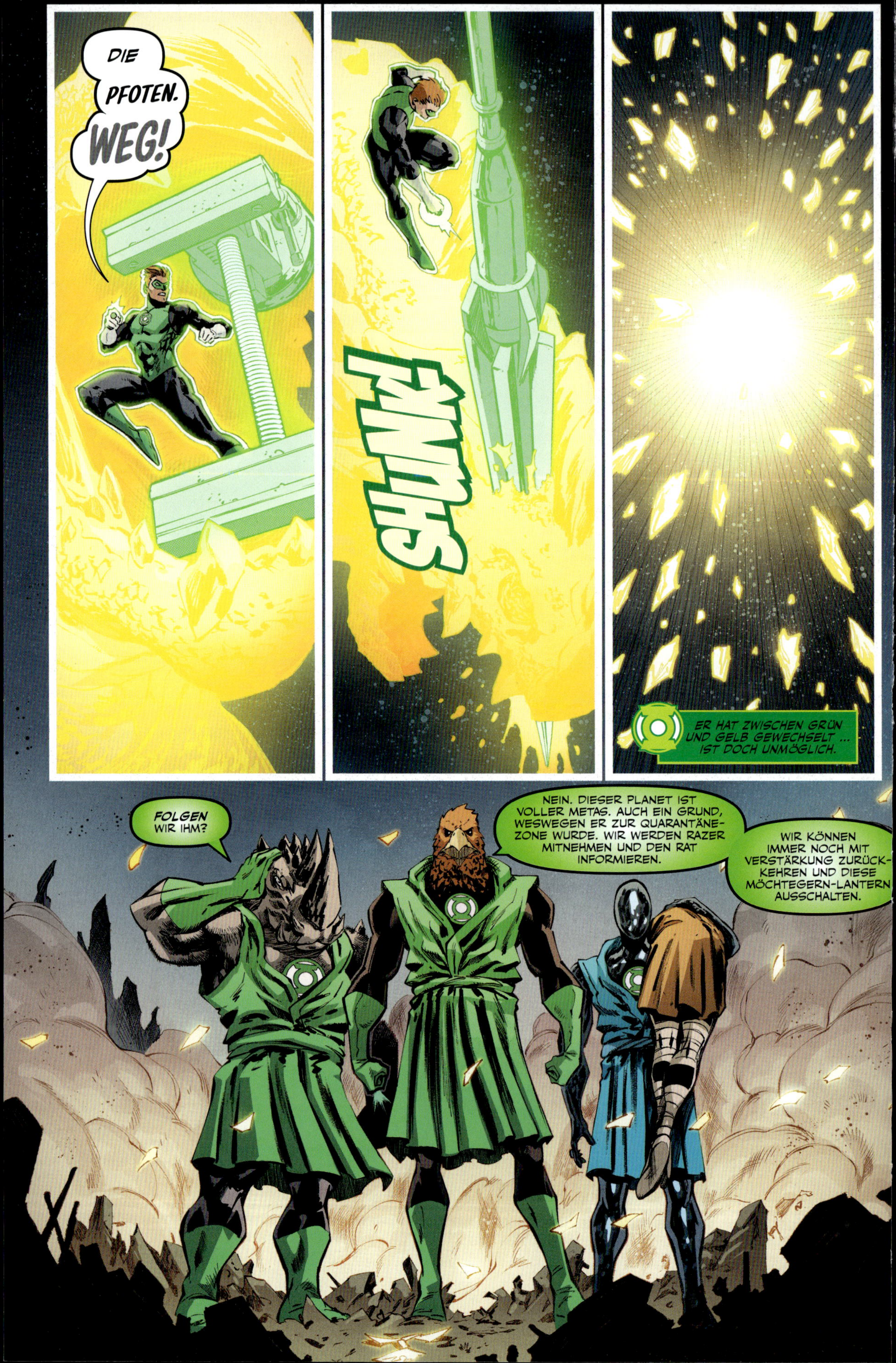

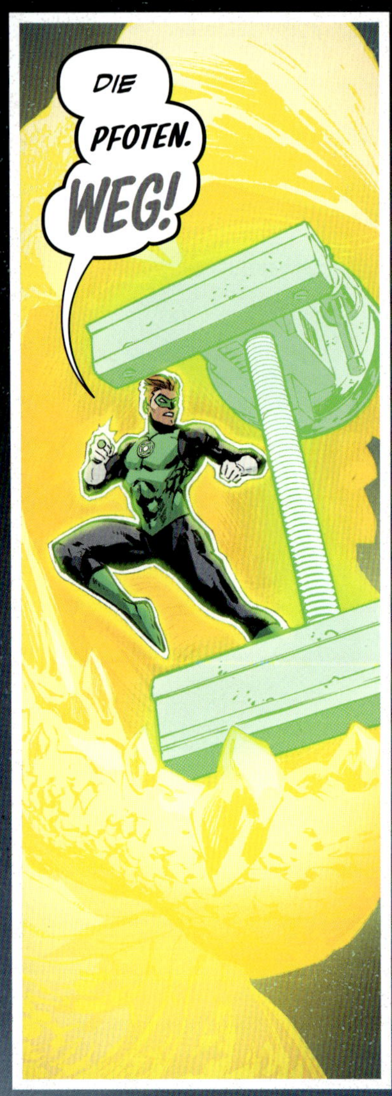
DIE PFOTEN. WEG!

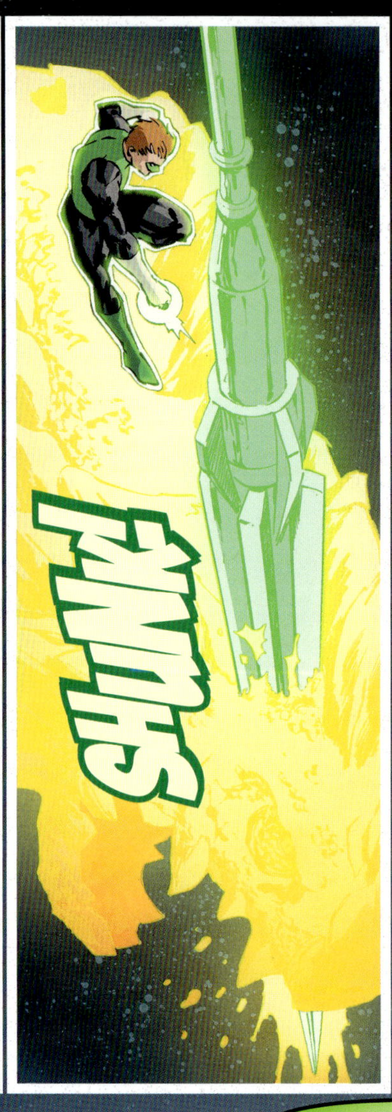
SHUNK

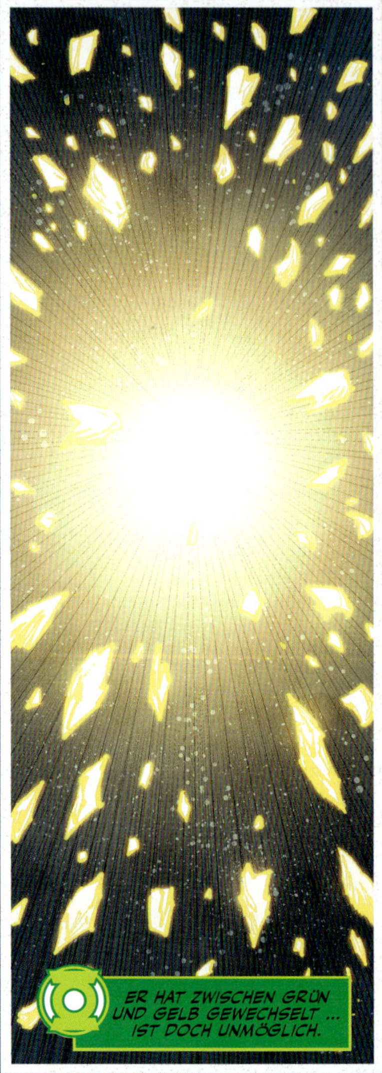
ER HAT ZWISCHEN GRÜN UND GELB GEWECHSELT ... IST DOCH UNMÖGLICH.

FOLGEN WIR IHM?
NEIN. DIESER PLANET IST VOLLER METAS. AUCH EIN GRUND, WESWEGEN ER ZUR QUARANTÄNE-ZONE WURDE. WIR WERDEN RAZER MITNEHMEN UND DEN RAT INFORMIEREN.
WIR KÖNNEN IMMER NOCH MIT VERSTÄRKUNG ZURÜCKKEHREN UND DIESE MÖCHTEGERN-LANTERN AUSSCHALTEN.

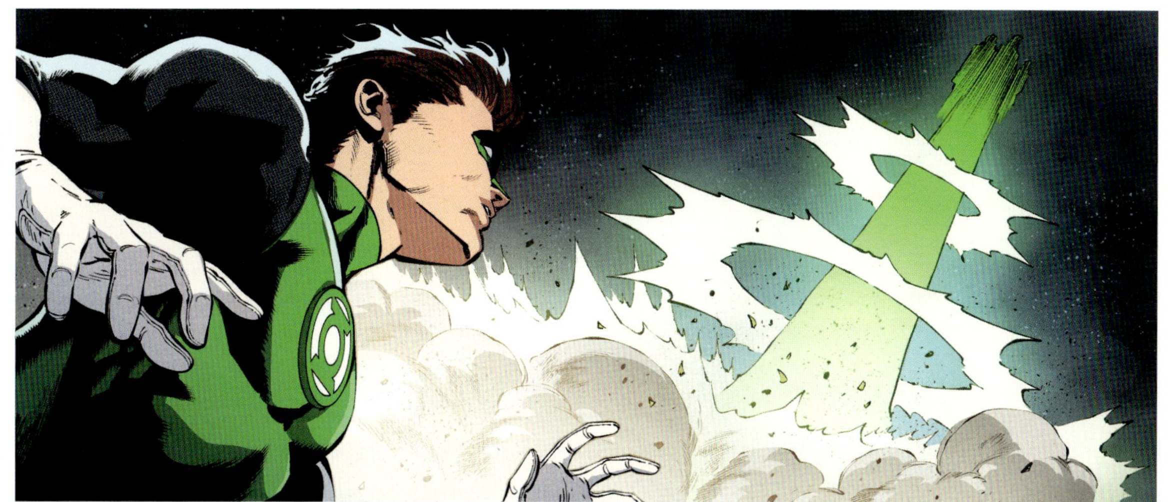

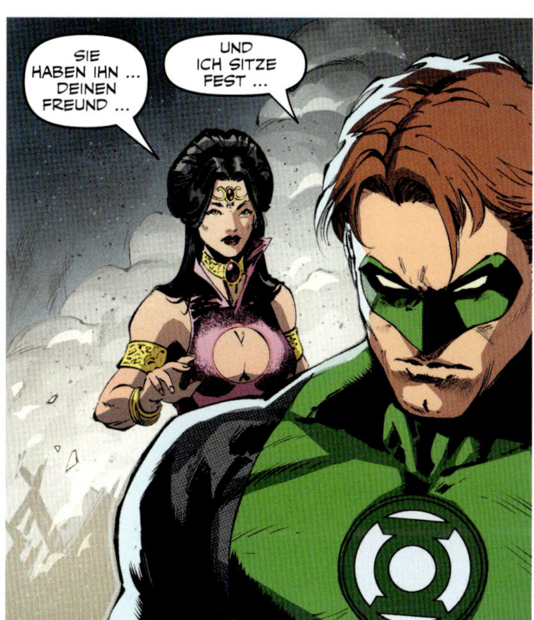
SIE HABEN IHN ... DEINEN FREUND ...
UND ICH SITZE FEST ...

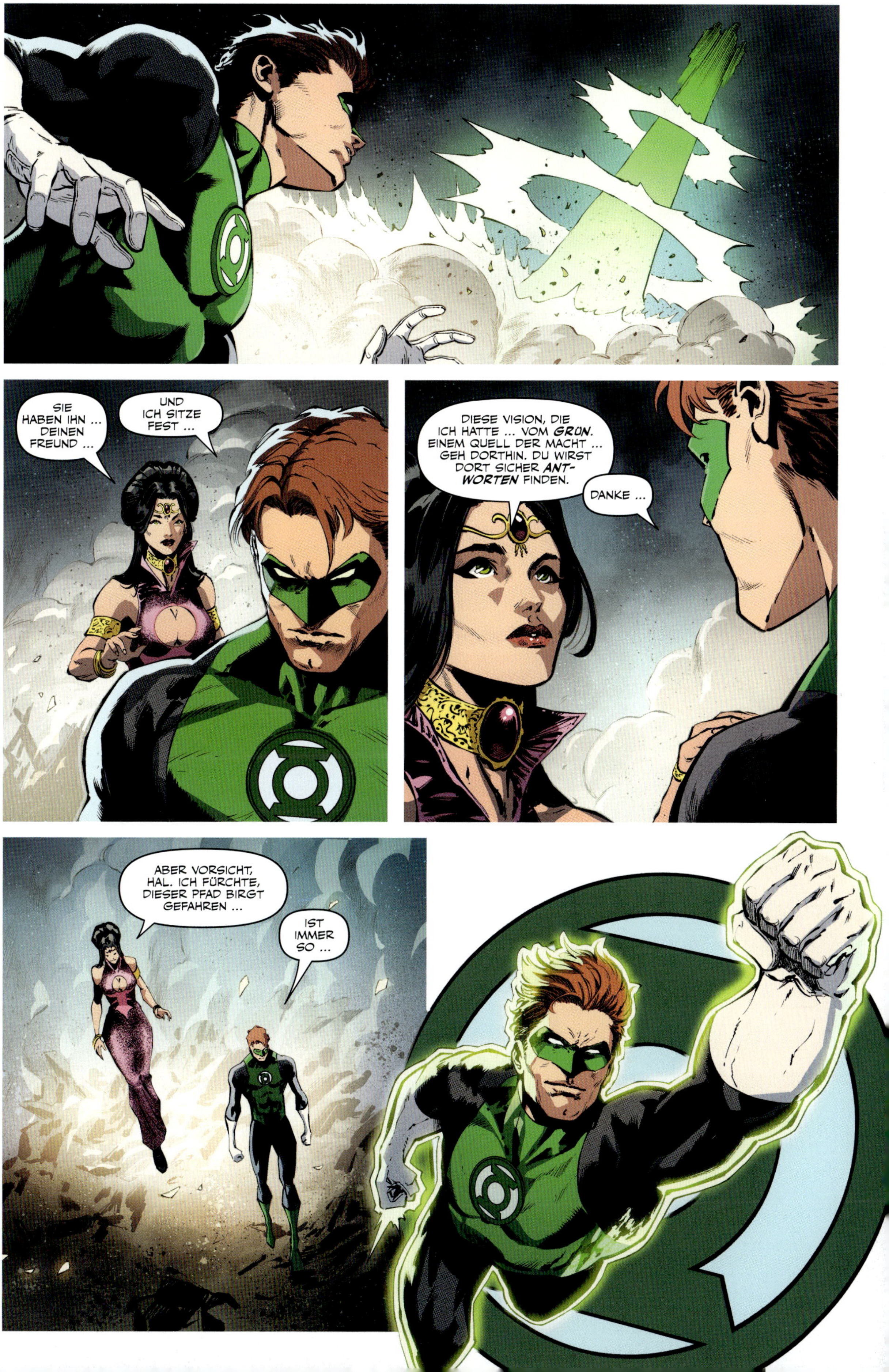

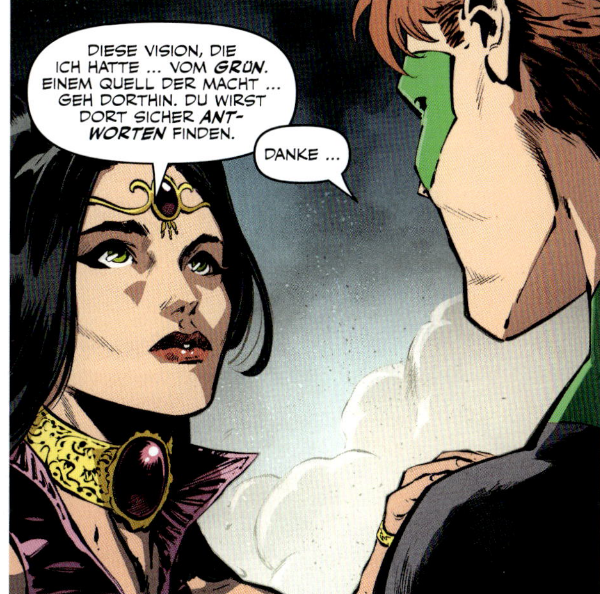
DIESE VISION, DIE ICH HATTE ... VOM *GRÜN*. EINEM QUELL DER MACHT ... GEH DORTHIN. DU WIRST DORT SICHER *ANTWORTEN* FINDEN.
DANKE ...

ABER VORSICHT, HAL. ICH FÜRCHTE, DIESER PFAD BIRGT GEFAHREN ...
IST IMMER SO ...

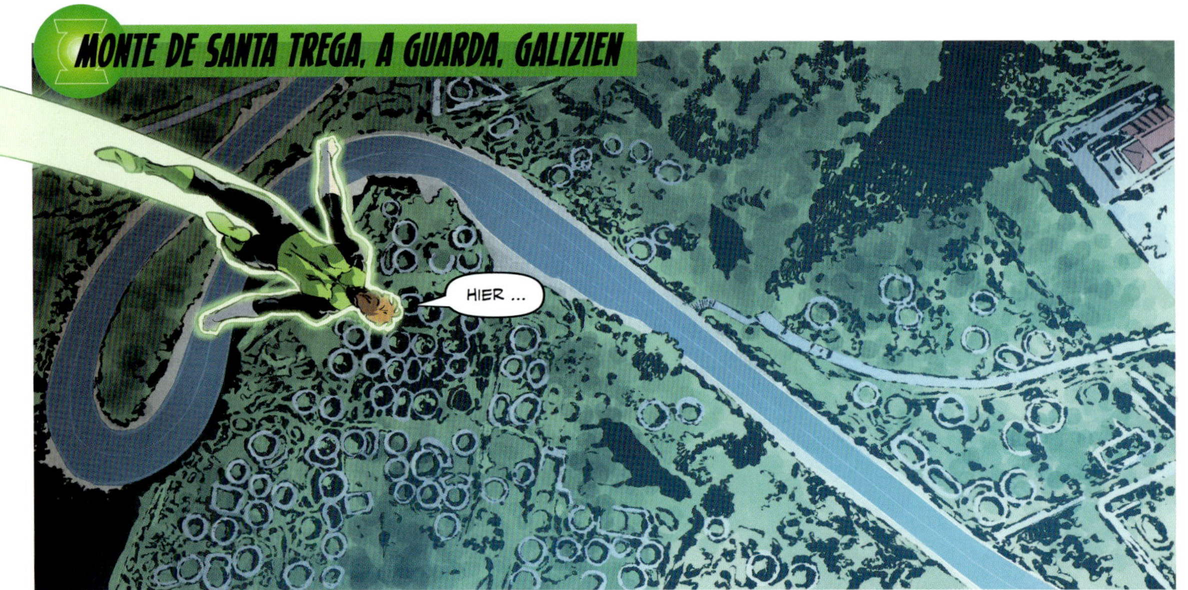
MONTE DE SANTA TREGA, A GUARDA, GALIZIEN
HIER ...

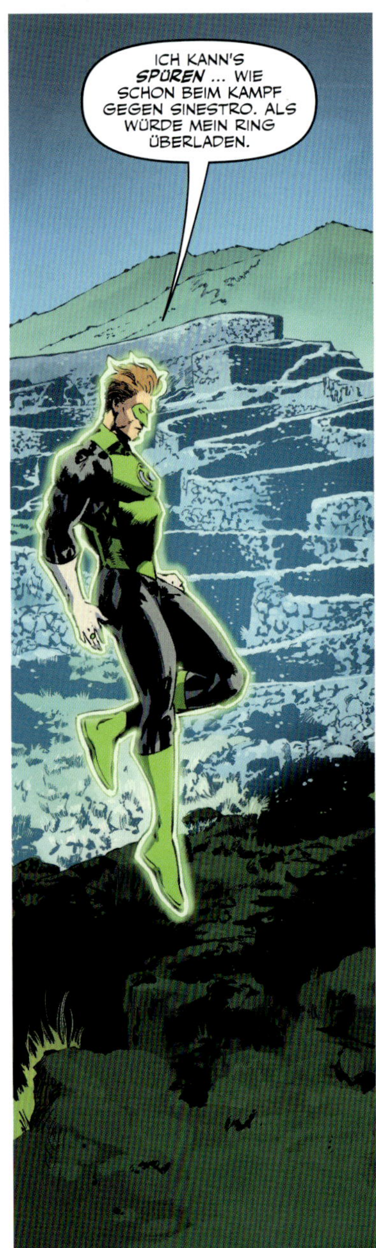
ICH KANN'S SPÜREN ... WIE SCHON BEIM KAMPF GEGEN SINESTRO. ALS WÜRDE MEIN RING ÜBERLADEN.

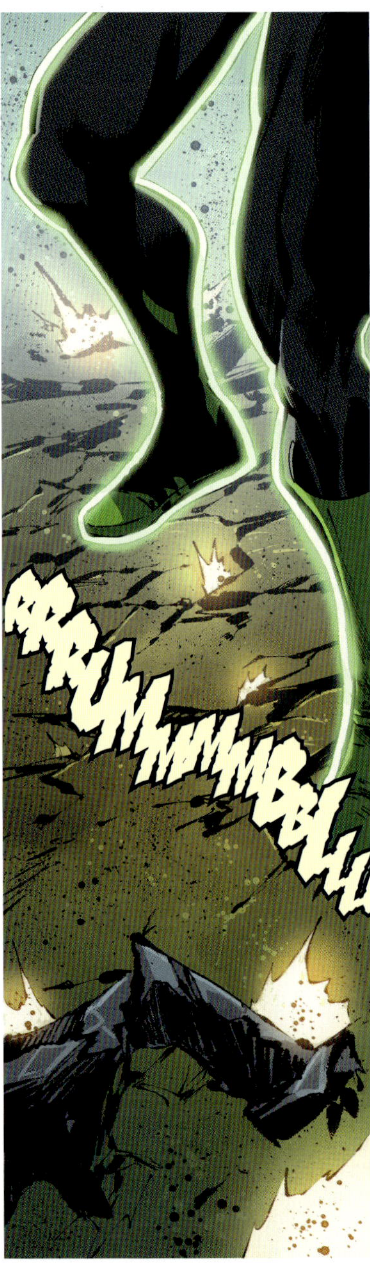
RRRUMMMMBBLLL

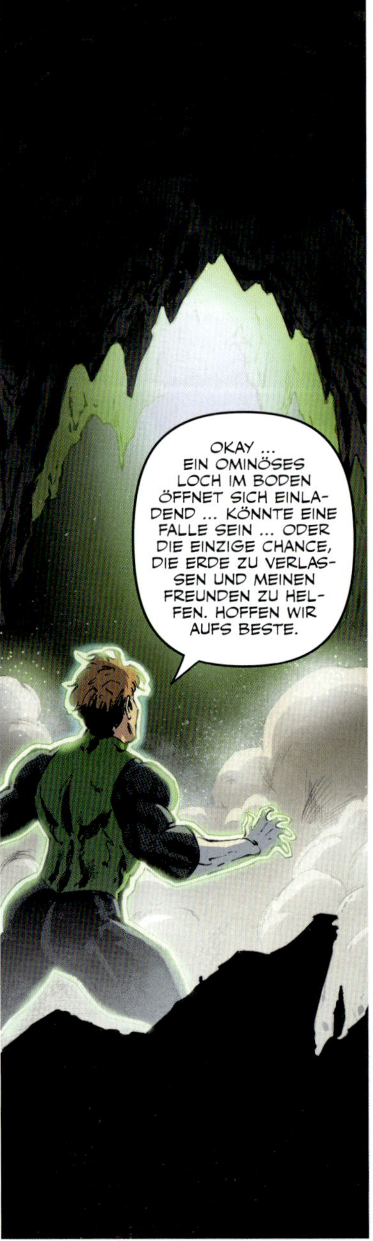
OKAY ... EIN OMINÖSES LOCH IM BODEN ÖFFNET SICH EINLA-DEND ... KÖNNTE EINE FALLE SEIN ... ODER DIE EINZIGE CHANCE, DIE ERDE ZU VERLAS-SEN UND MEINEN FREUNDEN ZU HEL-FEN. HOFFEN WIR AUFS BESTE.

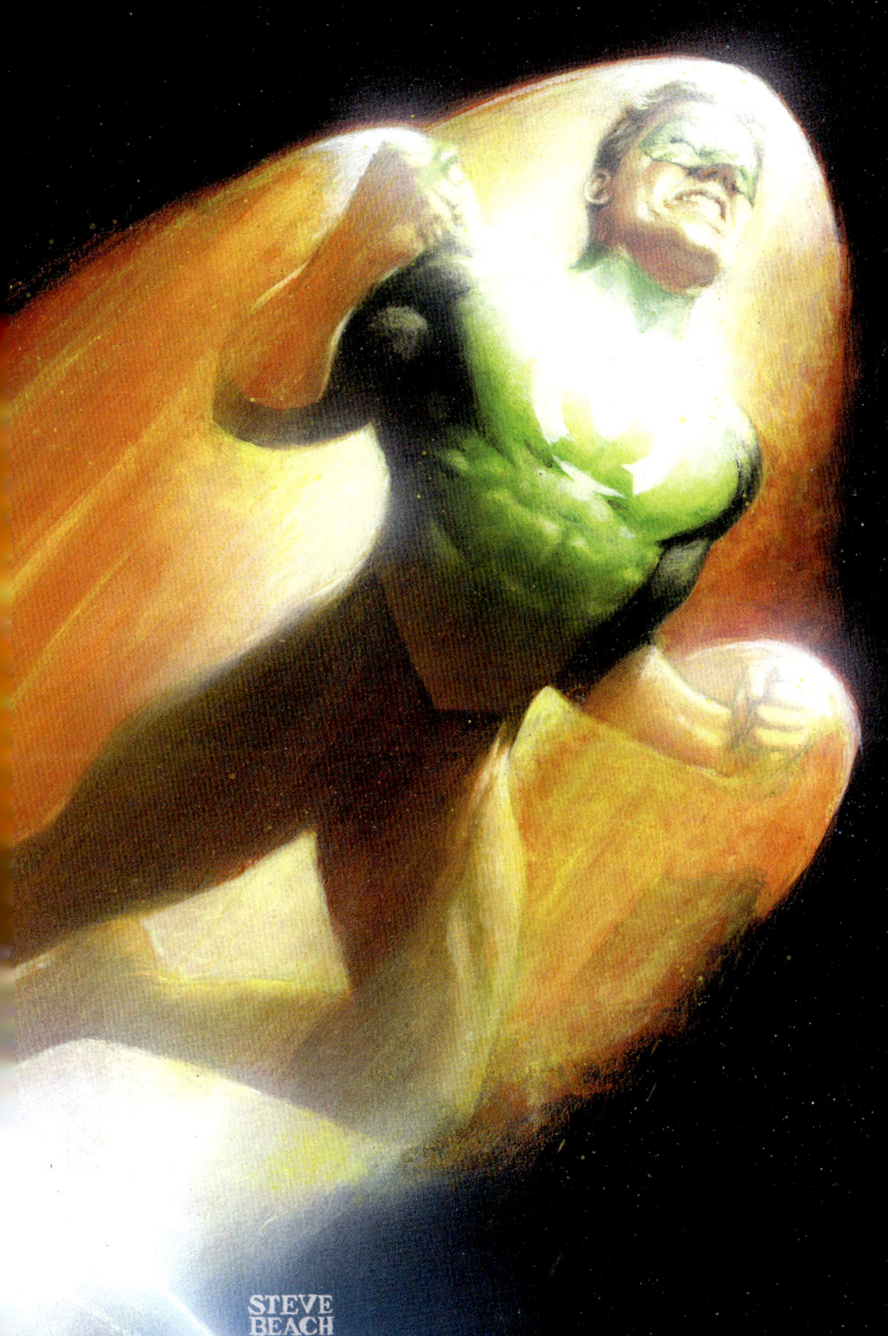
STEVE
BEACH

GREEN LANTERN 9

DAS VERMÄCHTNIS

JEREMY ADAMS
Story

XERMÁNICO
Zeichnungen & Tusche

ROMULO FAJARDO JR.
Farben

STEVE BEACH
Original-Cover

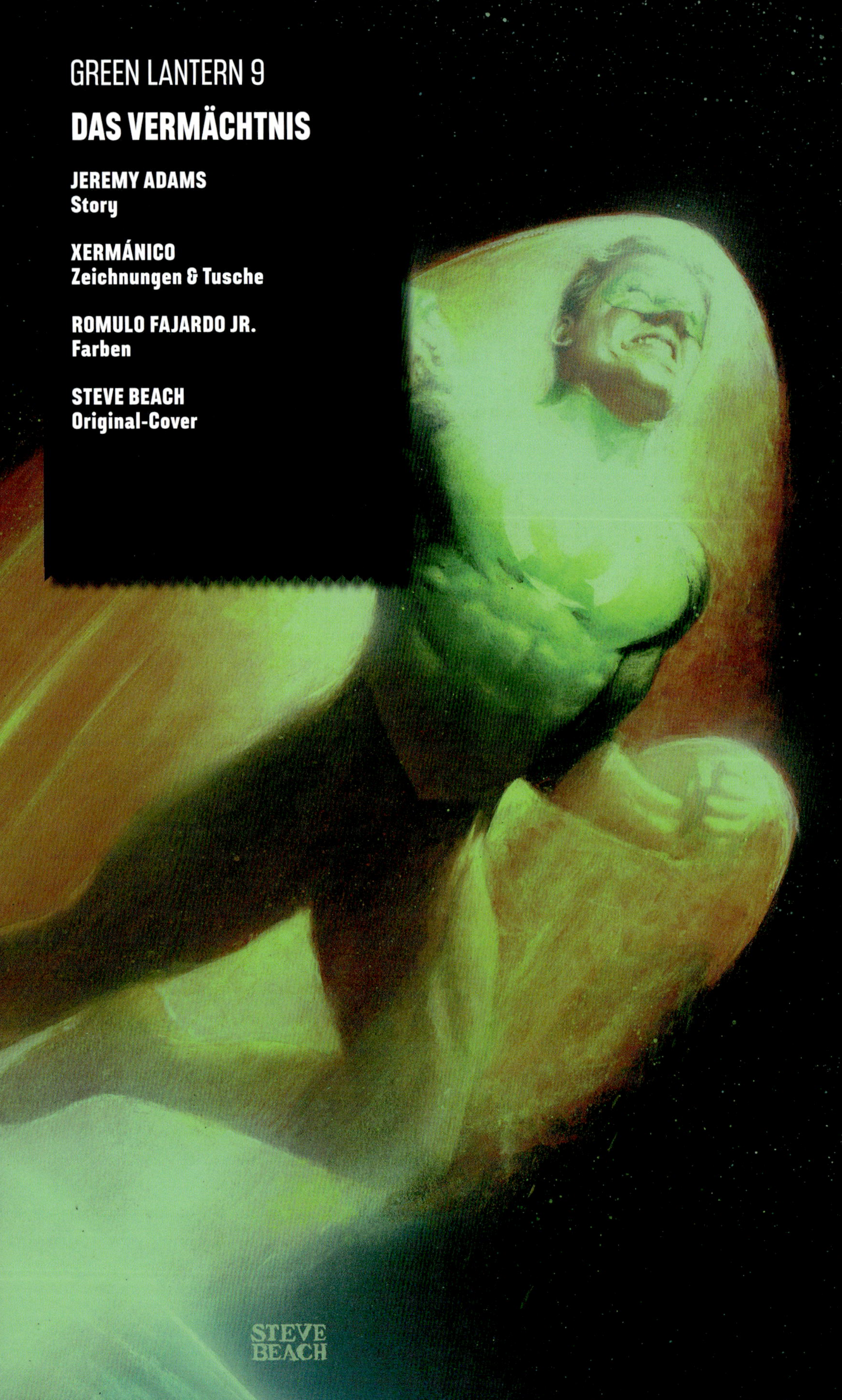

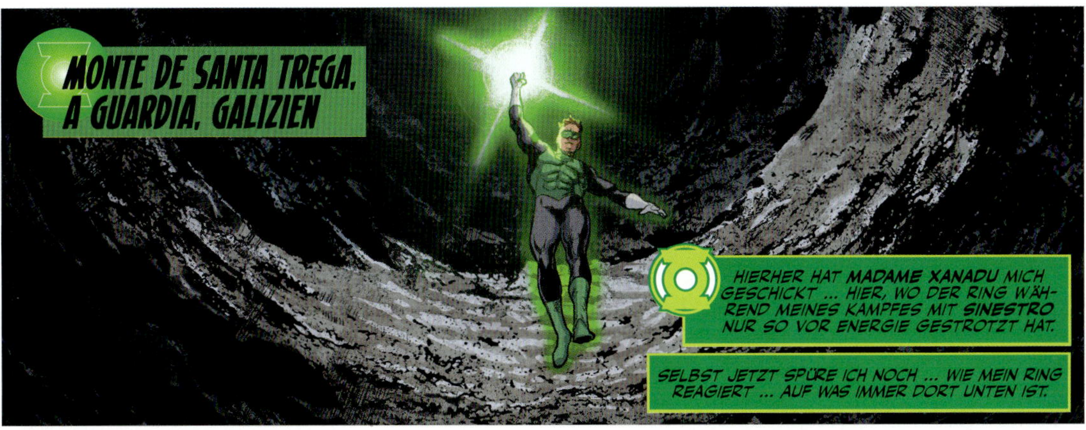
MONTE DE SANTA TREGA, A GUARDIA, GALIZIEN
HIERHER HAT **MADAME XANADU** MICH GESCHICKT ... HIER, WO DER RING WÄHREND MEINES KAMPFES MIT **SINESTRO** NUR SO VOR ENERGIE GESTROTZT HAT.
SELBST JETZT SPÜRE ICH NOCH ... WIE MEIN RING REAGIERT ... AUF WAS IMMER DORT UNTEN IST.

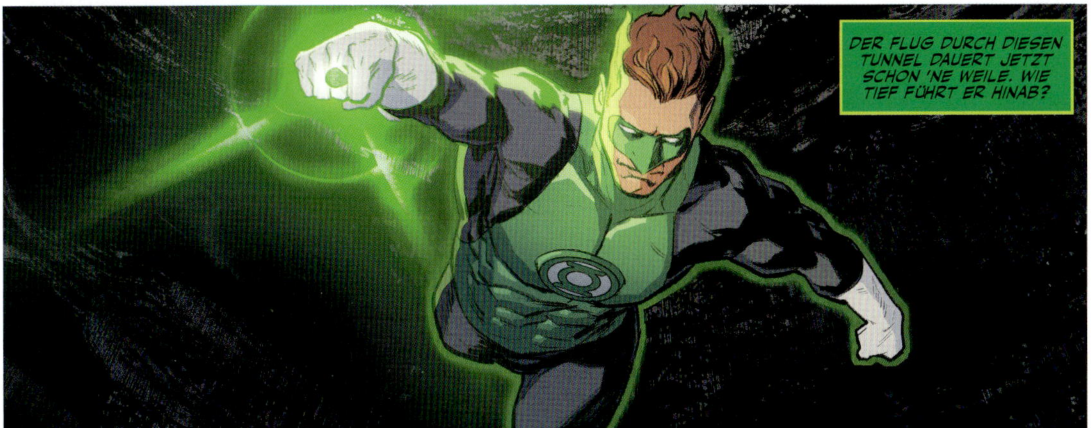
DER FLUG DURCH DIESEN TUNNEL DAUERT JETZT SCHON 'NE WEILE. WIE TIEF FÜHRT ER HINAB?

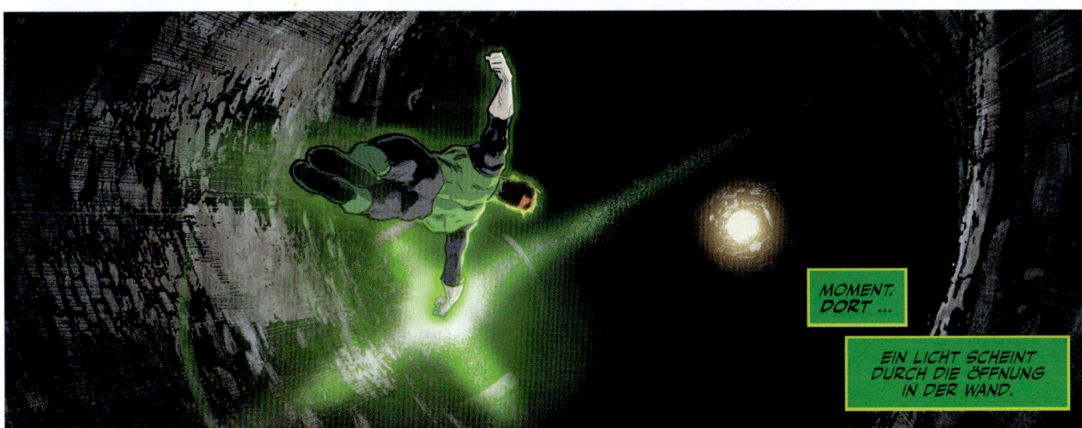
MOMENT. DORT ...
EIN LICHT SCHEINT DURCH DIE ÖFFNUNG IN DER WAND.

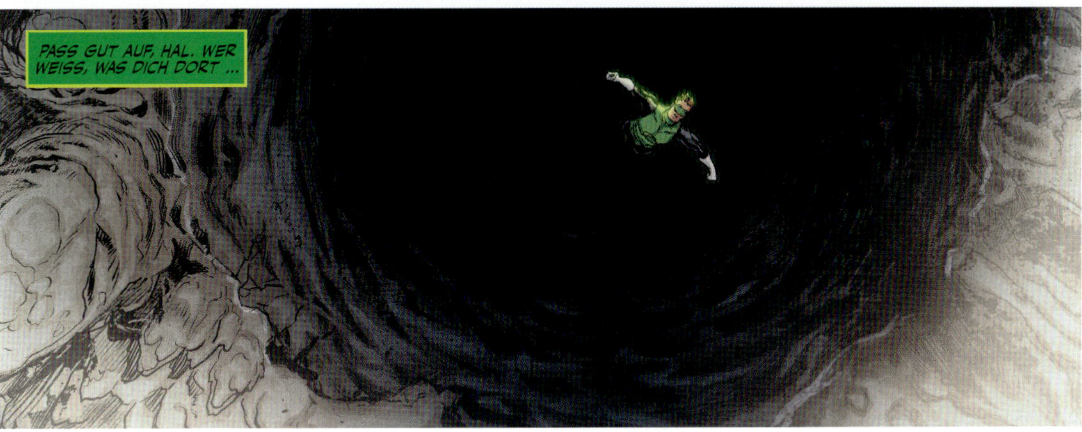
PASS GUT AUF, HAL. WER WEISS, WAS DICH DORT ...

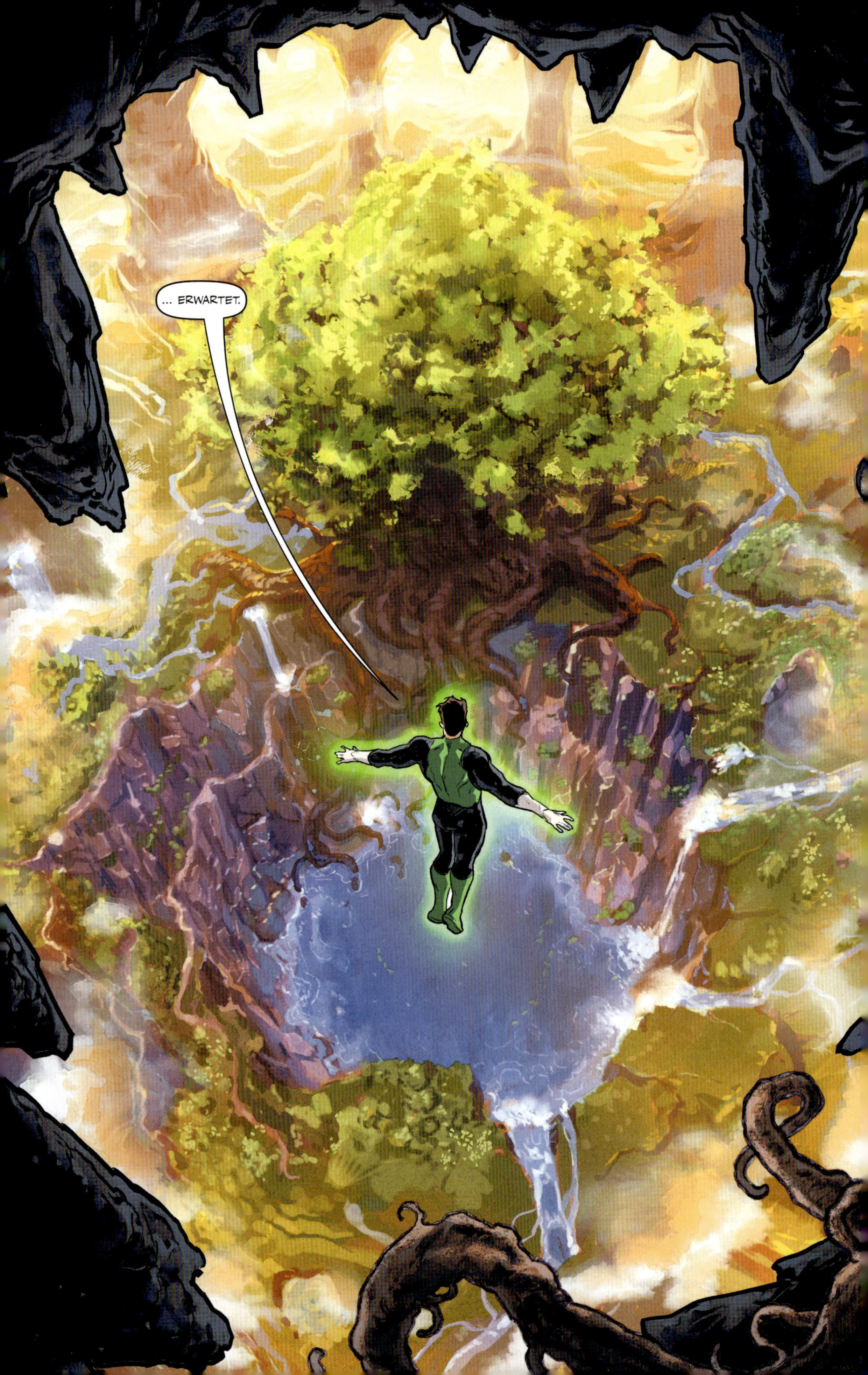
... ERWARTET.

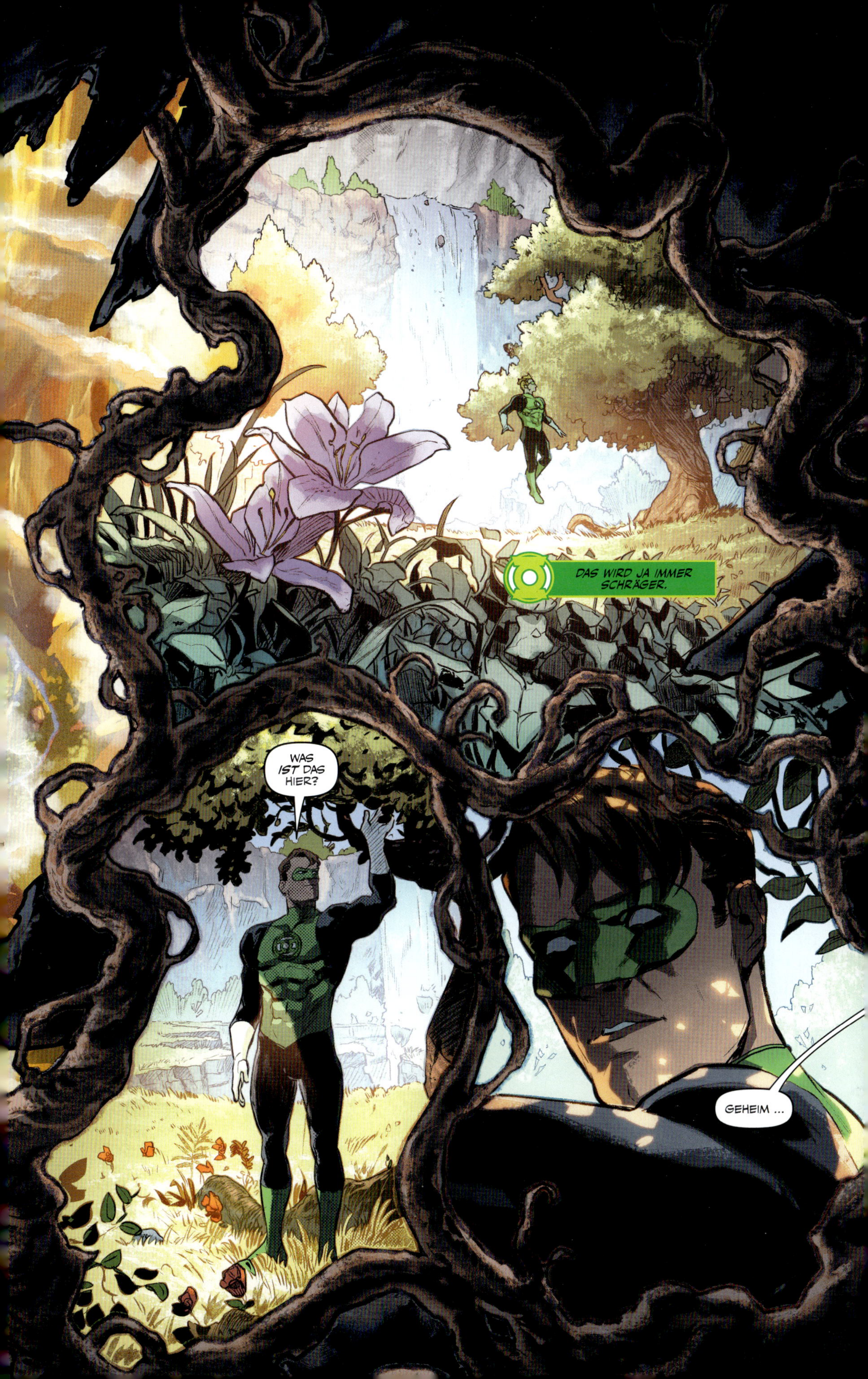
DAS WIRD JA IMMER SCHRÄGER.
WAS IST DAS HIER?
GEHEIM ...

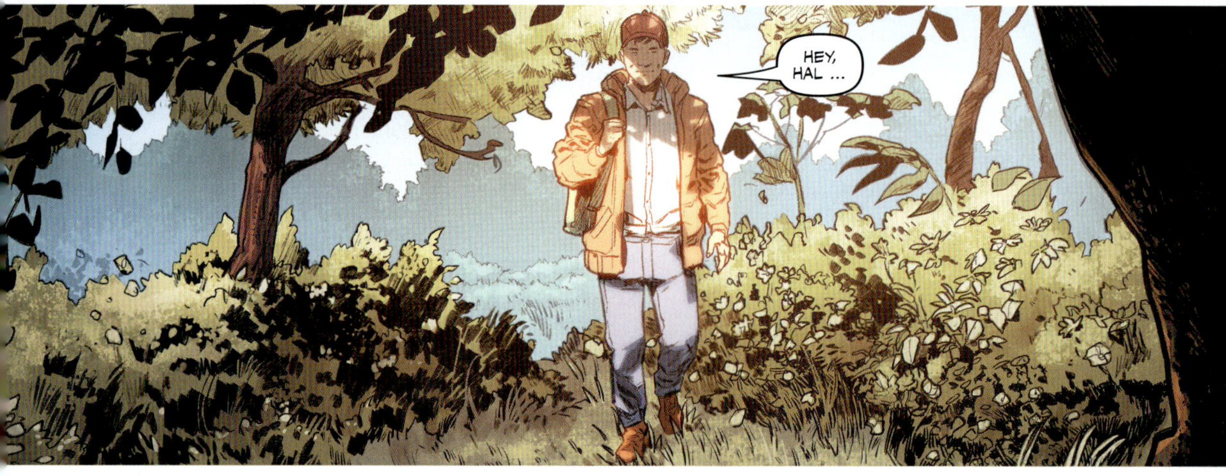
HEY, HAL ...

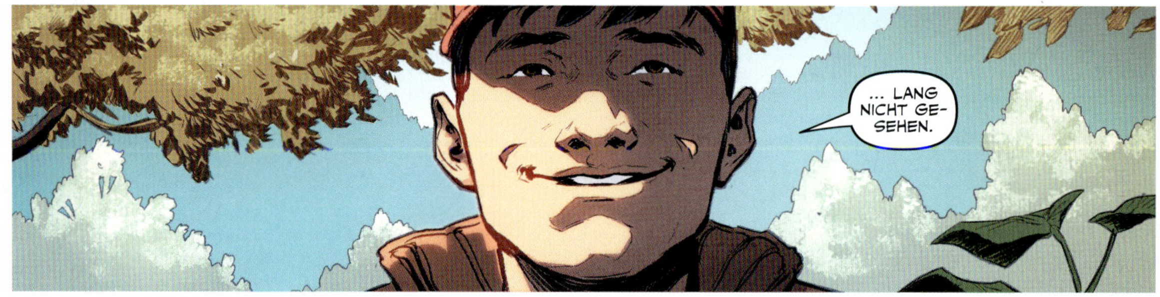
... LANG NICHT GESEHEN.

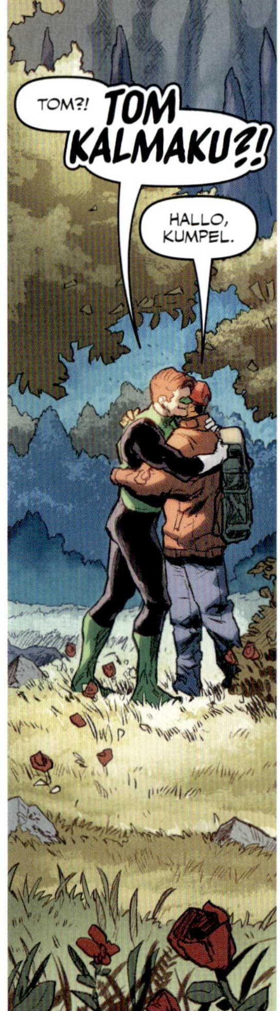
TOM?! TOM KALMAKU?!
HALLO, KUMPEL.

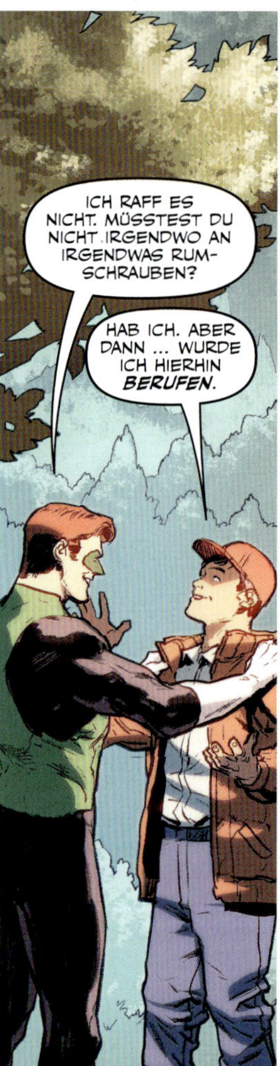
ICH RAFF ES NICHT. MÜSSTEST DU NICHT IRGENDWO AN IRGENDWAS RUMSCHRAUBEN?
HAB ICH. ABER DANN ... WURDE ICH HIERHIN BERUFEN.

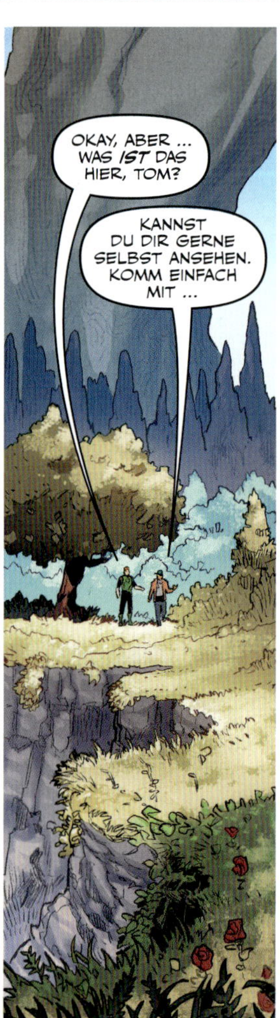
OKAY, ABER ... WAS IST DAS HIER, TOM?
KANNST DU DIR GERNE SELBST ANSEHEN. KOMM EINFACH MIT ...

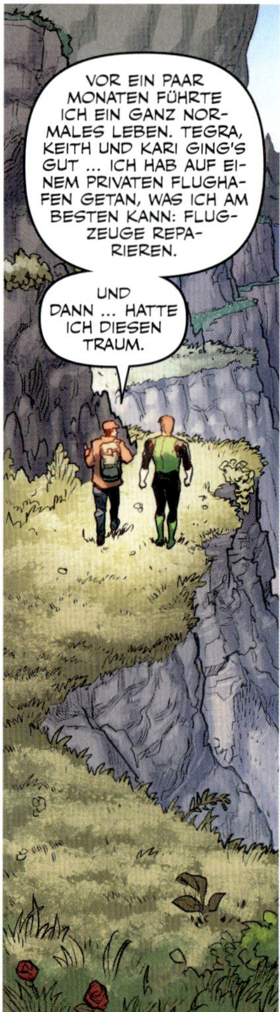
VOR EIN PAAR MONATEN FÜHRTE ICH EIN GANZ NORMALES LEBEN. TEGRA, KEITH UND KARI GING'S GUT ... ICH HAB AUF EINEM PRIVATEN FLUGHAFEN GETAN, WAS ICH AM BESTEN KANN: FLUGZEUGE REPARIEREN.
UND DANN ... HATTE ICH DIESEN TRAUM.

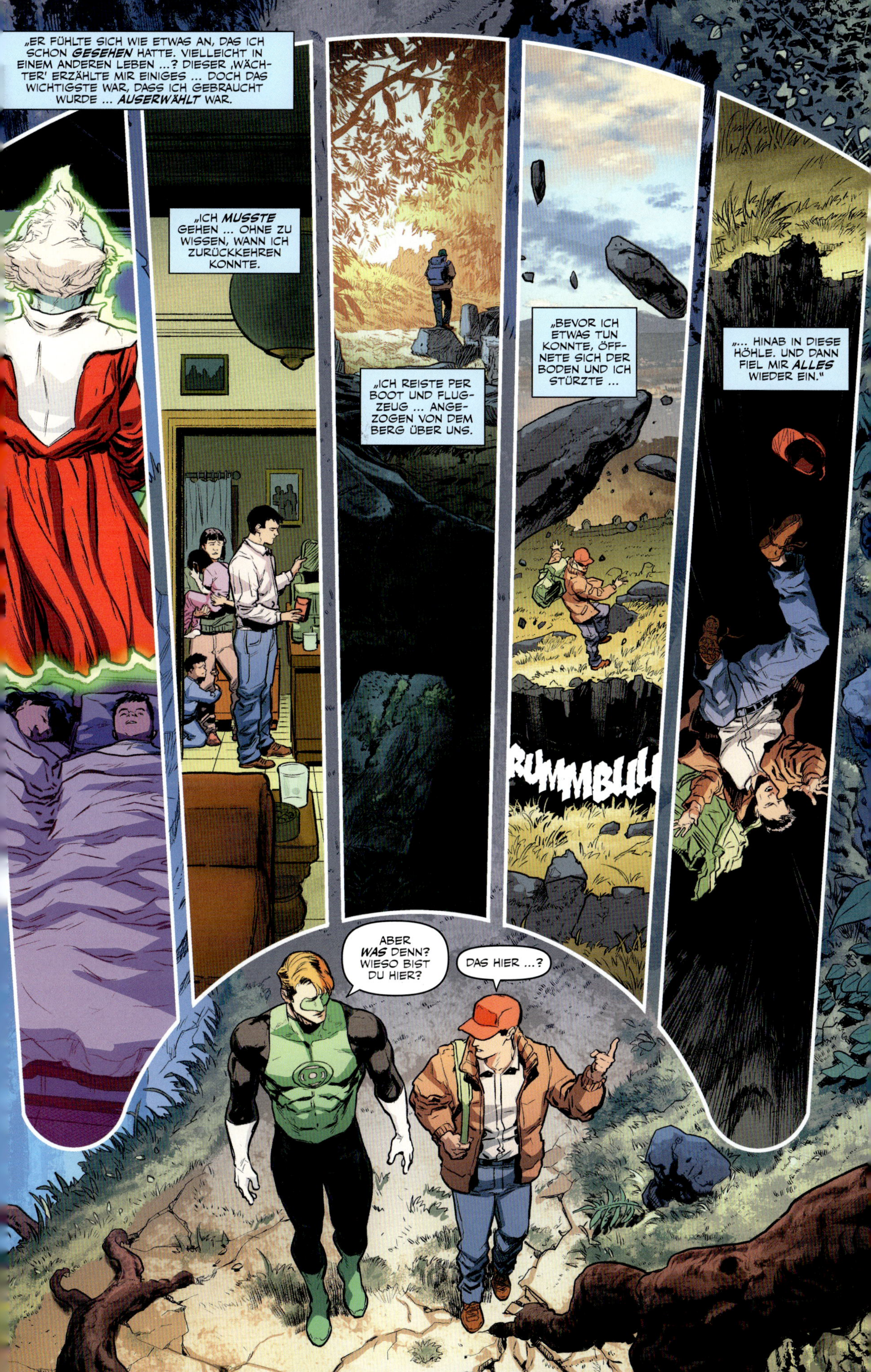
„ER FÜHLTE SICH WIE ETWAS AN, DAS ICH SCHON GESEHEN HATTE. VIELLEICHT IN EINEM ANDEREN LEBEN ...? DIESER ‚WÄCHTER' ERZÄHLTE MIR EINIGES ... DOCH DAS WICHTIGSTE WAR, DASS ICH GEBRAUCHT WURDE ... AUSERWÄHLT WAR.
„ICH MUSSTE GEHEN ... OHNE ZU WISSEN, WANN ICH ZURÜCKKEHREN KONNTE.
„ICH REISTE PER BOOT UND FLUGZEUG ... ANGEZOGEN VON DEM BERG ÜBER UNS.
„BEVOR ICH ETWAS TUN KONNTE, ÖFFNETE SICH DER BODEN UND ICH STÜRZTE ...
RUMMBLL
„... HINAB IN DIESE HÖHLE. UND DANN FIEL MIR ALLES WIEDER EIN."
ABER WAS DENN? WIESO BIST DU HIER?
DAS HIER ...?

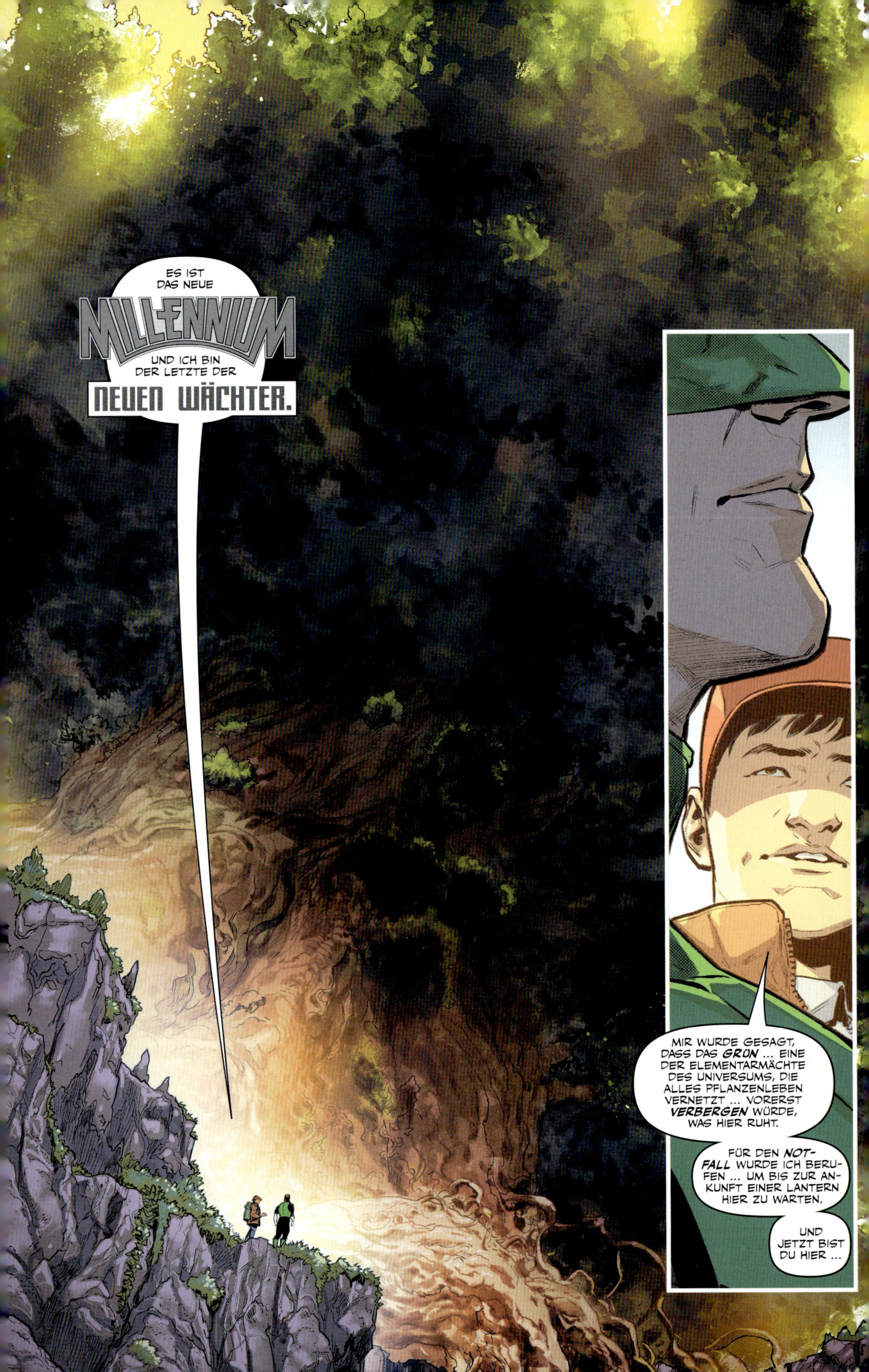
ES IST DAS NEUE MILLENNIUM UND ICH BIN DER LETZTE DER NEUEN WÄCHTER.
MIR WURDE GESAGT, DASS DAS GRÜN ... EINE DER ELEMENTARMÄCHTE DES UNIVERSUMS, DIE ALLES PFLANZENLEBEN VERNETZT ... VORERST VERBERGEN WÜRDE, WAS HIER RUHT.
FÜR DEN NOTFALL WURDE ICH BERUFEN ... UM BIS ZUR ANKUNFT EINER LANTERN HIER ZU WARTEN.
UND JETZT BIST DU HIER ...

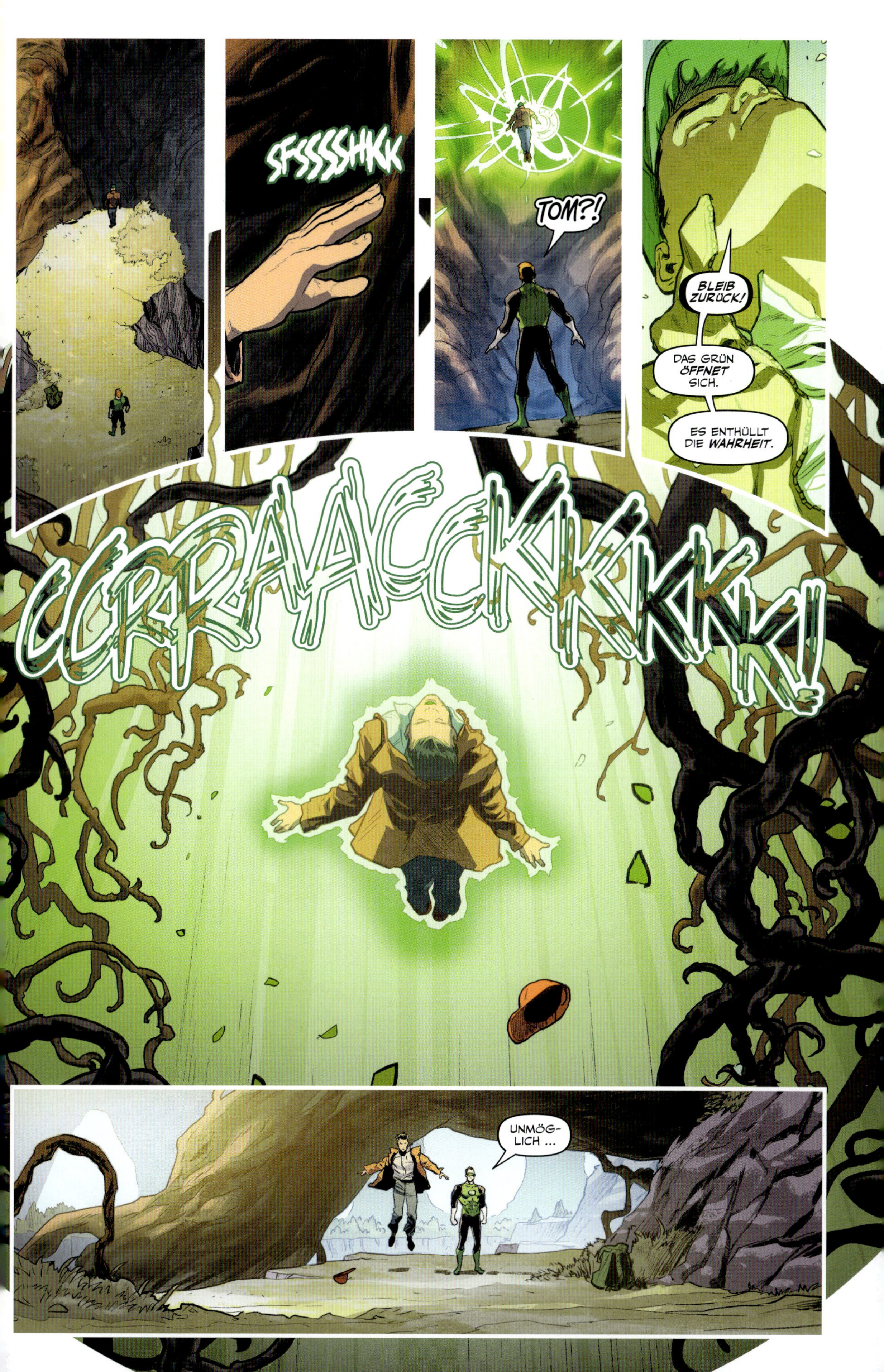
SFSSSSHKK
TOM?!
BLEIB ZURÜCK!
DAS GRÜN ÖFFNET SICH.
ES ENTHÜLLT DIE WAHRHEIT.
CCRRAACCKKKKK!
UNMÖG-LICH ...

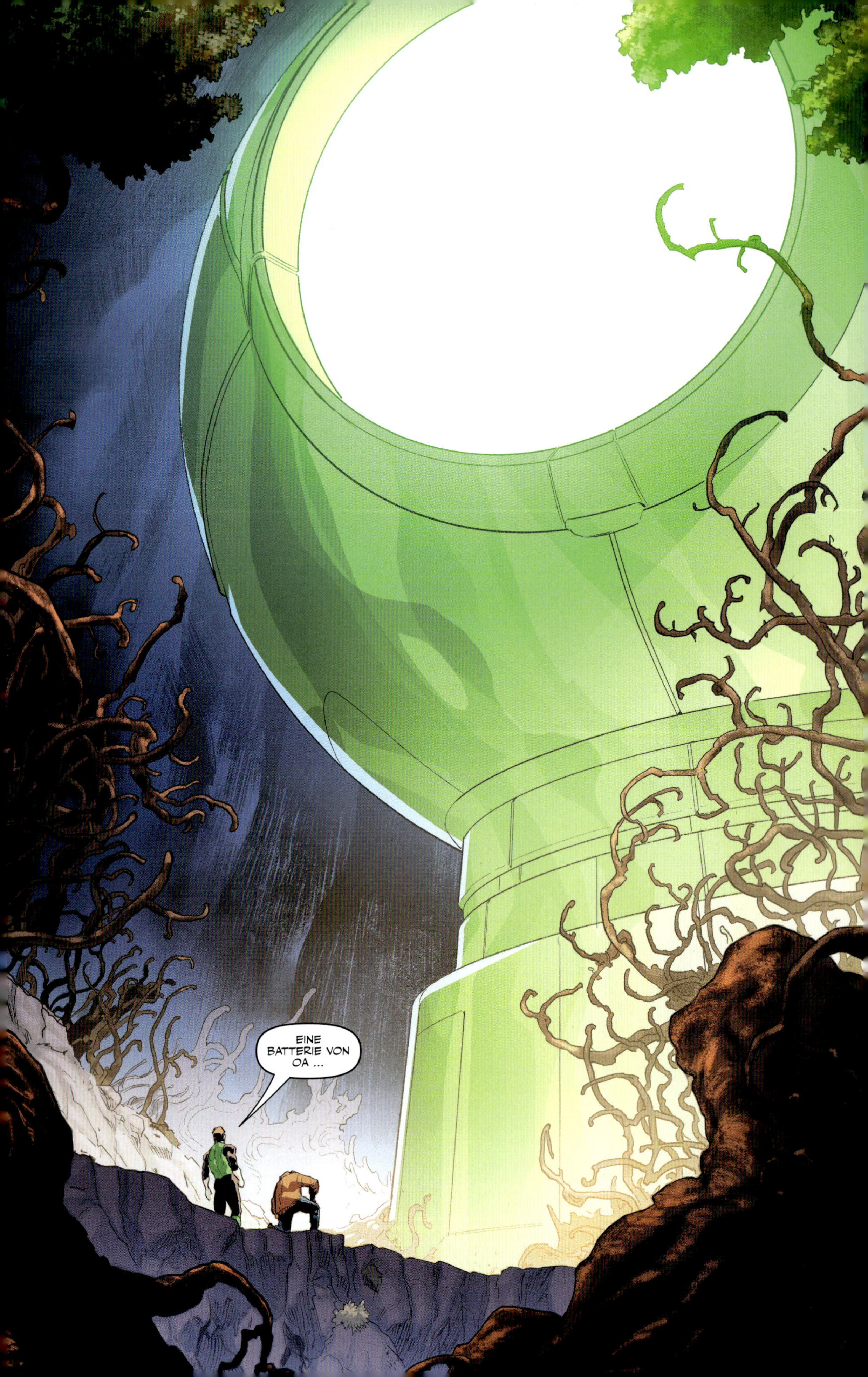
EINE BATTERIE VON OA ...

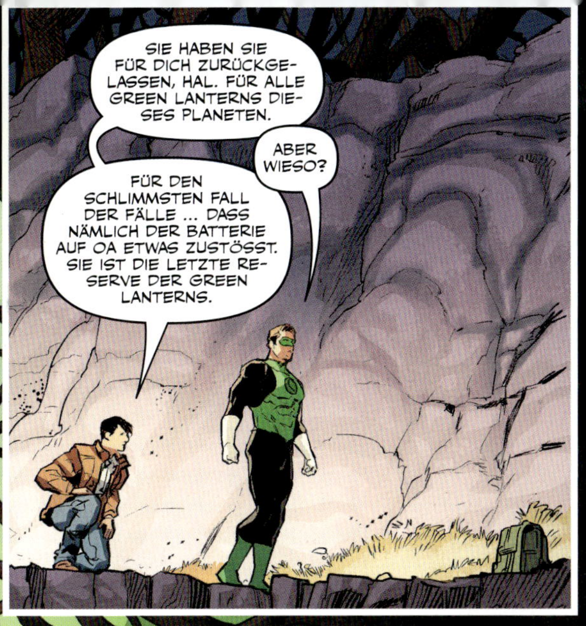
SIE HABEN SIE FÜR DICH ZURÜCKGELASSEN, HAL. FÜR ALLE GREEN LANTERNS DIESES PLANETEN.
ABER WIESO?
FÜR DEN SCHLIMMSTEN FALL DER FÄLLE ... DASS NÄMLICH DER BATTERIE AUF OA ETWAS ZUSTÖSST. SIE IST DIE LETZTE RESERVE DER GREEN LANTERNS.

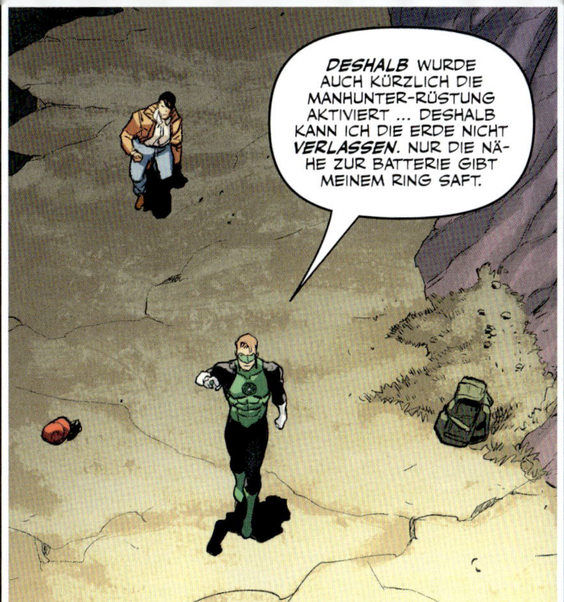
DESHALB WURDE AUCH KÜRZLICH DIE MANHUNTER-RÜSTUNG AKTIVIERT ... DESHALB KANN ICH DIE ERDE NICHT **VERLASSEN**. NUR DIE NÄHE ZUR BATTERIE GIBT MEINEM RING SAFT.

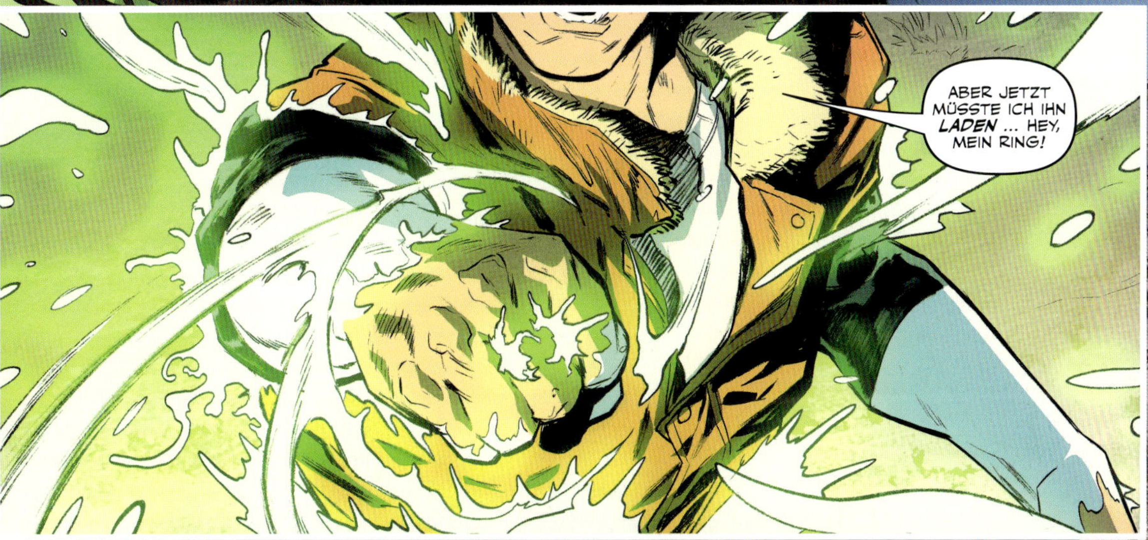
ABER JETZT MÜSSTE ICH IHN **LADEN** ... HEY, MEIN RING!

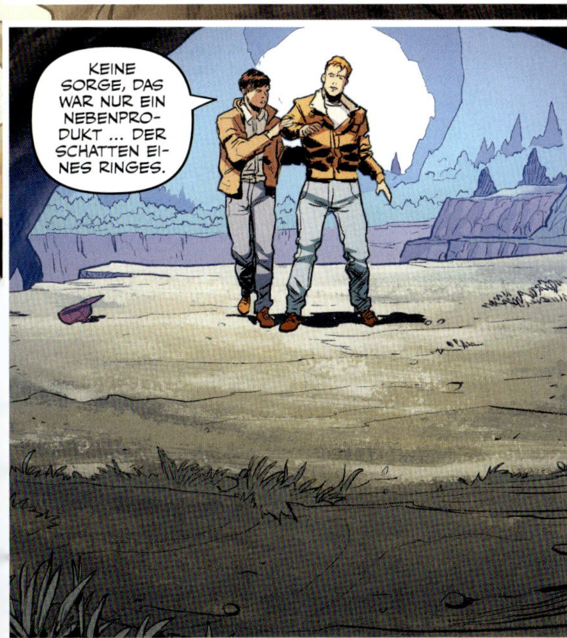
KEINE SORGE, DAS WAR NUR EIN NEBENPRODUKT ... DER SCHATTEN EINES RINGES.

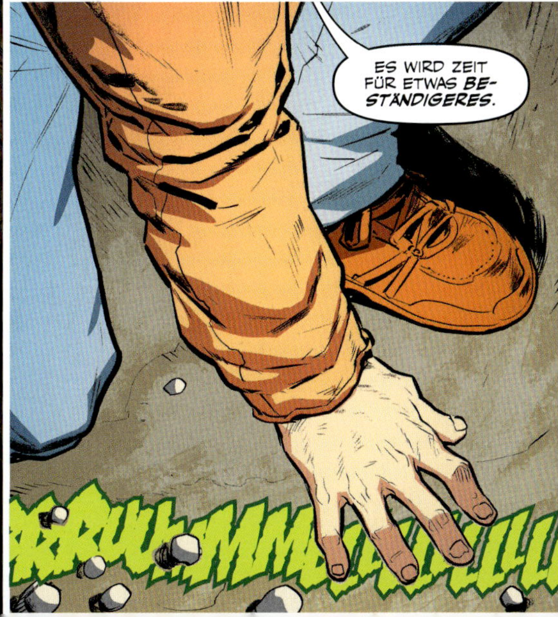
ES WIRD ZEIT FÜR ETWAS **BESTÄNDIGERES**.

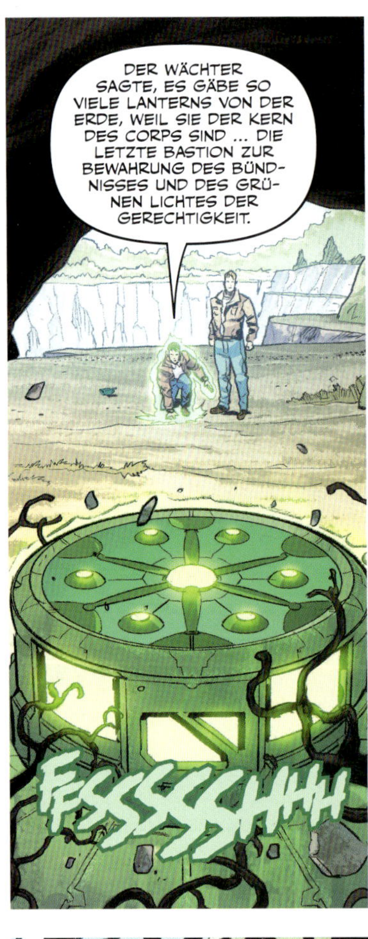
DER WÄCHTER SAGTE, ES GÄBE SO VIELE LANTERNS VON DER ERDE, WEIL SIE DER KERN DES CORPS SIND ... DIE LETZTE BASTION ZUR BEWAHRUNG DES BÜNDNISSES UND DES GRÜNEN LICHTES DER GERECHTIGKEIT.
FFSSSSSHHH
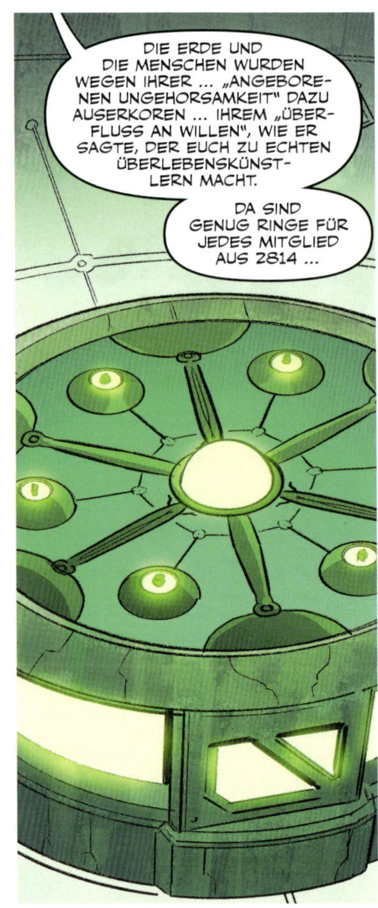
DIE ERDE UND DIE MENSCHEN WURDEN WEGEN IHRER ... „ANGEBORENEN UNGEHORSAMKEIT" DAZU AUSERKOREN ... IHREM „ÜBERFLUSS AN WILLEN", WIE ER SAGTE, DER EUCH ZU ECHTEN ÜBERLEBENSKÜNSTLERN MACHT.
DA SIND GENUG RINGE FÜR JEDES MITGLIED AUS 2814 ...
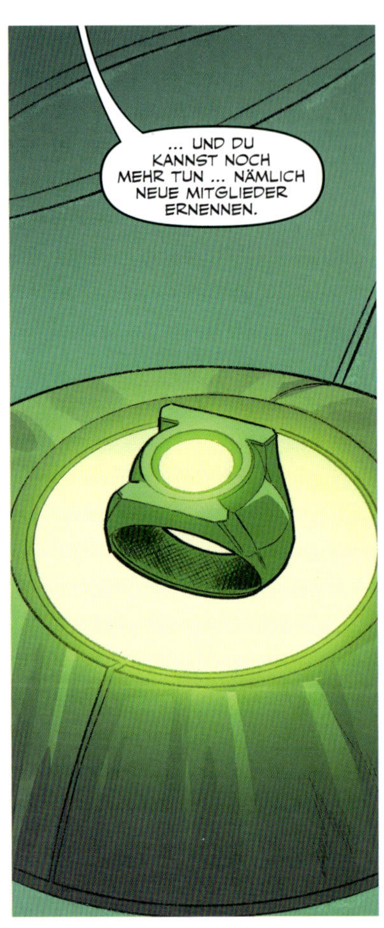
... UND DU KANNST NOCH MEHR TUN ... NÄMLICH NEUE MITGLIEDER ERNENNEN.
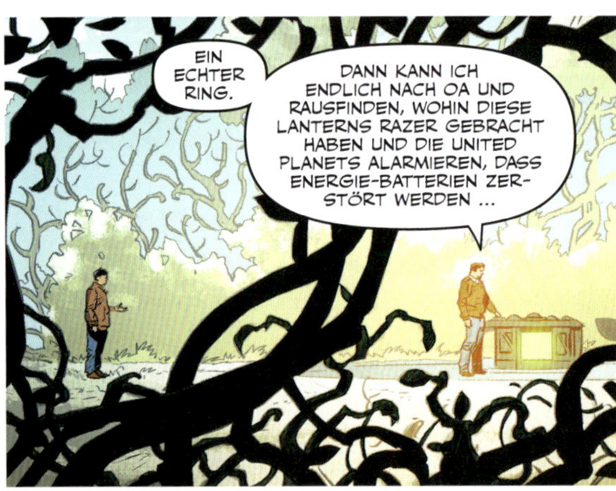
EIN ECHTER RING.
DANN KANN ICH ENDLICH NACH OA UND RAUSFINDEN, WOHIN DIESE LANTERNS RAZER GEBRACHT HABEN UND DIE UNITED PLANETS ALARMIEREN, DASS ENERGIE-BATTERIEN ZERSTÖRT WERDEN ...
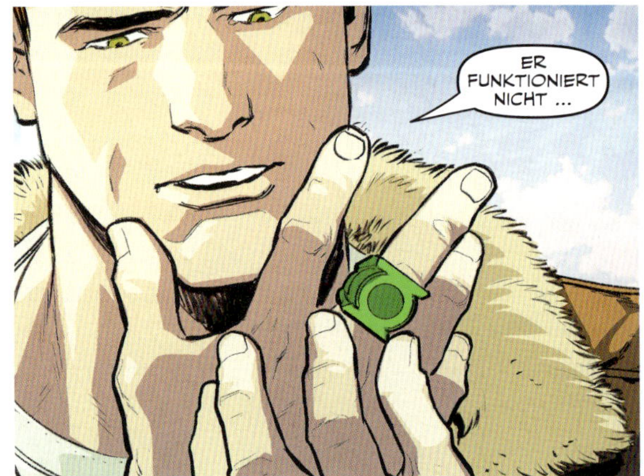
ER FUNKTIONIERT NICHT ...
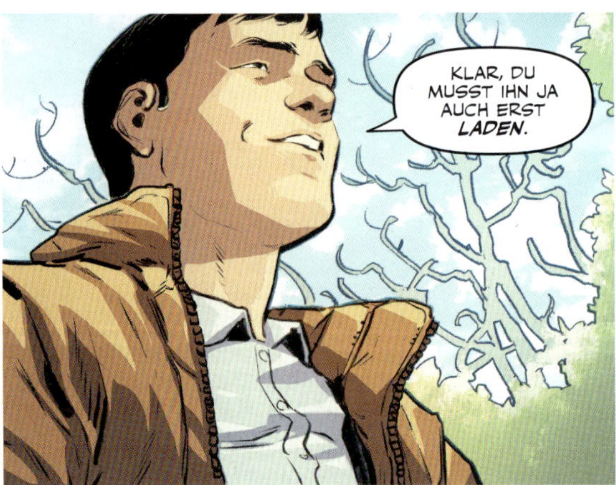
KLAR, DU MUSST IHN JA AUCH ERST *LADEN*.
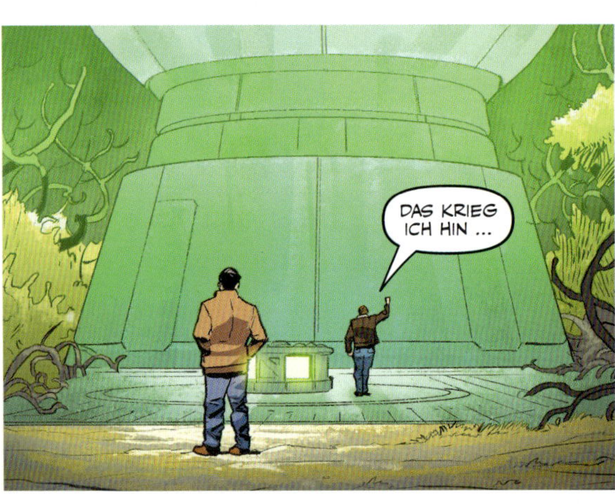
DAS KRIEG ICH HIN ...

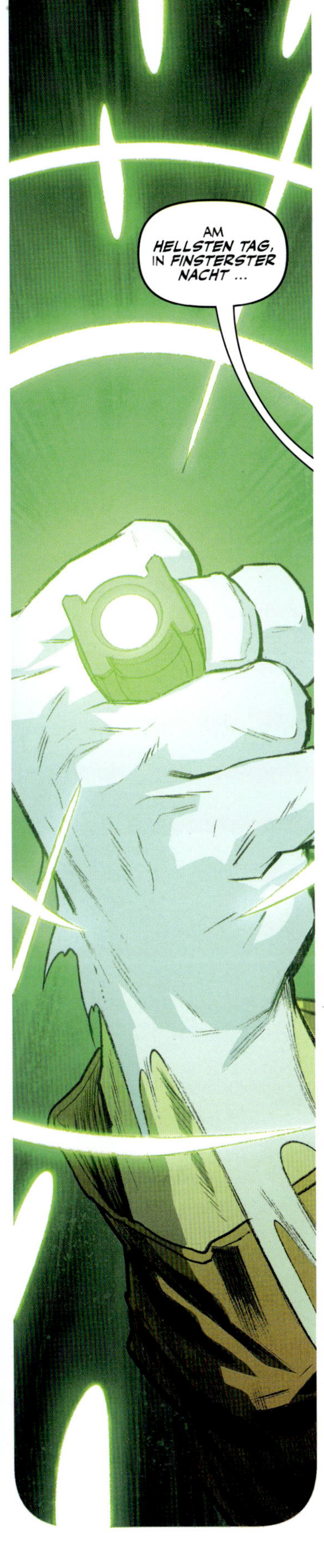
AM HELLSTEN TAG, IN FINSTERSTER NACHT ...
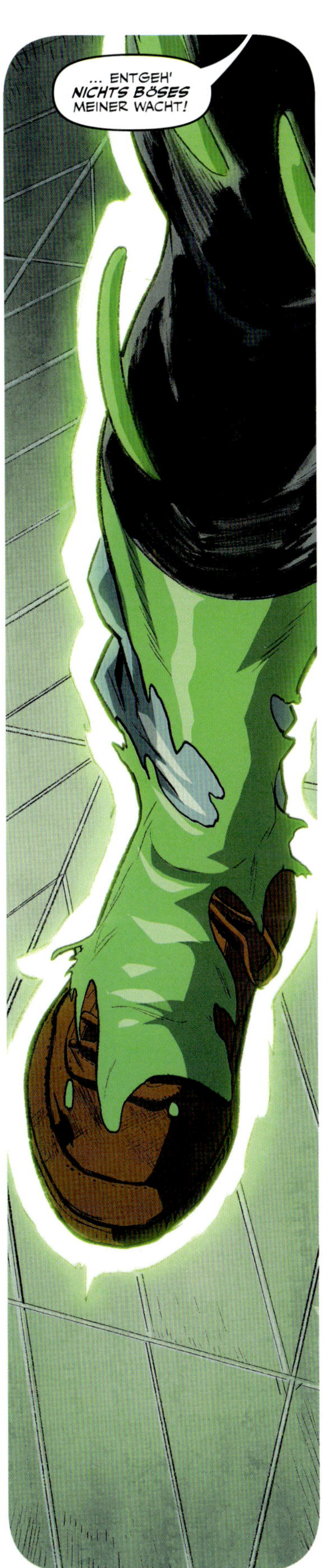
... ENTGEH' NICHTS BÖSES MEINER WACHT!
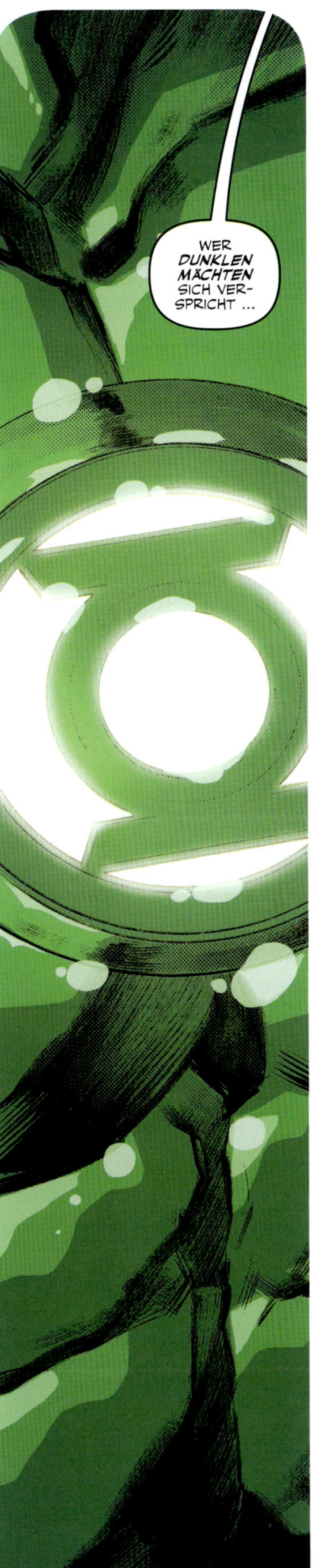
WER DUNKLEN MÄCHTEN SICH VER-SPRICHT ...

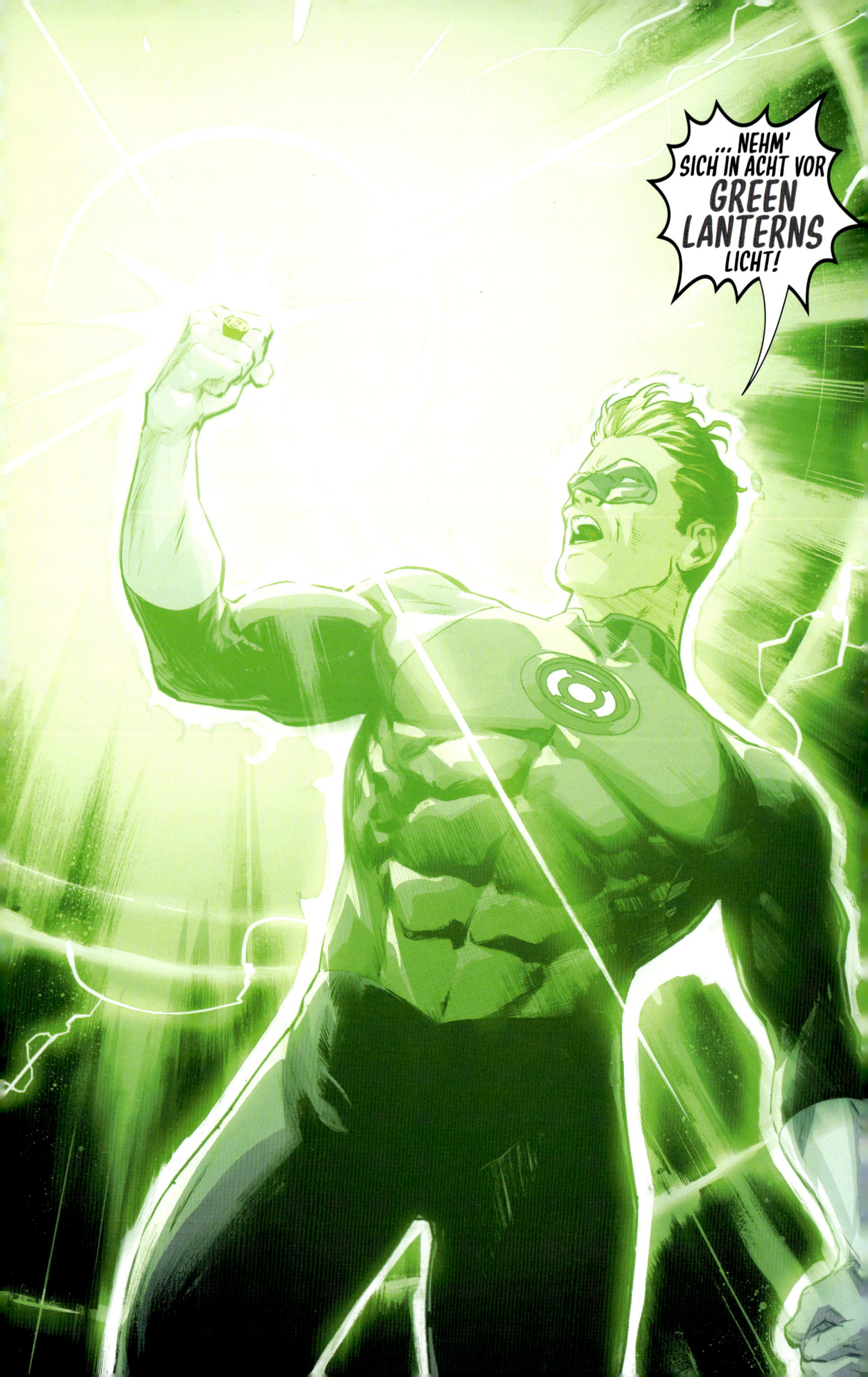
... NEHM' SICH IN ACHT VOR GREEN LANTERNS LICHT!

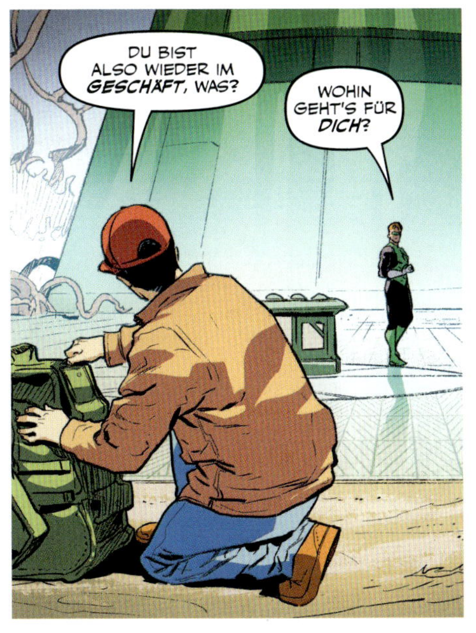
DU BIST ALSO WIEDER IM *GESCHÄFT*, WAS?
WOHIN GEHT'S FÜR *DICH*?

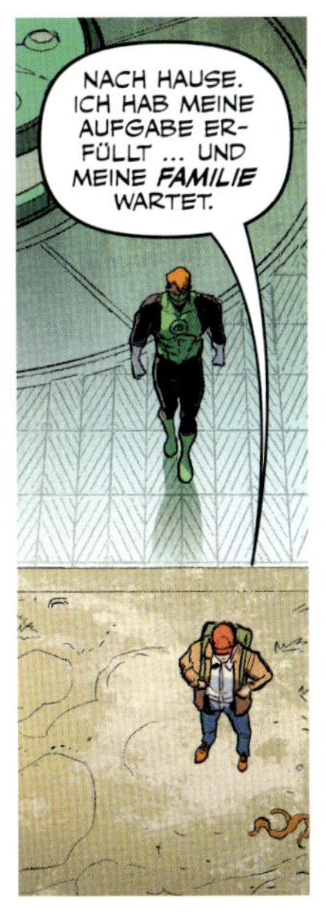
NACH HAUSE. ICH HAB MEINE AUFGABE ERFÜLLT ... UND MEINE *FAMILIE* WARTET.

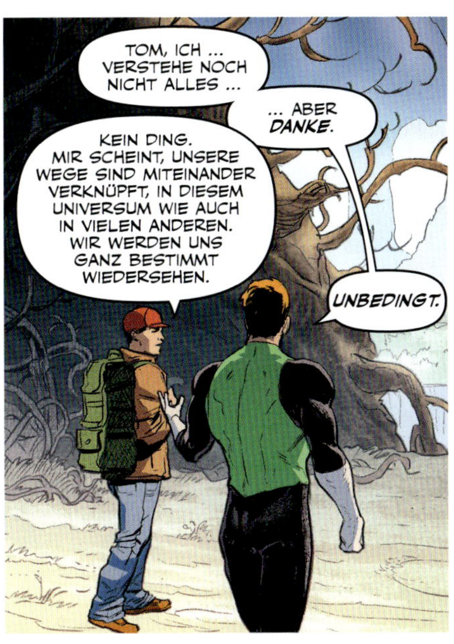
TOM, ICH ... VERSTEHE NOCH NICHT ALLES ...
... ABER *DANKE*.
KEIN DING. MIR SCHEINT, UNSERE WEGE SIND MITEINANDER VERKNÜPFT, IN DIESEM UNIVERSUM WIE AUCH IN VIELEN ANDEREN. WIR WERDEN UNS GANZ BESTIMMT WIEDERSEHEN.
UNBEDINGT.

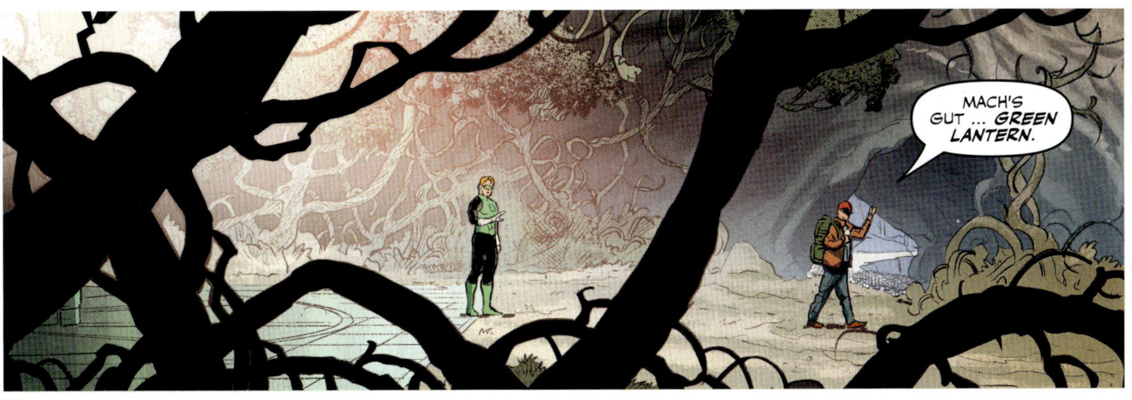
MACH'S GUT ... *GREEN LANTERN.*

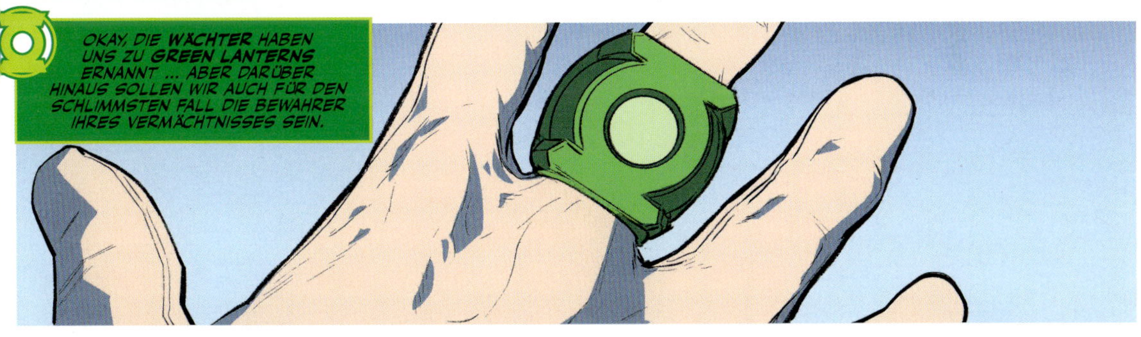
OKAY, DIE *WÄCHTER* HABEN UNS ZU *GREEN LANTERNS* ERNANNT ... ABER DARÜBER HINAUS SOLLEN WIR AUCH FÜR DEN SCHLIMMSTEN FALL DIE BEWAHRER IHRES VERMÄCHTNISSES SEIN.

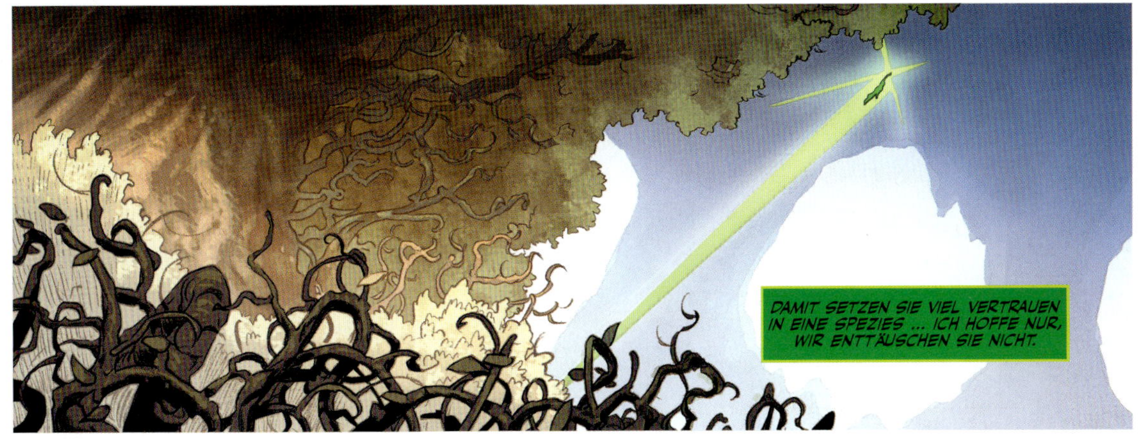
DAMIT SETZEN SIE VIEL VERTRAUEN IN EINE SPEZIES ... ICH HOFFE NUR, WIR ENTTÄUSCHEN SIE NICHT.

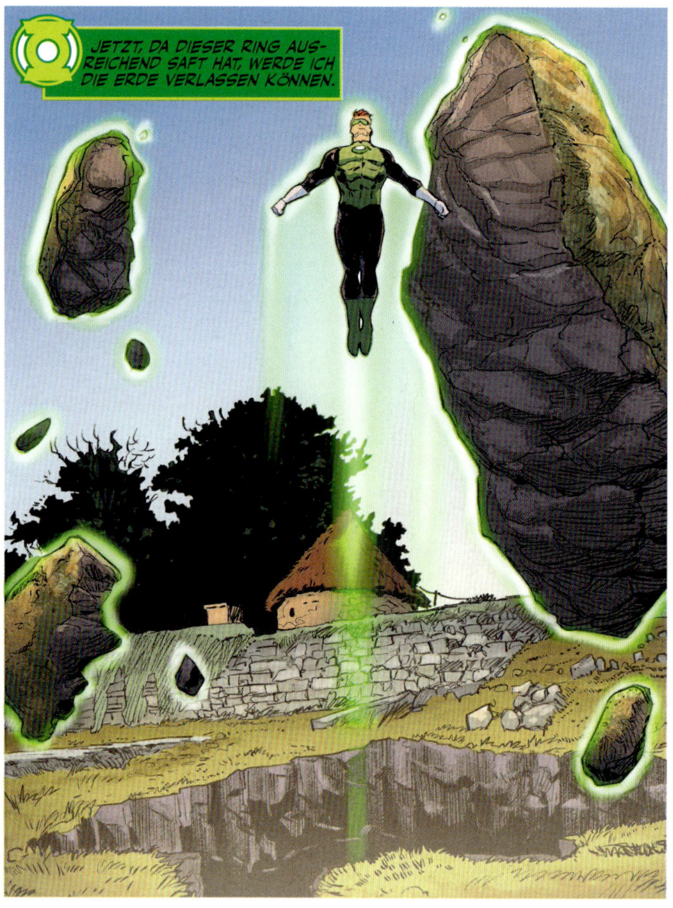
JETZT, DA DIESER RING AUS-
REICHEND SAFT HAT, WERDE ICH
DIE ERDE VERLASSEN KÖNNEN.

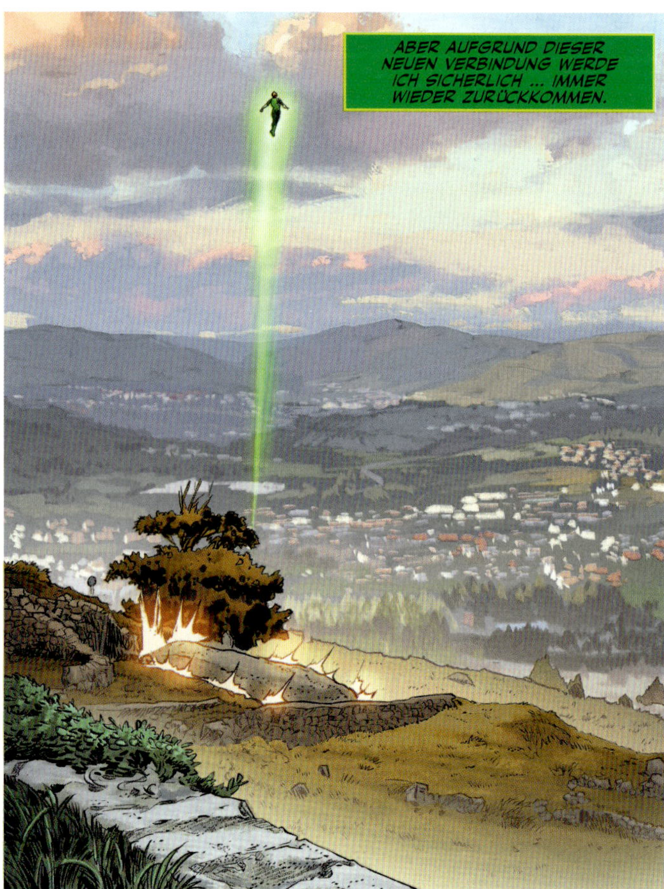
ABER AUFGRUND DIESER
NEUEN VERBINDUNG WERDE
ICH SICHERLICH ... IMMER
WIEDER ZURÜCKKOMMEN.

DOCH EINS NACH DEM
ANDEREN. ERST MUSS
ICH RAZER UND MEINE
FREUNDE FINDEN. DANN
MÜSSEN DIE UP ERFAHREN,
WAS MIT DEN ENERGIE-
BATTERIEN LÄUFT. IMMER-
HIN IST DAS MEIN JOB ...

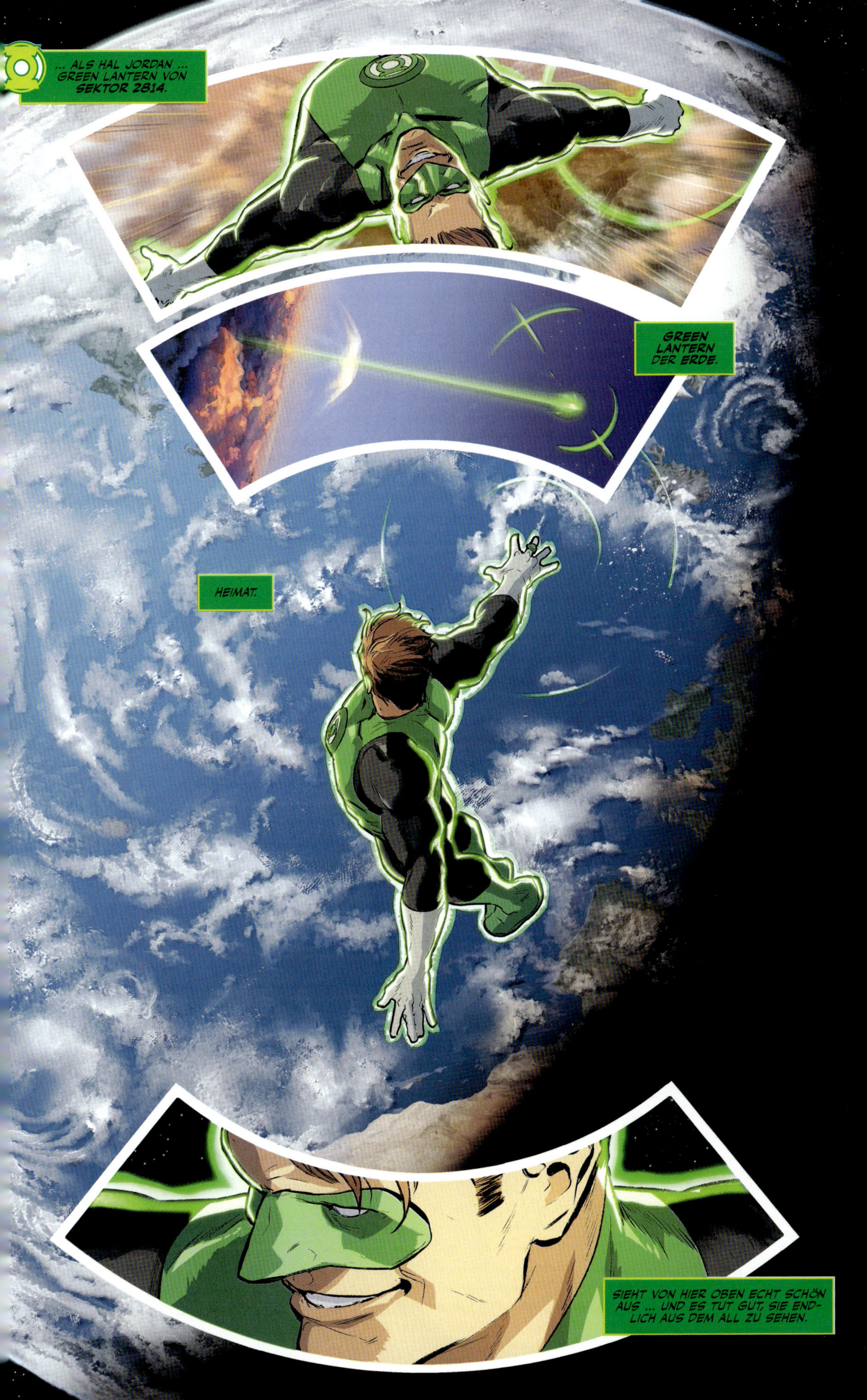
... ALS HAL JORDAN ... GREEN LANTERN VON SEKTOR 2814.
GREEN LANTERN DER ERDE.
HEIMAT.
SIEHT VON HIER OBEN ECHT SCHÖN AUS ... UND ES TUT GUT, SIE ENDLICH AUS DEM ALL ZU SEHEN.

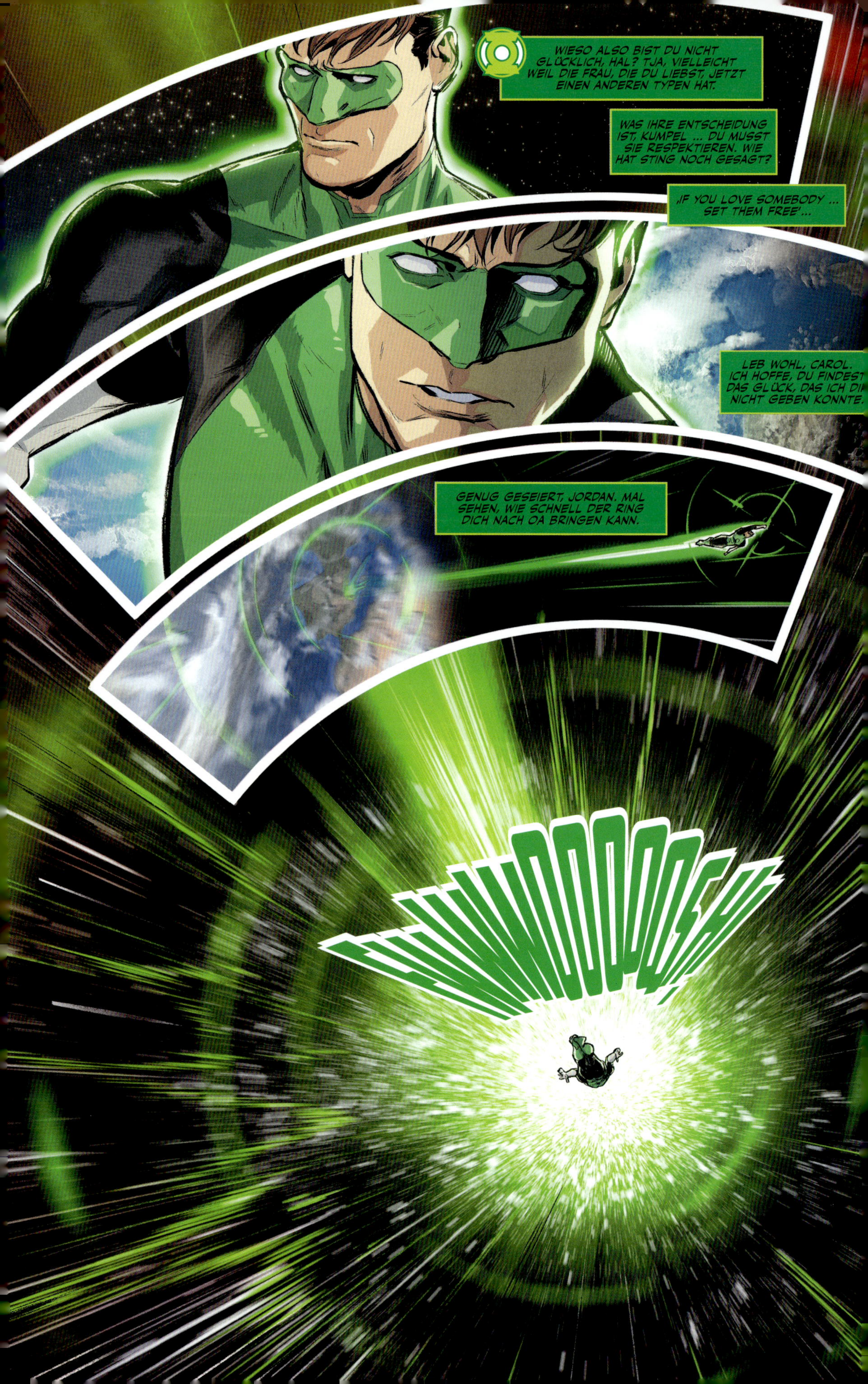
WIESO ALSO BIST DU NICHT GLÜCKLICH, HAL? TJA, VIELLEICHT WEIL DIE FRAU, DIE DU LIEBST, JETZT EINEN ANDEREN TYPEN HAT.
WAS IHRE ENTSCHEIDUNG IST, KUMPEL ... DU MUSST SIE RESPEKTIEREN. WIE HAT STING NOCH GESAGT?
‚IF YOU LOVE SOMEBODY ... SET THEM FREE'...
LEB WOHL, CAROL. ICH HOFFE, DU FINDEST DAS GLÜCK, DAS ICH DI NICHT GEBEN KONNTE.
GENUG GESEIERT, JORDAN. MAL SEHEN, WIE SCHNELL DER RING DICH NACH OA BRINGEN KANN.

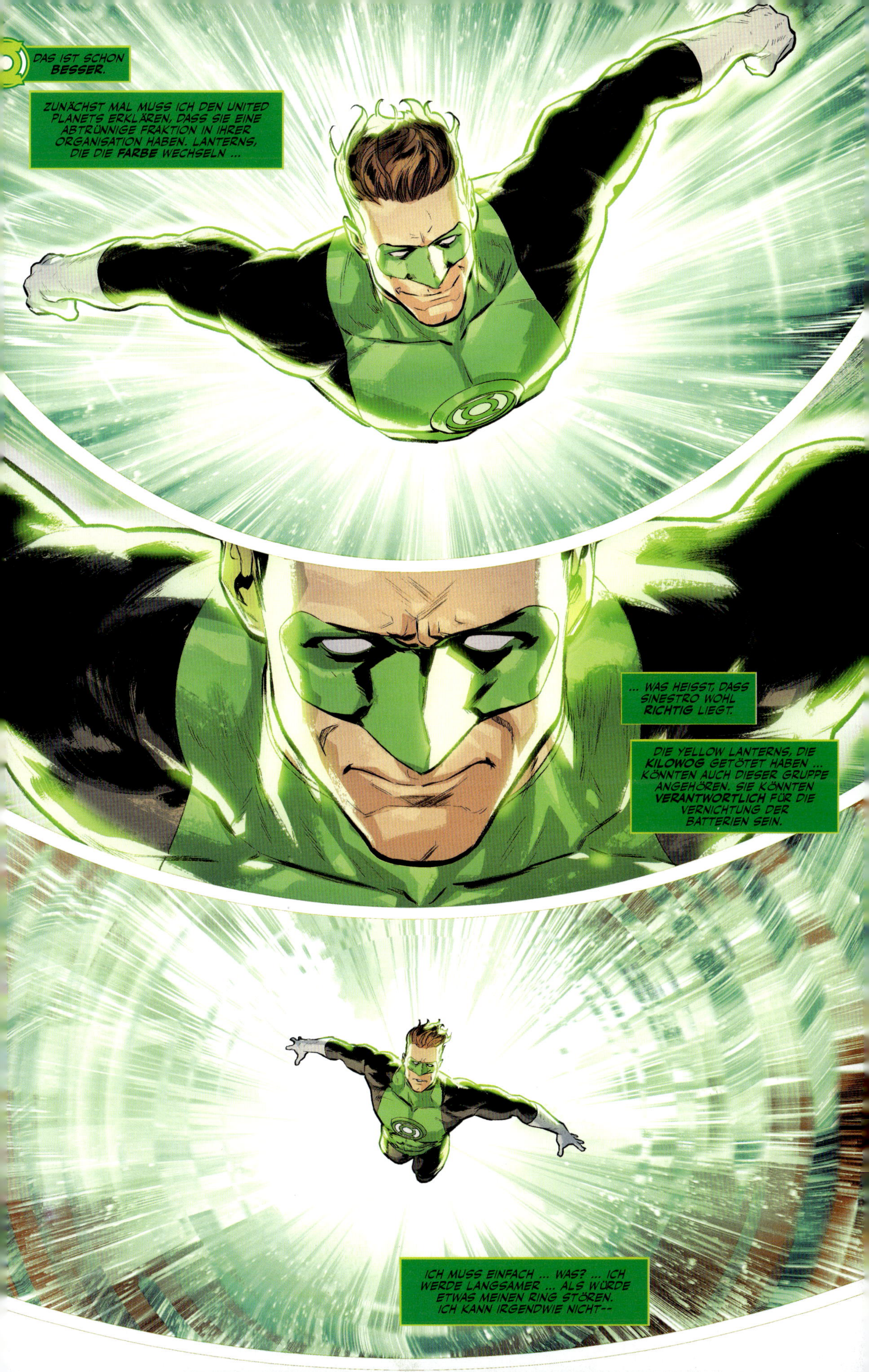
DAS IST SCHON BESSER.
ZUNÄCHST MAL MUSS ICH DEN UNITED PLANETS ERKLÄREN, DASS SIE EINE ABTRÜNNIGE FRAKTION IN IHRER ORGANISATION HABEN. LANTERNS, DIE DIE FARBE WECHSELN ...
... WAS HEISST, DASS SINESTRO WOHL RICHTIG LIEGT.
DIE YELLOW LANTERNS, DIE KILOWOG GETÖTET HABEN ... KÖNNTEN AUCH DIESER GRUPPE ANGEHÖREN. SIE KÖNNTEN VERANTWORTLICH FÜR DIE VERNICHTUNG DER BATTERIEN SEIN.
ICH MUSS EINFACH ... WAS? ... ICH WERDE LANGSAMER ... ALS WÜRDE ETWAS MEINEN RING STÖREN. ICH KANN IRGENDWIE NICHT--

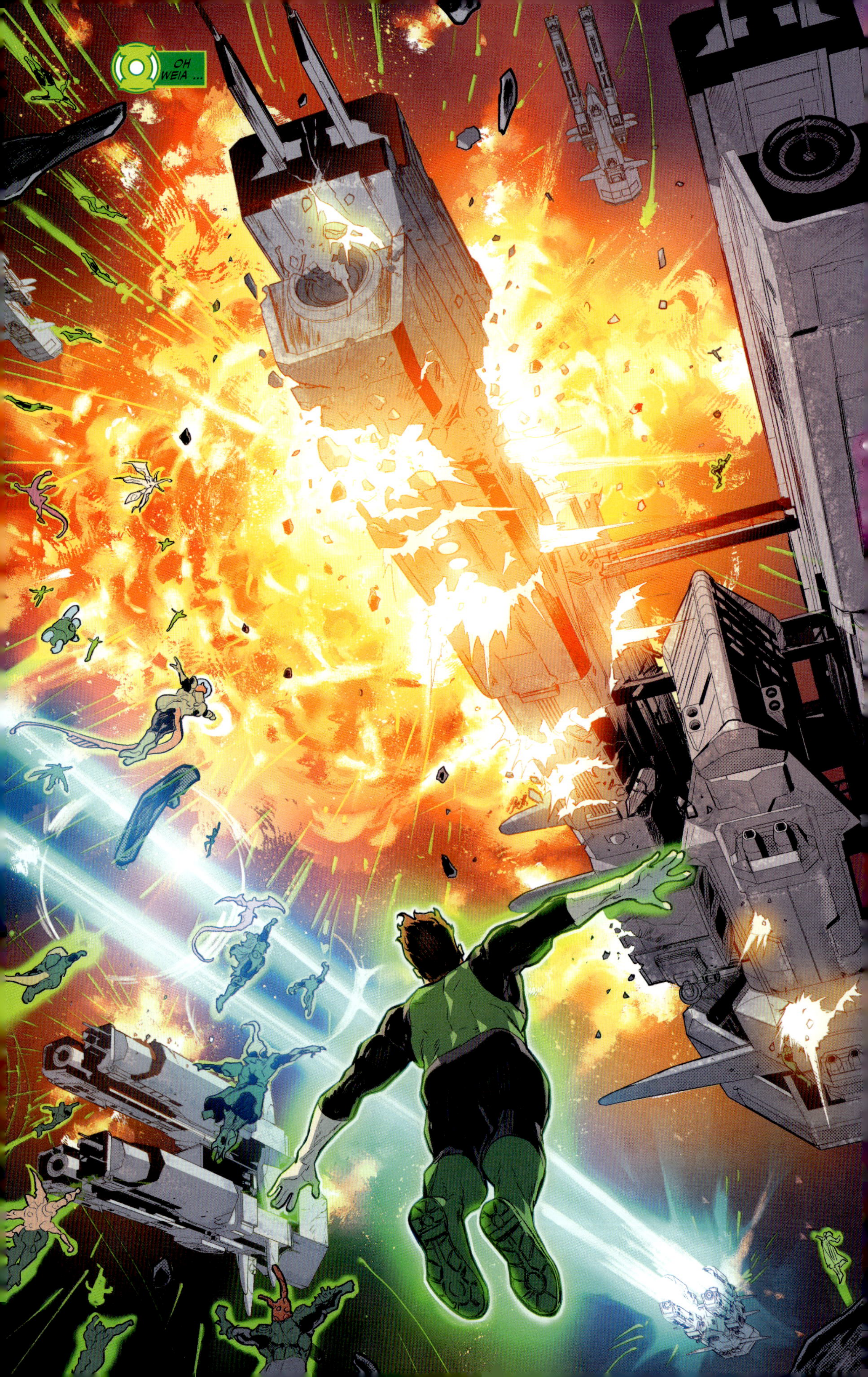
OH WEIA ...

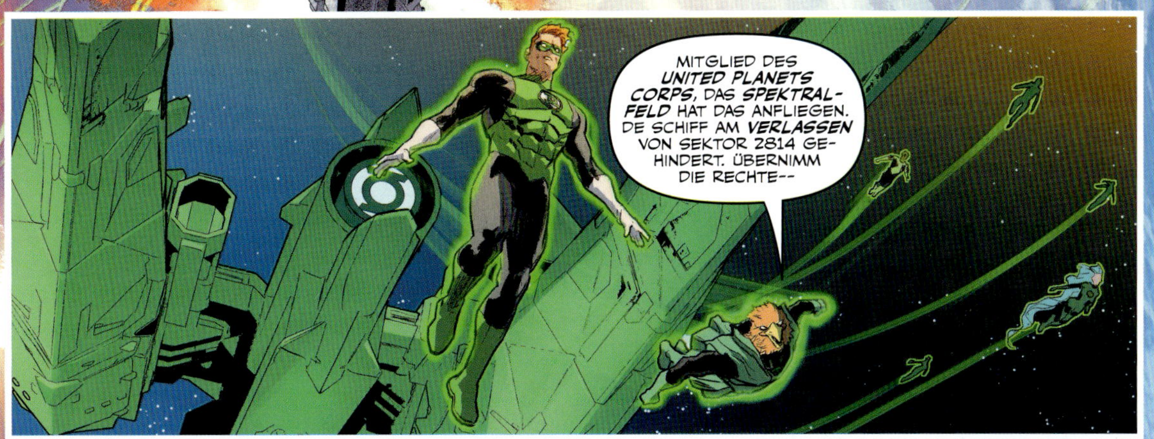
MITGLIED DES UNITED PLANETS CORPS, DAS SPEKTRALFELD HAT DAS ANFLIEGEN. DE SCHIFF AM VERLASSEN VON SEKTOR 2814 GEHINDERT. ÜBERNIMM DIE RECHTE--

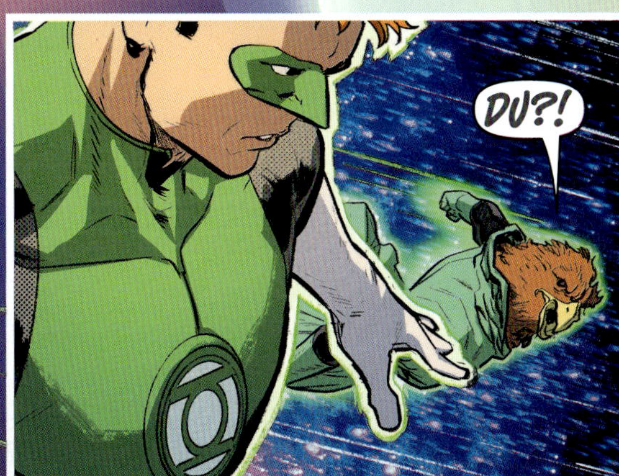
DU?!

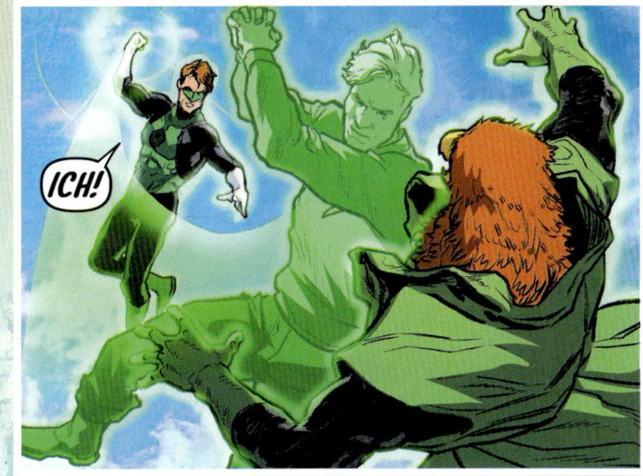
ICH!

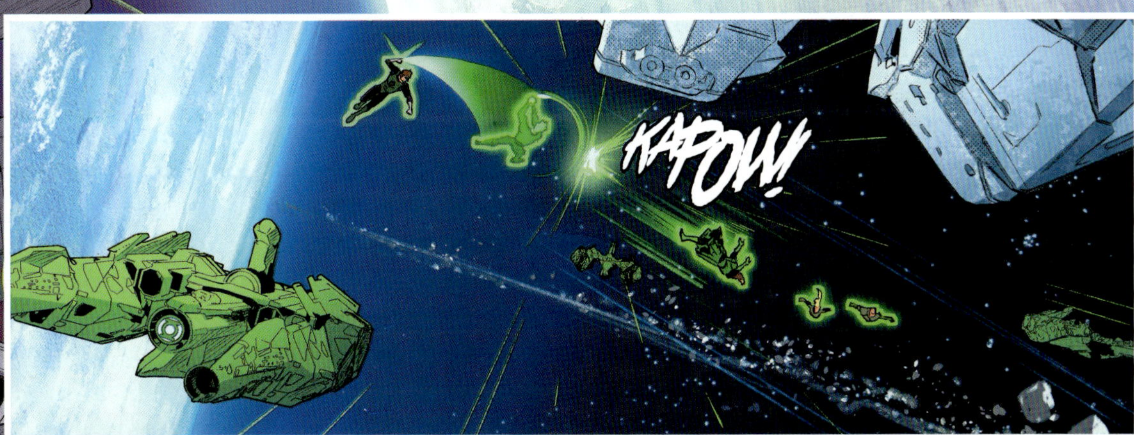
KAPOW!

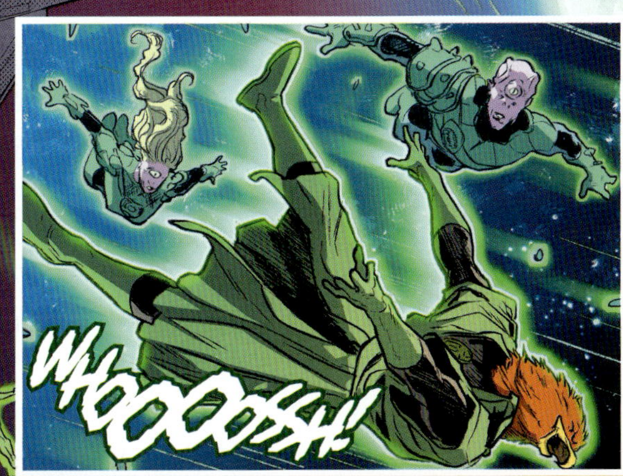
WHOOOOOSH!

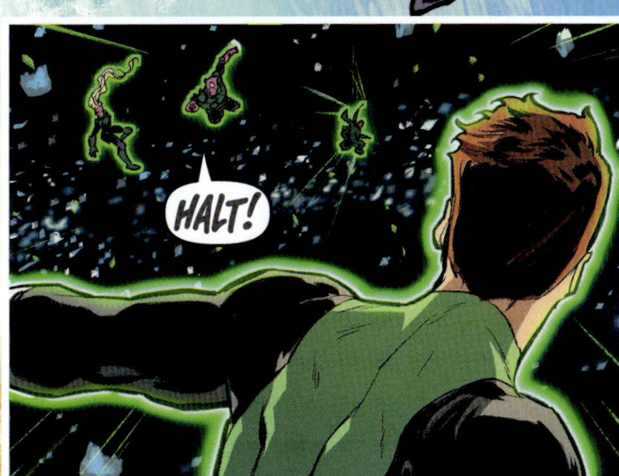
HALT!

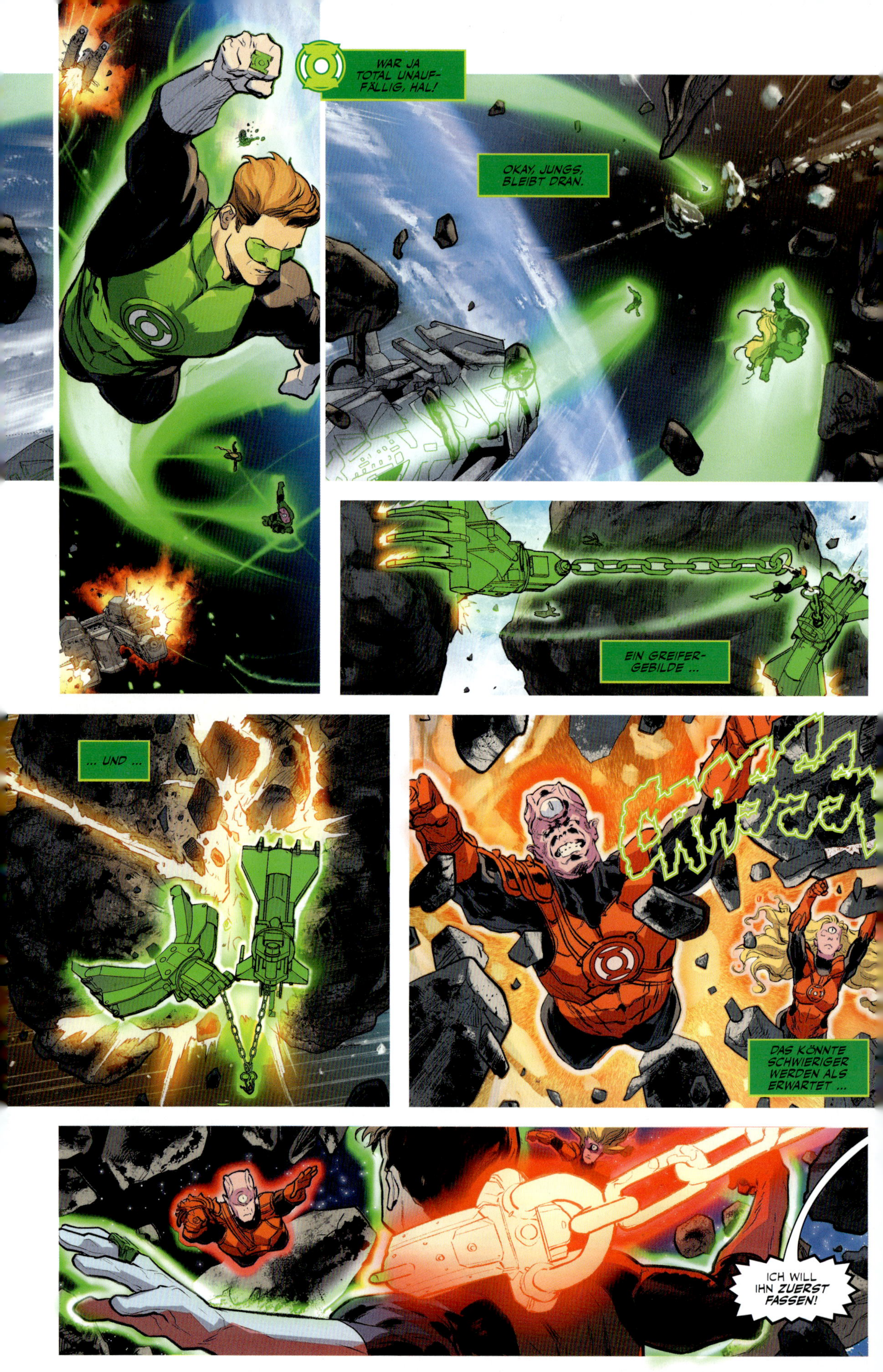

WAR JA TOTAL UNAUF-FÄLLIG, HAL!

OKAY, JUNGS, BLEIBT DRAN.

EIN GREIFER-GEBILDE ...

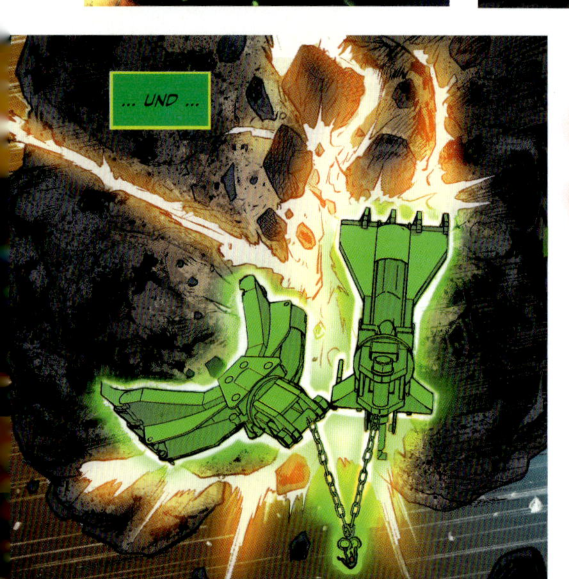

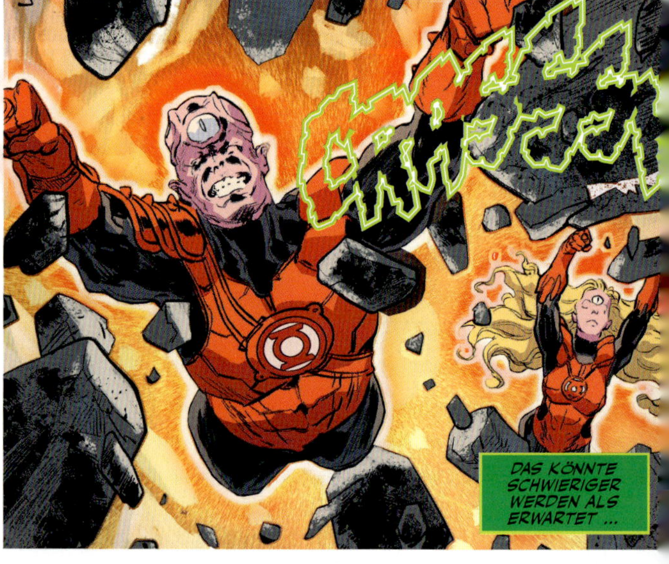

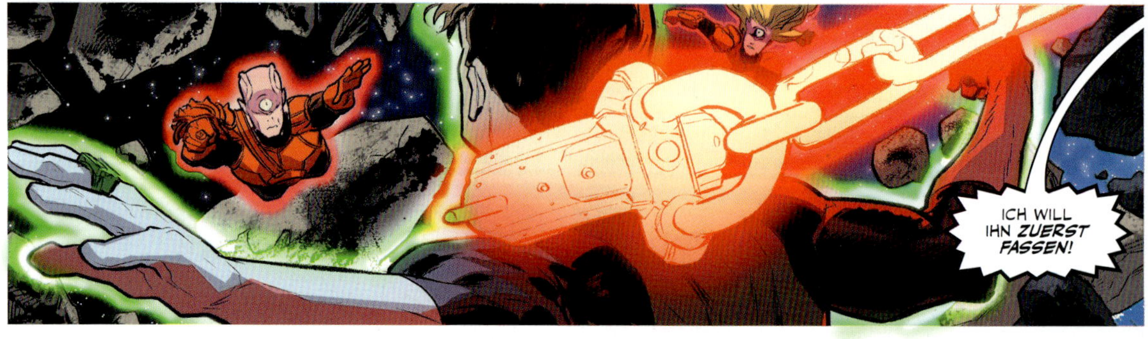

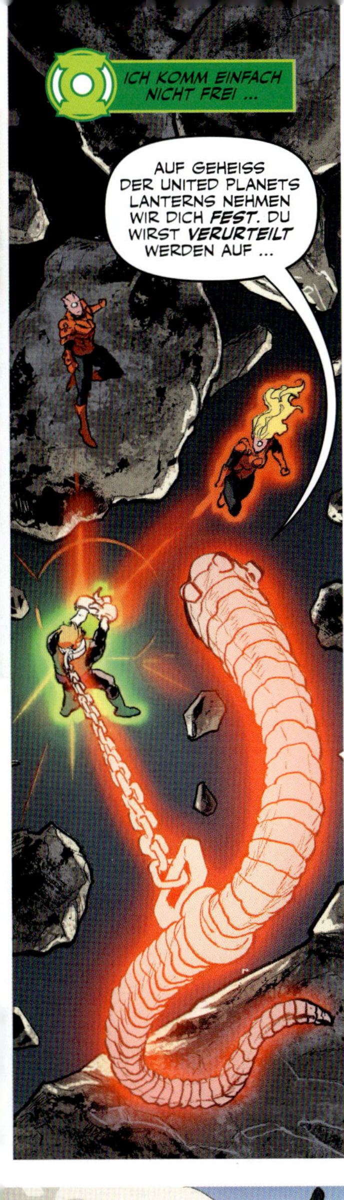
ICH KOMM EINFACH NICHT FREI ...
AUF GEHEISS DER UNITED PLANETS LANTERNS NEHMEN WIR DICH FEST. DU WIRST VERURTEILT WERDEN AUF ...

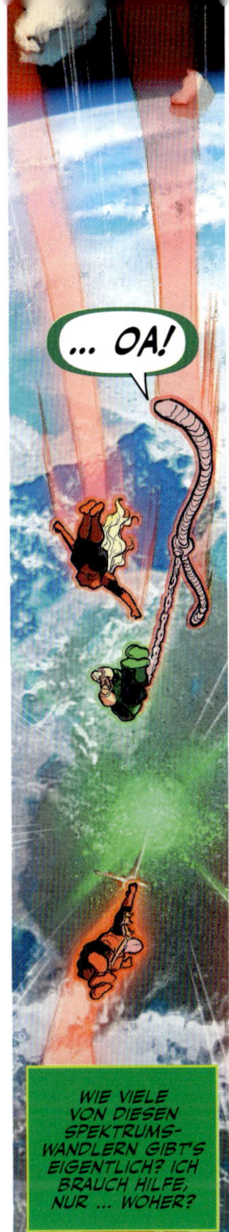
... OA!
WIE VIELE VON DIESEN SPEKTRUMS-WANDLERN GIBT'S EIGENTLICH? ICH BRAUCH HILFE, NUR ... WOHER?

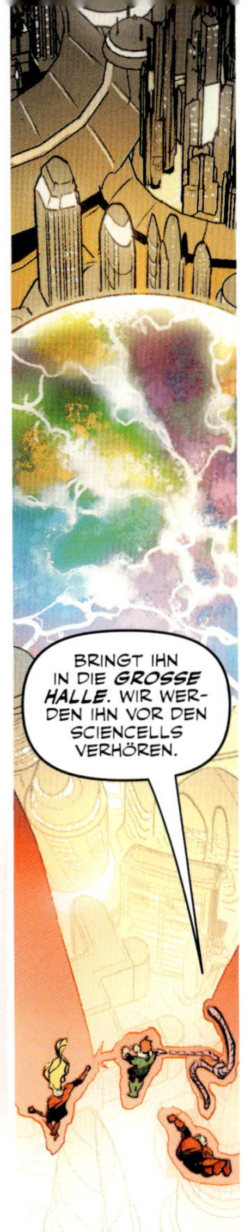
BRINGT IHN IN DIE GROSSE HALLE. WIR WERDEN IHN VOR DEN SCIENCELLS VERHÖREN.

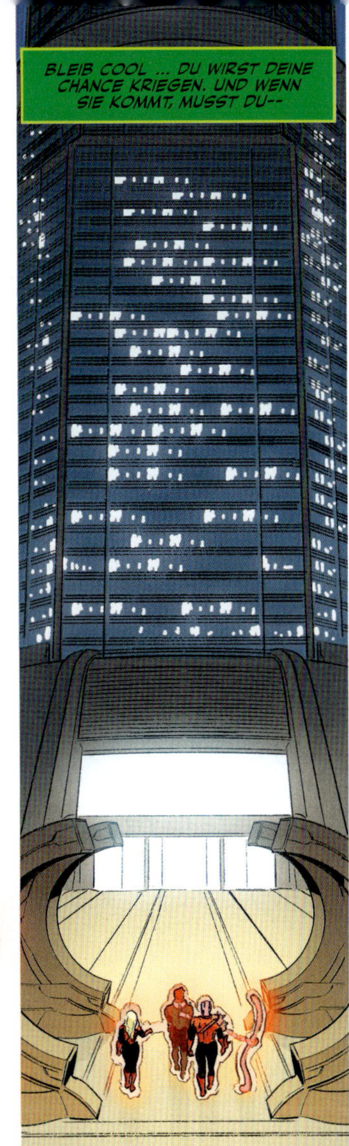
BLEIB COOL ... DU WIRST DEINE CHANCE KRIEGEN. UND WENN SIE KOMMT, MUSST DU--

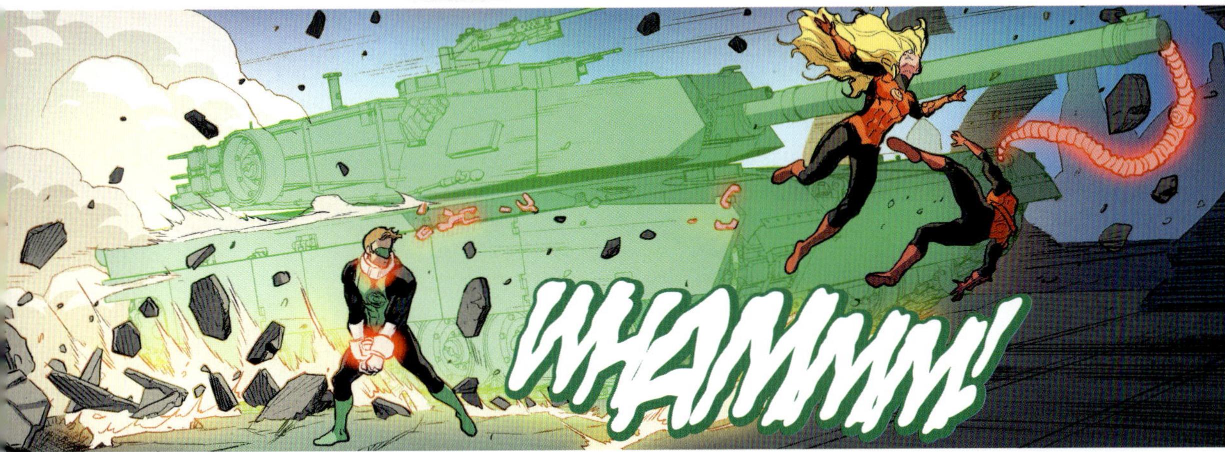
WHAMMM!

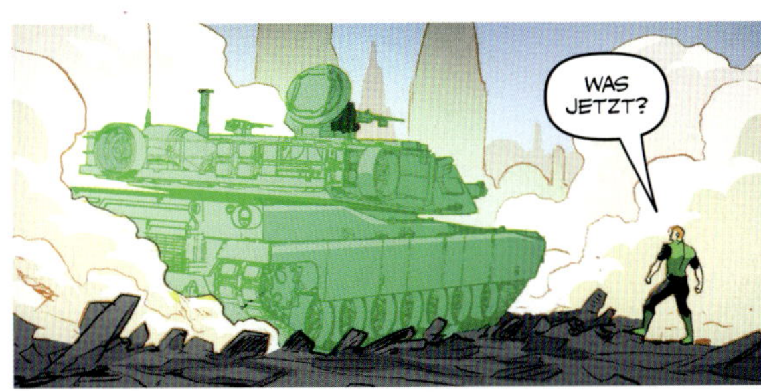
WAS JETZT?

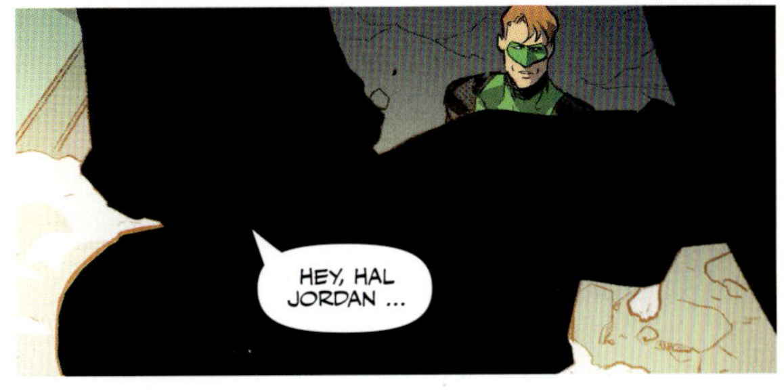
HEY, HAL JORDAN ...

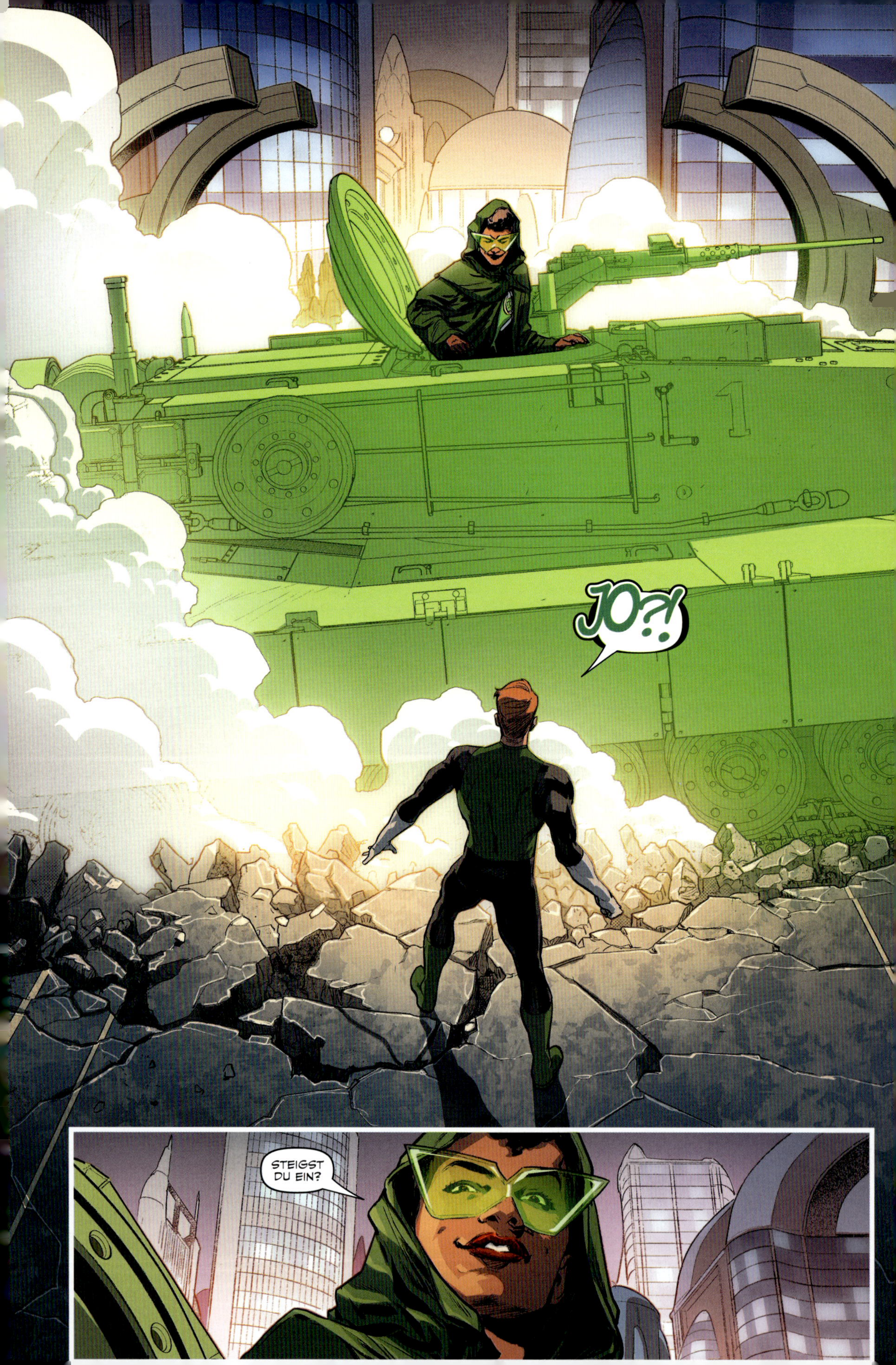
JO?!
STEIGST DU EIN?

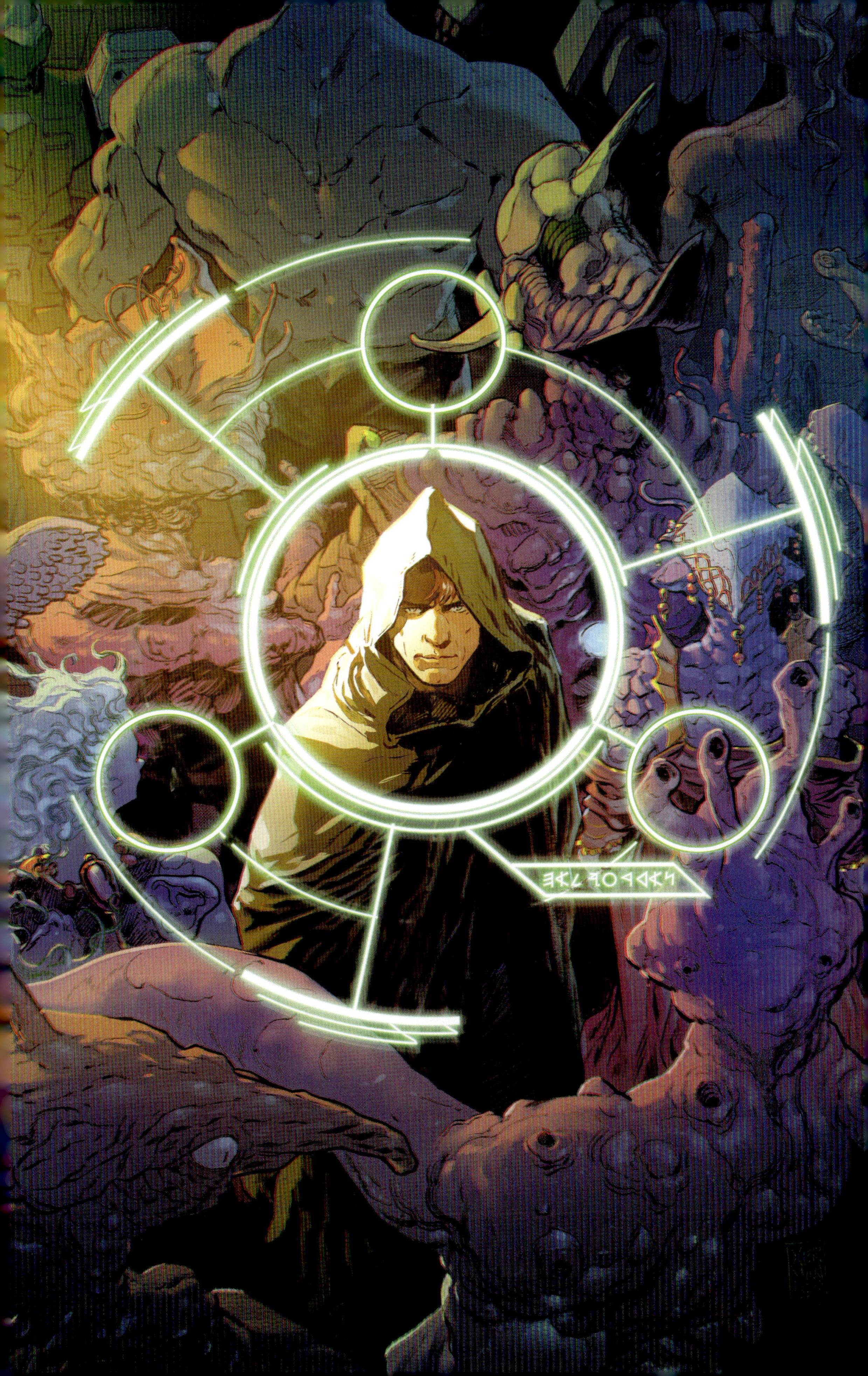

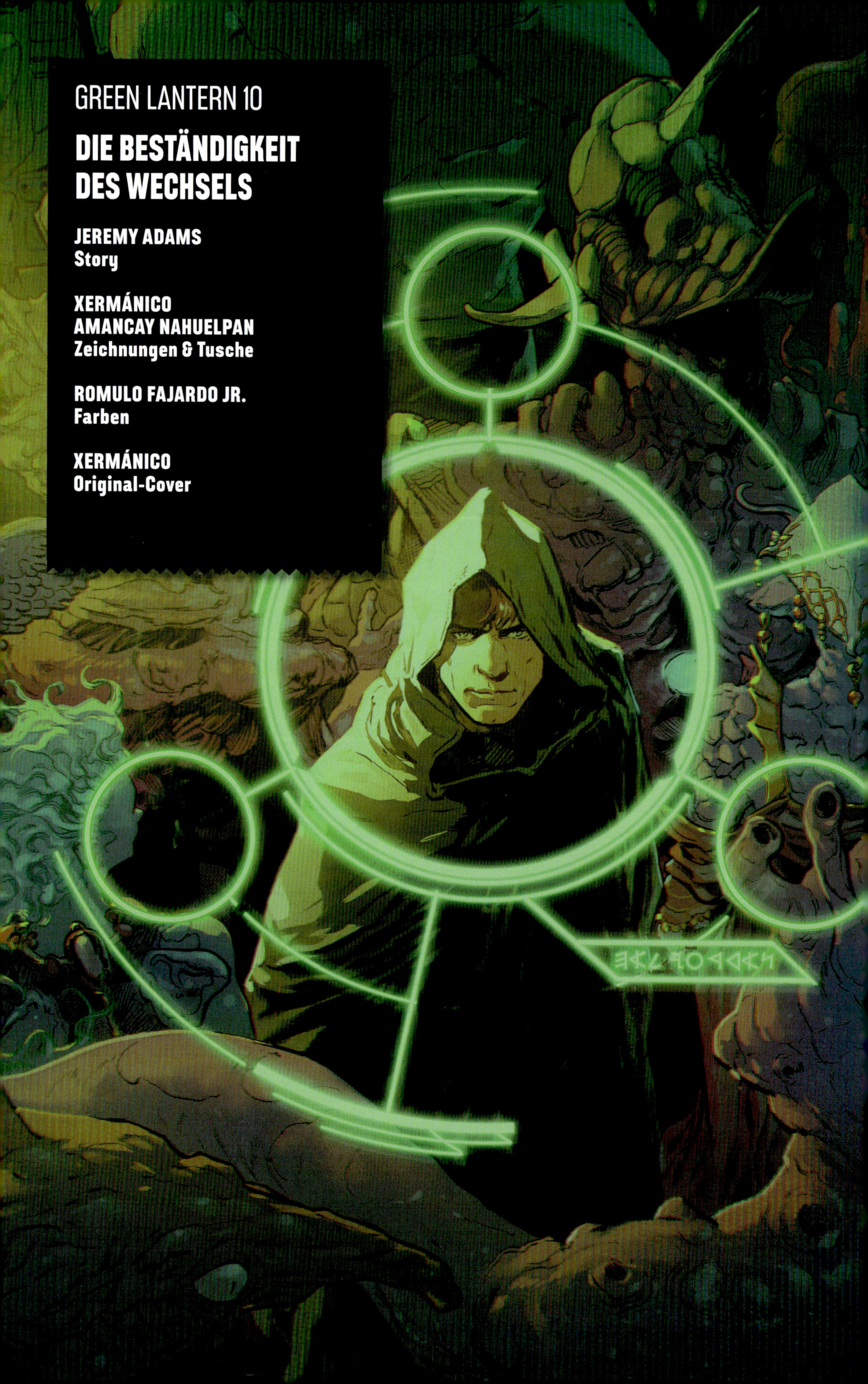
GREEN LANTERN 10
DIE BESTÄNDIGKEIT DES WECHSELS
JEREMY ADAMS
Story
XERMÁNICO
AMANCAY NAHUELPAN
Zeichnungen & Tusche
ROMULO FAJARDO JR.
Farben
XERMÁNICO
Original-Cover

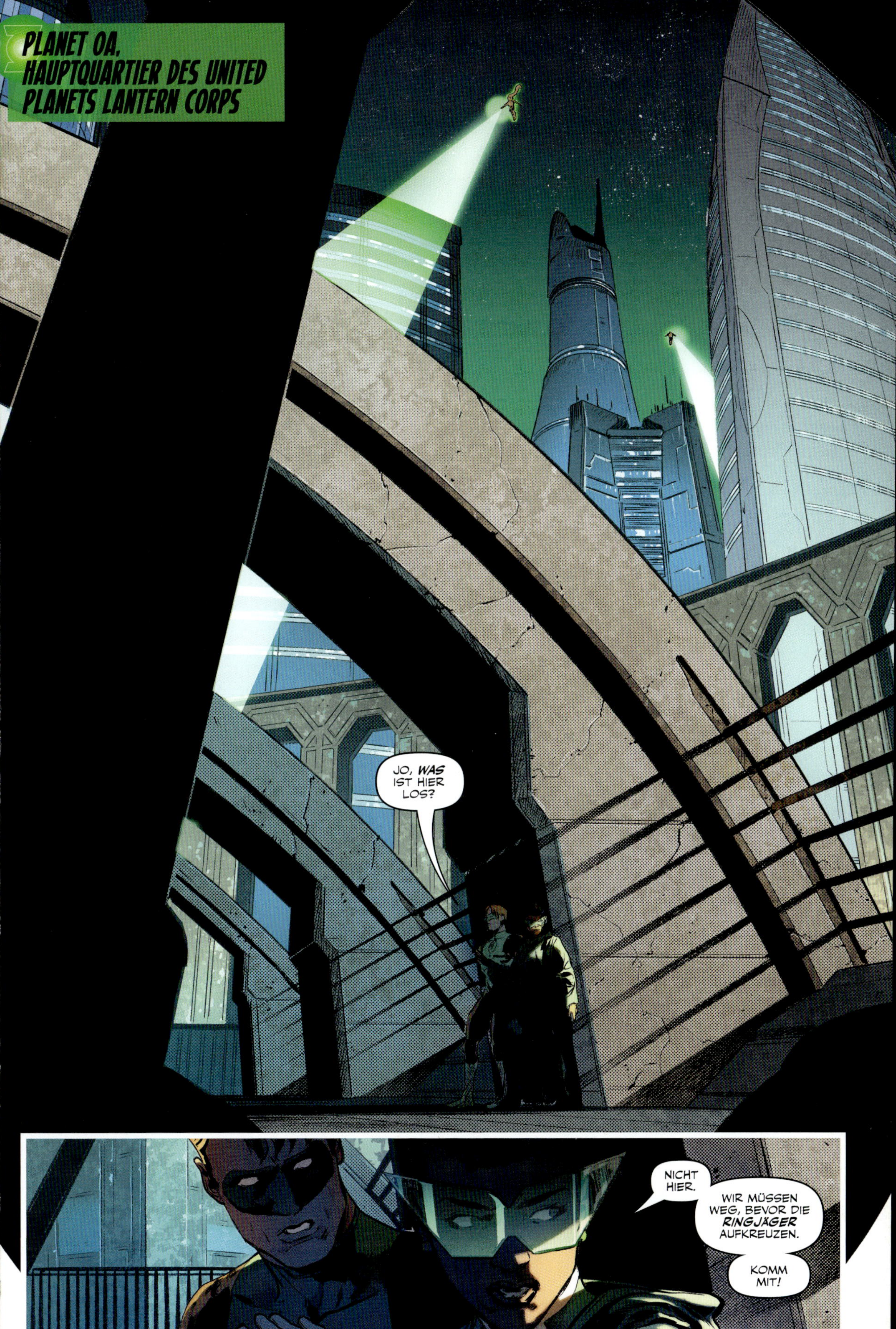
PLANET OA, HAUPTQUARTIER DES UNITED PLANETS LANTERN CORPS
JO, WAS IST HIER LOS?
NICHT HIER.
WIR MÜSSEN WEG, BEVOR DIE RINGJÄGER AUFKREUZEN.
KOMM MIT!

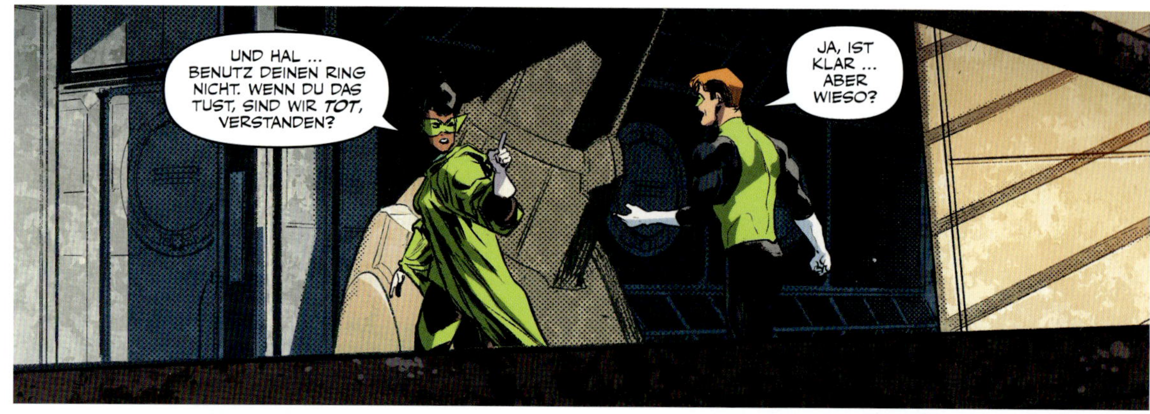
UND HAL ... BENUTZ DEINEN RING NICHT. WENN DU DAS TUST, SIND WIR *TOT*, VERSTANDEN?
JA, IST KLAR ... ABER WIESO?

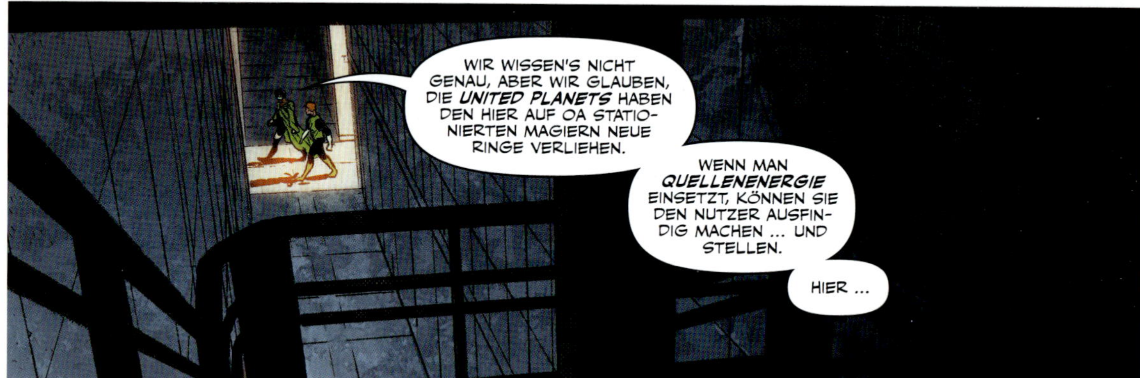
WIR WISSEN'S NICHT GENAU, ABER WIR GLAUBEN, DIE *UNITED PLANETS* HABEN DEN HIER AUF OA STATIONIERTEN MAGIERN NEUE RINGE VERLIEHEN.
WENN MAN *QUELLENENERGIE* EINSETZT, KÖNNEN SIE DEN NUTZER AUSFINDIG MACHEN ... UND STELLEN.
HIER ...

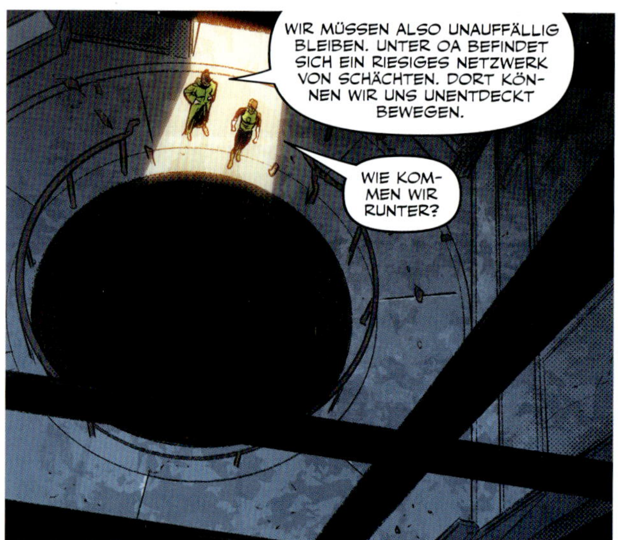
WIR MÜSSEN ALSO UNAUFFÄLLIG BLEIBEN. UNTER OA BEFINDET SICH EIN RIESIGES NETZWERK VON SCHÄCHTEN. DORT KÖNNEN WIR UNS UNENTDECKT BEWEGEN.
WIE KOMMEN WIR RUNTER?

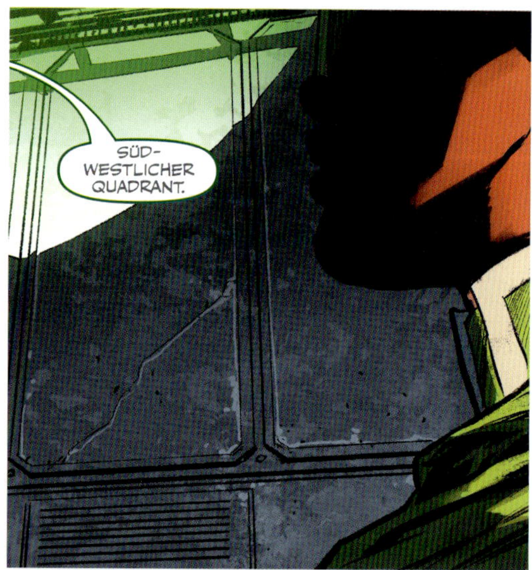
SÜDWESTLICHER QUADRANT.

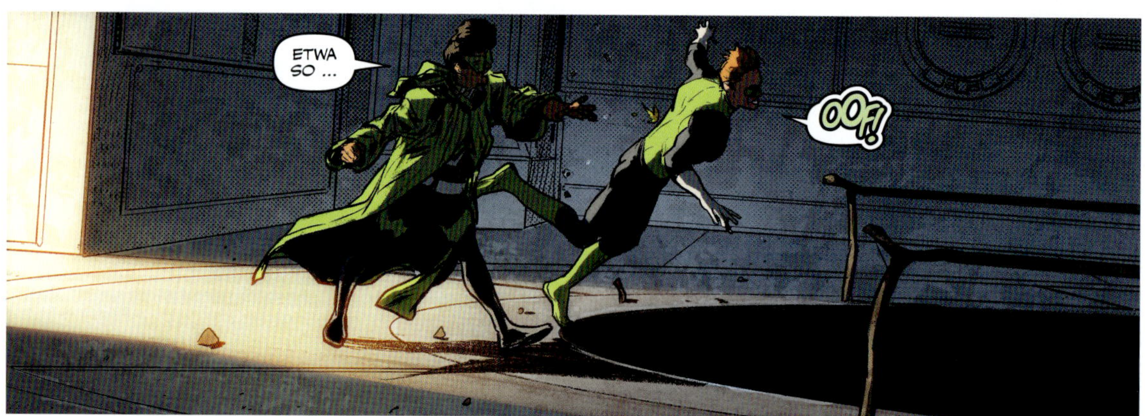
ETWA SO ...
OOF!

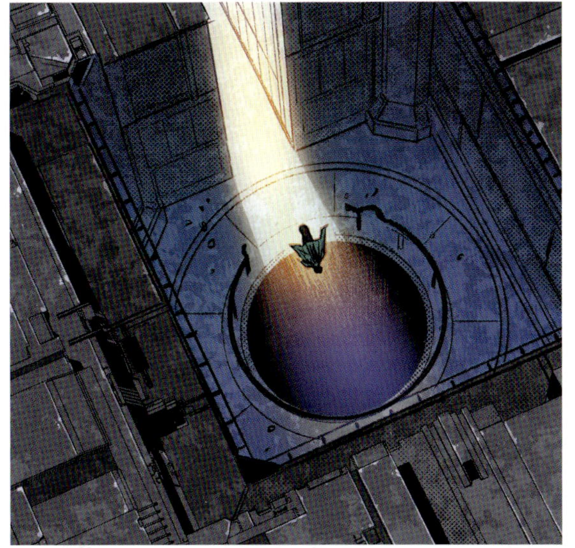

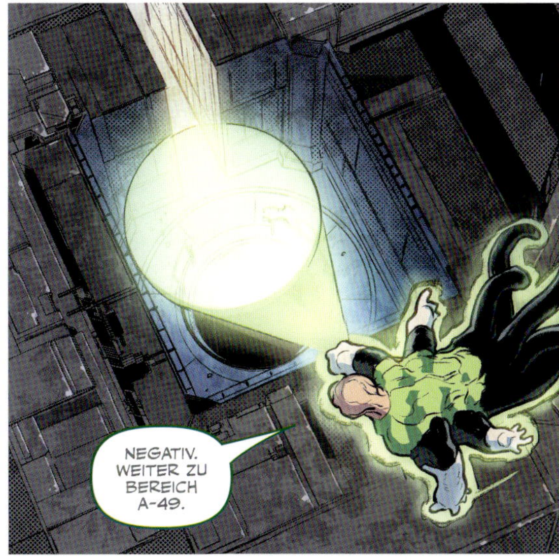
NEGATIV. WEITER ZU BEREICH A-49.

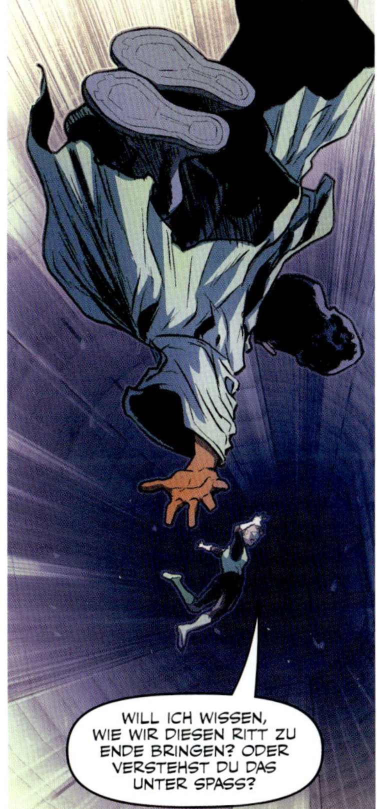
WILL ICH WISSEN, WIE WIR DIESEN RITT ZU ENDE BRINGEN? ODER VERSTEHST DU DAS UNTER SPASS?

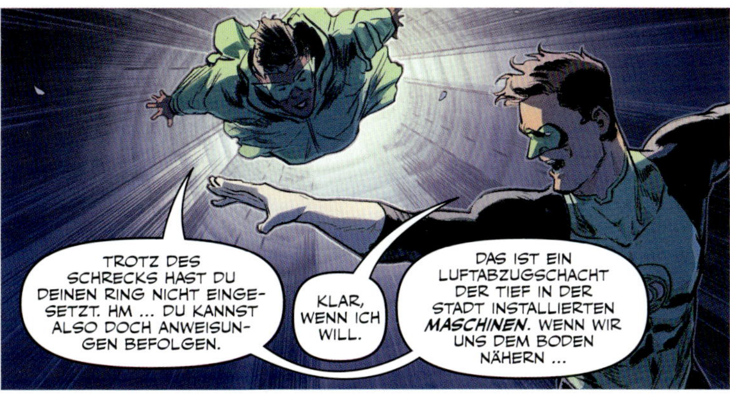
TROTZ DES SCHRECKS HAST DU DEINEN RING NICHT EINGESETZT. HM ... DU KANNST ALSO DOCH ANWEISUNGEN BEFOLGEN.
KLAR, WENN ICH WILL.
DAS IST EIN LUFTABZUGSCHACHT DER TIEF IN DER STADT INSTALLIERTEN MASCHINEN. WENN WIR UNS DEM BODEN NÄHERN ...

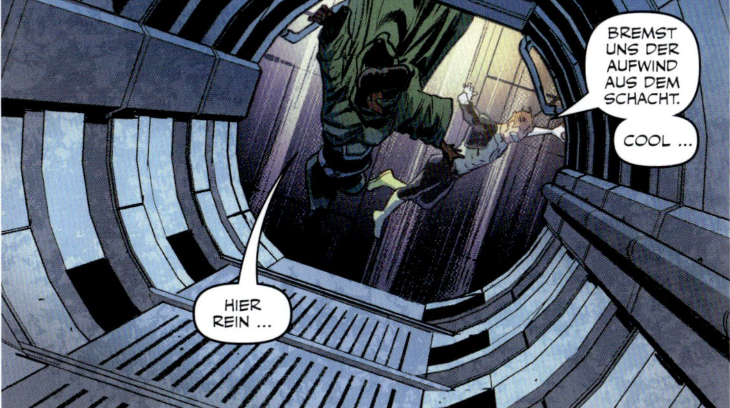
BREMST UNS DER AUFWIND AUS DEM SCHACHT.
COOL ...
HIER REIN ...

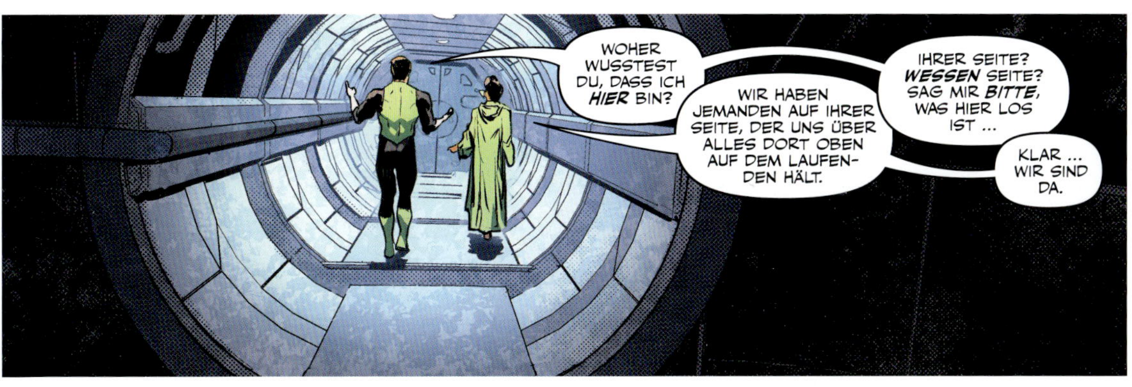
WOHER WUSSTEST DU, DASS ICH HIER BIN?
WIR HABEN JEMANDEN AUF IHRER SEITE, DER UNS ÜBER ALLES DORT OBEN AUF DEM LAUFENDEN HÄLT.
IHRER SEITE? WESSEN SEITE? SAG MIR BITTE, WAS HIER LOS IST ...
KLAR ... WIR SIND DA.

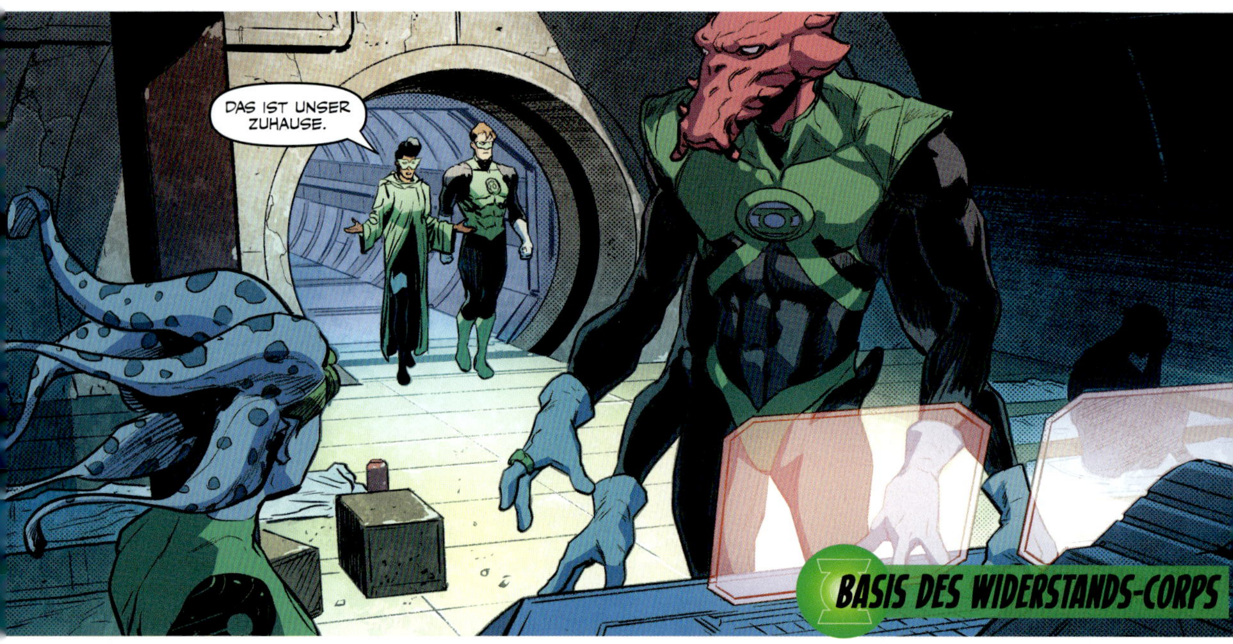
DAS IST UNSER ZUHAUSE.
BASIS DES WIDERSTANDS-CORPS

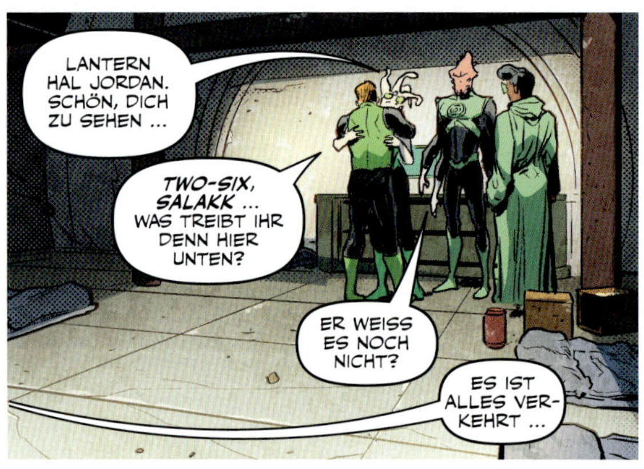
LANTERN HAL JORDAN. SCHÖN, DICH ZU SEHEN ...
TWO-SIX, SALAKK ... WAS TREIBT IHR DENN HIER UNTEN?
ER WEISS ES NOCH NICHT?
ES IST ALLES VERKEHRT ...

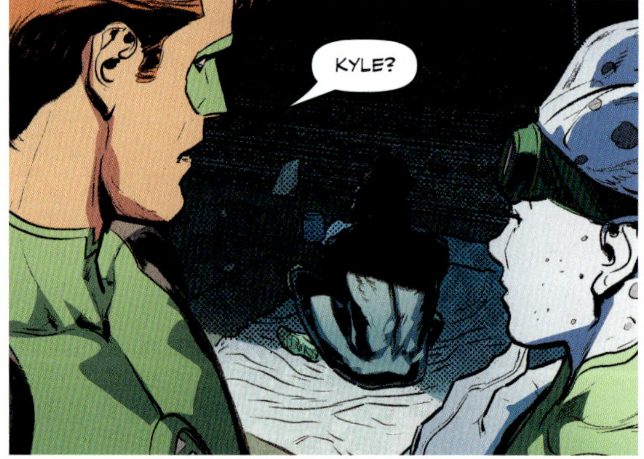
KYLE?

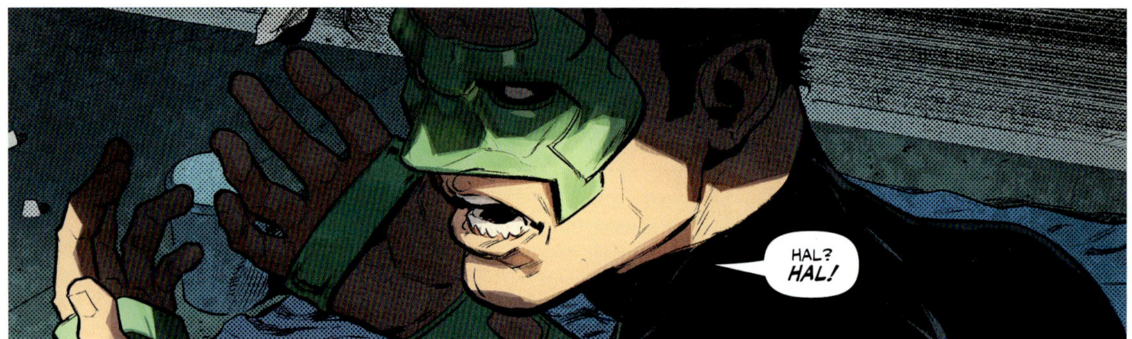
HAL? *HAL!*

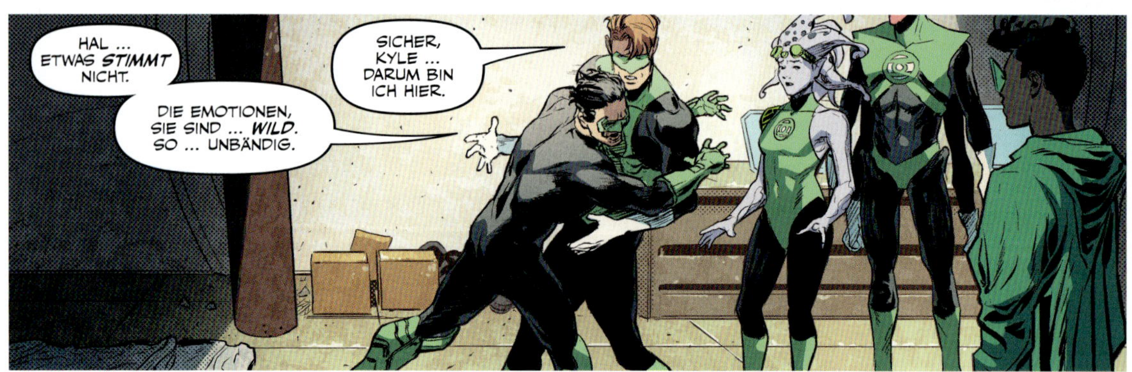
HAL ... ETWAS *STIMMT* NICHT.
SICHER, KYLE ... DARUM BIN ICH HIER.
DIE EMOTIONEN, SIE SIND ... *WILD*. SO ... UNBÄNDIG.

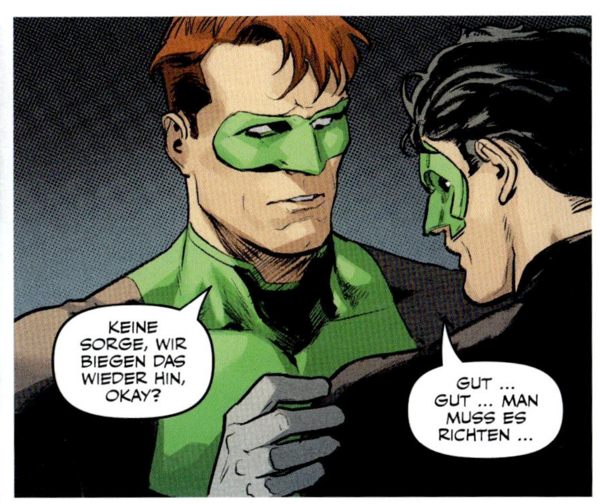
KEINE SORGE, WIR BIEGEN DAS WIEDER HIN, OKAY?
GUT ... GUT ... MAN MUSS ES RICHTEN ...

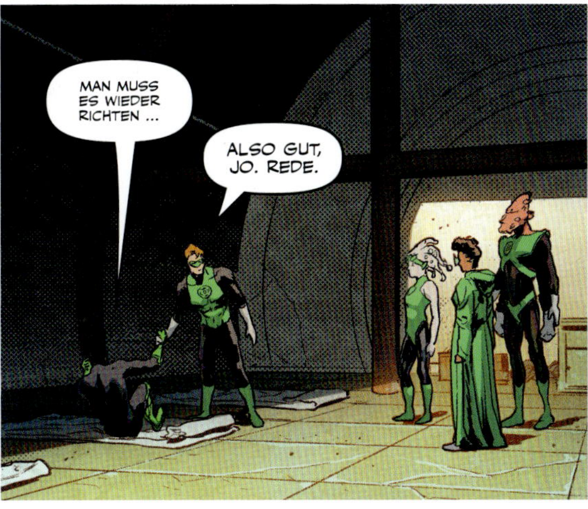
MAN MUSS ES WIEDER RICHTEN ...
ALSO GUT, JO. REDE.

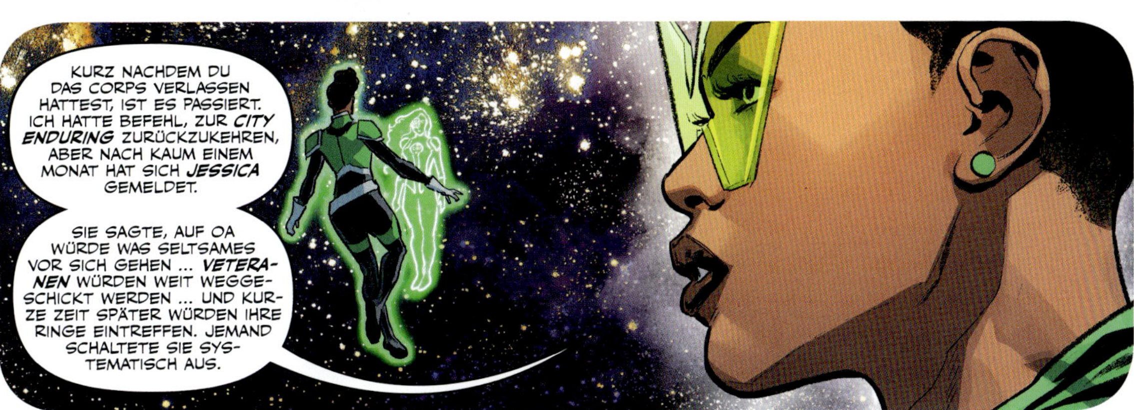
KURZ NACHDEM DU DAS CORPS VERLASSEN HATTEST, IST ES PASSIERT. ICH HATTE BEFEHL, ZUR CITY ENDURING ZURÜCKZUKEHREN, ABER NACH KAUM EINEM MONAT HAT SICH JESSICA GEMELDET.
SIE SAGTE, AUF OA WÜRDE WAS SELTSAMES VOR SICH GEHEN ... VETERANEN WÜRDEN WEIT WEGGESCHICKT WERDEN ... UND KURZE ZEIT SPÄTER WÜRDEN IHRE RINGE EINTREFFEN. JEMAND SCHALTETE SIE SYSTEMATISCH AUS.

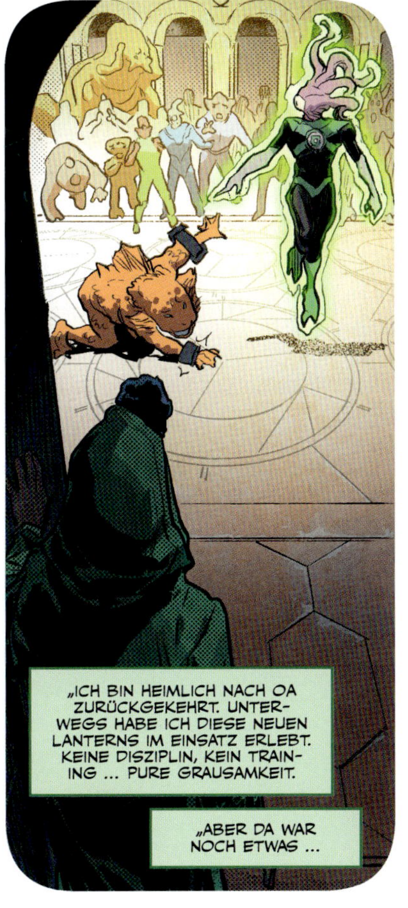
„ICH BIN HEIMLICH NACH OA ZURÜCKGEKEHRT. UNTERWEGS HABE ICH DIESE NEUEN LANTERNS IM EINSATZ ERLEBT. KEINE DISZIPLIN, KEIN TRAINING ... PURE GRAUSAMKEIT.
„ABER DA WAR NOCH ETWAS ...

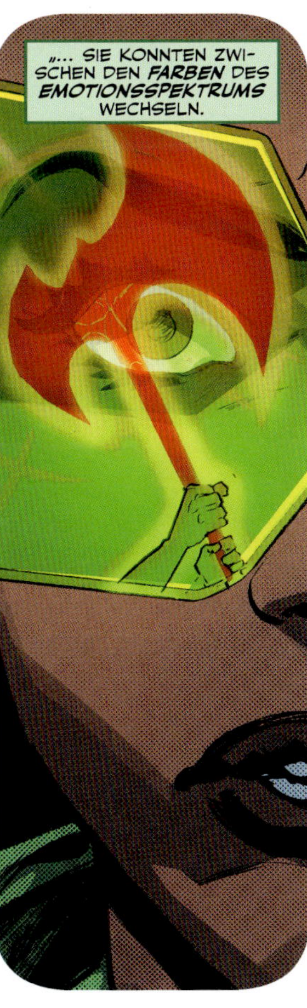
„... SIE KONNTEN ZWISCHEN DEN FARBEN DES EMOTIONSSPEKTRUMS WECHSELN.

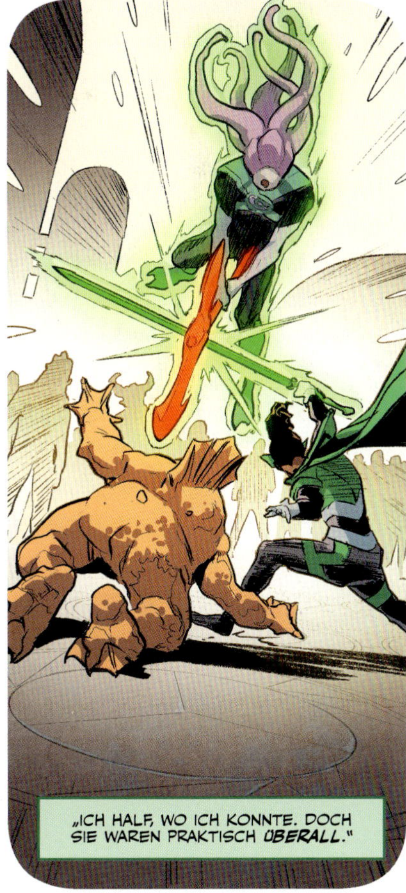
„ICH HALF, WO ICH KONNTE. DOCH SIE WAREN PRAKTISCH ÜBERALL."

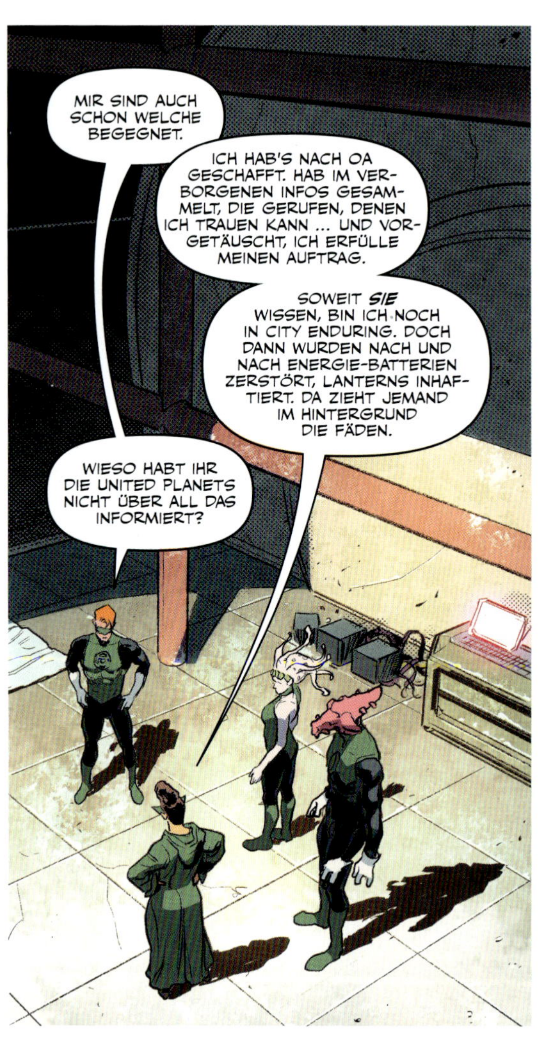
MIR SIND AUCH SCHON WELCHE BEGEGNET.
ICH HAB'S NACH OA GESCHAFFT. HAB IM VERBORGENEN INFOS GESAMMELT, DIE GERUFEN, DENEN ICH TRAUEN KANN ... UND VORGETÄUSCHT, ICH ERFÜLLE MEINEN AUFTRAG.
SOWEIT SIE WISSEN, BIN ICH NOCH IN CITY ENDURING. DOCH DANN WURDEN NACH UND NACH ENERGIE-BATTERIEN ZERSTÖRT, LANTERNS INHAFTIERT. DA ZIEHT JEMAND IM HINTERGRUND DIE FÄDEN.
WIESO HABT IHR DIE UNITED PLANETS NICHT ÜBER ALL DAS INFORMIERT?

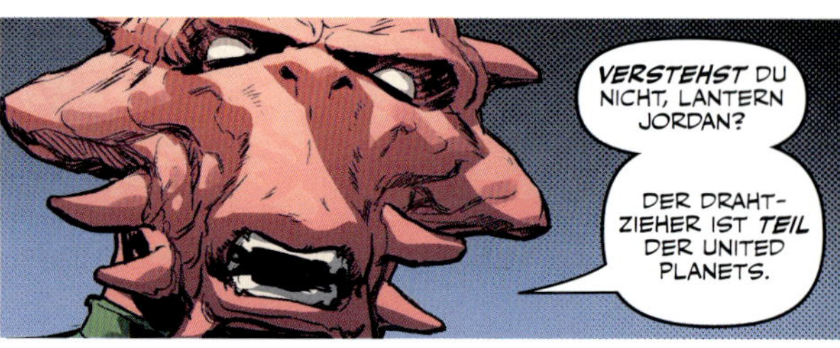
VERSTEHST DU NICHT, LANTERN JORDAN?
DER DRAHTZIEHER IST TEIL DER UNITED PLANETS.

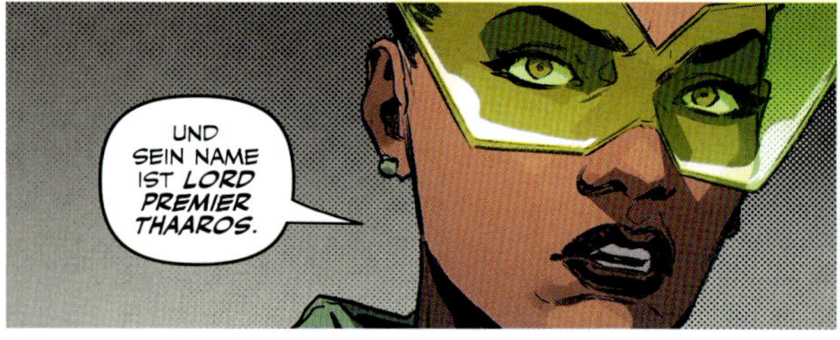
UND SEIN NAME IST LORD PREMIER THAAROS.

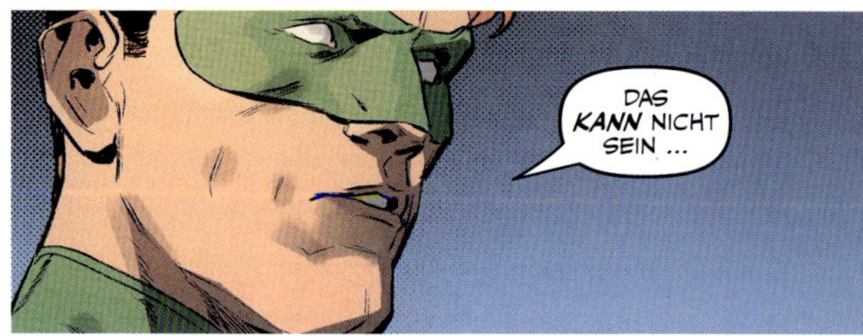
DAS KANN NICHT SEIN ...

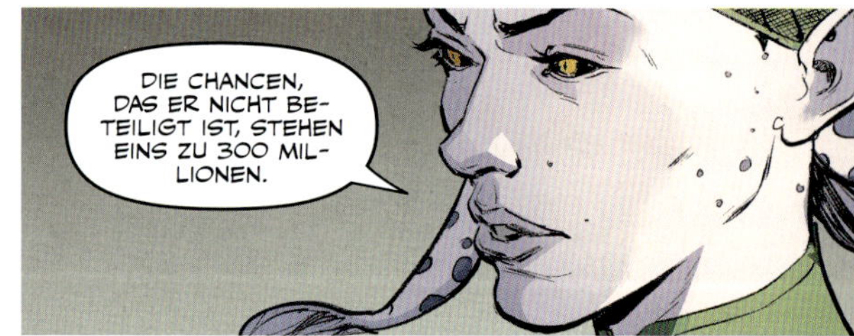
DIE CHANCEN, DAS ER NICHT BETEILIGT IST, STEHEN EINS ZU 300 MILLIONEN.

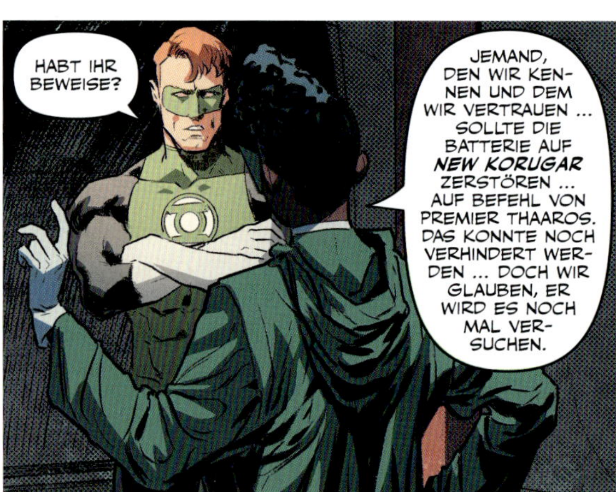
HABT IHR BEWEISE?
JEMAND, DEN WIR KENNEN UND DEM WIR VERTRAUEN ... SOLLTE DIE BATTERIE AUF NEW KORUGAR ZERSTÖREN ... AUF BEFEHL VON PREMIER THAAROS. DAS KONNTE NOCH VERHINDERT WERDEN ... DOCH WIR GLAUBEN, ER WIRD ES NOCH MAL VERSUCHEN.

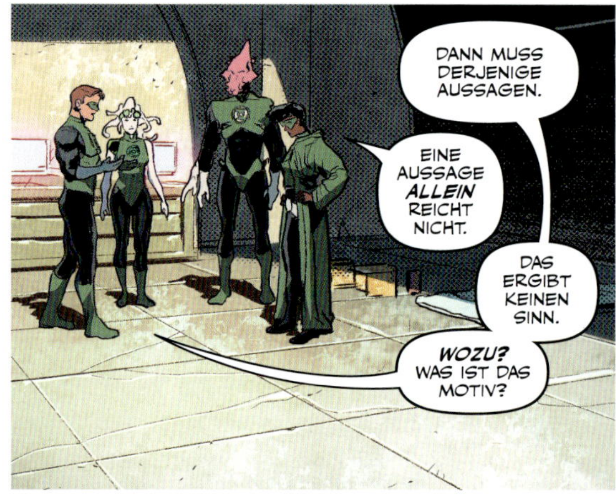
DANN MUSS DERJENIGE AUSSAGEN.
EINE AUSSAGE ALLEIN REICHT NICHT.
DAS ERGIBT KEINEN SINN.
WOZU? WAS IST DAS MOTIV?

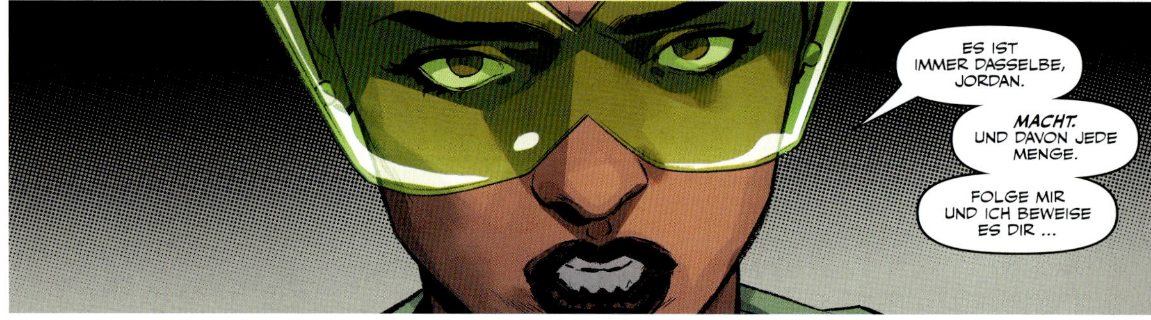
ES IST IMMER DASSELBE, JORDAN.
MACHT. UND DAVON JEDE MENGE.
FOLGE MIR UND ICH BEWEISE ES DIR ...

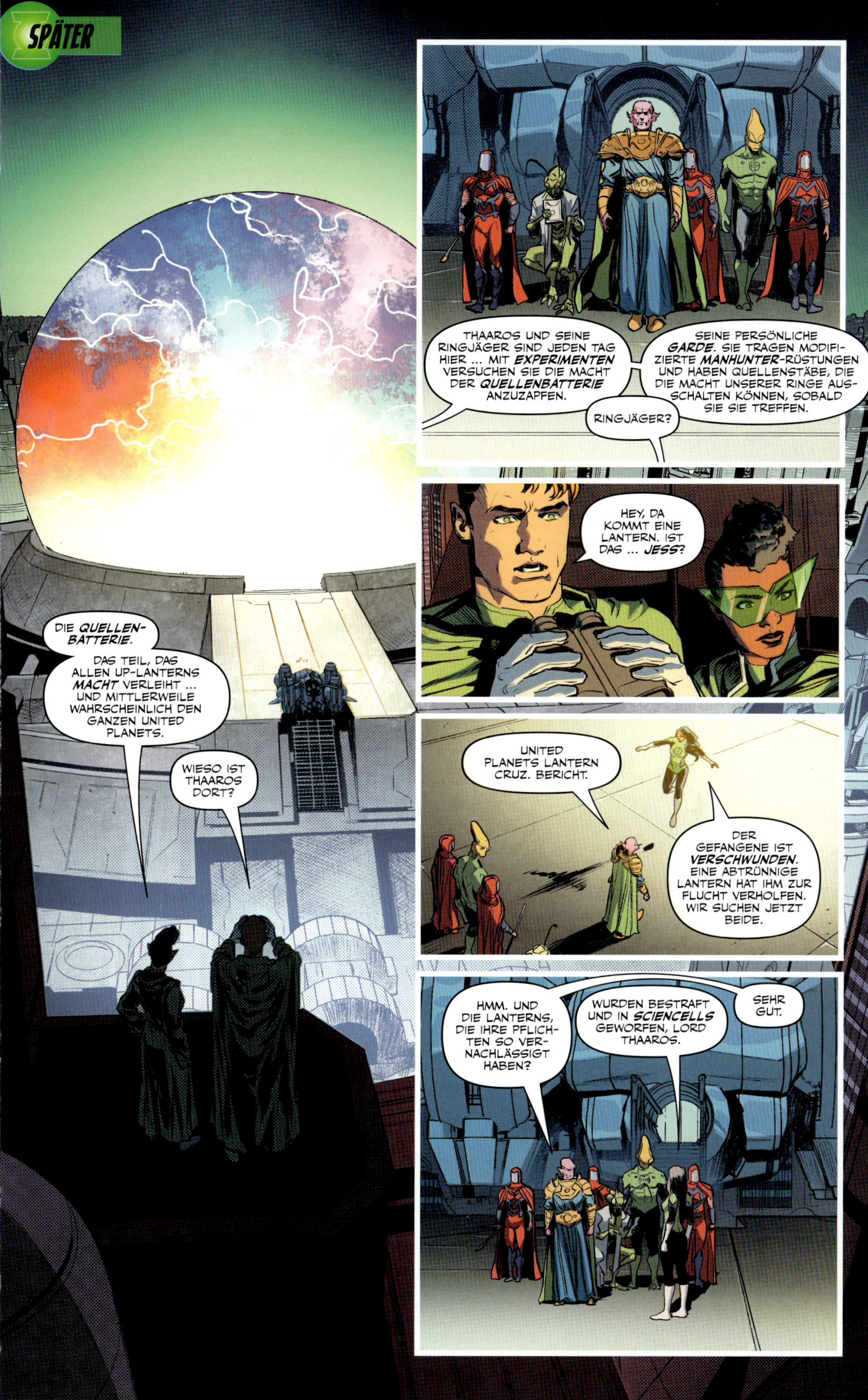
SPÄTER
DIE QUELLEN-BATTERIE.
DAS TEIL, DAS ALLEN UP-LANTERNS MACHT VERLEIHT ... UND MITTLERWEILE WAHRSCHEINLICH DEN GANZEN UNITED PLANETS.
WIESO IST THAAROS DORT?
THAAROS UND SEINE RINGJÄGER SIND JEDEN TAG HIER ... MIT EXPERIMENTEN VERSUCHEN SIE DIE MACHT DER QUELLENBATTERIE ANZUZAPFEN.
RINGJÄGER?
SEINE PERSÖNLICHE GARDE. SIE TRAGEN MODIFIZIERTE MANHUNTER-RÜSTUNGEN UND HABEN QUELLENSTÄBE, DIE DIE MACHT UNSERER RINGE AUSSCHALTEN KÖNNEN, SOBALD SIE SIE TREFFEN.
HEY, DA KOMMT EINE LANTERN. IST DAS ... JESS?
UNITED PLANETS LANTERN CRUZ. BERICHT.
DER GEFANGENE IST VERSCHWUNDEN. EINE ABTRÜNNIGE LANTERN HAT IHM ZUR FLUCHT VERHOLFEN. WIR SUCHEN JETZT BEIDE.
HMM. UND DIE LANTERNS, DIE IHRE PFLICHTEN SO VERNACHLÄSSIGT HABEN?
WURDEN BESTRAFT UND IN SCIENCELLS GEWORFEN, LORD THAAROS.
SEHR GUT.

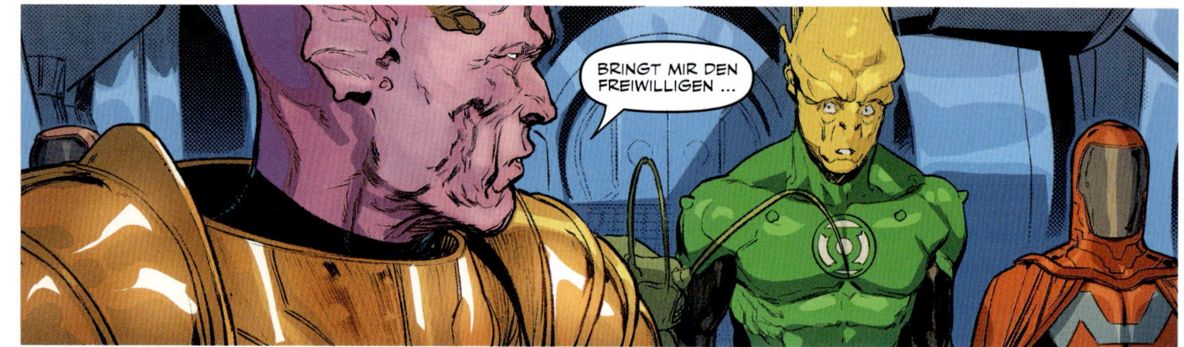
BRINGT MIR DEN FREIWILLIGEN ...

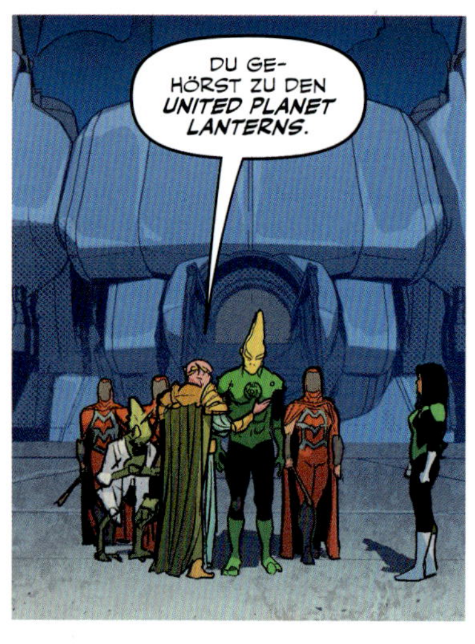
DU GEHÖRST ZU DEN *UNITED PLANET LANTERNS*.

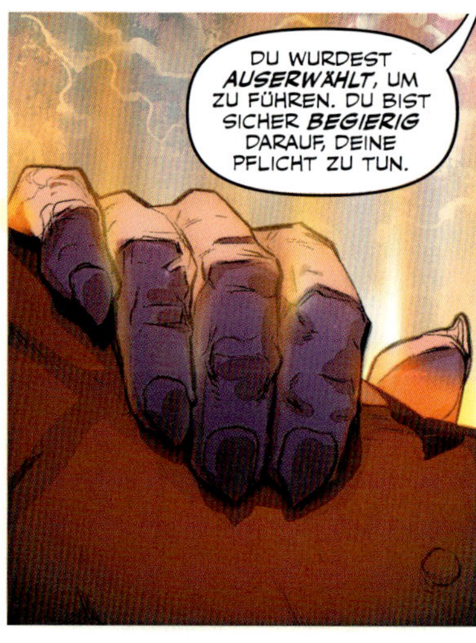
DU WURDEST *AUSERWÄHLT*, UM ZU FÜHREN. DU BIST SICHER *BEGIERIG* DARAUF, DEINE PFLICHT ZU TUN.

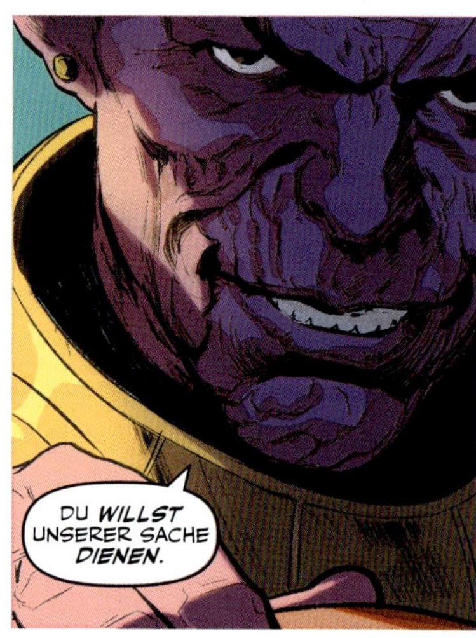
DU *WILLST* UNSERER SACHE *DIENEN*.

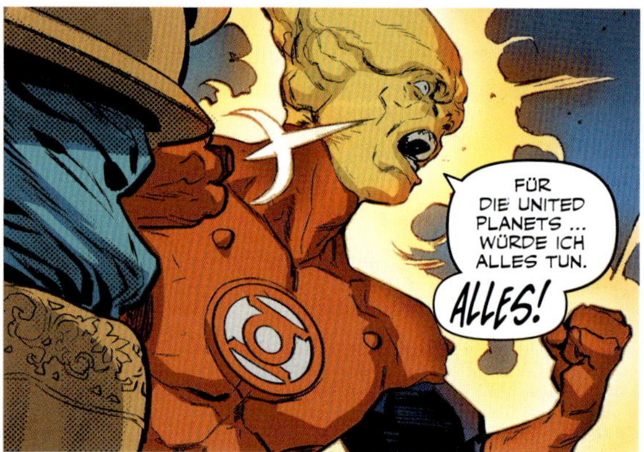
FÜR DIE UNITED PLANETS ... WÜRDE ICH ALLES TUN.
ALLES!

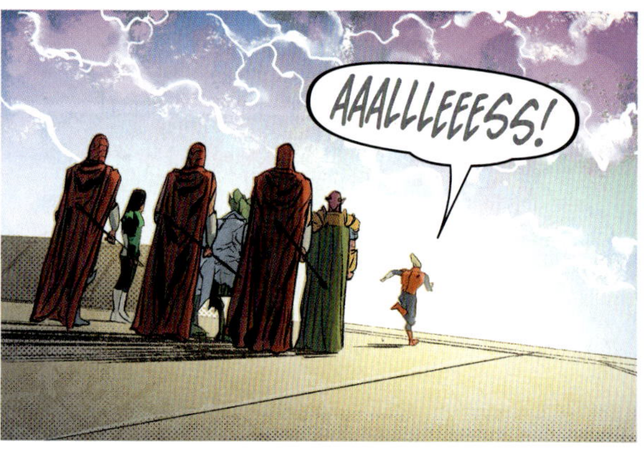
AAALLLLEEEESS!

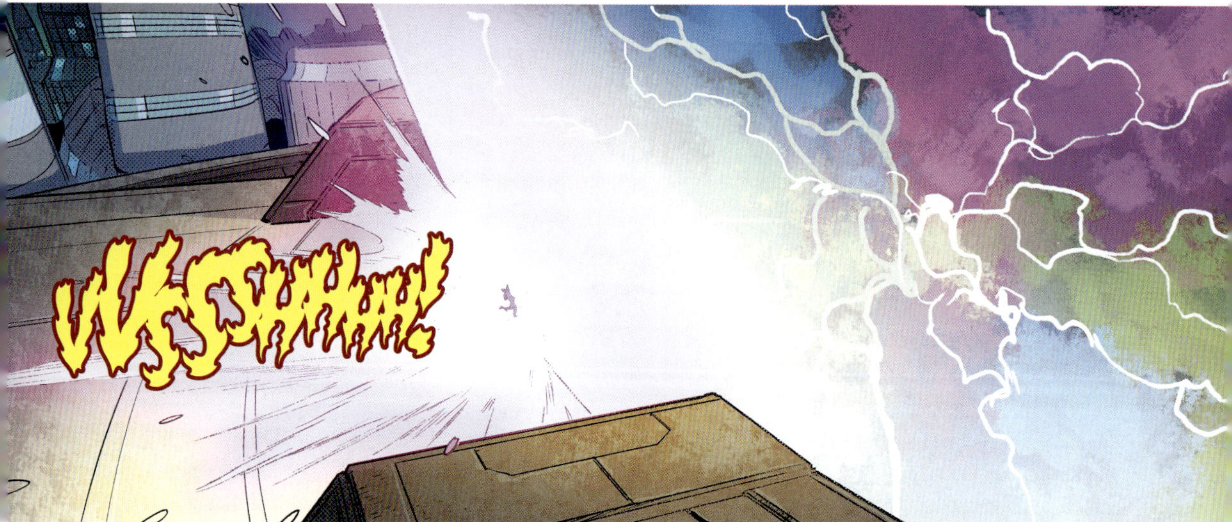
VVSSCHHHH!

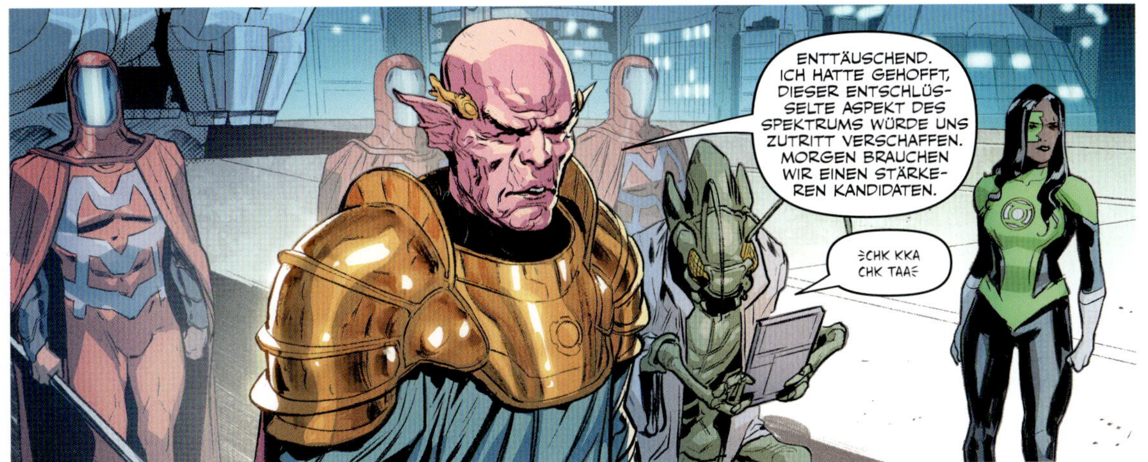
ENTTÄUSCHEND. ICH HATTE GEHOFFT, DIESER ENTSCHLÜS-SELTE ASPEKT DES SPEKTRUMS WÜRDE UNS ZUTRITT VERSCHAFFEN. MORGEN BRAUCHEN WIR EINEN STÄRKE-REN KANDIDATEN.
ƎCHK KKA CHK TAAE

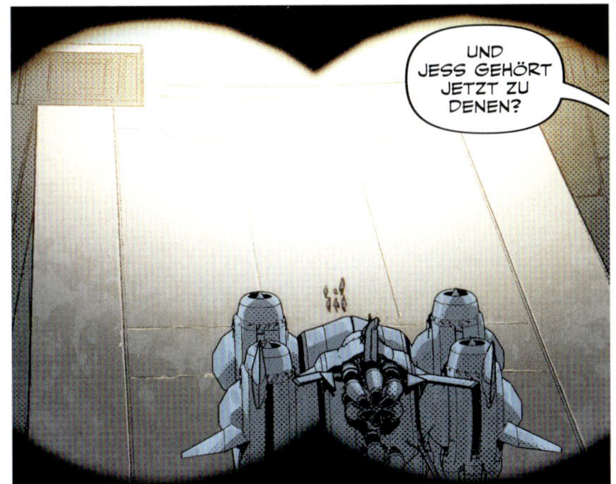
UND JESS GEHÖRT JETZT ZU DENEN?

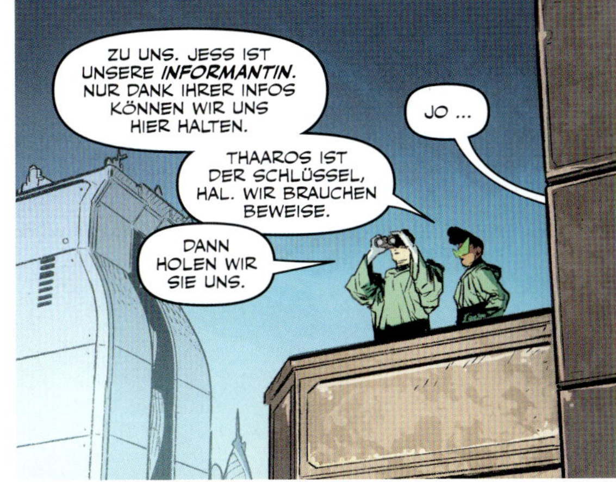
ZU UNS. JESS IST UNSERE *INFORMANTIN*. NUR DANK IHRER INFOS KÖNNEN WIR UNS HIER HALTEN.
JO ...
THAAROS IST DER SCHLÜSSEL, HAL. WIR BRAUCHEN BEWEISE.
DANN HOLEN WIR SIE UNS.

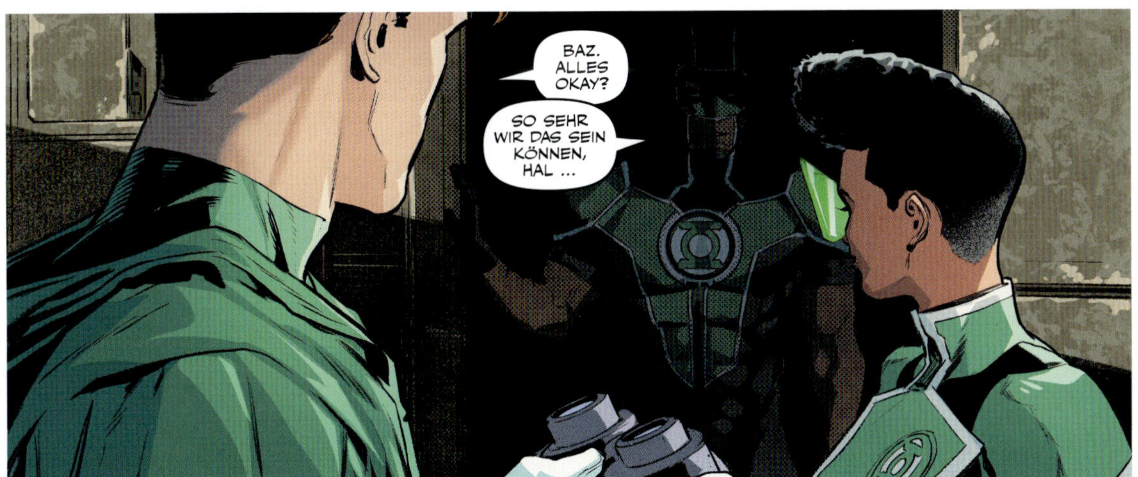
BAZ. ALLES OKAY?
SO SEHR WIR DAS SEIN KÖNNEN, HAL ...

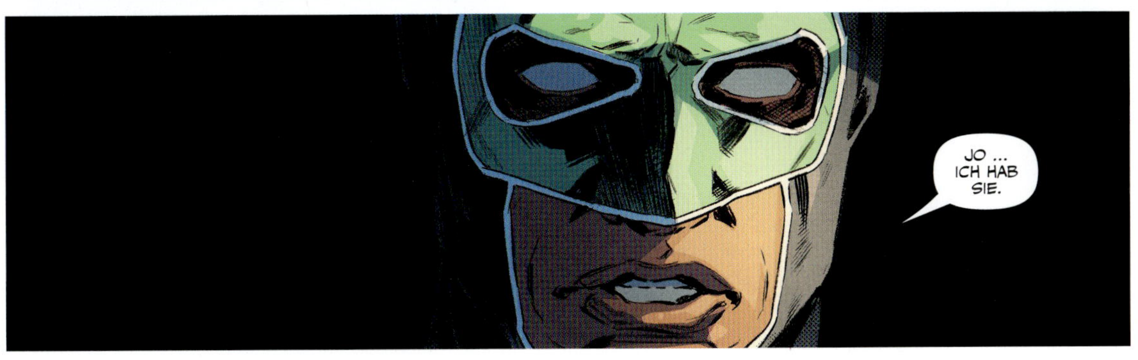
JO ... ICH HAB SIE.

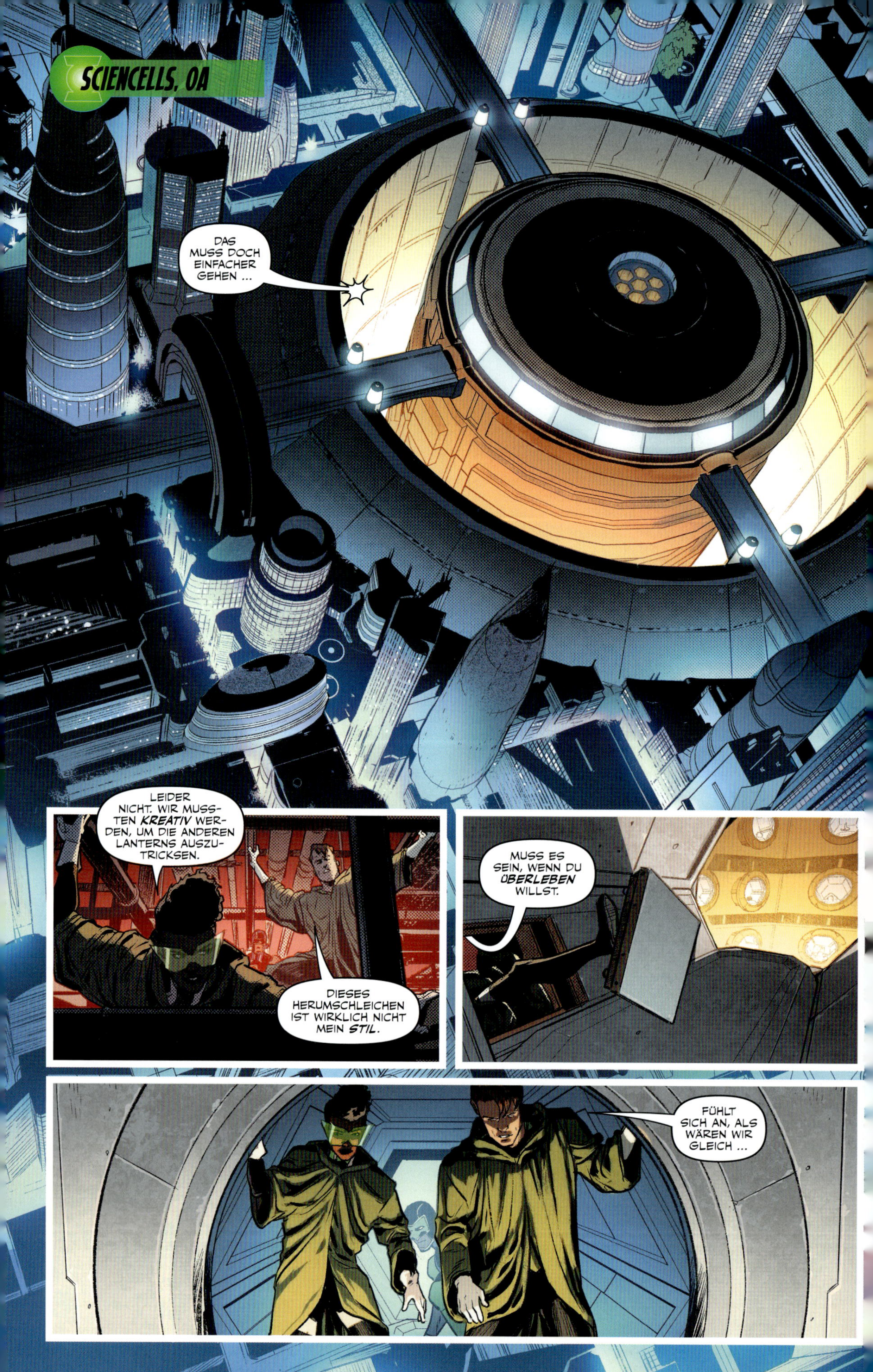
SCIENCELLS, OA
DAS MUSS DOCH EINFACHER GEHEN …
LEIDER NICHT. WIR MUSSTEN KREATIV WERDEN, UM DIE ANDEREN LANTERNS AUSZUTRICKSEN.
DIESES HERUMSCHLEICHEN IST WIRKLICH NICHT MEIN STIL.
MUSS ES SEIN, WENN DU ÜBERLEBEN WILLST.
FÜHLT SICH AN, ALS WÄREN WIR GLEICH …

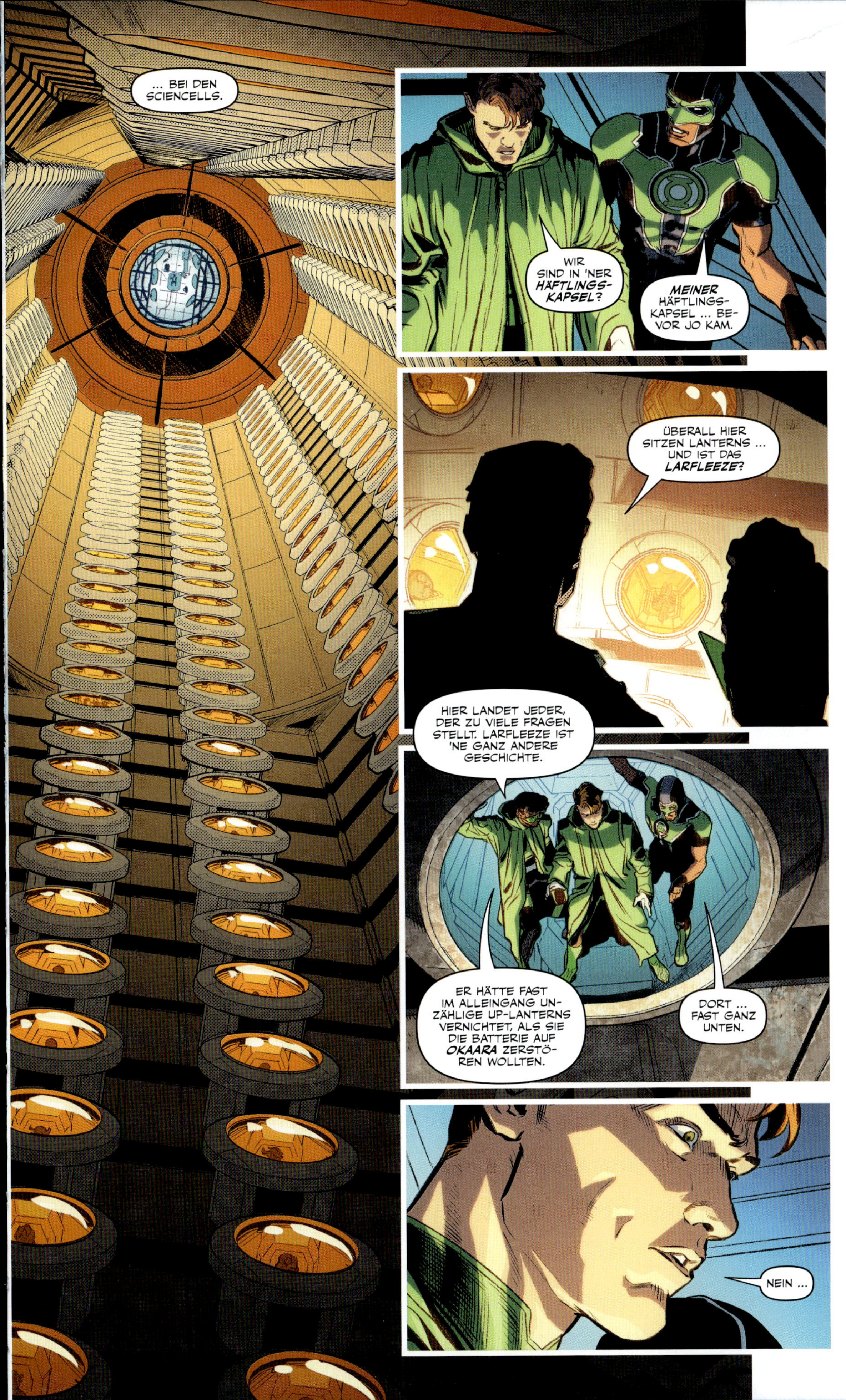
... BEI DEN SCIENCELLS.
WIR SIND IN 'NER HÄFTLINGS-KAPSEL?
MEINER HÄFTLINGS-KAPSEL ... BEVOR JO KAM.
ÜBERALL HIER SITZEN LANTERNS ... UND IST DAS LARFLEEZE?
HIER LANDET JEDER, DER ZU VIELE FRAGEN STELLT. LARFLEEZE IST 'NE GANZ ANDERE GESCHICHTE.
ER HÄTTE FAST IM ALLEINGANG UNZÄHLIGE UP-LANTERNS VERNICHTET, ALS SIE DIE BATTERIE AUF OKAARA ZERSTÖREN WOLLTEN.
DORT ... FAST GANZ UNTEN.
NEIN ...

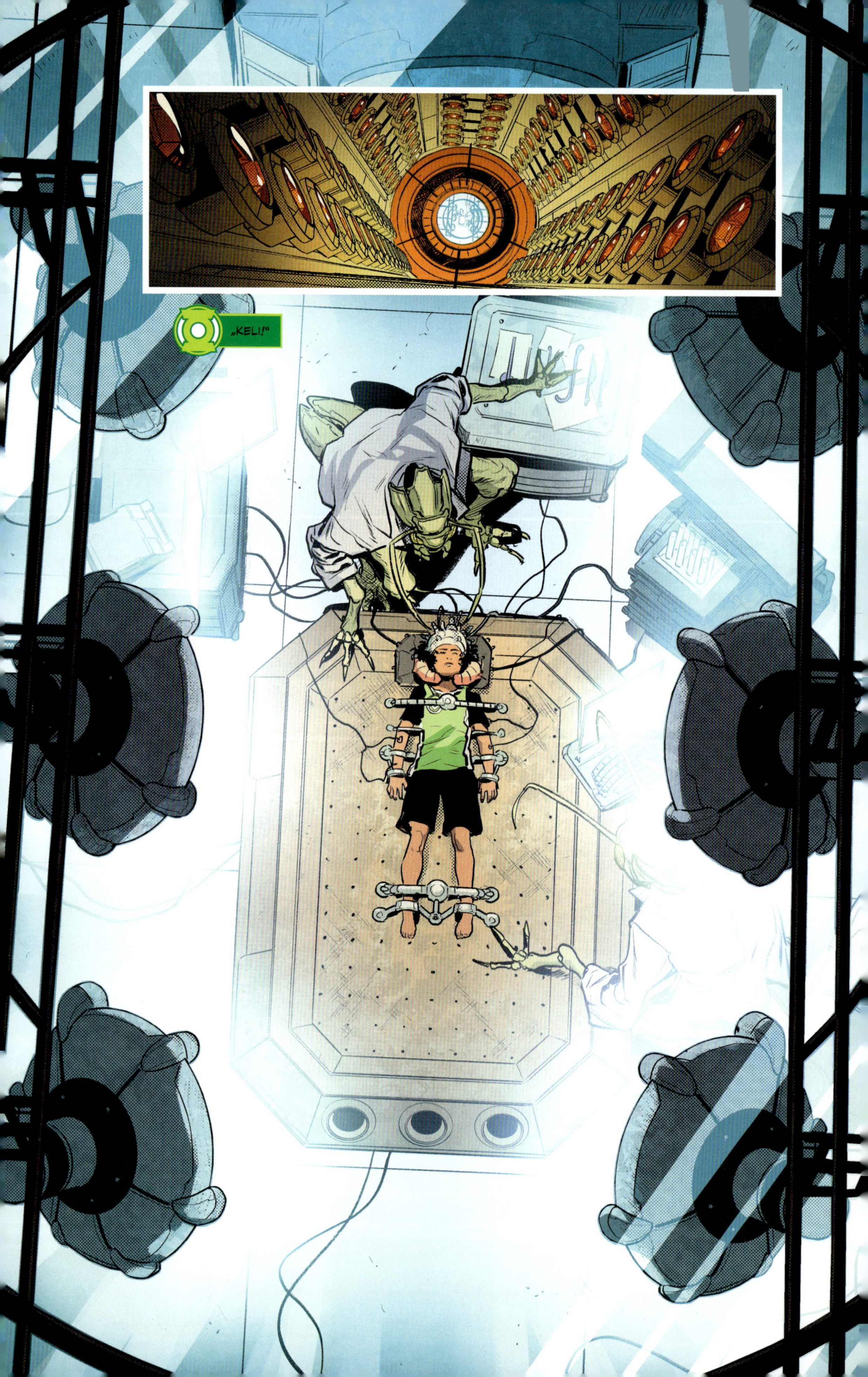
„KELI!"

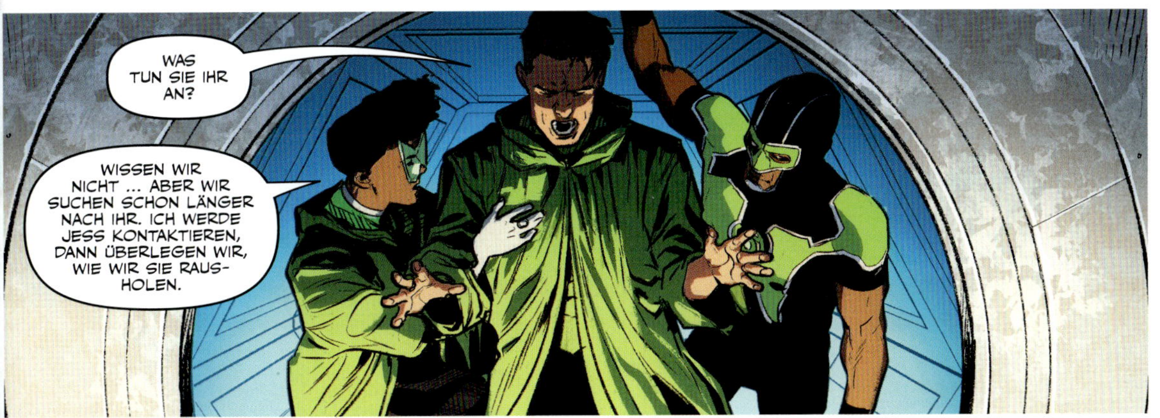
WAS TUN SIE IHR AN?
WISSEN WIR NICHT ... ABER WIR SUCHEN SCHON LÄNGER NACH IHR. ICH WERDE JESS KONTAKTIEREN, DANN ÜBERLEGEN WIR, WIE WIR SIE RAUS-HOLEN.

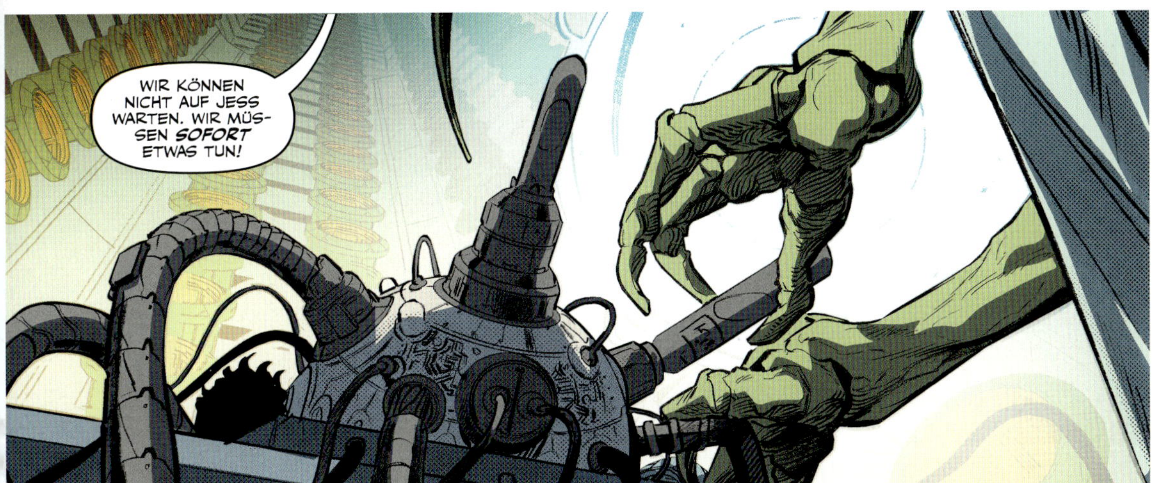
WIR KÖNNEN NICHT AUF JESS WARTEN. WIR MÜS-SEN *SOFORT* ETWAS TUN!

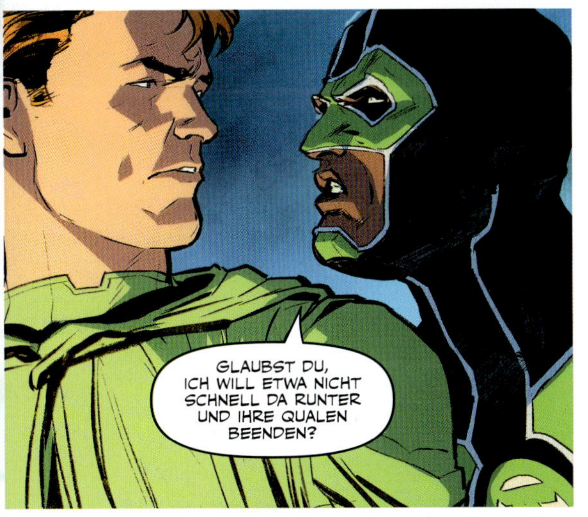
GLAUBST DU, ICH WILL ETWA NICHT SCHNELL DA RUNTER UND IHRE QUALEN BEENDEN?

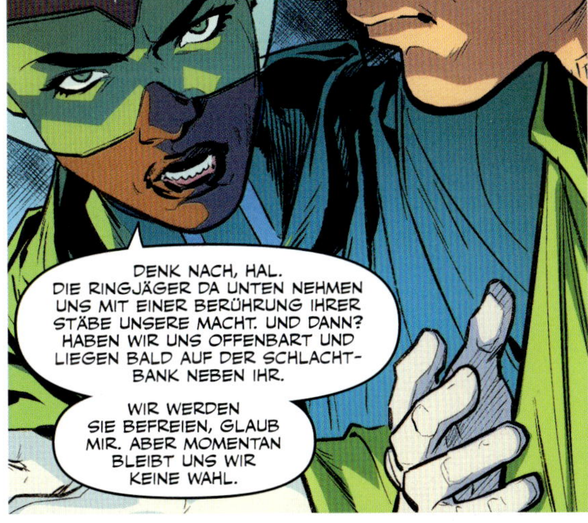
DENK NACH, HAL. DIE RINGJÄGER DA UNTEN NEHMEN UNS MIT EINER BERÜHRUNG IHRER STÄBE UNSERE MACHT. UND DANN? HABEN WIR UNS OFFENBART UND LIEGEN BALD AUF DER SCHLACHT-BANK NEBEN IHR.
WIR WERDEN SIE BEFREIEN, GLAUB MIR. ABER MOMENTAN BLEIBT UNS WIR KEINE WAHL.

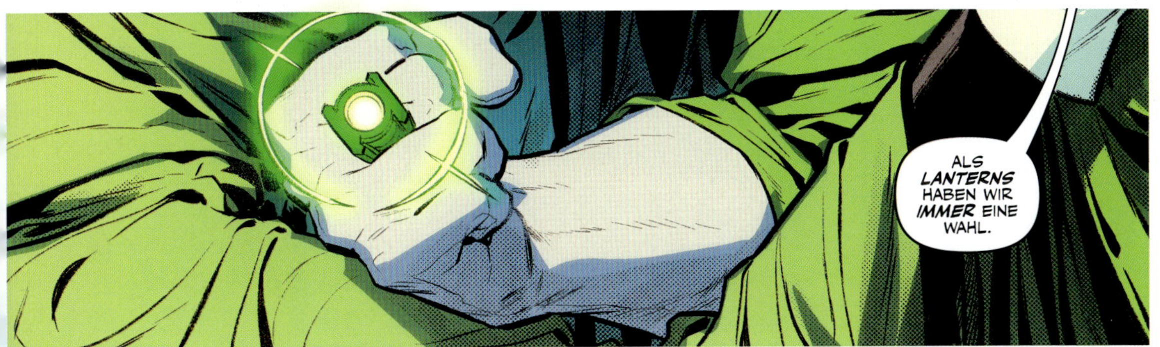
ALS *LANTERNS* HABEN WIR *IMMER* EINE WAHL.

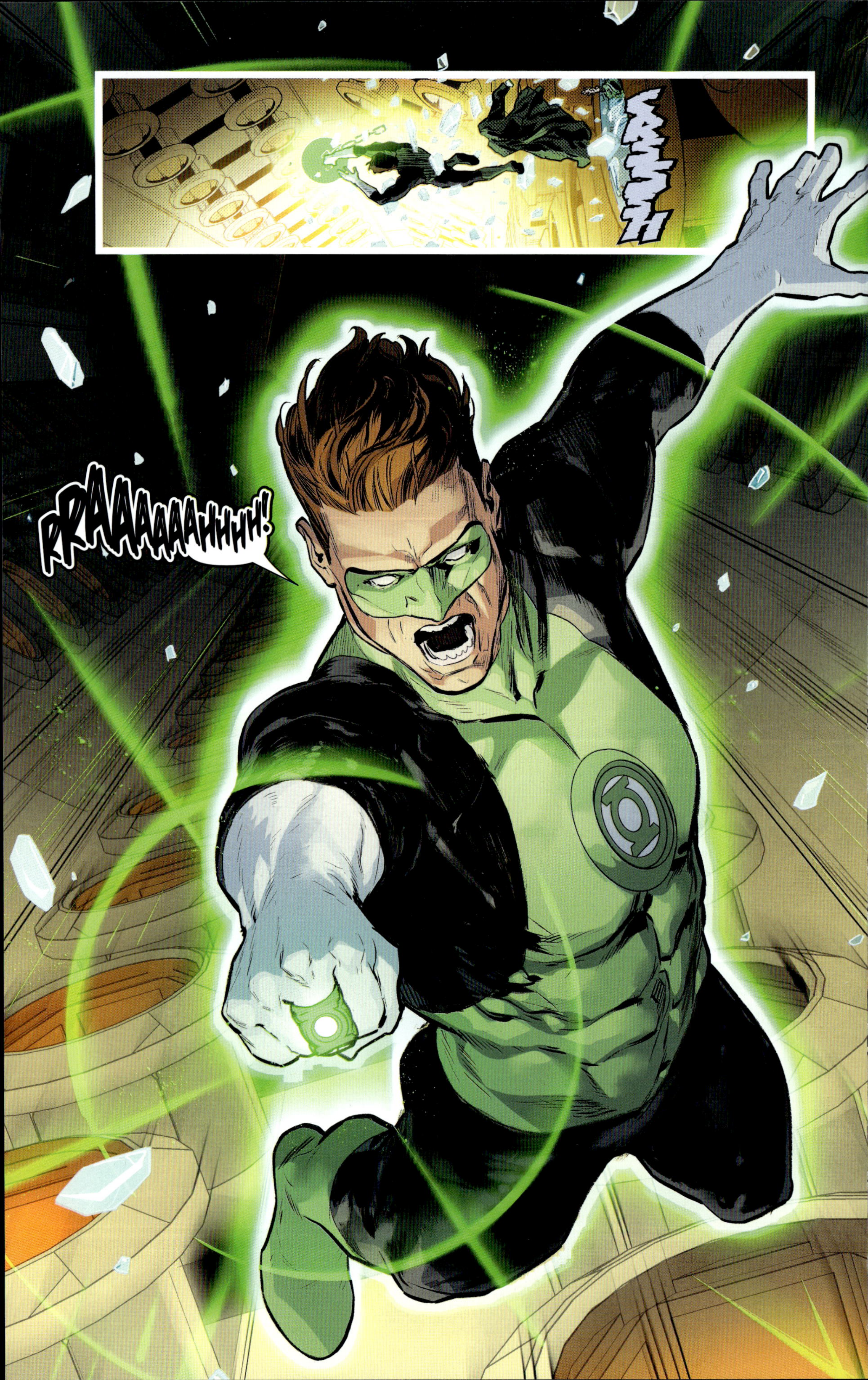
RRAAAAAAAHHHHH!

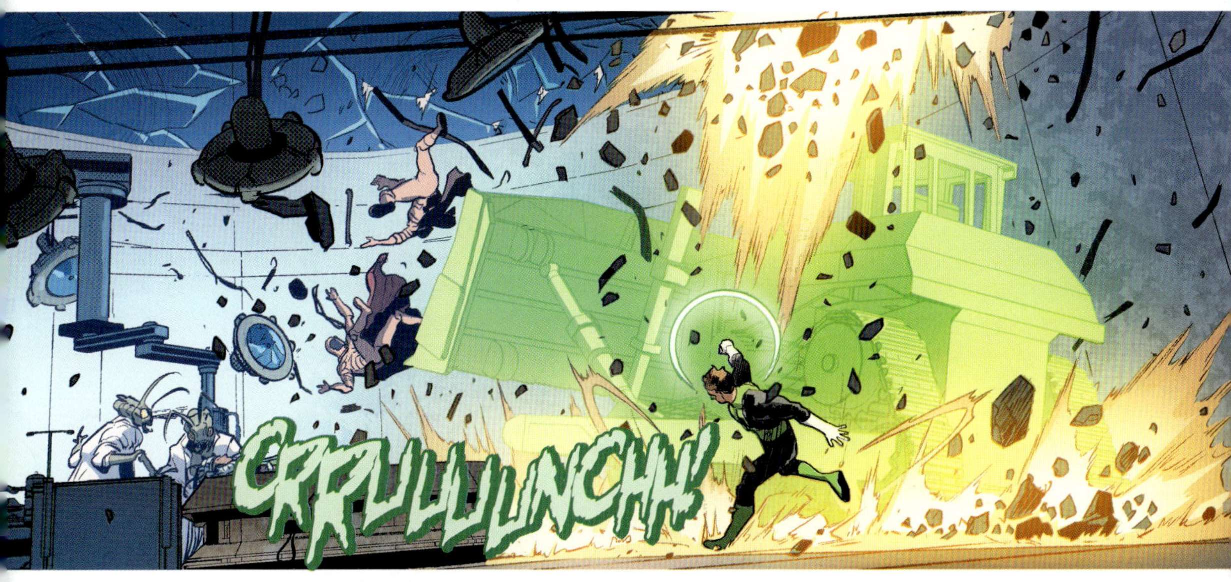
CRRUUUUNCH!

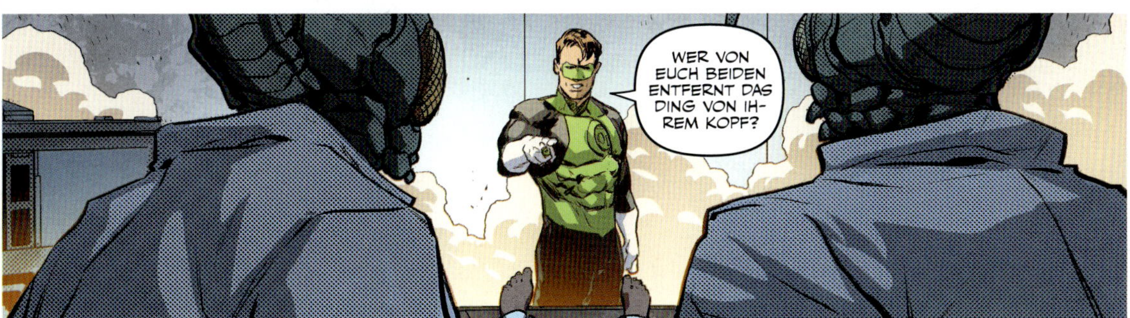
WER VON EUCH BEIDEN ENTFERNT DAS DING VON IHREM KOPF?

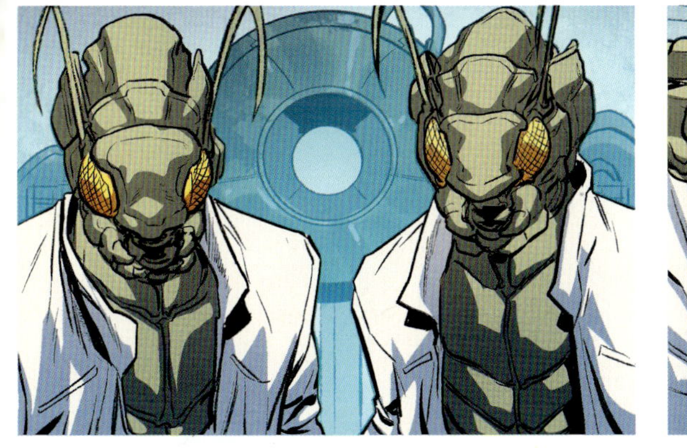

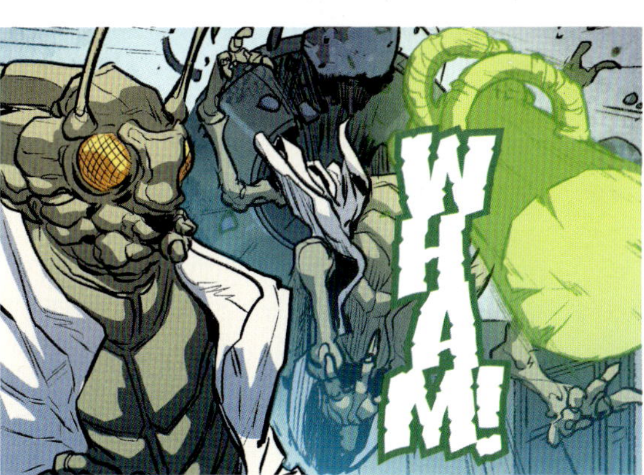
WHAM!

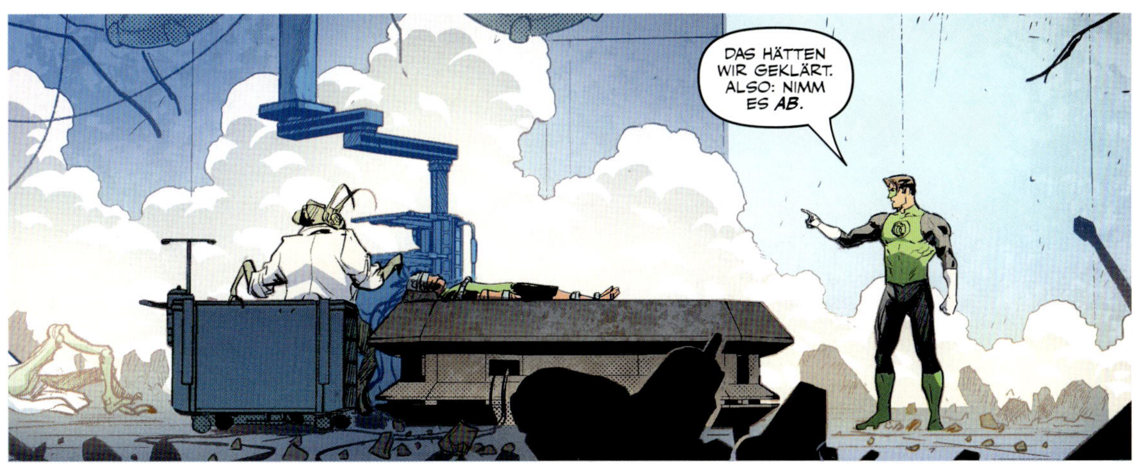
DAS HÄTTEN WIR GEKLÄRT. ALSO: NIMM ES *AB*.

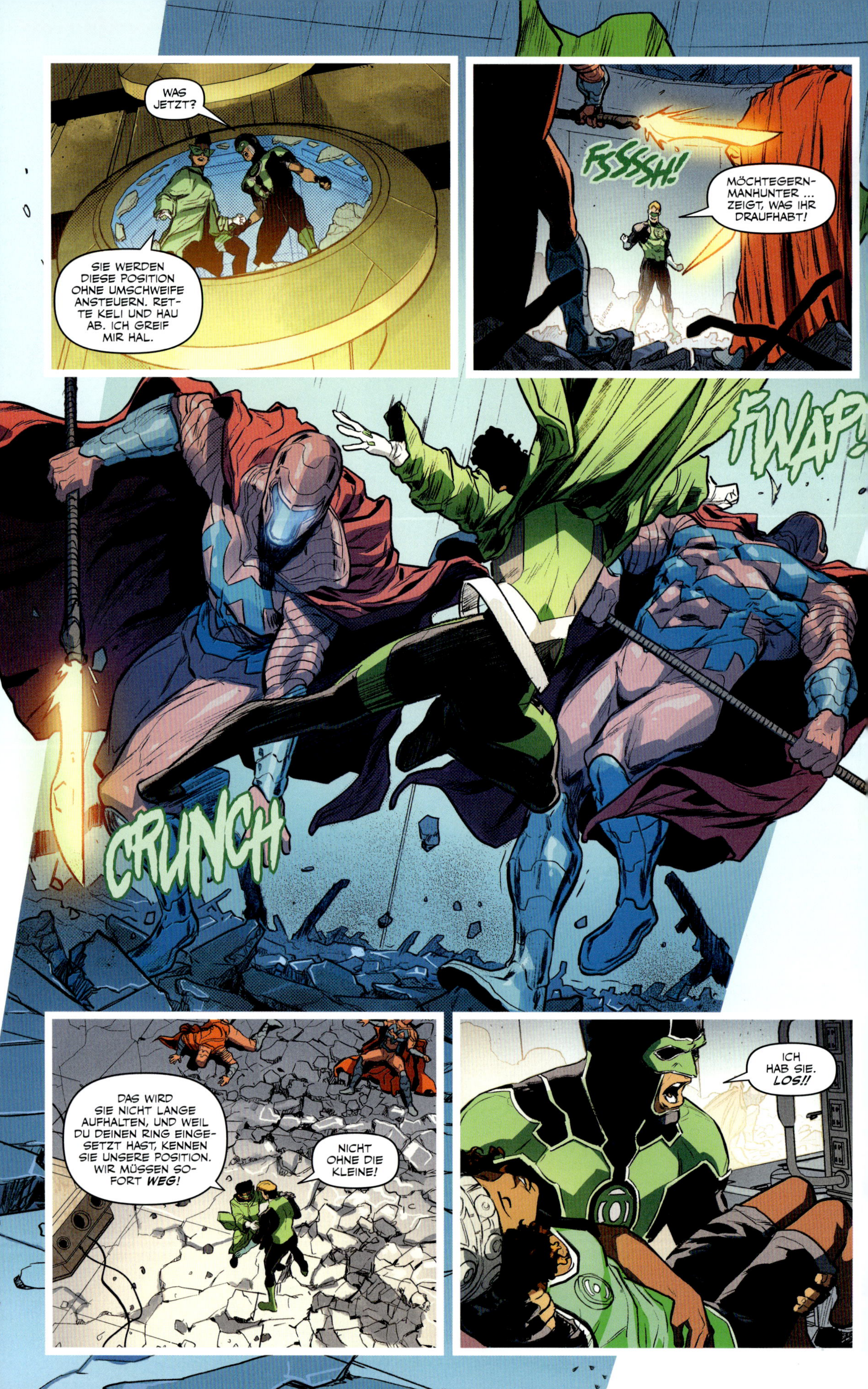
WAS JETZT?
SIE WERDEN DIESE POSITION OHNE UMSCHWEIFE ANSTEUERN. RETTE KELI UND HAU AB. ICH GREIF MIR HAL.
FSSSSH!
MÖCHTEGERN-MANHUNTER ... ZEIGT, WAS IHR DRAUFHABT!
FWAP!
CRUNCH
DAS WIRD SIE NICHT LANGE AUFHALTEN, UND WEIL DU DEINEN RING EINGESETZT HAST, KENNEN SIE UNSERE POSITION. WIR MÜSSEN SOFORT WEG!
NICHT OHNE DIE KLEINE!
ICH HAB SIE. LOS!!

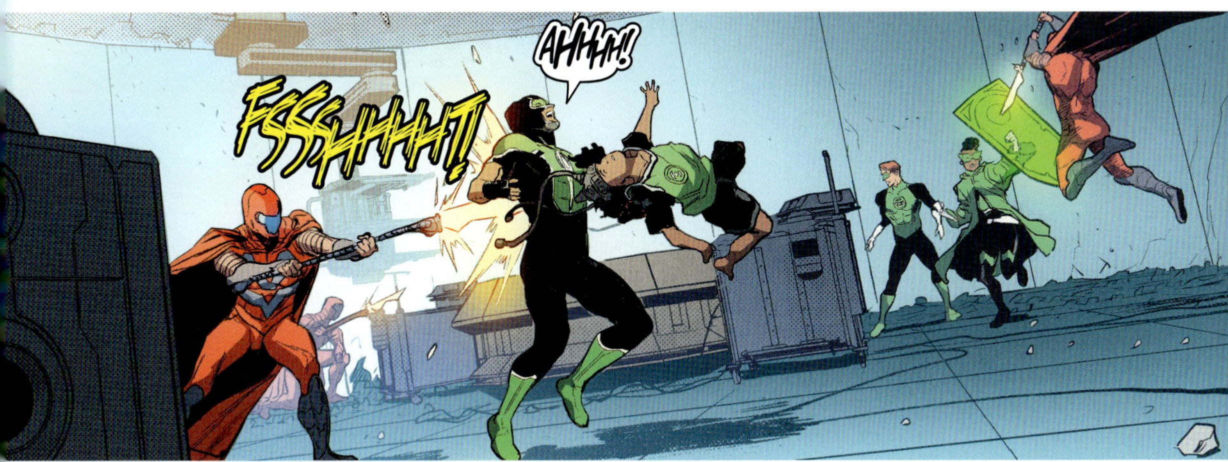
FSSSHHHHT!
AHHHH!
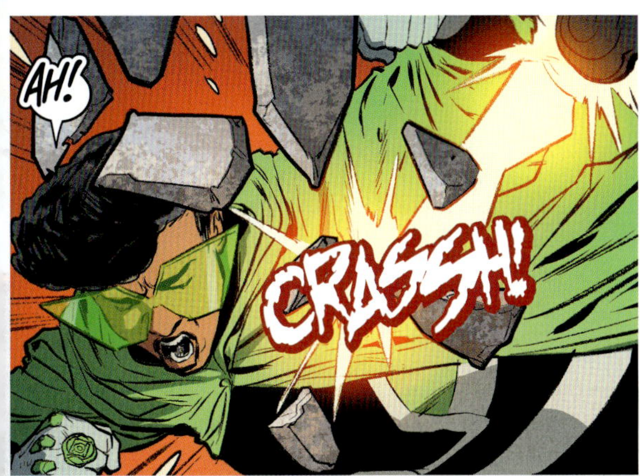
AH!
CRASSH!
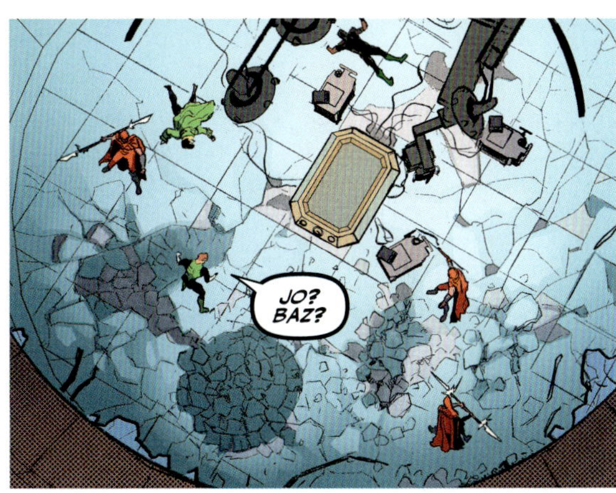
JO? BAZ?
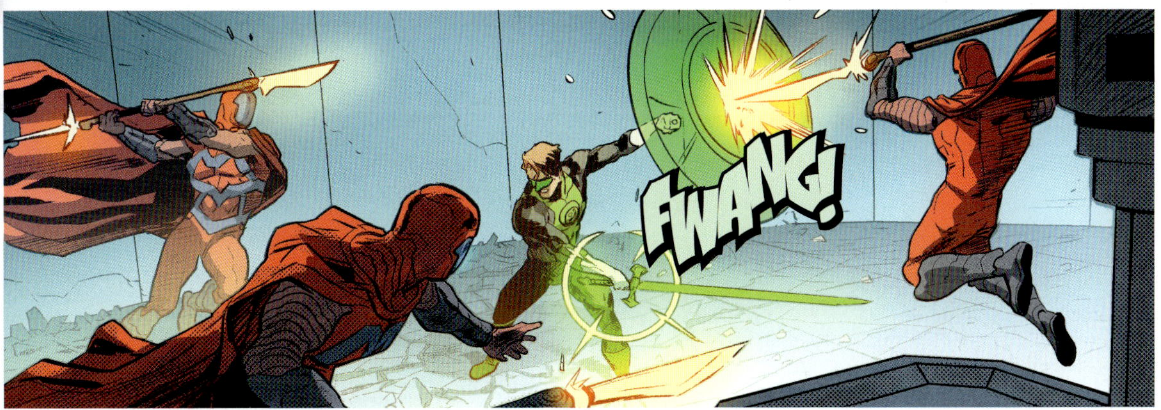
FWANG!
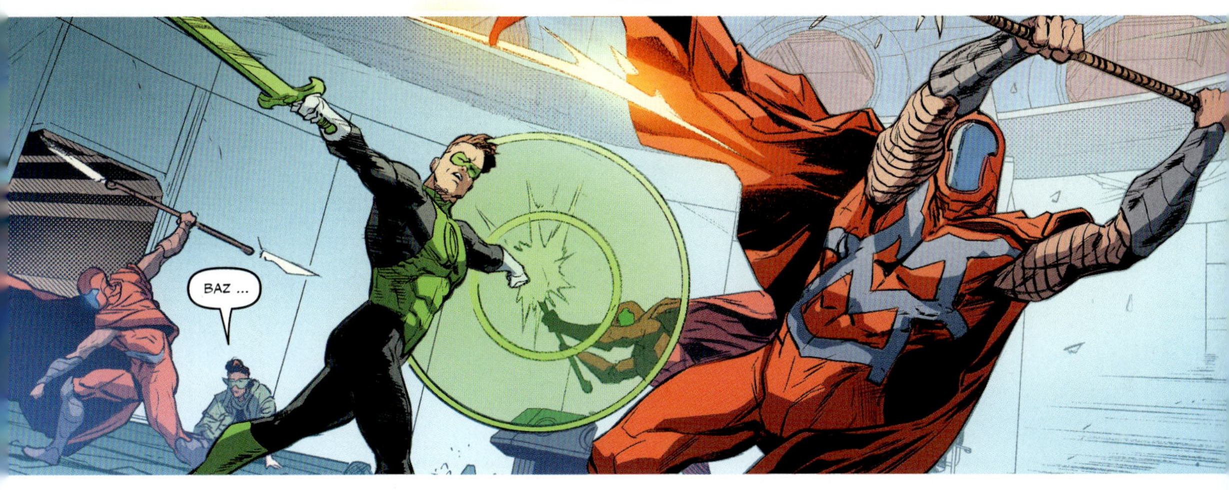
BAZ ...

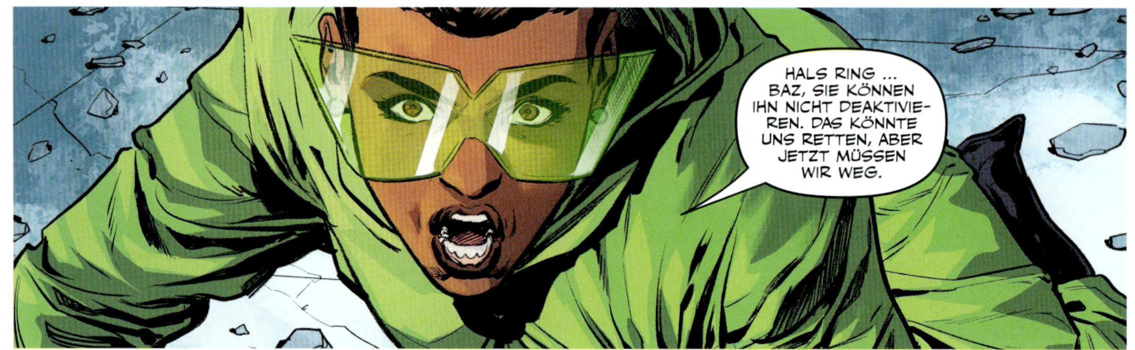
HALS RING ... BAZ, SIE KÖNNEN IHN NICHT DEAKTIVIEREN. DAS KÖNNTE UNS RETTEN, ABER JETZT MÜSSEN WIR WEG.

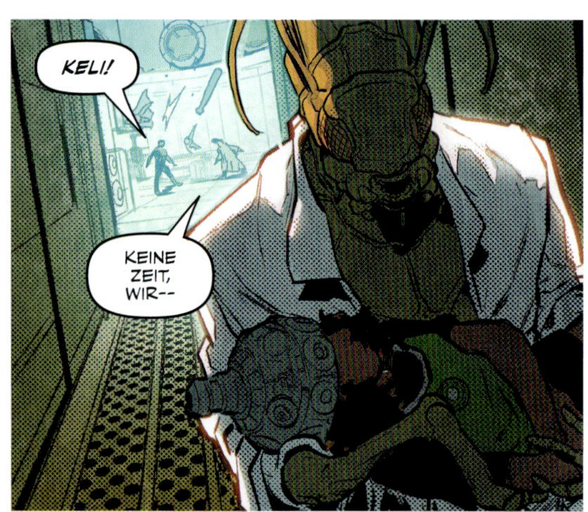
KELI!
KEINE ZEIT, WIR--

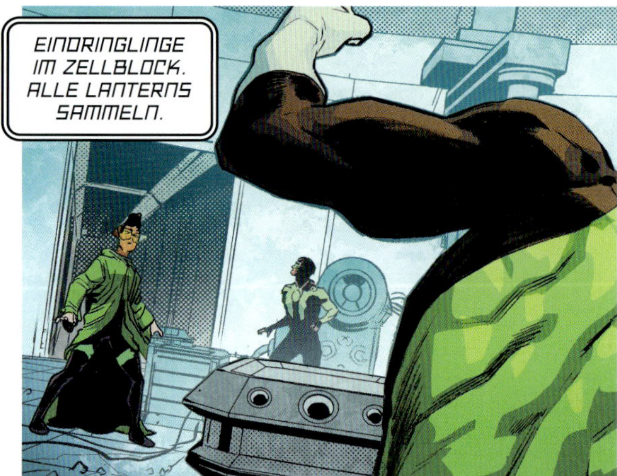
EINDRINGLINGE IM ZELLBLOCK. ALLE LANTERNS SAMMELN.

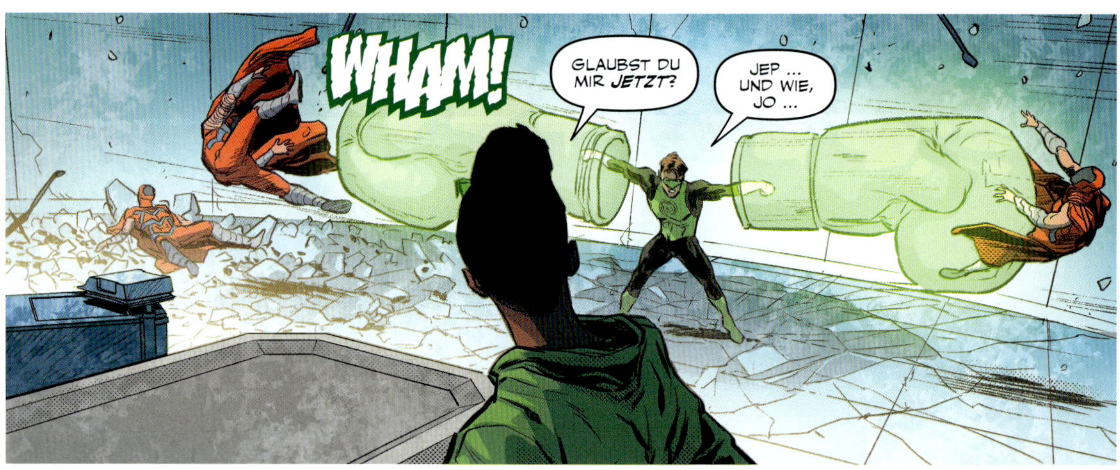
WHAM!
GLAUBST DU MIR *JETZT*?
JEP ... UND WIE, JO ...

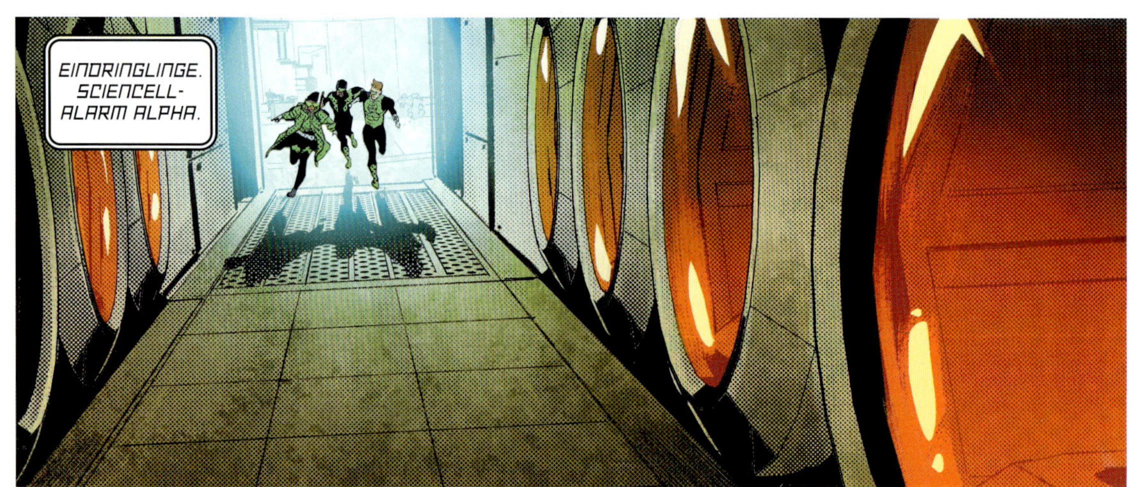
EINDRINGLINGE. SCIENCELL-ALARM ALPHA.

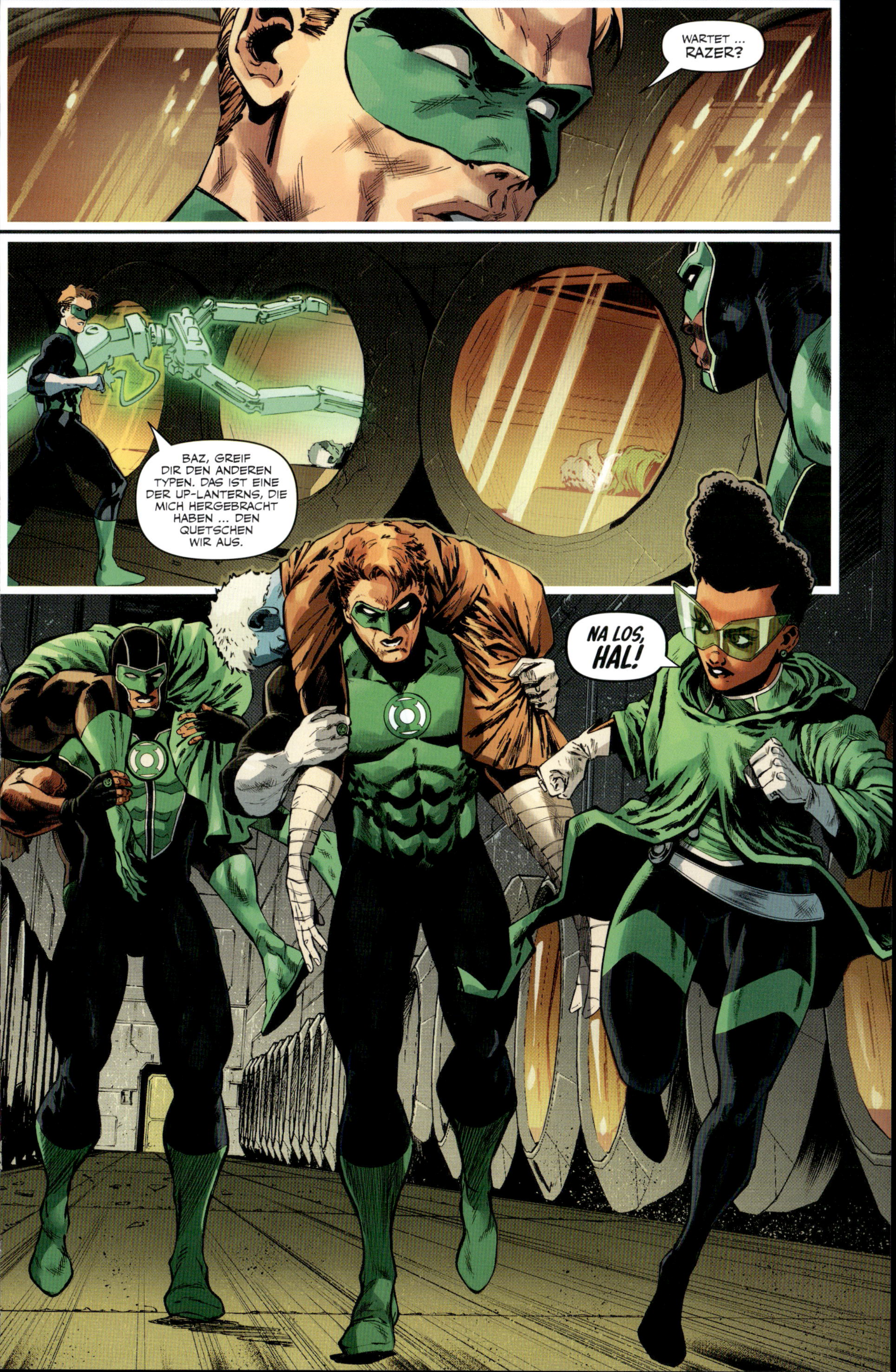

WARTET ...
RAZER?
BAZ, GREIF DIR DEN ANDEREN TYPEN. DAS IST EINE DER UP-LANTERNS, DIE MICH HERGEBRACHT HABEN ... DEN QUETSCHEN WIR AUS.
NA LOS, HAL!

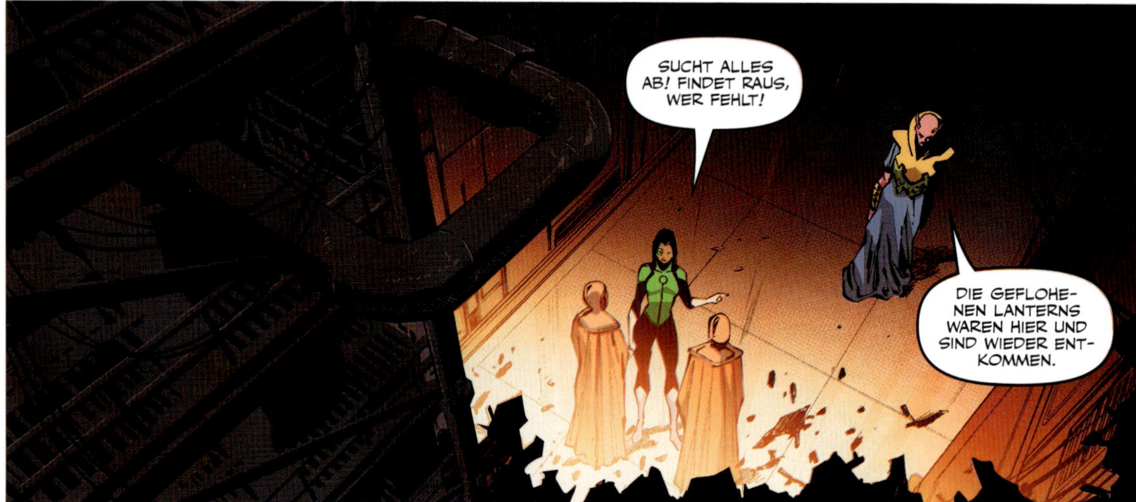
SUCHT ALLES AB! FINDET RAUS, WER FEHLT!
DIE GEFLOHENEN LANTERNS WAREN HIER UND SIND WIEDER ENTKOMMEN.

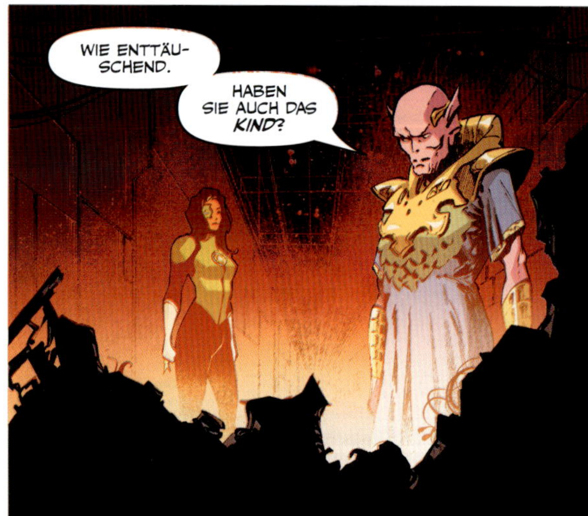
WIE ENTTÄUSCHEND.
HABEN SIE AUCH DAS KIND?

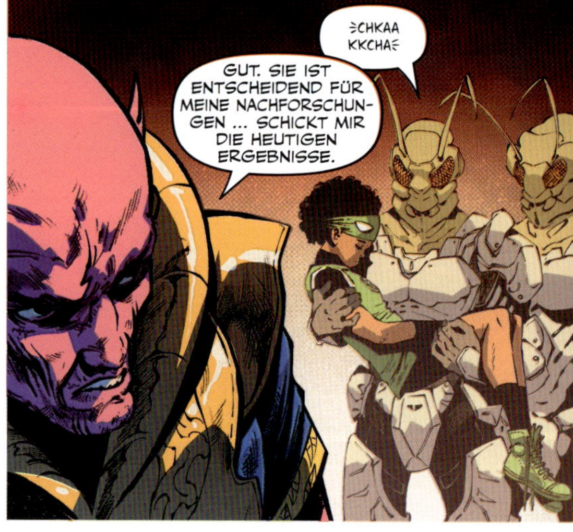
CHKAA KKCHA
GUT. SIE IST ENTSCHEIDEND FÜR MEINE NACHFORSCHUNGEN ... SCHICKT MIR DIE HEUTIGEN ERGEBNISSE.

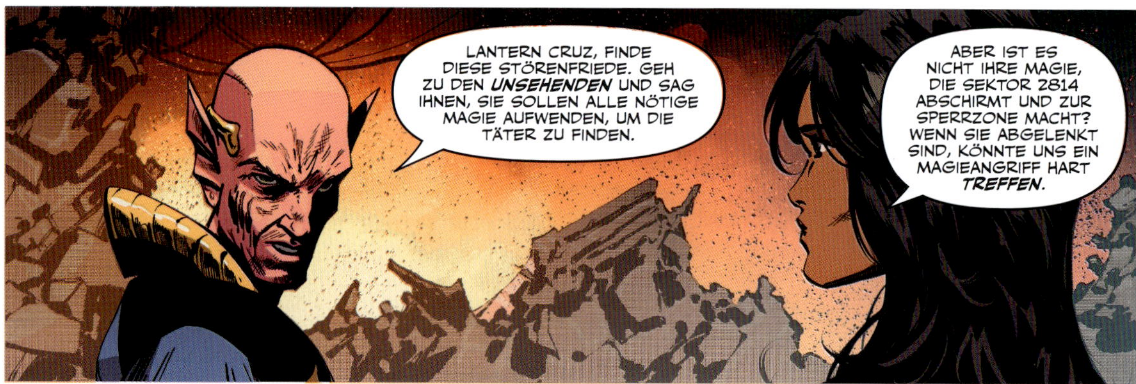
LANTERN CRUZ, FINDE DIESE STÖRENFRIEDE. GEH ZU DEN UNSEHENDEN UND SAG IHNEN, SIE SOLLEN ALLE NÖTIGE MAGIE AUFWENDEN, UM DIE TÄTER ZU FINDEN.
ABER IST ES NICHT IHRE MAGIE, DIE SEKTOR 2814 ABSCHIRMT UND ZUR SPERRZONE MACHT? WENN SIE ABGELENKT SIND, KÖNNTE UNS EIN MAGIEANGRIFF HART TREFFEN.

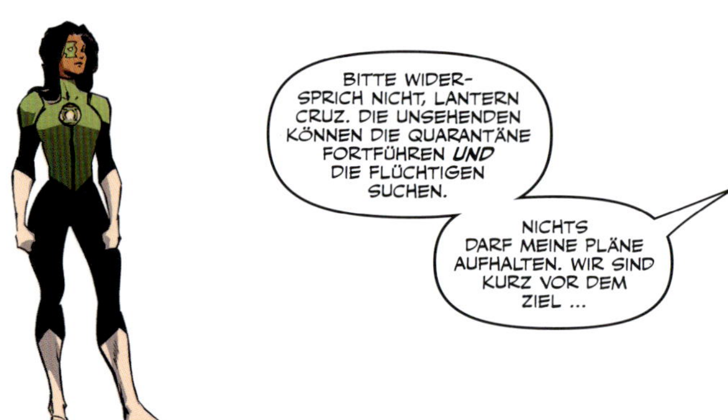
BITTE WIDERSPRICH NICHT, LANTERN CRUZ. DIE UNSEHENDEN KÖNNEN DIE QUARANTÄNE FORTFÜHREN UND DIE FLÜCHTIGEN SUCHEN.
NICHTS DARF MEINE PLÄNE AUFHALTEN. WIR SIND KURZ VOR DEM ZIEL ...

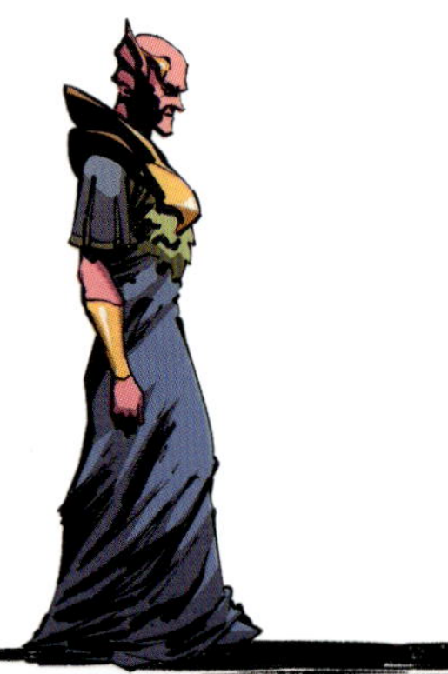

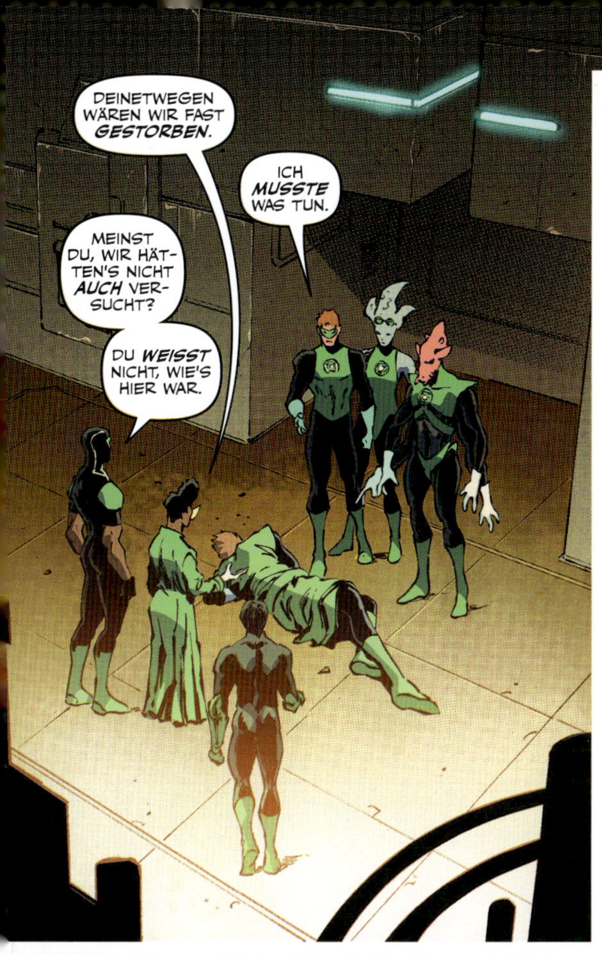
DEINETWEGEN WÄREN WIR FAST GESTORBEN.
ICH MUSSTE WAS TUN.
MEINST DU, WIR HÄTTEN'S NICHT AUCH VERSUCHT?
DU WEISST NICHT, WIE'S HIER WAR.

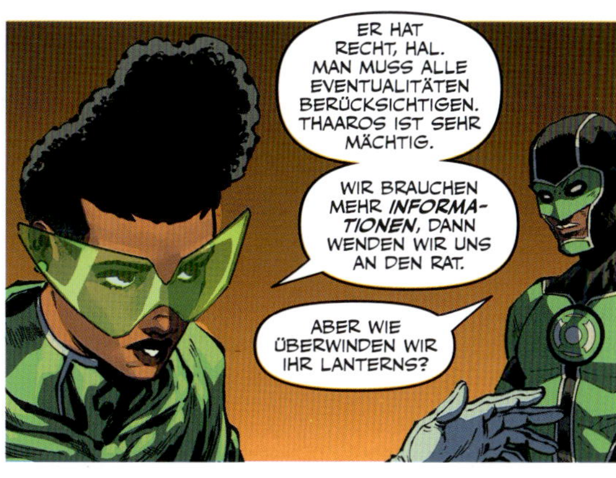
ER HAT RECHT, HAL. MAN MUSS ALLE EVENTUALITÄTEN BERÜCKSICHTIGEN. THAAROS IST SEHR MÄCHTIG.
WIR BRAUCHEN MEHR INFORMATIONEN, DANN WENDEN WIR UNS AN DEN RAT.
ABER WIE ÜBERWINDEN WIR IHR LANTERNS?

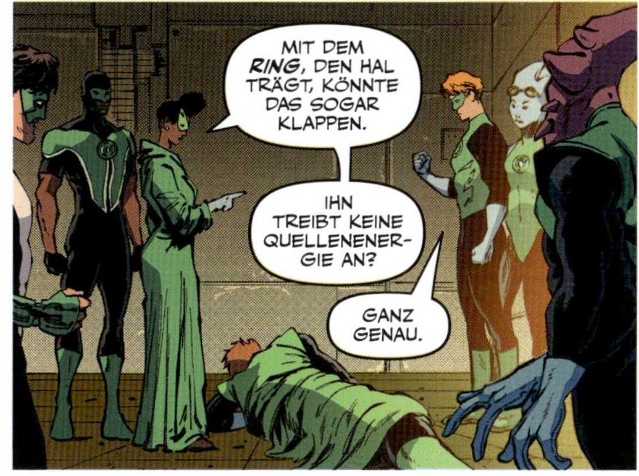
MIT DEM RING, DEN HAL TRÄGT, KÖNNTE DAS SOGAR KLAPPEN.
IHN TREIBT KEINE QUELLENENERGIE AN?
GANZ GENAU.

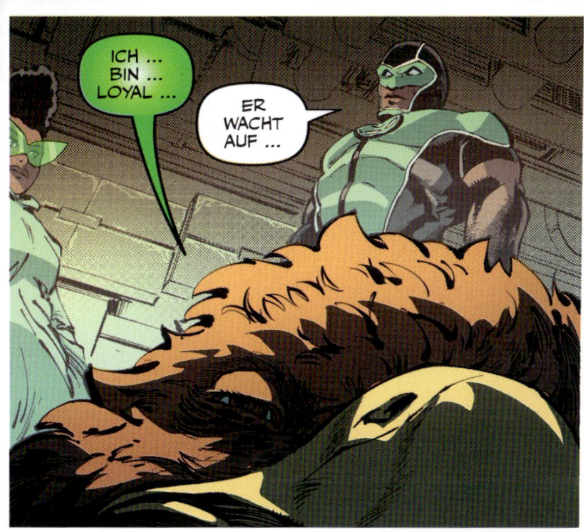
ICH ... BIN ... LOYAL ...
ER WACHT AUF ...

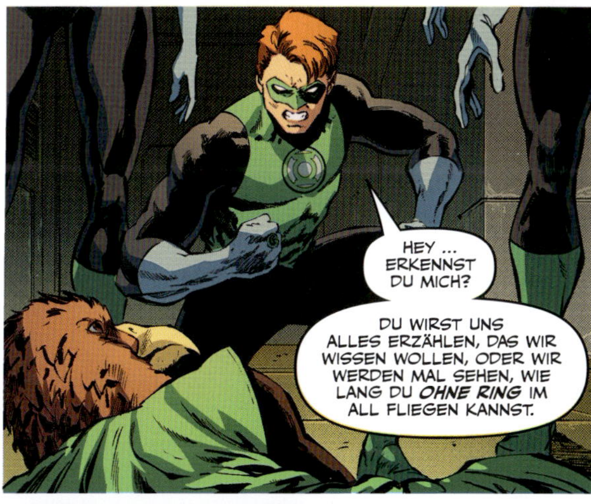
HEY ... ERKENNST DU MICH?
DU WIRST UNS ALLES ERZÄHLEN, DAS WIR WISSEN WOLLEN, ODER WIR WERDEN MAL SEHEN, WIE LANG DU OHNE RING IM ALL FLIEGEN KANNST.

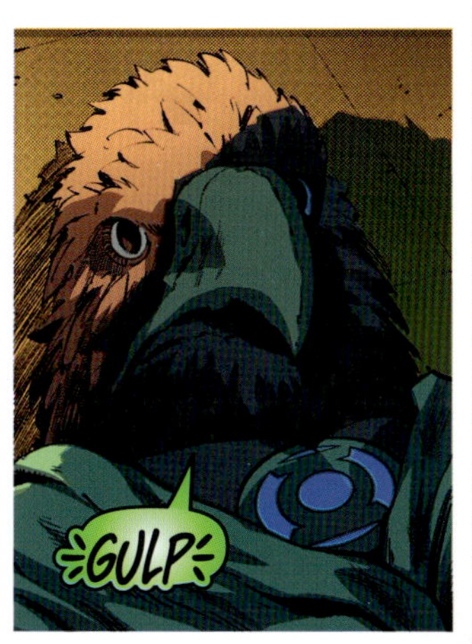
GULP

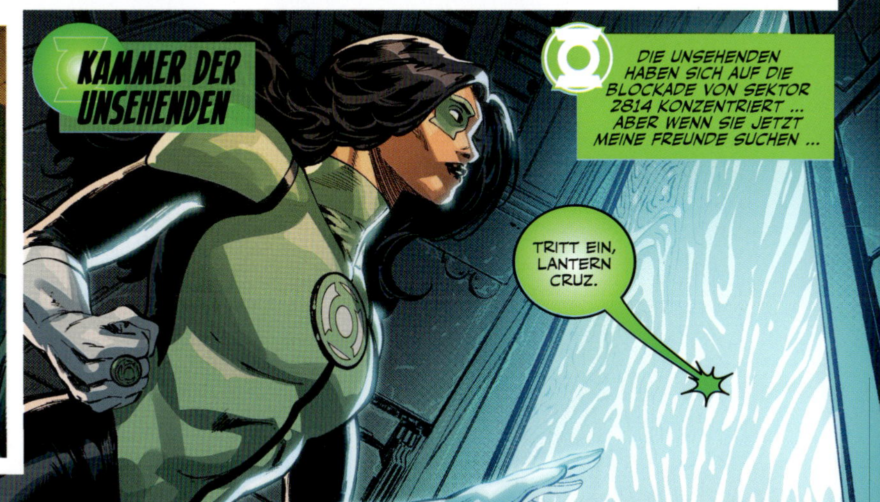
KAMMER DER UNSEHENDEN
DIE UNSEHENDEN HABEN SICH AUF DIE BLOCKADE VON SEKTOR 2814 KONZENTRIERT ... ABER WENN SIE JETZT MEINE FREUNDE SUCHEN ...
TRITT EIN, LANTERN CRUZ.

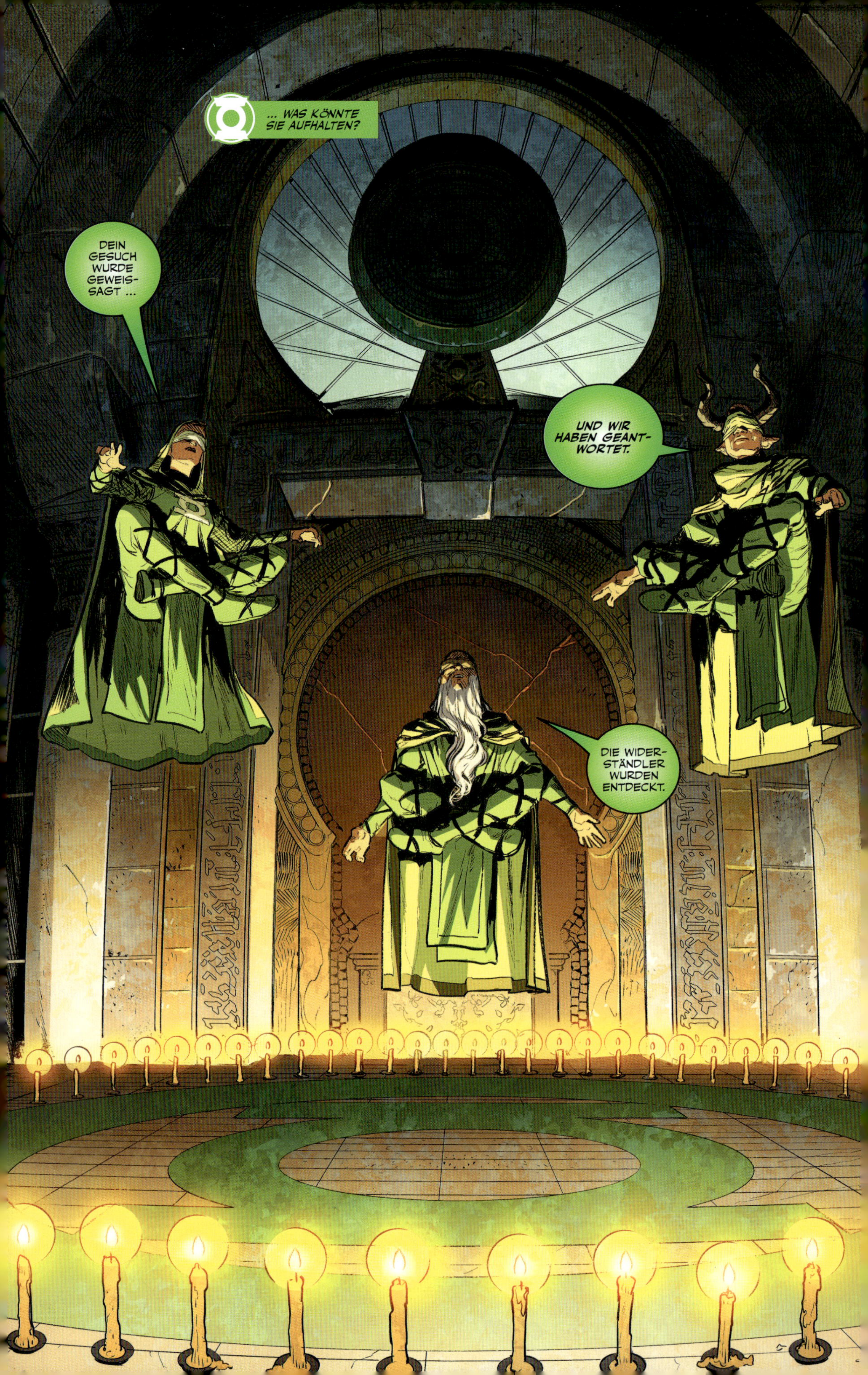
... WAS KÖNNTE SIE AUFHALTEN?
DEIN GESUCH WURDE GEWEIS-SAGT ...
UND WIR HABEN GEANT-WORTET.
DIE WIDER-STÄNDLER WURDEN ENTDECKT.

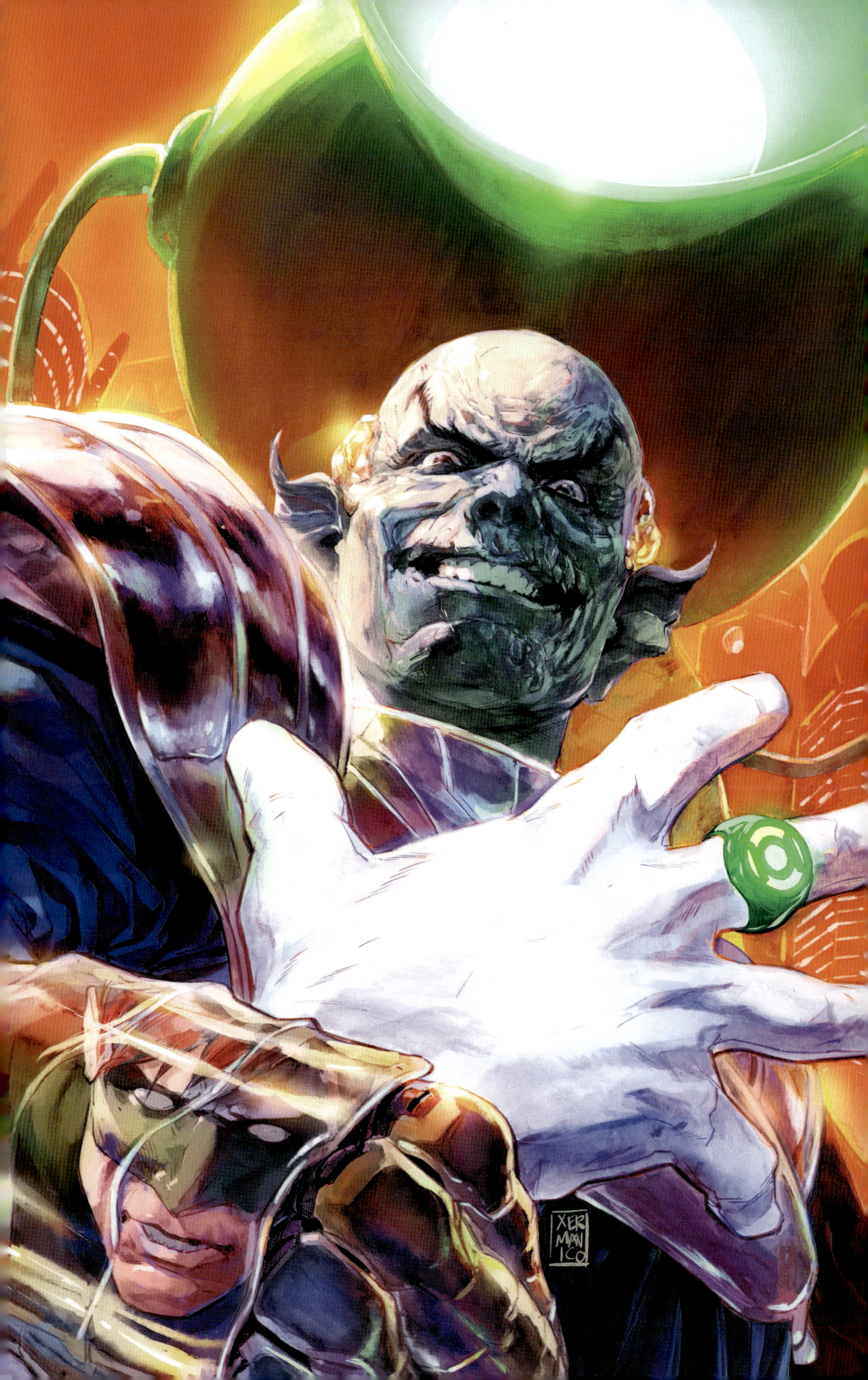

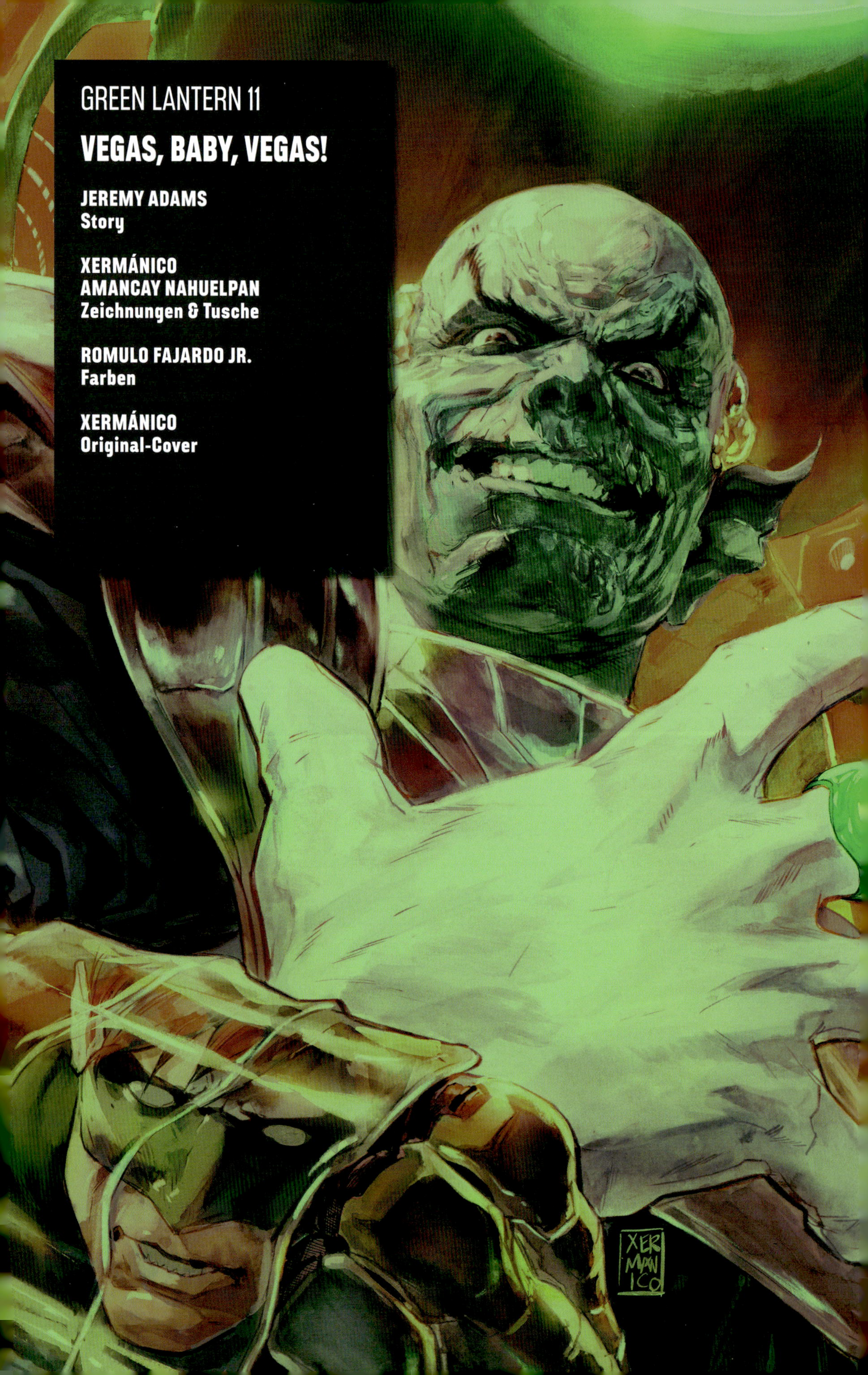

GREEN LANTERN 11

VEGAS, BABY, VEGAS!

JEREMY ADAMS
Story

XERMÁNICO
AMANCAY NAHUELPAN
Zeichnungen & Tusche

ROMULO FAJARDO JR.
Farben

XERMÁNICO
Original-Cover

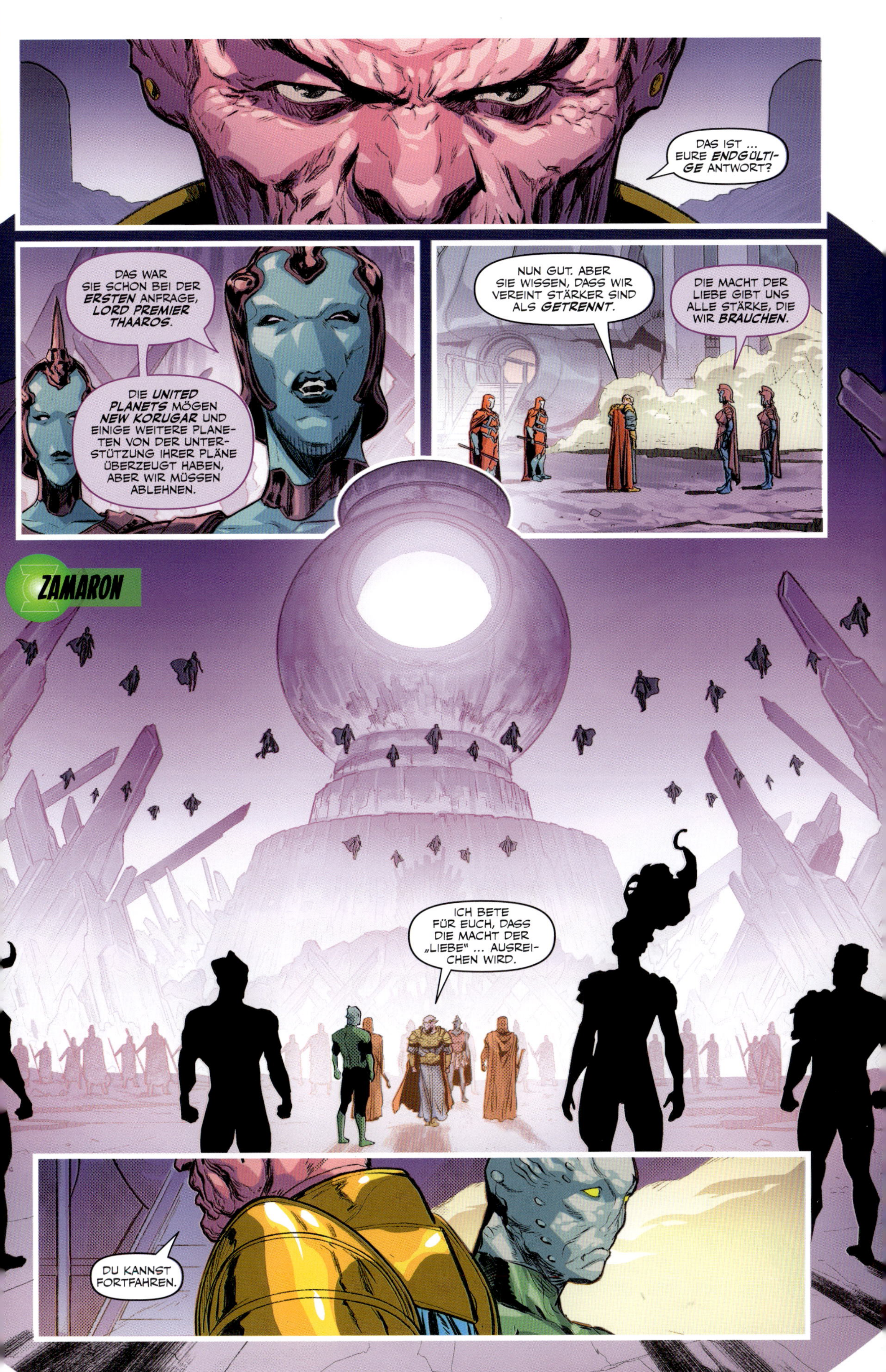

DAS IST ... EURE ENDGÜLTIGE ANTWORT?
DAS WAR SIE SCHON BEI DER ERSTEN ANFRAGE, LORD PREMIER THAAROS.
DIE UNITED PLANETS MÖGEN NEW KORUGAR UND EINIGE WEITERE PLANETEN VON DER UNTERSTÜTZUNG IHRER PLÄNE ÜBERZEUGT HABEN, ABER WIR MÜSSEN ABLEHNEN.
NUN GUT. ABER SIE WISSEN, DASS WIR VEREINT STÄRKER SIND ALS GETRENNT.
DIE MACHT DER LIEBE GIBT UNS ALLE STÄRKE, DIE WIR BRAUCHEN.
ZAMARON
ICH BETE FÜR EUCH, DASS DIE MACHT DER „LIEBE“ ... AUSREICHEN WIRD.
DU KANNST FORTFAHREN.

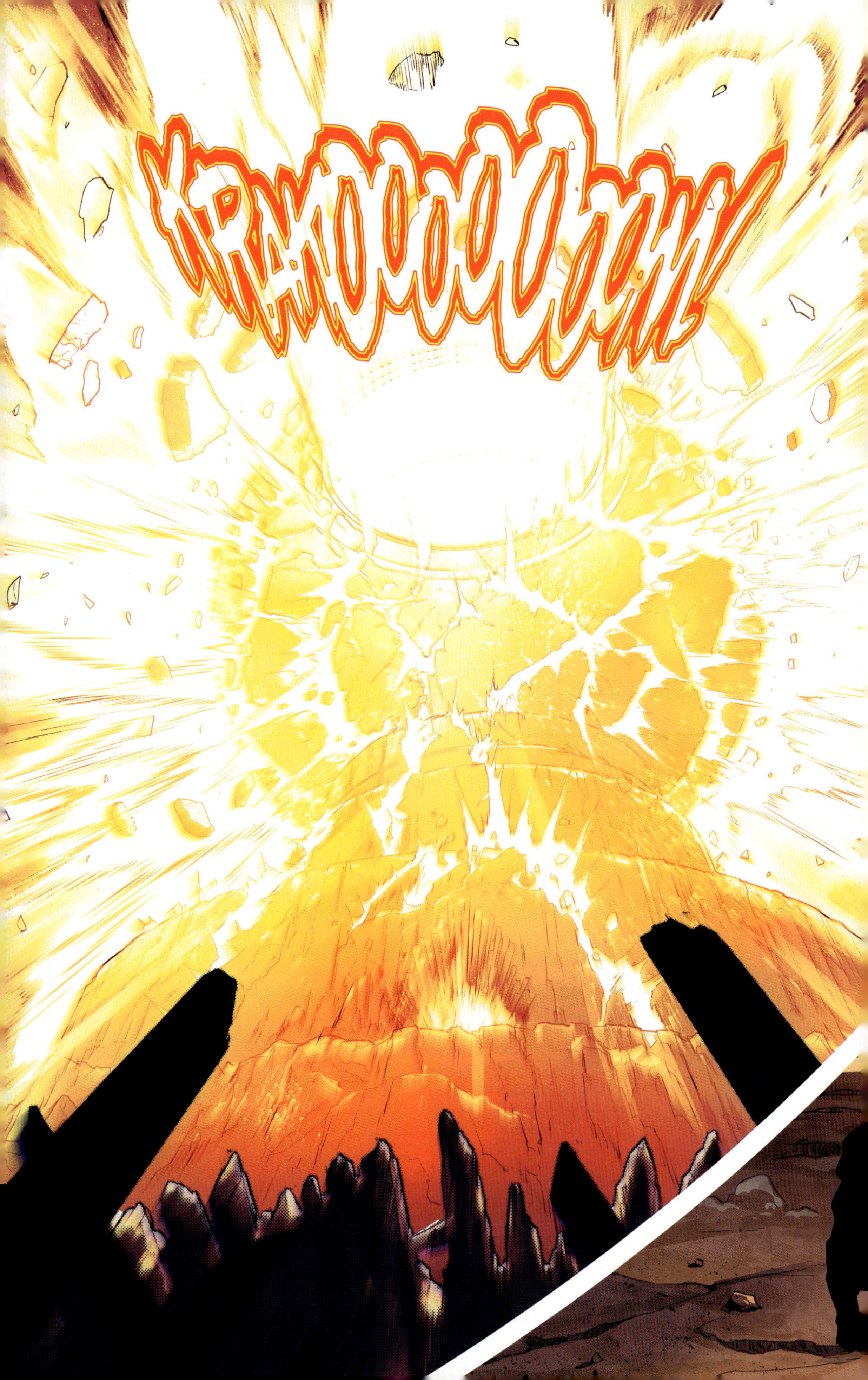
KRAOOOOOM

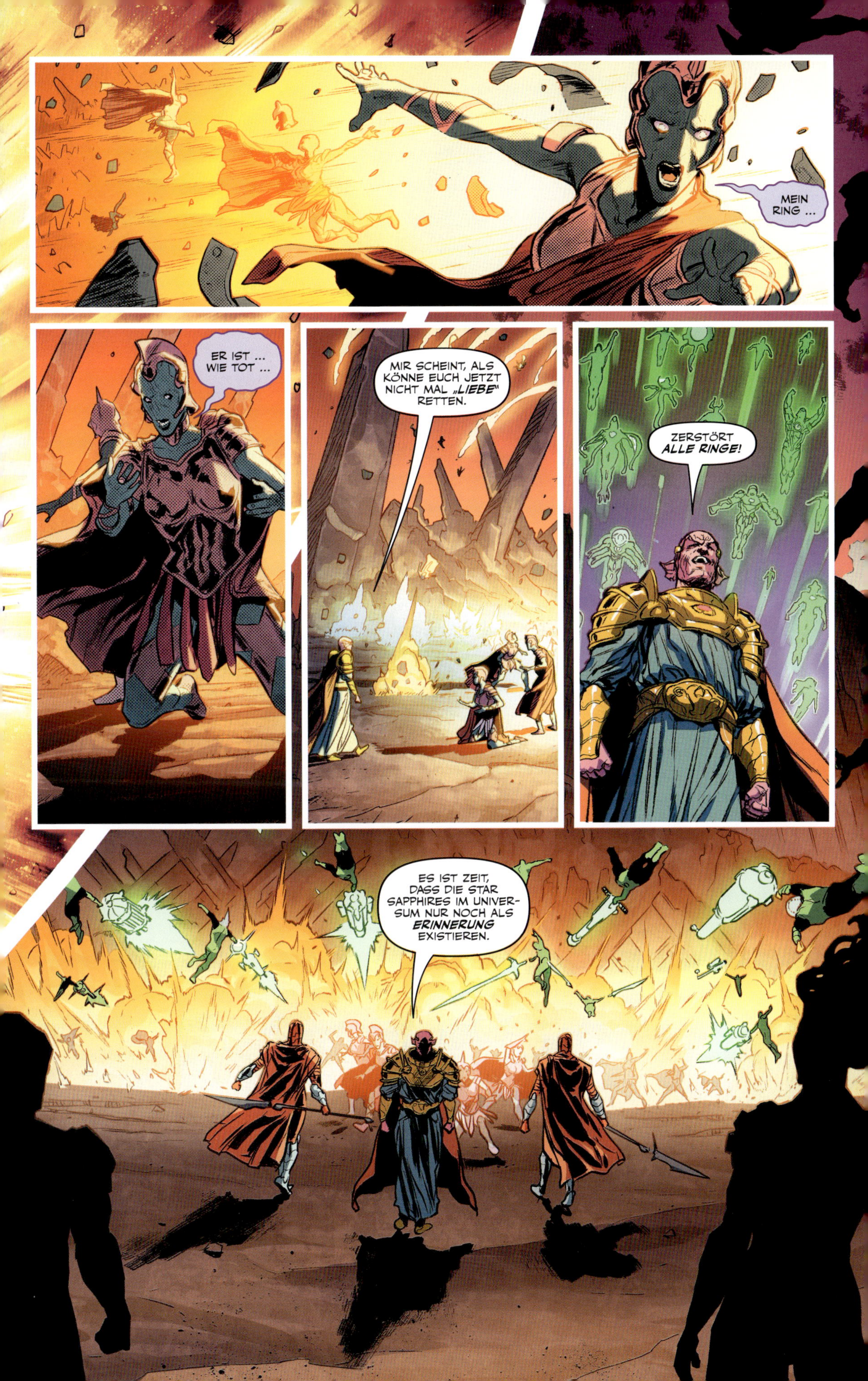
MEIN RING ...
ER IST ... WIE TOT ...
MIR SCHEINT, ALS KÖNNE EUCH JETZT NICHT MAL „LIEBE" RETTEN.
ZERSTÖRT ALLE RINGE!
ES IST ZEIT, DASS DIE STAR SAPPHIRES IM UNIVERSUM NUR NOCH ALS ERINNERUNG EXISTIEREN.

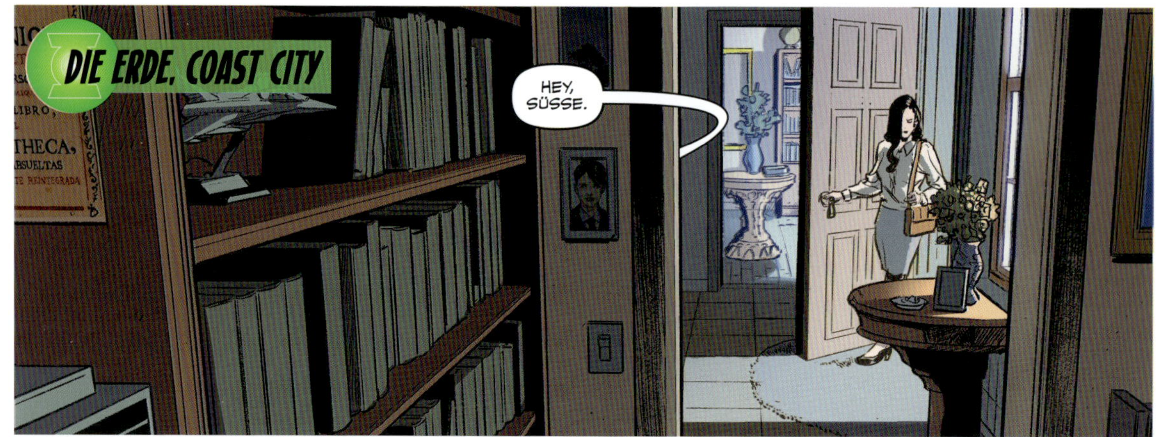
DIE ERDE, COAST CITY
HEY, SÜSSE.

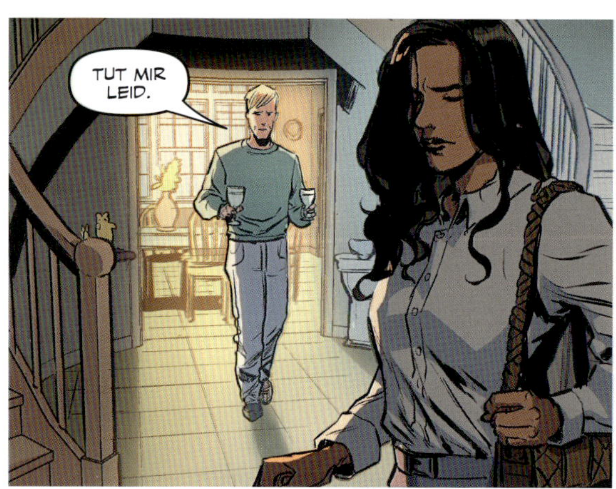
TUT MIR LEID.

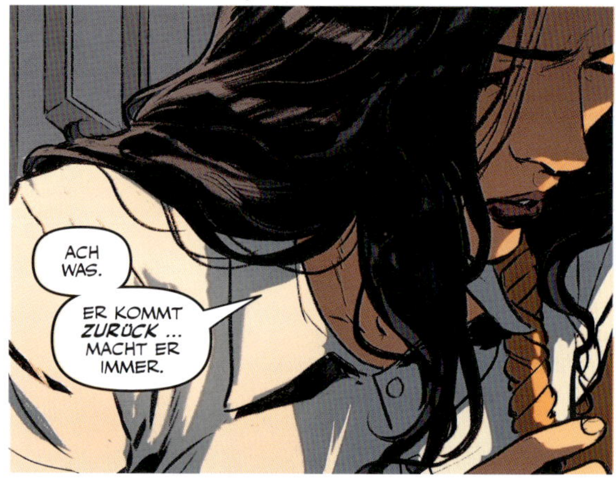
ACH WAS.
ER KOMMT ZURÜCK ... MACHT ER IMMER.

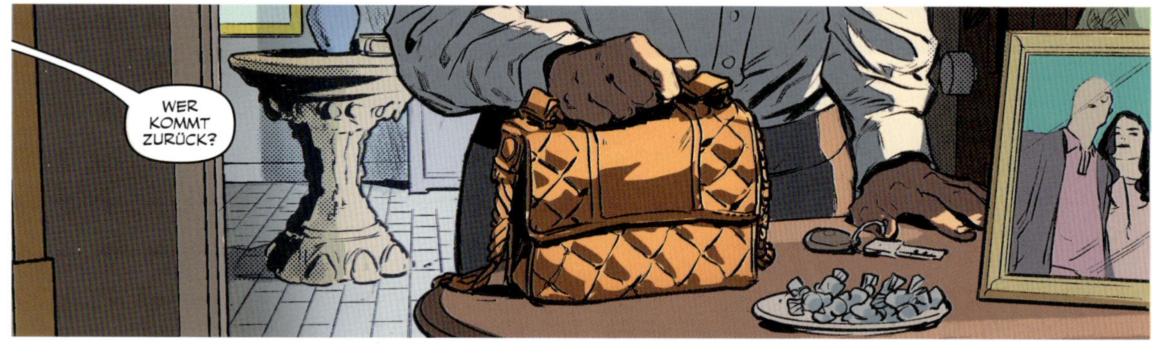
WER KOMMT ZURÜCK?

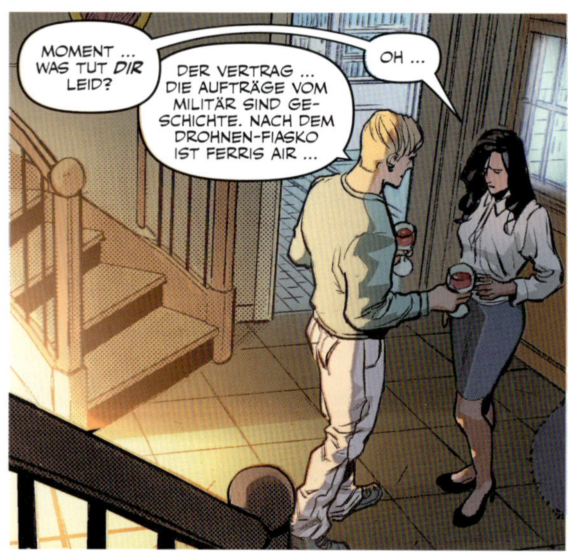
MOMENT ... WAS TUT DIR LEID?
OH ...
DER VERTRAG ... DIE AUFTRÄGE VOM MILITÄR SIND GE-SCHICHTE. NACH DEM DROHNEN-FIASKO IST FERRIS AIR ...

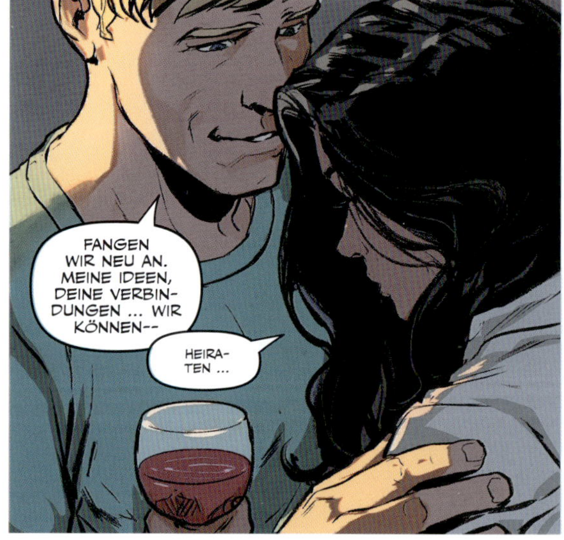
FANGEN WIR NEU AN. MEINE IDEEN, DEINE VERBIN-DUNGEN ... WIR KÖNNEN--
HEIRA-TEN ...

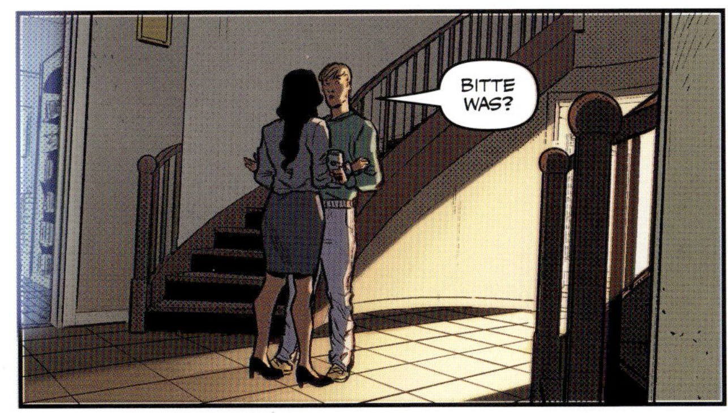
BITTE WAS?

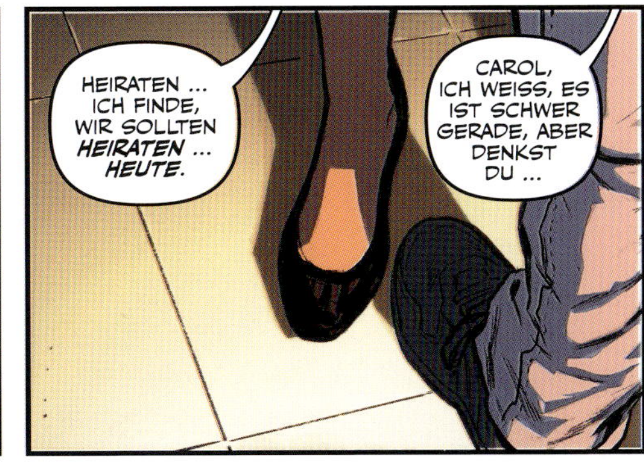
CAROL, ICH WEISS, ES IST SCHWER GERADE, ABER DENKST DU ...
HEIRATEN ... ICH FINDE, WIR SOLLTEN HEIRATEN ... HEUTE.

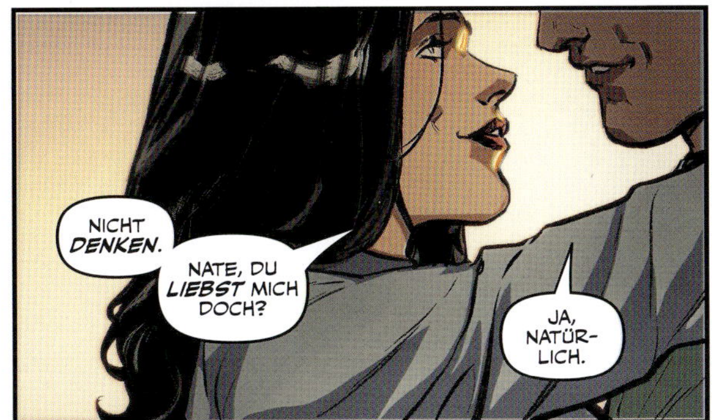
NICHT DENKEN.
NATE, DU LIEBST MICH DOCH?
JA, NATÜR-LICH.

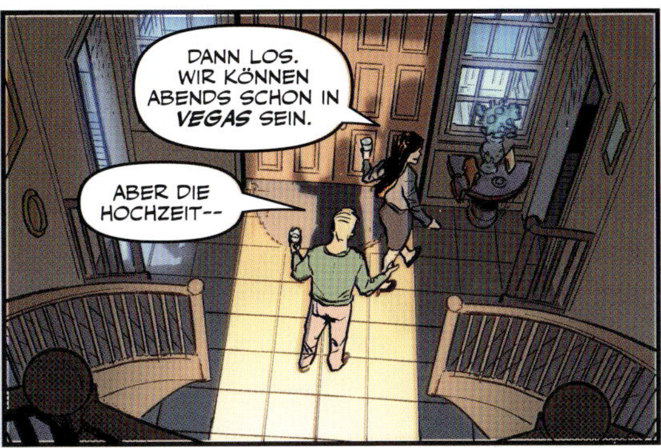
DANN LOS. WIR KÖNNEN ABENDS SCHON IN VEGAS SEIN.
ABER DIE HOCHZEIT--

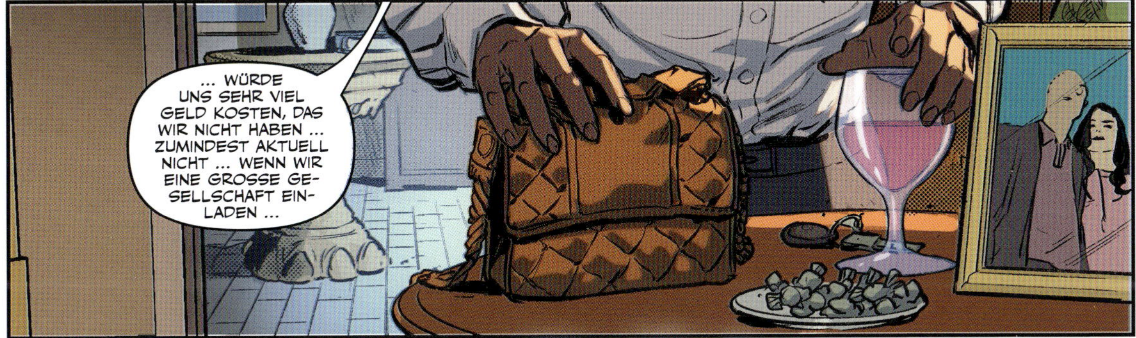
... WÜRDE UNS SEHR VIEL GELD KOSTEN, DAS WIR NICHT HABEN ... ZUMINDEST AKTUELL NICHT ... WENN WIR EINE GROSSE GE-SELLSCHAFT EIN-LADEN ...

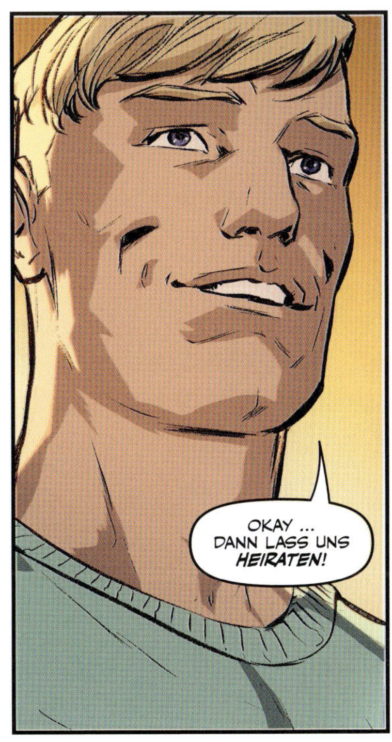
OKAY ... DANN LASS UNS HEIRATEN!

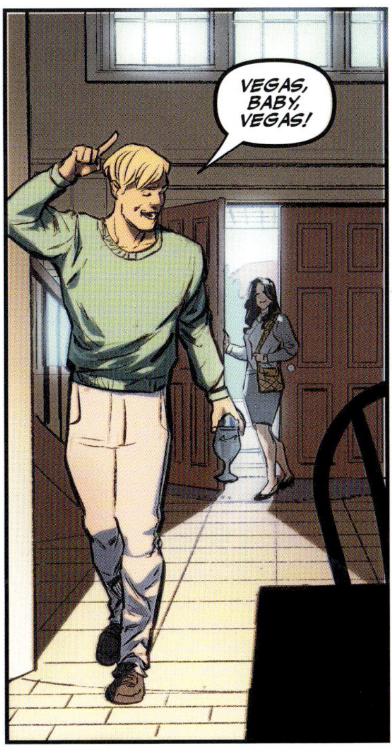
VEGAS, BABY, VEGAS!

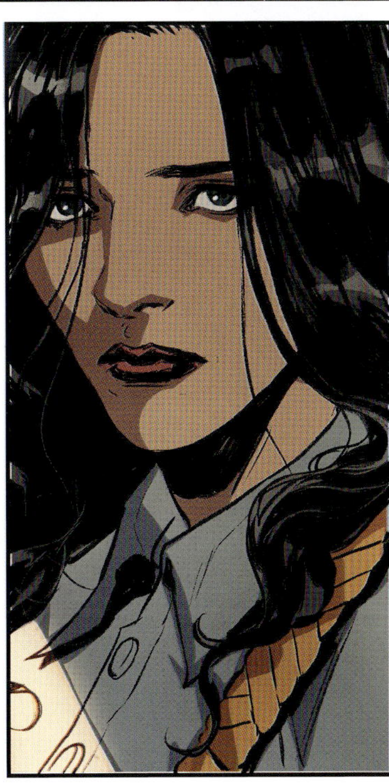

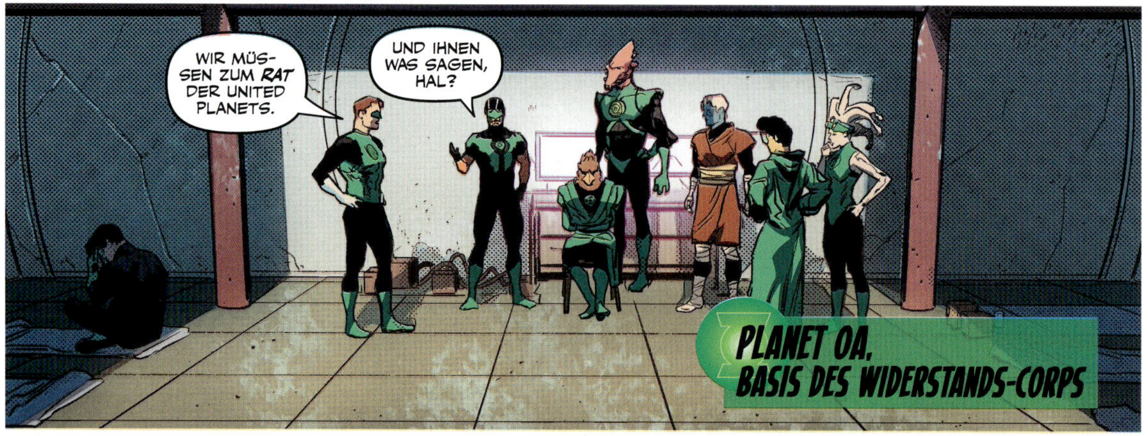
WIR MÜS-SEN ZUM RAT DER UNITED PLANETS.
UND IHNEN WAS SAGEN, HAL?
PLANET OA, BASIS DES WIDERSTANDS-CORPS

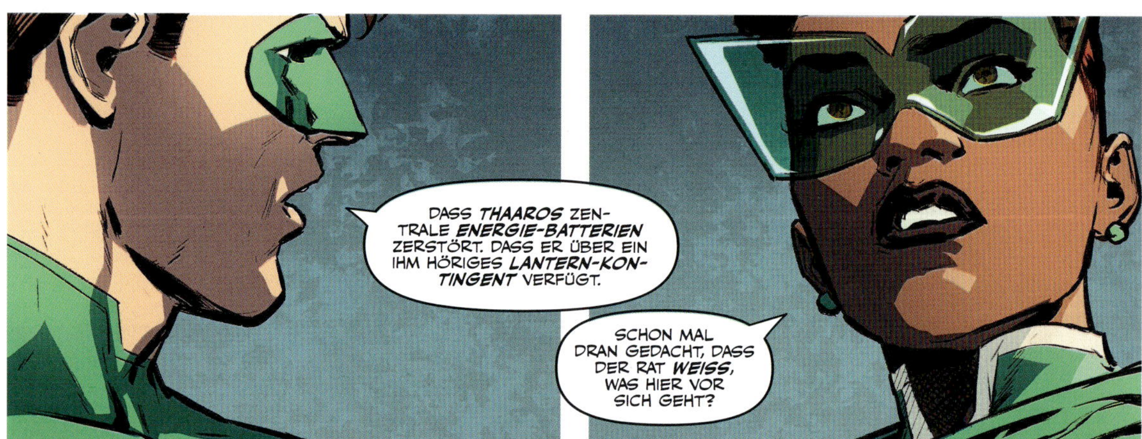
DASS THAAROS ZEN-TRALE ENERGIE-BATTERIEN ZERSTÖRT. DASS ER ÜBER EIN IHM HÖRIGES LANTERN-KON-TINGENT VERFÜGT.
SCHON MAL DRAN GEDACHT, DASS DER RAT WEISS, WAS HIER VOR SICH GEHT?

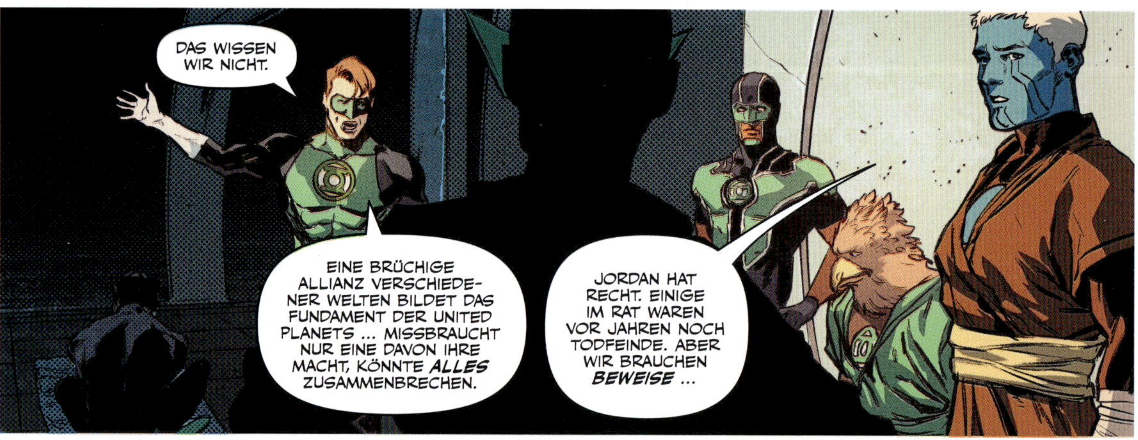
DAS WISSEN WIR NICHT.
EINE BRÜCHIGE ALLIANZ VERSCHIEDE-NER WELTEN BILDET DAS FUNDAMENT DER UNITED PLANETS ... MISSBRAUCHT NUR EINE DAVON IHRE MACHT, KÖNNTE ALLES ZUSAMMENBRECHEN.
JORDAN HAT RECHT. EINIGE IM RAT WAREN VOR JAHREN NOCH TODFEINDE. ABER WIR BRAUCHEN BEWEISE ...

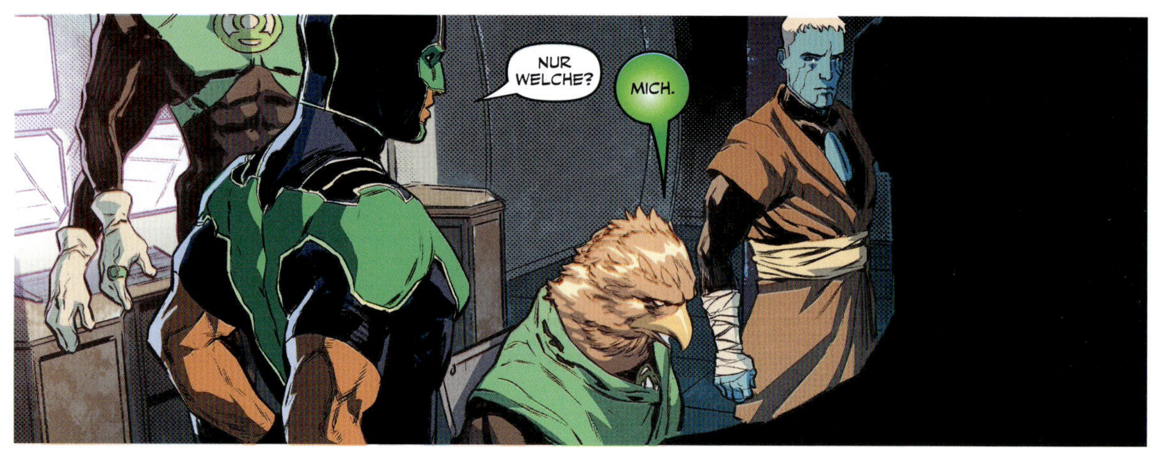
NUR WELCHE?
MICH.

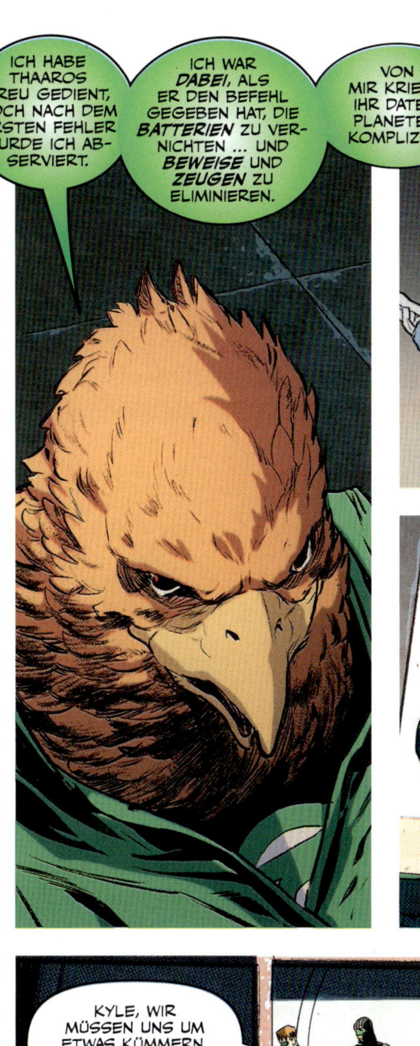
ICH HABE THAAROS 'REU GEDIENT, OCH NACH DEM RSTEN FEHLER VURDE ICH AB-SERVIERT.
ICH WAR DABEI, ALS ER DEN BEFEHL GEGEBEN HAT, DIE BATTERIEN ZU VERNICHTEN ... UND BEWEISE UND ZEUGEN ZU ELIMINIEREN.

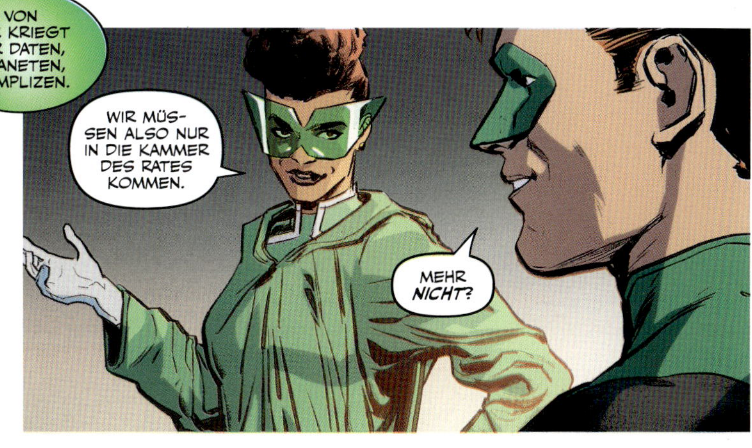
VON MIR KRIEGT IHR DATEN, PLANETEN, KOMPLIZEN.
WIR MÜSSEN ALSO NUR IN DIE KAMMER DES RATES KOMMEN.
MEHR NICHT?

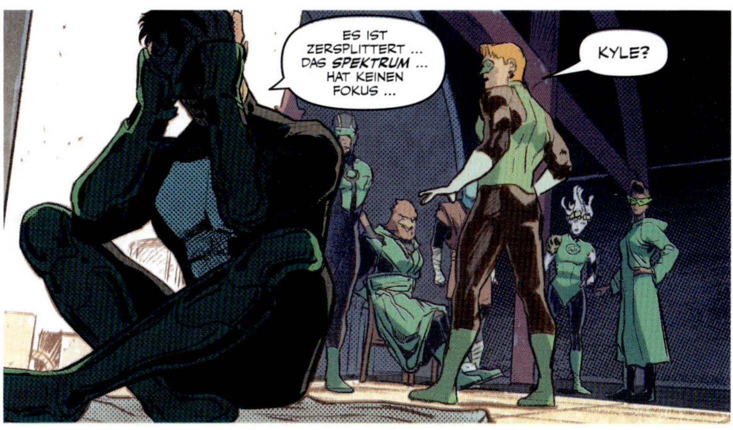
ES IST ZERSPLITTERT ... DAS SPEKTRUM ... HAT KEINEN FOKUS ...
KYLE?

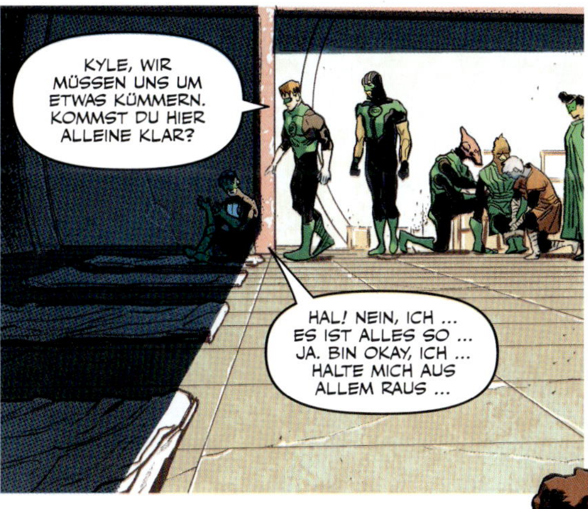
KYLE, WIR MÜSSEN UNS UM ETWAS KÜMMERN. KOMMST DU HIER ALLEINE KLAR?
HAL! NEIN, ICH ... ES IST ALLES SO ... JA. BIN OKAY, ICH ... HALTE MICH AUS ALLEM RAUS ...

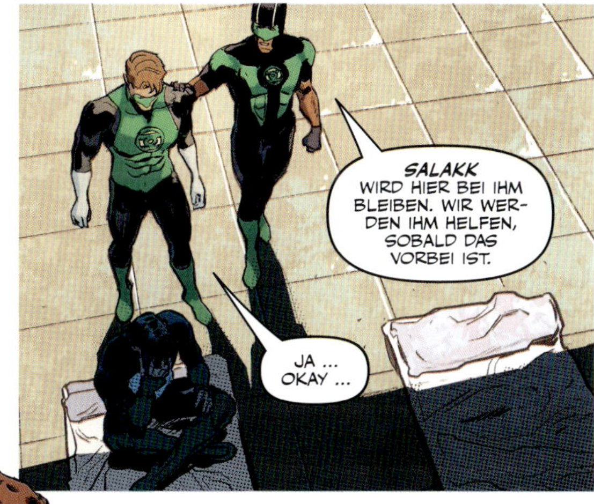
SALAKK WIRD HIER BEI IHM BLEIBEN. WIR WERDEN IHM HELFEN, SOBALD DAS VORBEI IST.
JA ... OKAY ...

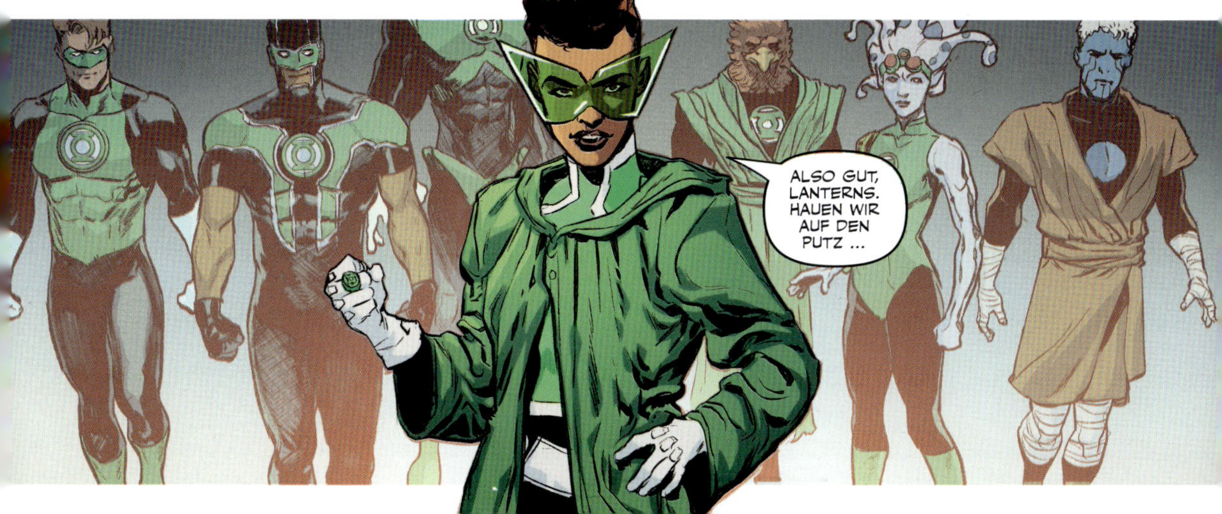
ALSO GUT, LANTERNS. HAUEN WIR AUF DEN PUTZ ...

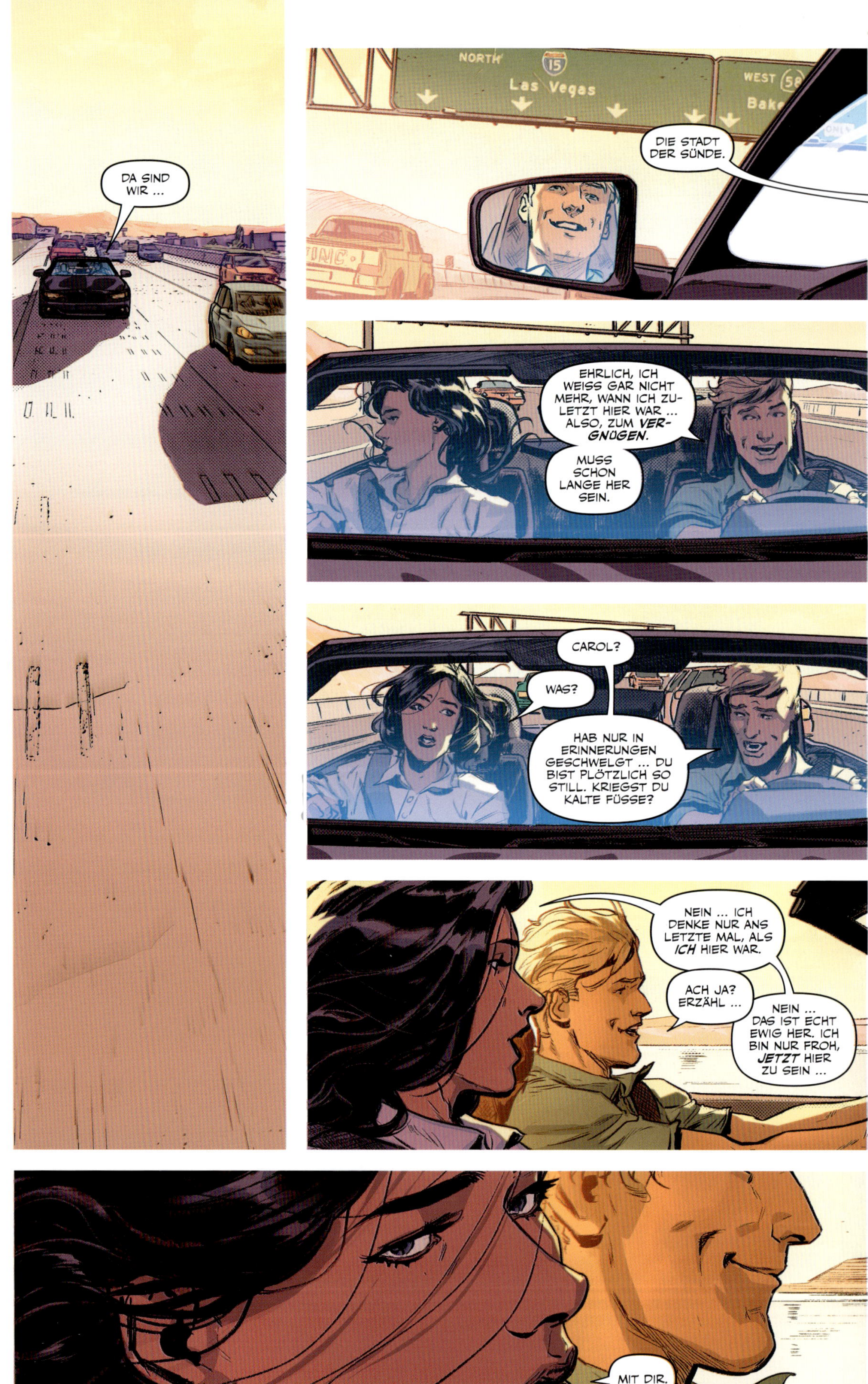
DA SIND WIR ...
NORTH
15
Las Vegas
WEST 58
DIE STADT DER SÜNDE.
EHRLICH, ICH WEISS GAR NICHT MEHR, WANN ICH ZULETZT HIER WAR ... ALSO, ZUM *VERGNÜGEN*.
MUSS SCHON LANGE HER SEIN.
CAROL?
WAS?
HAB NUR IN ERINNERUNGEN GESCHWELGT ... DU BIST PLÖTZLICH SO STILL. KRIEGST DU KALTE FÜSSE?
NEIN ... ICH DENKE NUR ANS LETZTE MAL, ALS *ICH* HIER WAR.
ACH JA? ERZÄHL ...
NEIN ... DAS IST ECHT EWIG HER. ICH BIN NUR FROH, *JETZT* HIER ZU SEIN ...
MIT DIR.

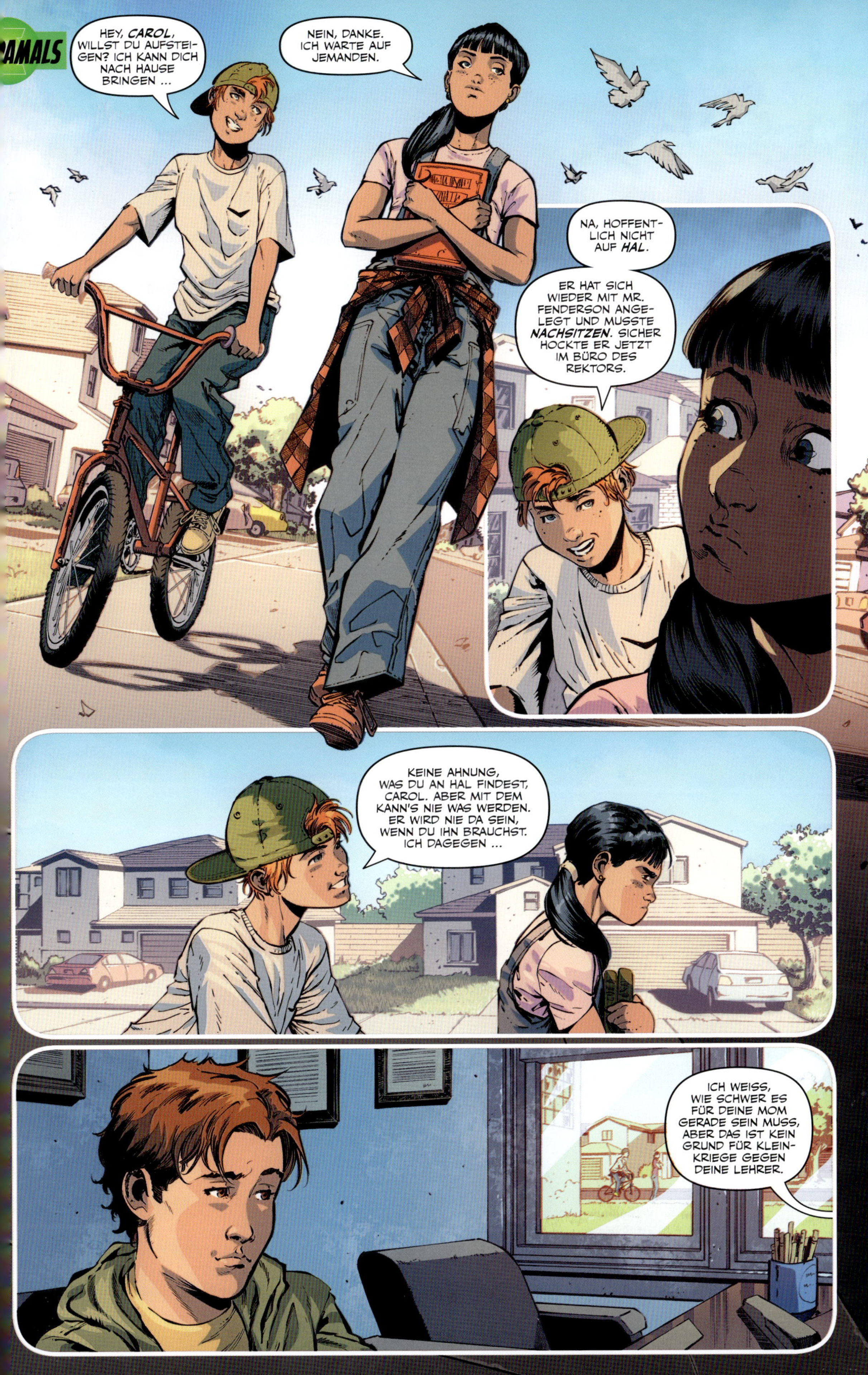
DAMALS
HEY, CAROL, WILLST DU AUFSTEIGEN? ICH KANN DICH NACH HAUSE BRINGEN ...
NEIN, DANKE. ICH WARTE AUF JEMANDEN.
NA, HOFFENTLICH NICHT AUF HAL.
ER HAT SICH WIEDER MIT MR. FENDERSON ANGELEGT UND MUSSTE NACHSITZEN. SICHER HOCKTE ER JETZT IM BÜRO DES REKTORS.
KEINE AHNUNG, WAS DU AN HAL FINDEST, CAROL. ABER MIT DEM KANN'S NIE WAS WERDEN. ER WIRD NIE DA SEIN, WENN DU IHN BRAUCHST. ICH DAGEGEN ...
ICH WEISS, WIE SCHWER ES FÜR DEINE MOM GERADE SEIN MUSS, ABER DAS IST KEIN GRUND FÜR KLEINKRIEGE GEGEN DEINE LEHRER.

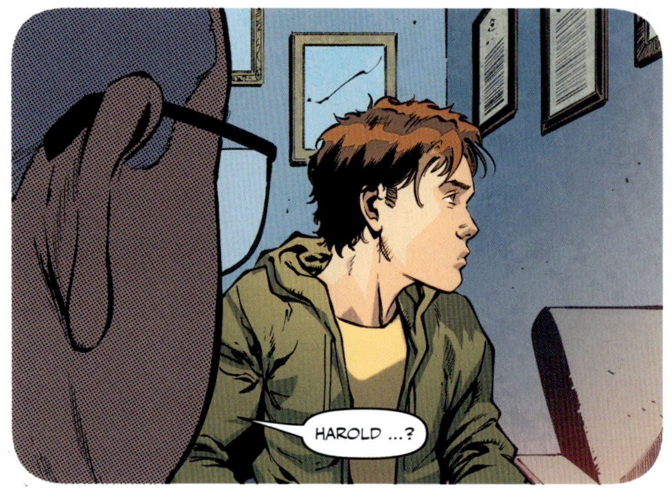
HAROLD ...?

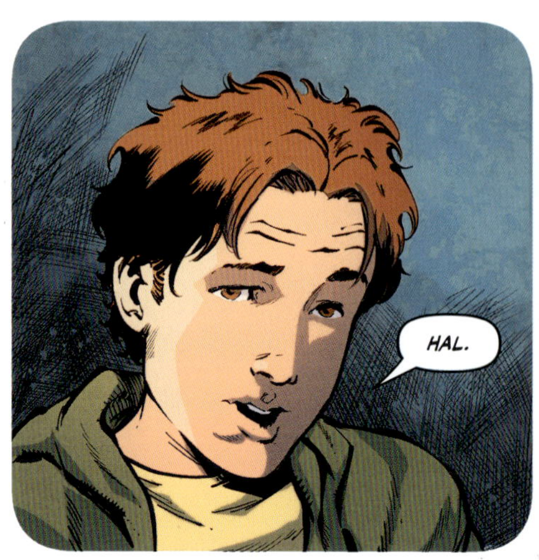
HAL.

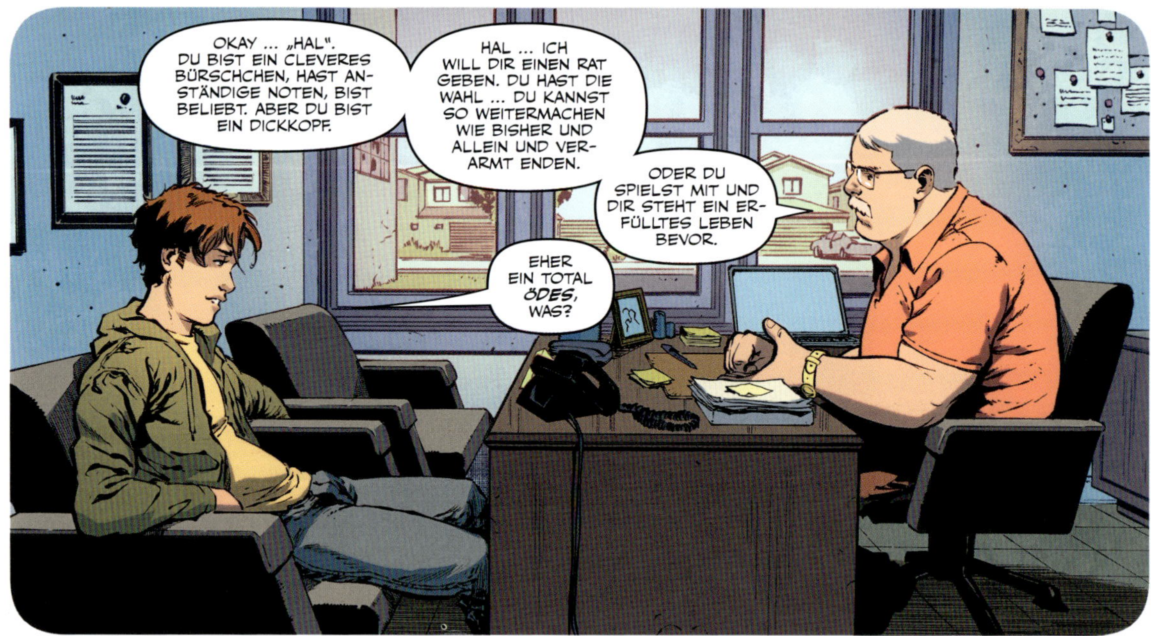
OKAY ... „HAL“. DU BIST EIN CLEVERES BÜRSCHCHEN, HAST ANSTÄNDIGE NOTEN, BIST BELIEBT. ABER DU BIST EIN DICKKOPF.
HAL ... ICH WILL DIR EINEN RAT GEBEN. DU HAST DIE WAHL ... DU KANNST SO WEITERMACHEN WIE BISHER UND ALLEIN UND VERARMT ENDEN.
ODER DU SPIELST MIT UND DIR STEHT EIN ERFÜLLTES LEBEN BEVOR.
EHER EIN TOTAL *ÖDES*, WAS?

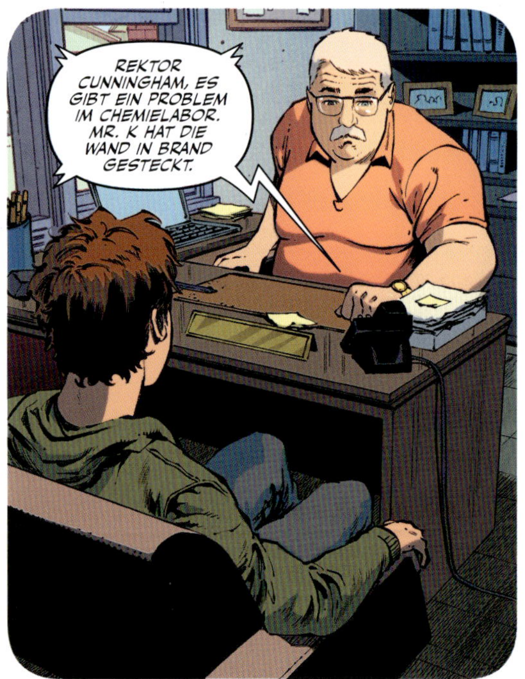
REKTOR CUNNINGHAM, ES GIBT EIN PROBLEM IM CHEMIELABOR. MR. K HAT DIE WAND IN BRAND GESTECKT.

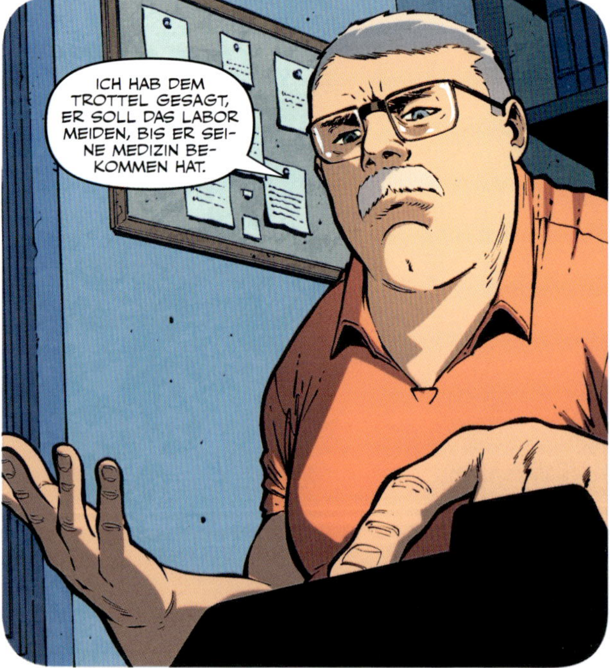
ICH HAB DEM TROTTEL GESAGT, ER SOLL DAS LABOR MEIDEN, BIS ER SEINE MEDIZIN BEKOMMEN HAT.

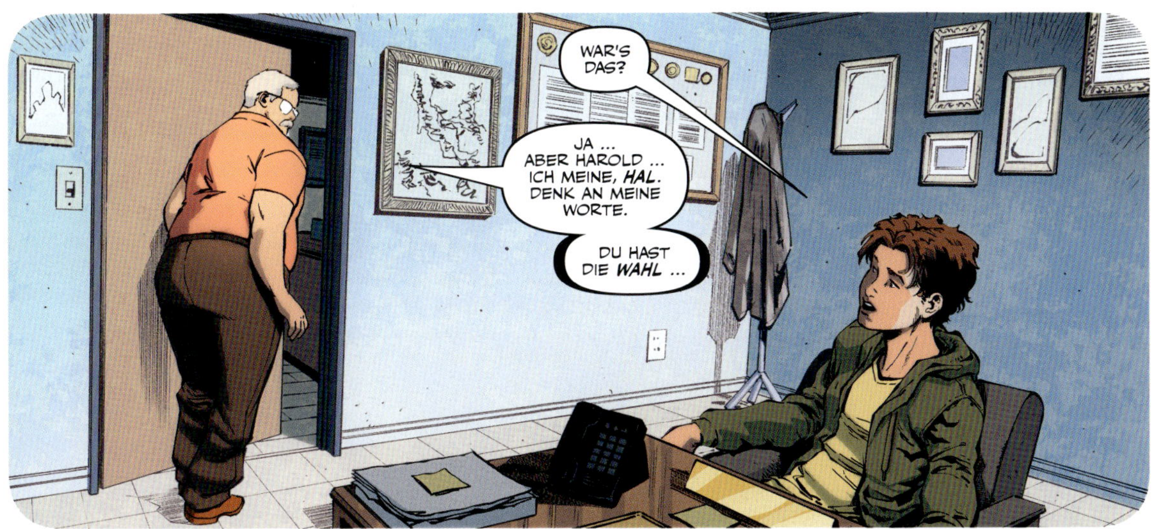

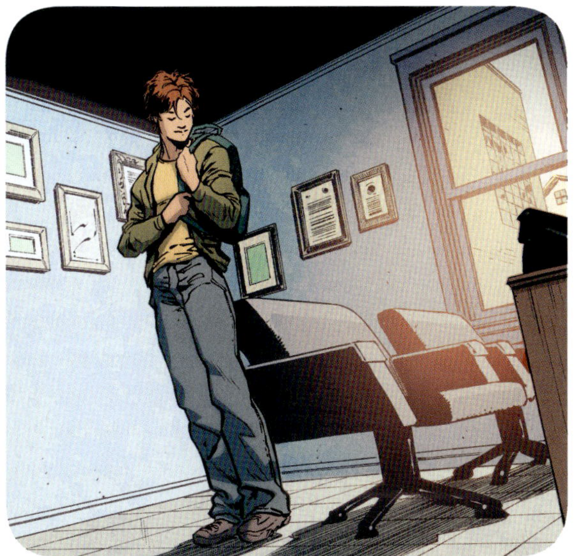

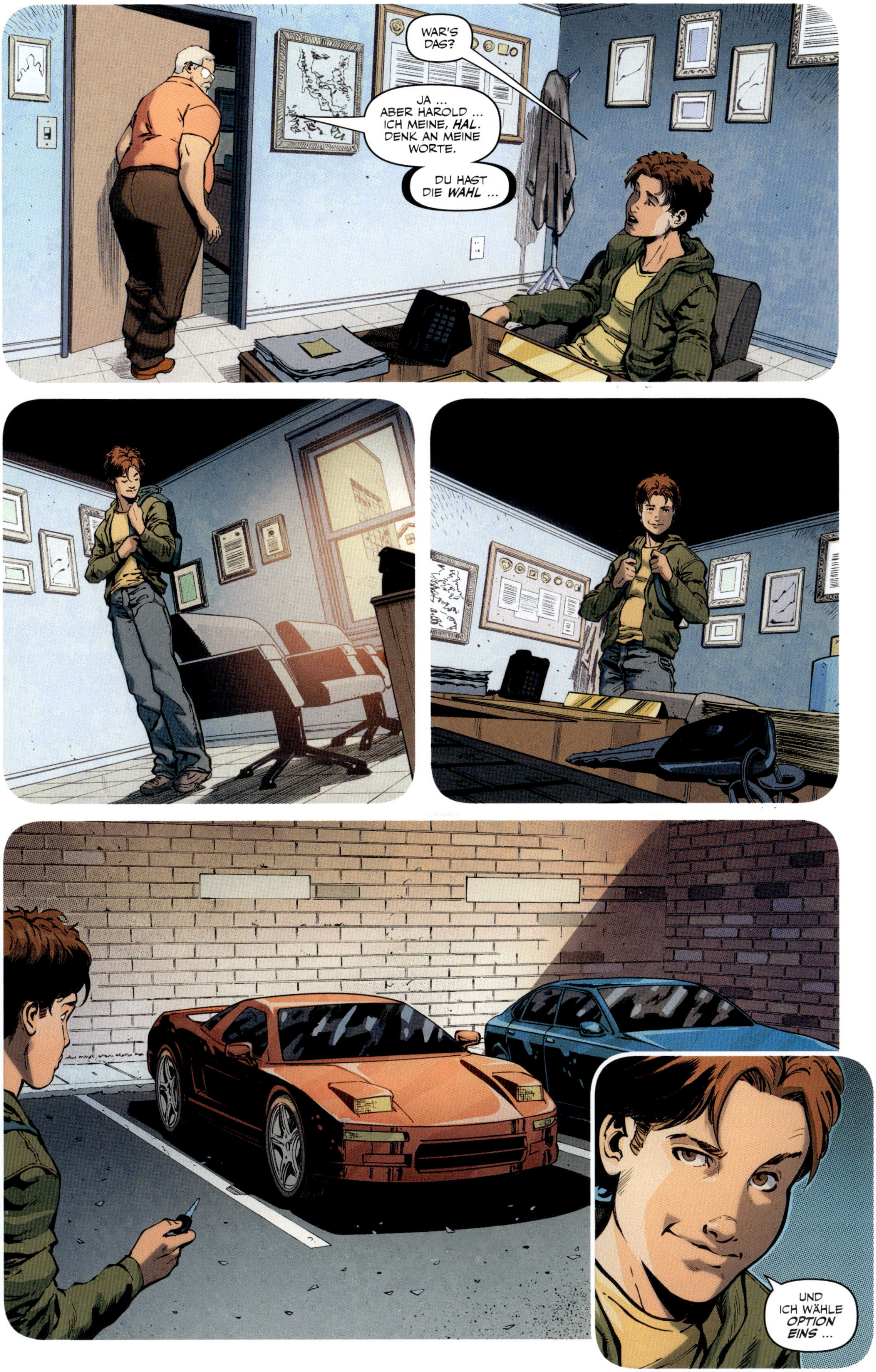

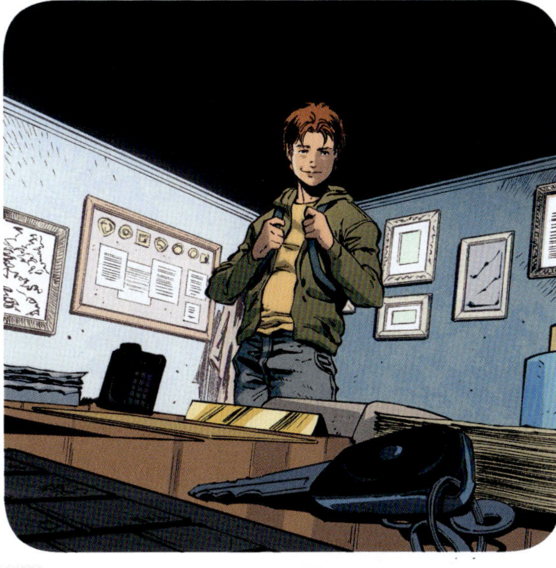

UND ICH WÄHLE *OPTION EINS* ...

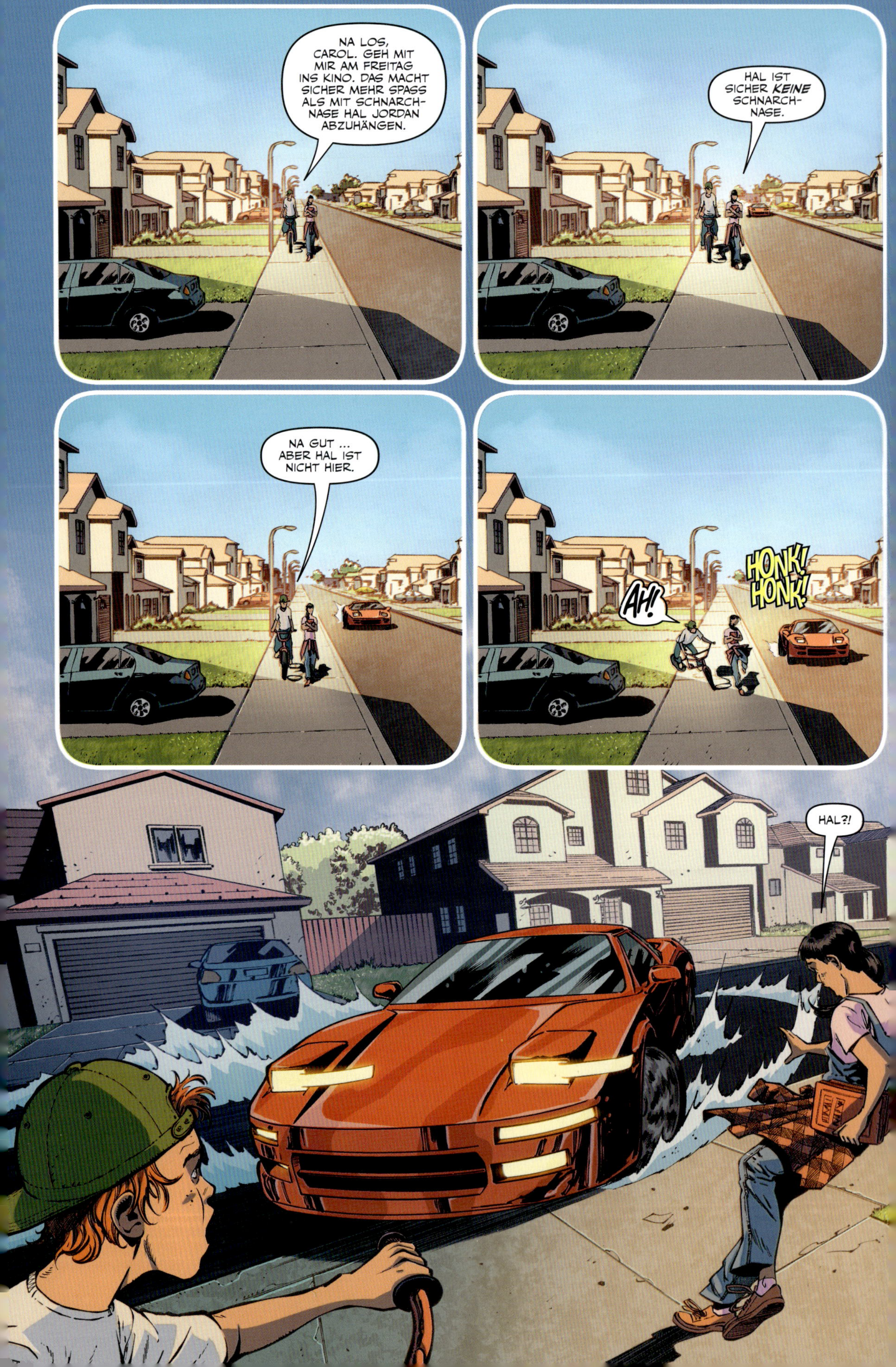

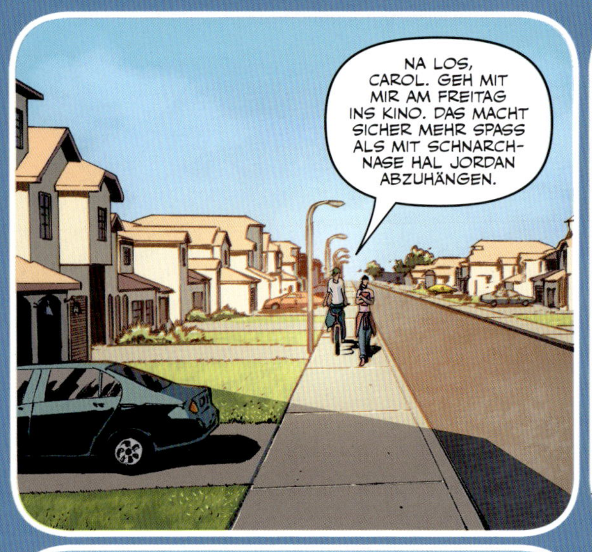
NA LOS, CAROL. GEH MIT MIR AM FREITAG INS KINO. DAS MACHT SICHER MEHR SPASS ALS MIT SCHNARCH-NASE HAL JORDAN ABZUHÄNGEN.

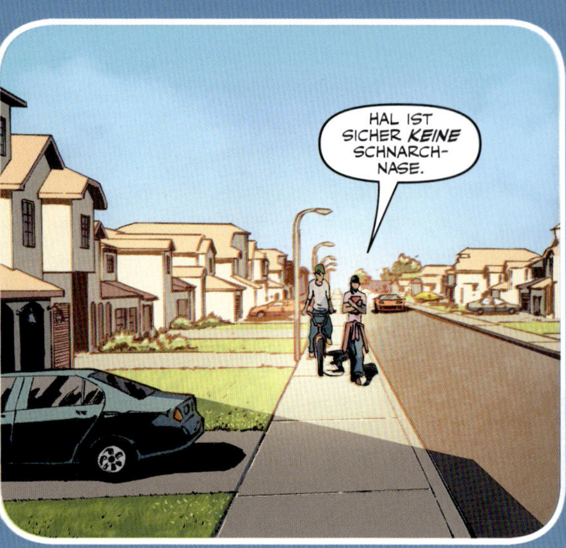
HAL IST SICHER *KEINE* SCHNARCH-NASE.

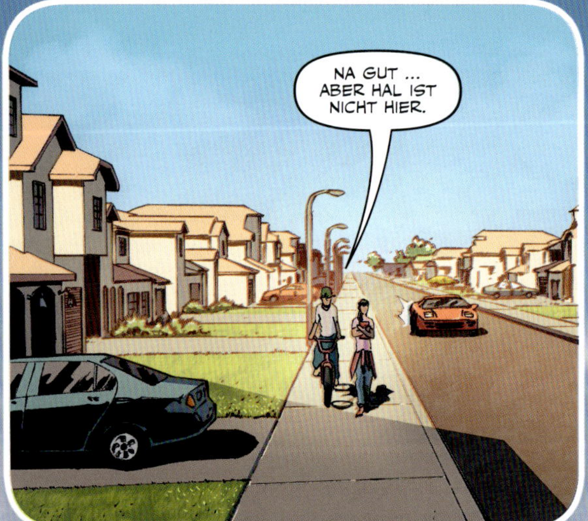
NA GUT ... ABER HAL IST NICHT HIER.

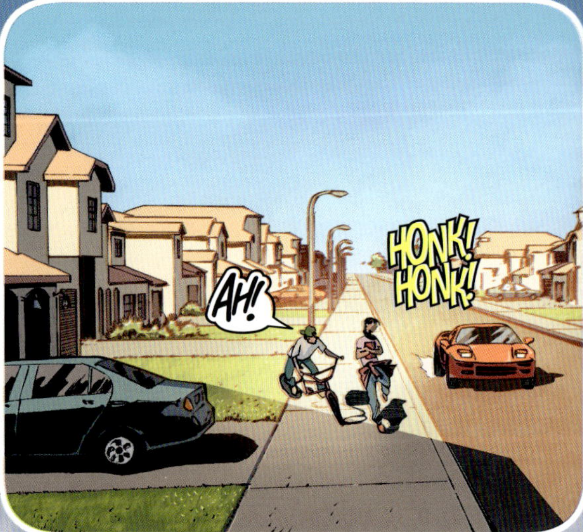
AH!
HONK! HONK!
HAL?!

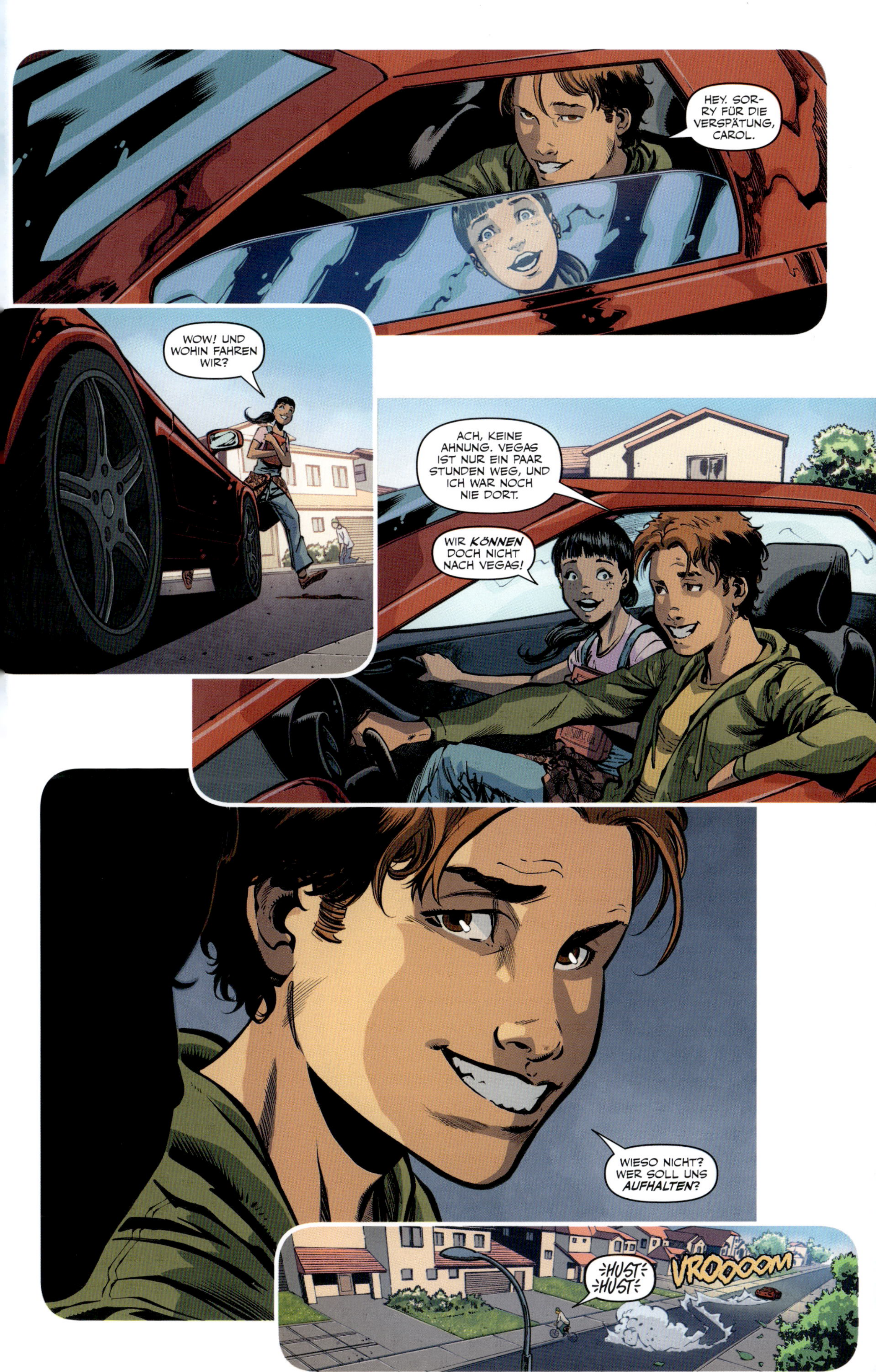
HEY. SORRY FÜR DIE VERSPÄTUNG, CAROL.
WOW! UND WOHIN FAHREN WIR?
ACH, KEINE AHNUNG. VEGAS IST NUR EIN PAAR STUNDEN WEG, UND ICH WAR NOCH NIE DORT.
WIR KÖNNEN DOCH NICHT NACH VEGAS!
WIESO NICHT? WER SOLL UNS AUFHALTEN?
HUST HUST
VROOOOOM

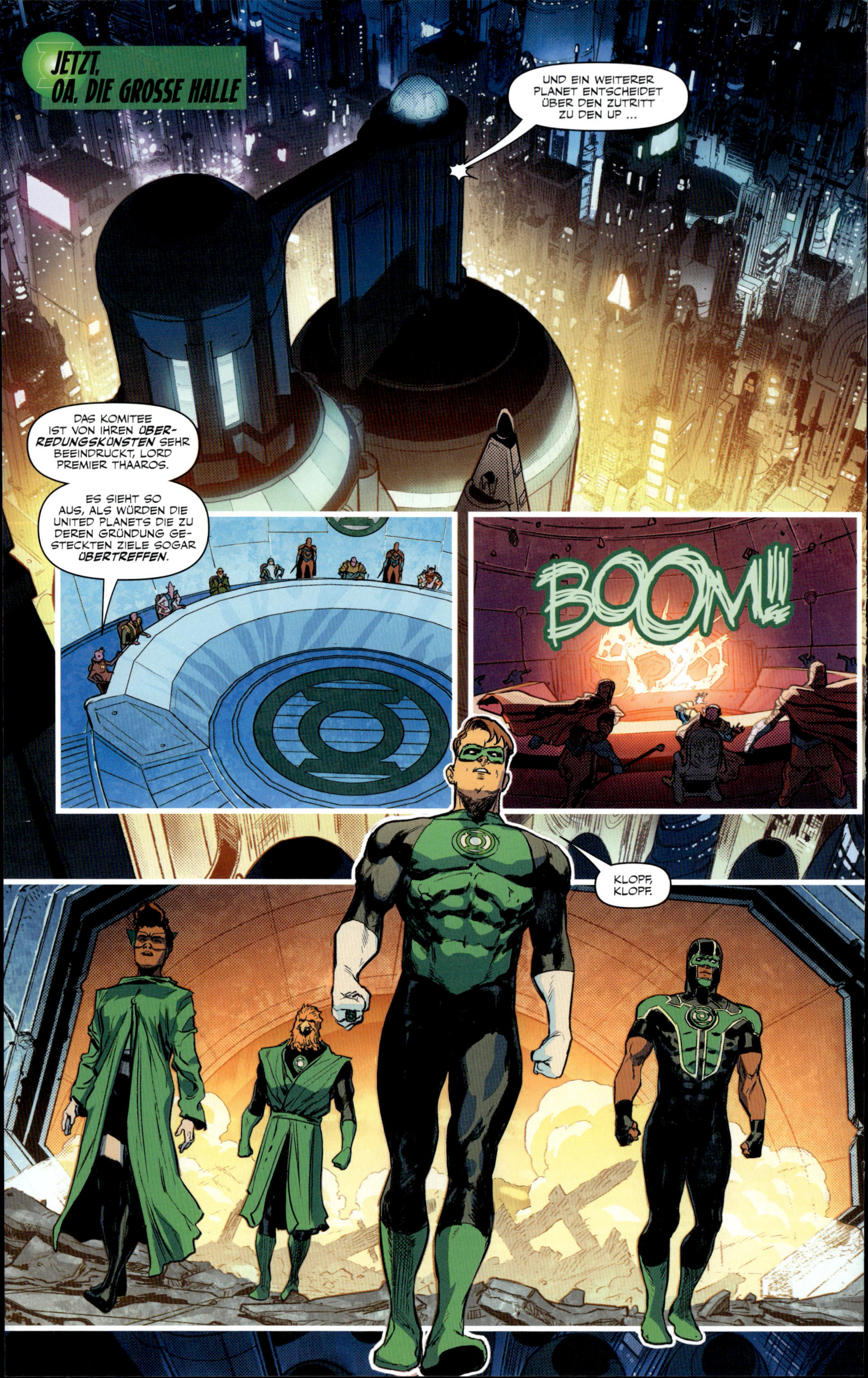
JETZT,
OA, DIE GROSSE HALLE
UND EIN WEITERER PLANET ENTSCHEIDET ÜBER DEN ZUTRITT ZU DEN UP ...
DAS KOMITEE IST VON IHREN ÜBERREDUNGSKÜNSTEN SEHR BEEINDRUCKT, LORD PREMIER THAAROS.
ES SIEHT SO AUS, ALS WÜRDEN DIE UNITED PLANETS DIE ZU DEREN GRÜNDUNG GESTECKTEN ZIELE SOGAR ÜBERTREFFEN.
BOOM!!
KLOPF, KLOPF.

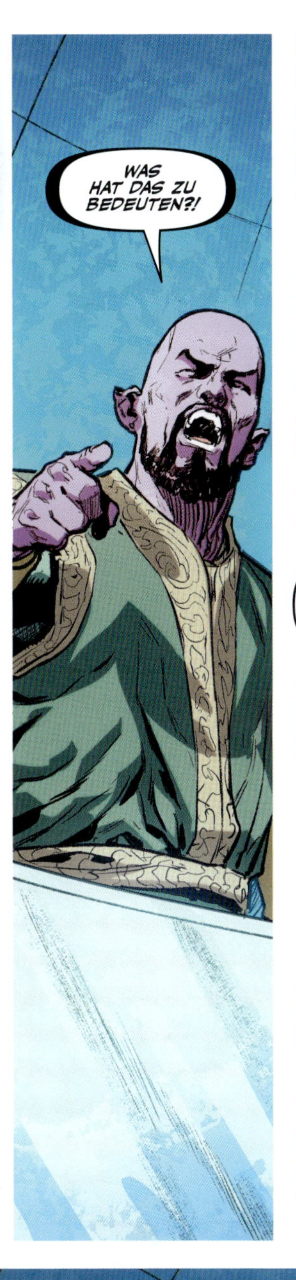
WAS HAT DAS ZU BEDEUTEN?!

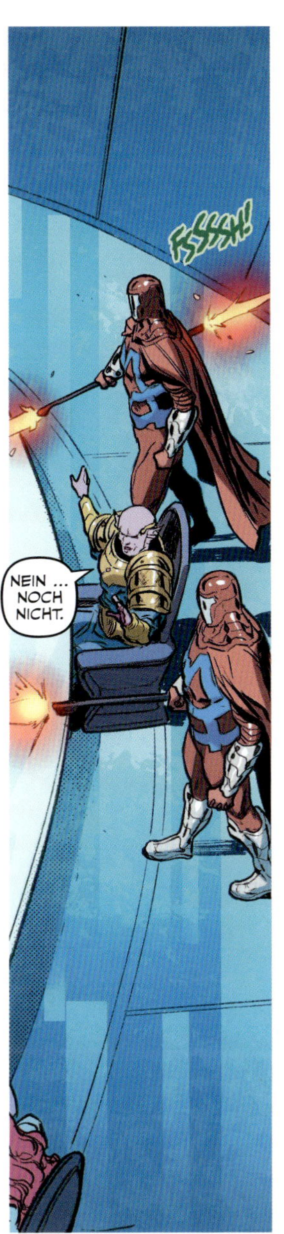
FSSSH!
NEIN ... NOCH NICHT.

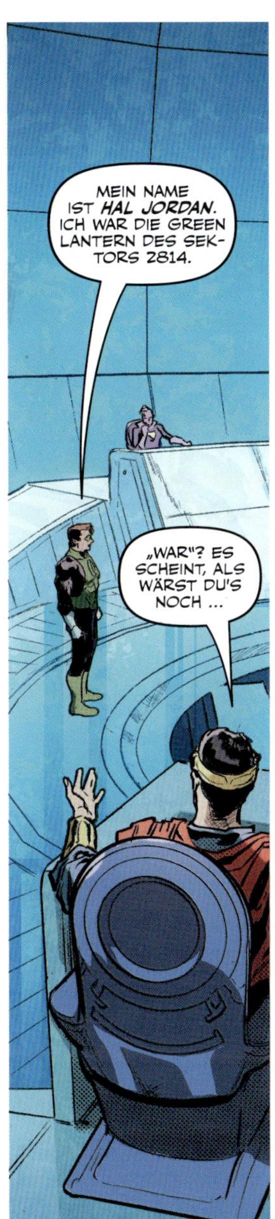
MEIN NAME IST HAL JORDAN. ICH WAR DIE GREEN LANTERN DES SEKTORS 2814.
„WAR"? ES SCHEINT, ALS WÄRST DU'S NOCH ...

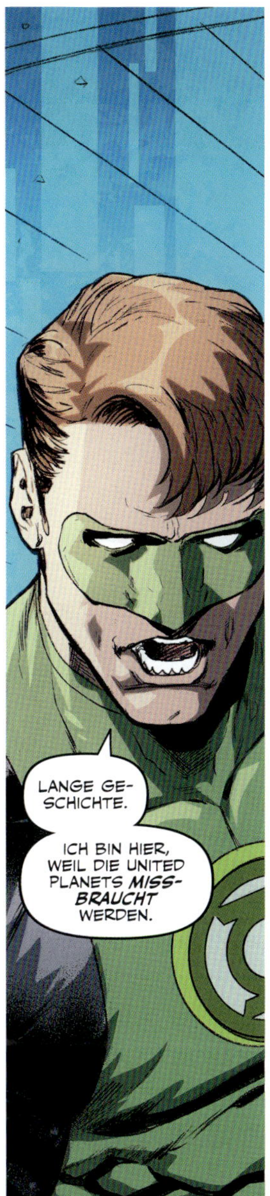
LANGE GESCHICHTE.
ICH BIN HIER, WEIL DIE UNITED PLANETS MISSBRAUCHT WERDEN.

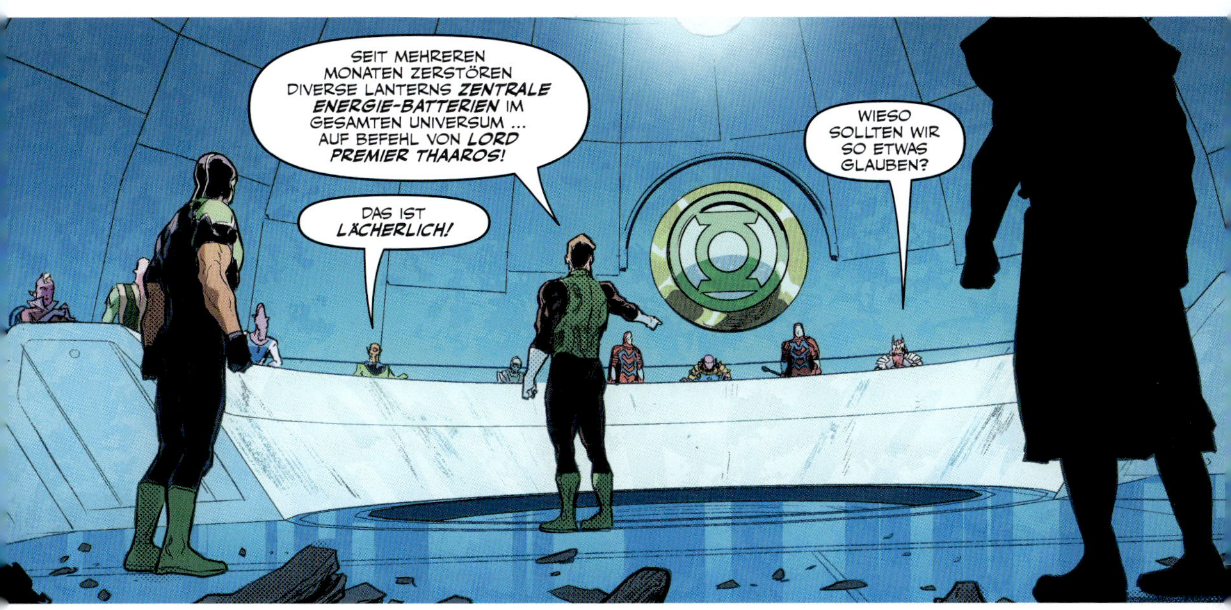
SEIT MEHREREN MONATEN ZERSTÖREN DIVERSE LANTERNS ZENTRALE ENERGIE-BATTERIEN IM GESAMTEN UNIVERSUM ... AUF BEFEHL VON LORD PREMIER THAAROS!
DAS IST LÄCHERLICH!
WIESO SOLLTEN WIR SO ETWAS GLAUBEN?

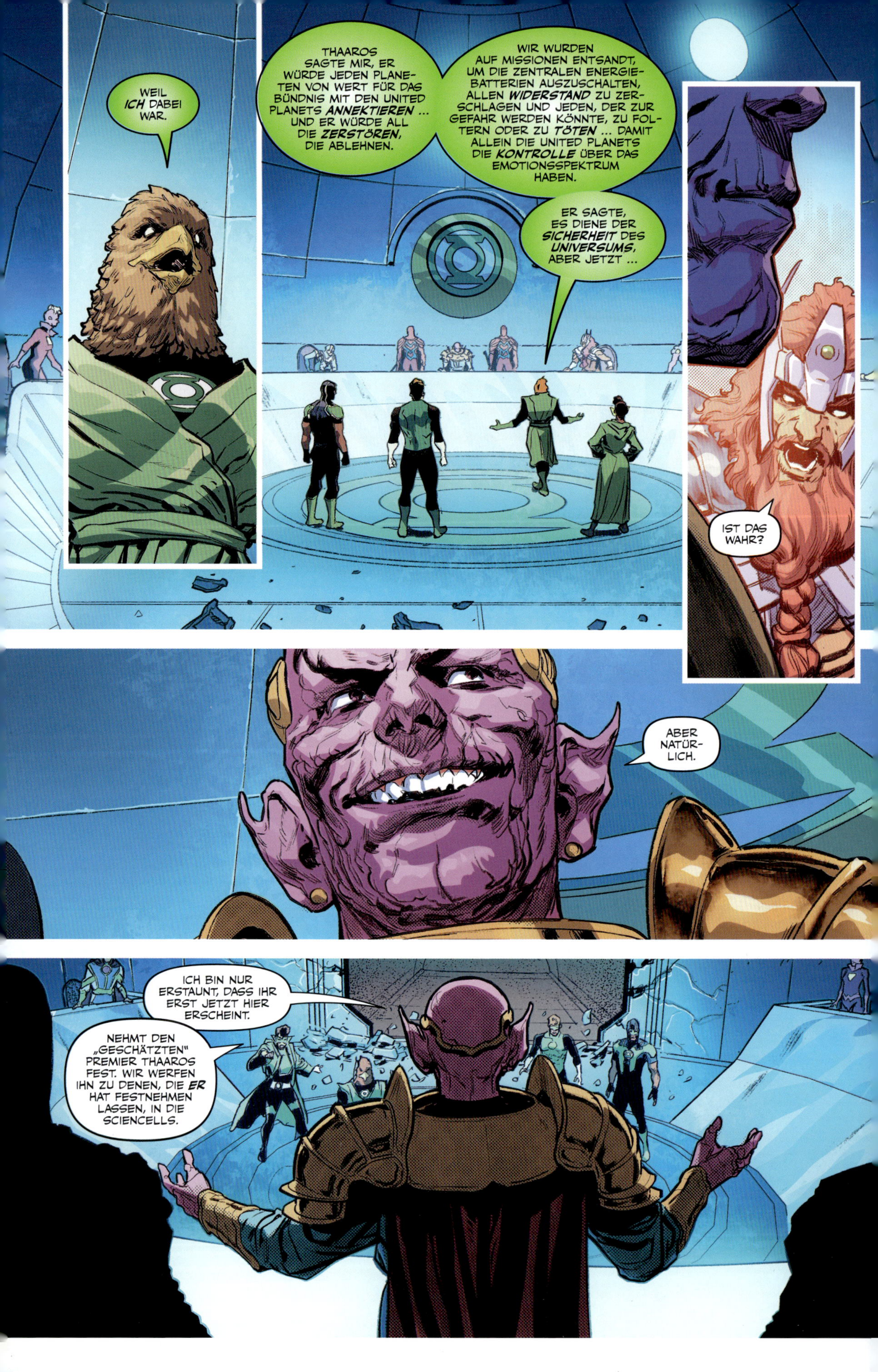
WEIL ICH DABEI WAR.
THAAROS SAGTE MIR, ER WÜRDE JEDEN PLANETEN VON WERT FÜR DAS BÜNDNIS MIT DEN UNITED PLANETS ANNEKTIEREN ... UND ER WÜRDE ALL DIE ZERSTÖREN, DIE ABLEHNEN.
WIR WURDEN AUF MISSIONEN ENTSANDT, UM DIE ZENTRALEN ENERGIEBATTERIEN AUSZUSCHALTEN, ALLEN WIDERSTAND ZU ZERSCHLAGEN UND JEDEN, DER ZUR GEFAHR WERDEN KÖNNTE, ZU FOLTERN ODER ZU TÖTEN ... DAMIT ALLEIN DIE UNITED PLANETS DIE KONTROLLE ÜBER DAS EMOTIONSSPEKTRUM HABEN.
ER SAGTE, ES DIENE DER SICHERHEIT DES UNIVERSUMS, ABER JETZT ...
IST DAS WAHR?
ABER NATÜRLICH.
ICH BIN NUR ERSTAUNT, DASS IHR ERST JETZT HIER ERSCHEINT.
NEHMT DEN „GESCHÄTZTEN" PREMIER THAAROS FEST. WIR WERFEN IHN ZU DENEN, DIE ER HAT FESTNEHMEN LASSEN, IN DIE SCIENCELLS.

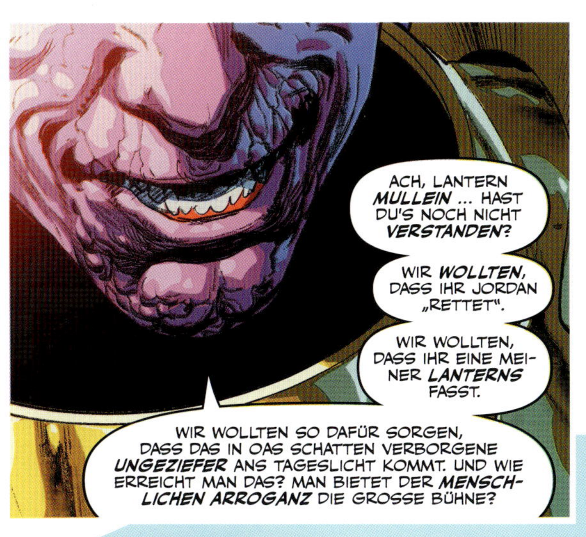
ACH, LANTERN **MULLEIN** ... HAST DU'S NOCH NICHT **VERSTANDEN**?
WIR **WOLLTEN**, DASS IHR JORDAN „RETTET“.
WIR WOLLTEN, DASS IHR EINE MEINER **LANTERNS** FASST.
WIR WOLLTEN SO DAFÜR SORGEN, DASS DAS IN OAS SCHATTEN VERBORGENE **UNGEZIEFER** ANS TAGESLICHT KOMMT. UND WIE ERREICHT MAN DAS? MAN BIETET DER **MENSCHLICHEN ARROGANZ** DIE GROSSE BÜHNE?

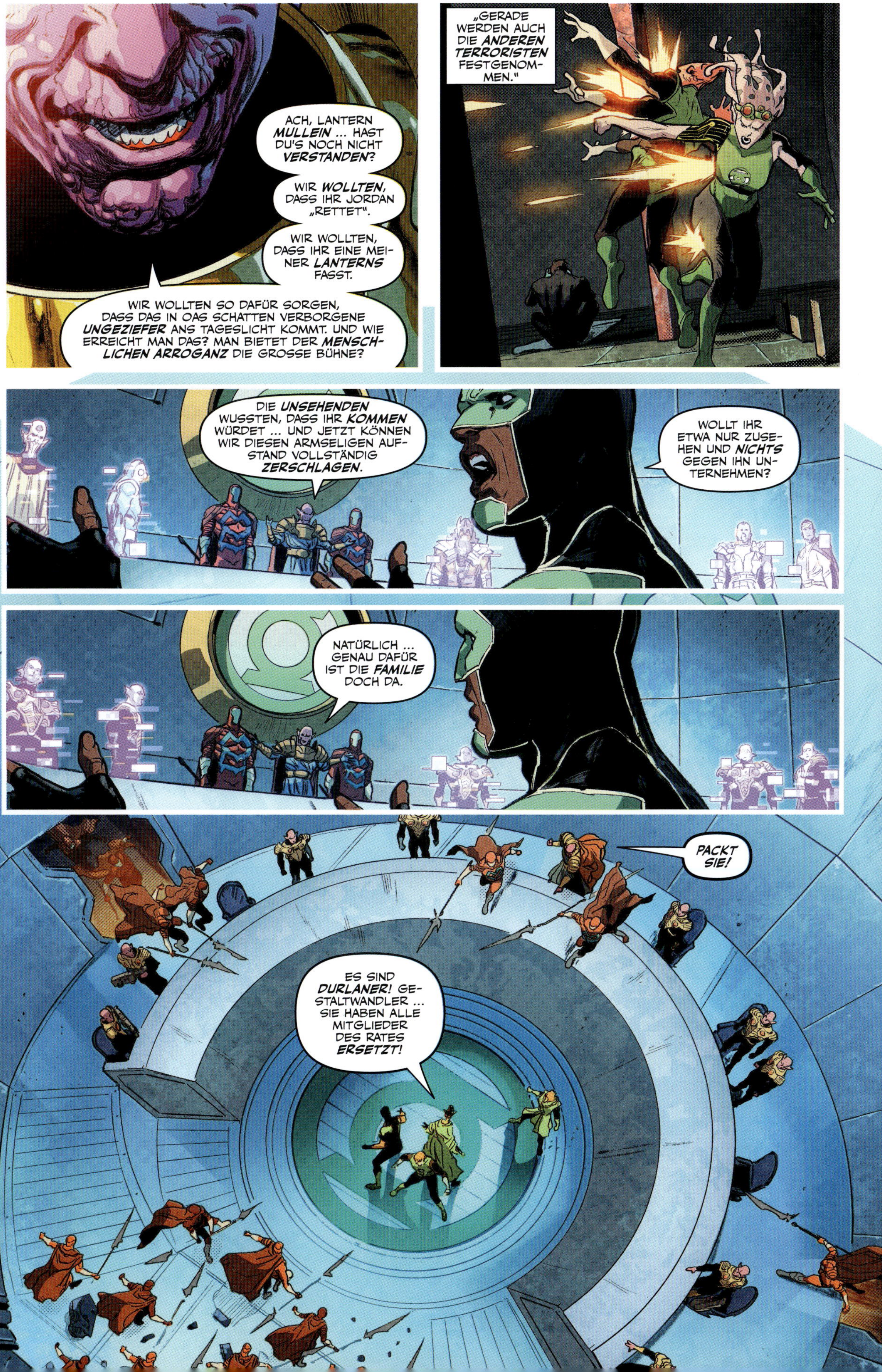

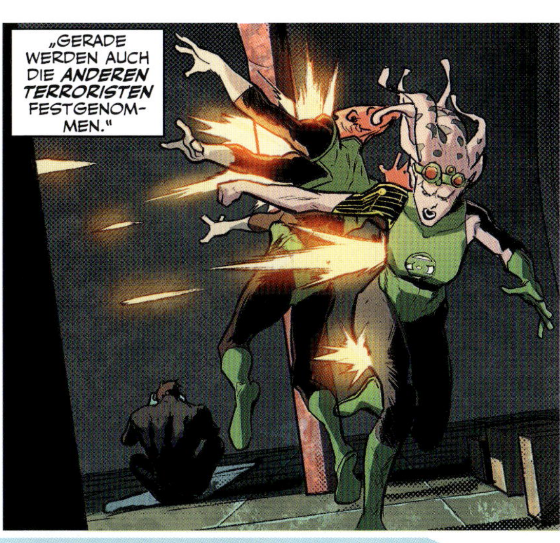
„GERADE WERDEN AUCH DIE **ANDEREN TERRORISTEN** FESTGENOMMEN.“
DIE **UNSEHENDEN** WUSSTEN, DASS IHR **KOMMEN** WÜRDET ... UND JETZT KÖNNEN WIR DIESEN ARMSELIGEN AUFSTAND VOLLSTÄNDIG **ZERSCHLAGEN**.
WOLLT IHR ETWA NUR ZUSEHEN UND **NICHTS** GEGEN IHN UNTERNEHMEN?
NATÜRLICH ... GENAU DAFÜR IST DIE **FAMILIE** DOCH DA.
PACKT SIE!
ES SIND **DURLANER!** GESTALTWANDLER ... SIE HABEN ALLE MITGLIEDER DES RATES **ERSETZT!**

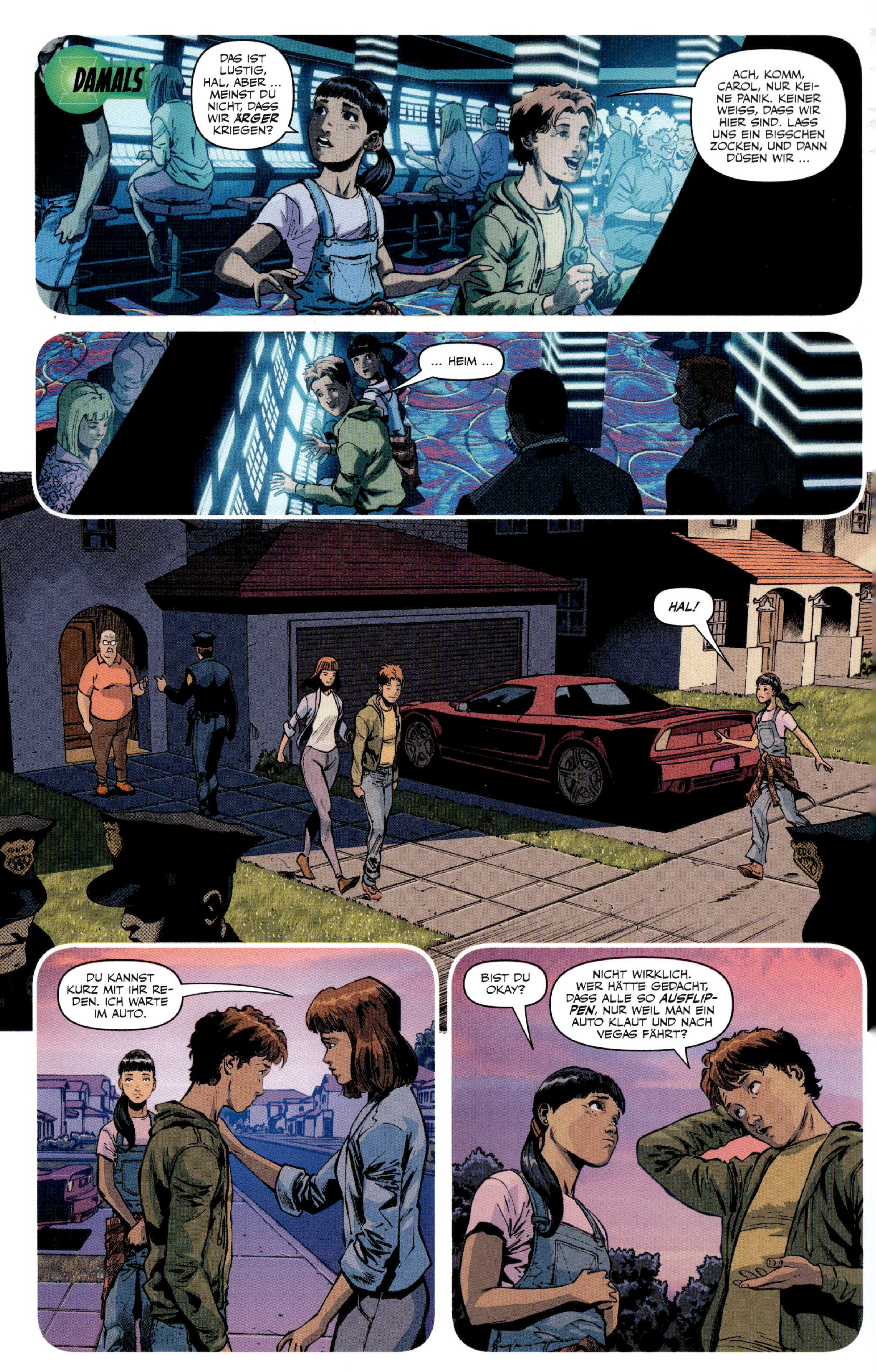
DAMALS
DAS IST LUSTIG, HAL, ABER ... MEINST DU NICHT, DASS WIR ÄRGER KRIEGEN?
ACH, KOMM, CAROL, NUR KEINE PANIK. KEINER WEISS, DASS WIR HIER SIND. LASS UNS EIN BISSCHEN ZOCKEN, UND DANN DÜSEN WIR ...
... HEIM ...
HAL!
DU KANNST KURZ MIT IHR REDEN. ICH WARTE IM AUTO.
BIST DU OKAY?
NICHT WIRKLICH. WER HÄTTE GEDACHT, DASS ALLE SO AUSFLIPPEN, NUR WEIL MAN EIN AUTO KLAUT UND NACH VEGAS FÄHRT?

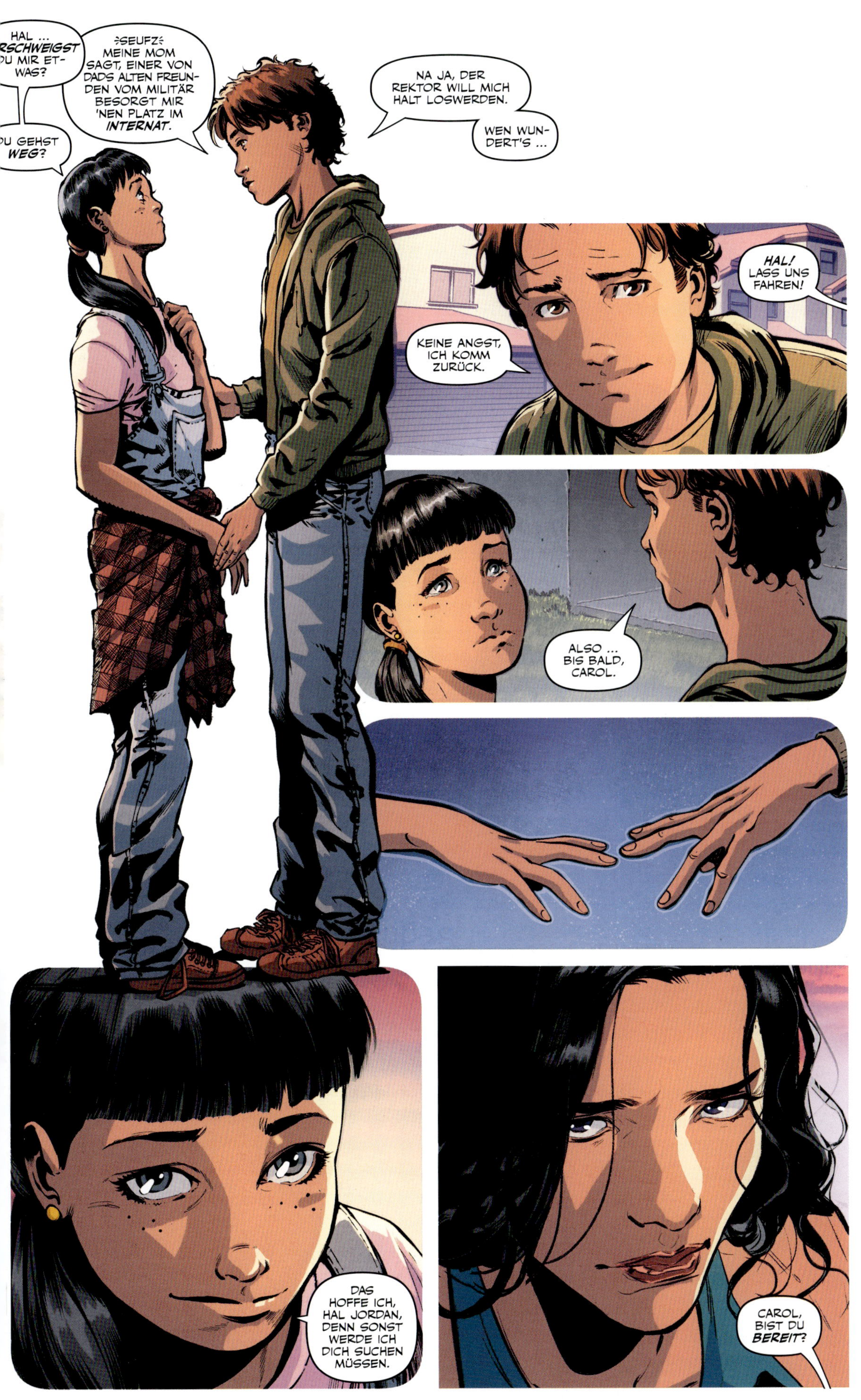

HAL … RSCHWEIGST U MIR ET-WAS?
SEUFZ MEINE MOM SAGT, EINER VON DADS ALTEN FREUNDEN VOM MILITÄR BESORGT MIR 'NEN PLATZ IM INTERNAT.
U GEHST WEG?
NA JA, DER REKTOR WILL MICH HALT LOSWERDEN.
WEN WUNDERT'S …
HAL! LASS UNS FAHREN!
KEINE ANGST, ICH KOMM ZURÜCK.
ALSO … BIS BALD, CAROL.
DAS HOFFE ICH, HAL JORDAN, DENN SONST WERDE ICH DICH SUCHEN MÜSSEN.
CAROL, BIST DU BEREIT?

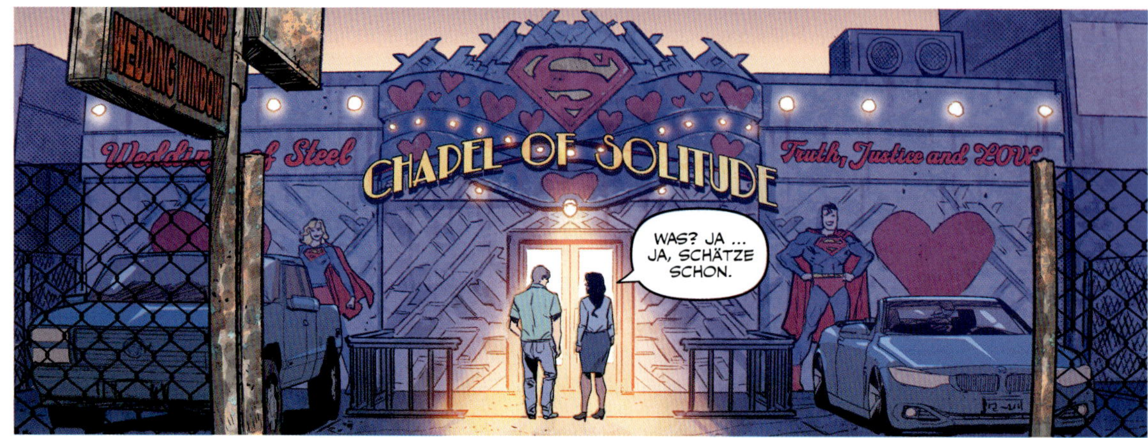
24 hr DRIVE-UP
WEDDING WINDOW
CHAPEL OF SOLITUDE
Wedding of Steel
Truth, Justice and LOVE
WAS? JA ... JA, SCHÄTZE SCHON.

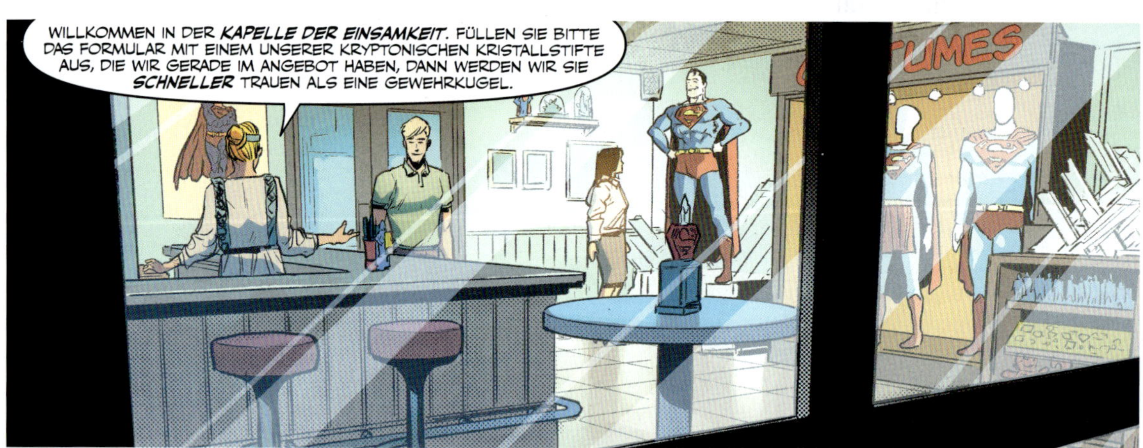
WILLKOMMEN IN DER KAPELLE DER EINSAMKEIT. FÜLLEN SIE BITTE DAS FORMULAR MIT EINEM UNSERER KRYPTONISCHEN KRISTALLSTIFTE AUS, DIE WIR GERADE IM ANGEBOT HABEN, DANN WERDEN WIR SIE SCHNELLER TRAUEN ALS EINE GEWEHRKUGEL.
TUMES

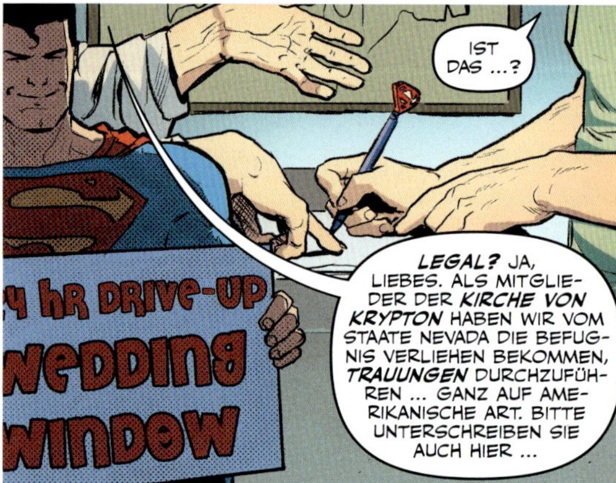
IST DAS ...?
LEGAL? JA, LIEBES. ALS MITGLIEDER DER KIRCHE VON KRYPTON HABEN WIR VOM STAATE NEVADA DIE BEFUGNIS VERLIEHEN BEKOMMEN, TRAUUNGEN DURCHZUFÜHREN ... GANZ AUF AMERIKANISCHE ART. BITTE UNTERSCHREIBEN SIE AUCH HIER ...
4 hR DRIVE-UP
WEDDING
WINDOW

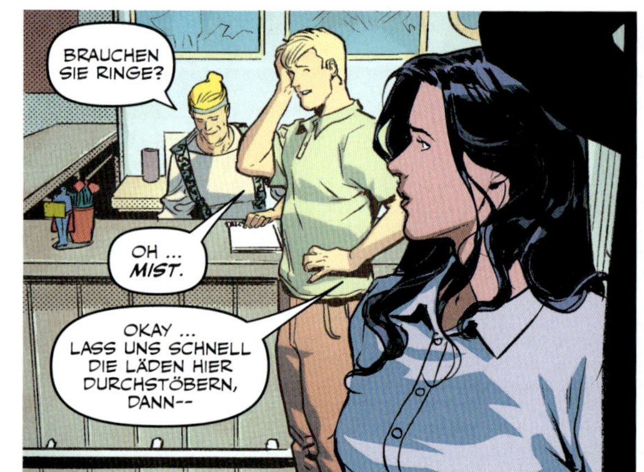
BRAUCHEN SIE RINGE?
OH ... MIST.
OKAY ... LASS UNS SCHNELL DIE LÄDEN HIER DURCHSTÖBERN, DANN--

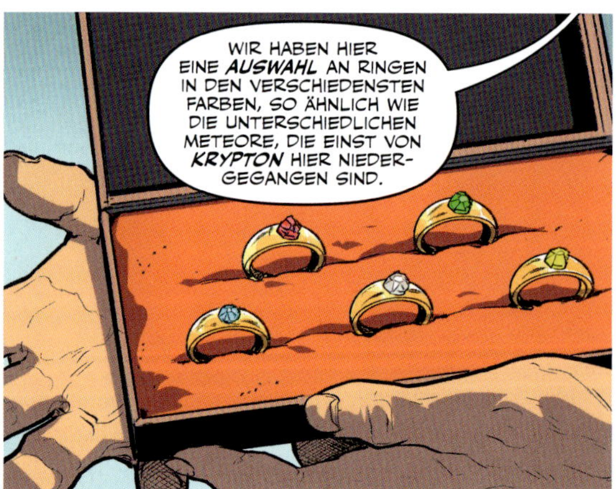
WIR HABEN HIER EINE AUSWAHL AN RINGEN IN DEN VERSCHIEDENSTEN FARBEN, SO ÄHNLICH WIE DIE UNTERSCHIEDLICHEN METEORE, DIE EINST VON KRYPTON HIER NIEDERGEGANGEN SIND.

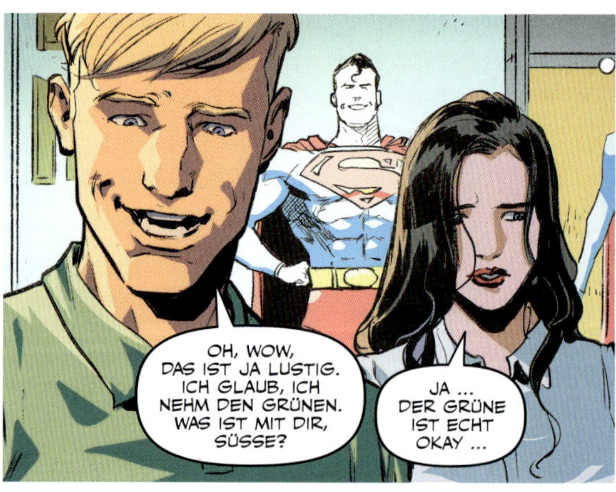
OH, WOW, DAS IST JA LUSTIG. ICH GLAUB, ICH NEHM DEN GRÜNEN. WAS IST MIT DIR, SÜSSE?
JA ... DER GRÜNE IST ECHT OKAY ...

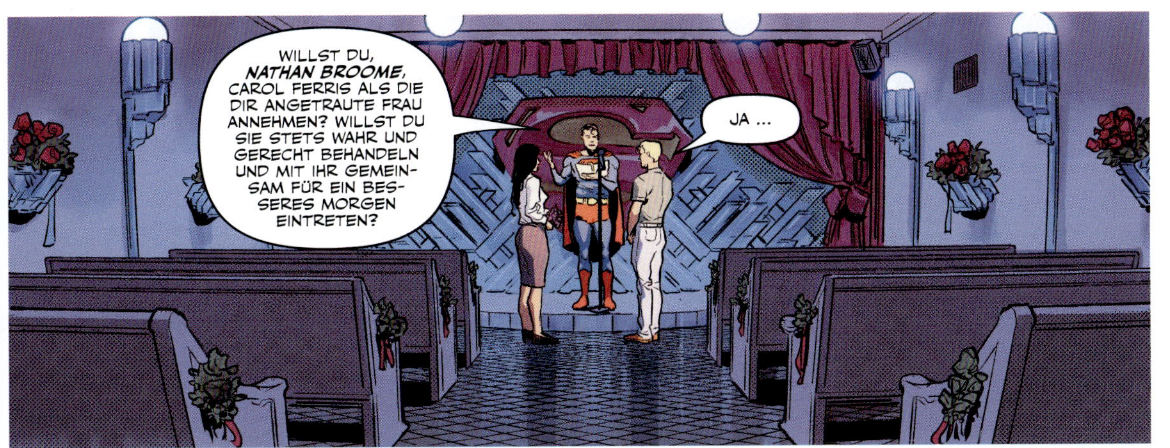
WILLST DU, ***NATHAN BROOME***, CAROL FERRIS ALS DIE DIR ANGETRAUTE FRAU ANNEHMEN? WILLST DU SIE STETS WAHR UND GERECHT BEHANDELN UND MIT IHR GEMEINSAM FÜR EIN BESSERES MORGEN EINTRETEN?
JA ...

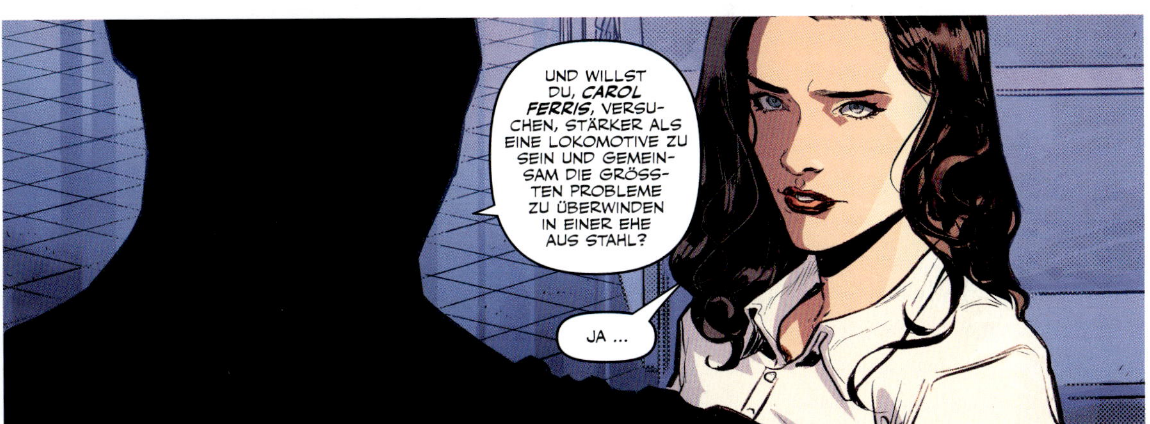
UND WILLST DU, ***CAROL FERRIS***, VERSUCHEN, STÄRKER ALS EINE LOKOMOTIVE ZU SEIN UND GEMEINSAM DIE GRÖSSTEN PROBLEME ZU ÜBERWINDEN IN EINER EHE AUS STAHL?
JA ...

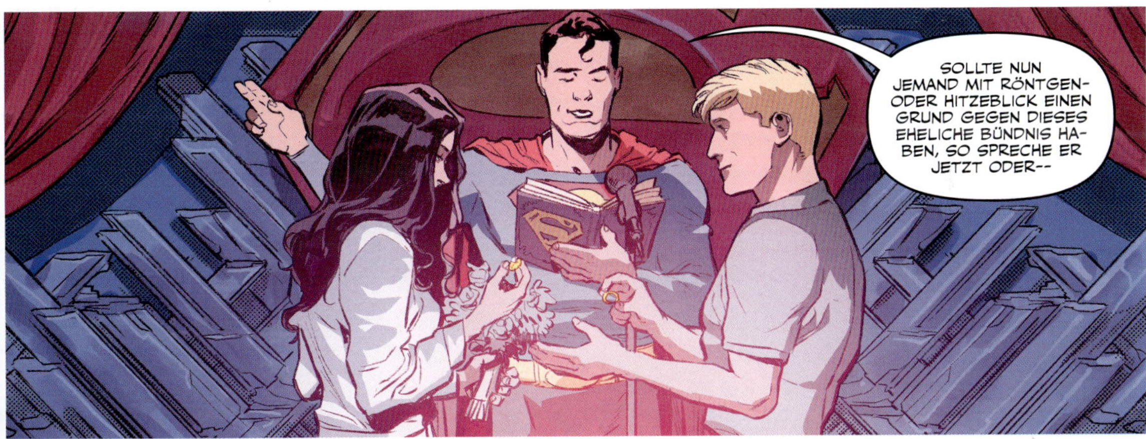
SOLLTE NUN JEMAND MIT RÖNTGEN- ODER HITZEBLICK EINEN GRUND GEGEN DIESES EHELICHE BÜNDNIS HABEN, SO SPRECHE ER JETZT ODER--

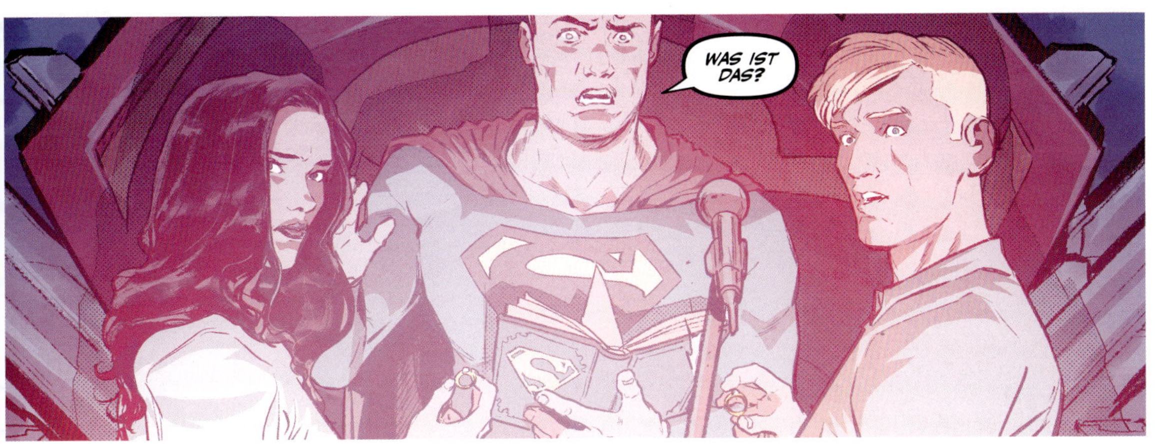
WAS IST DAS?

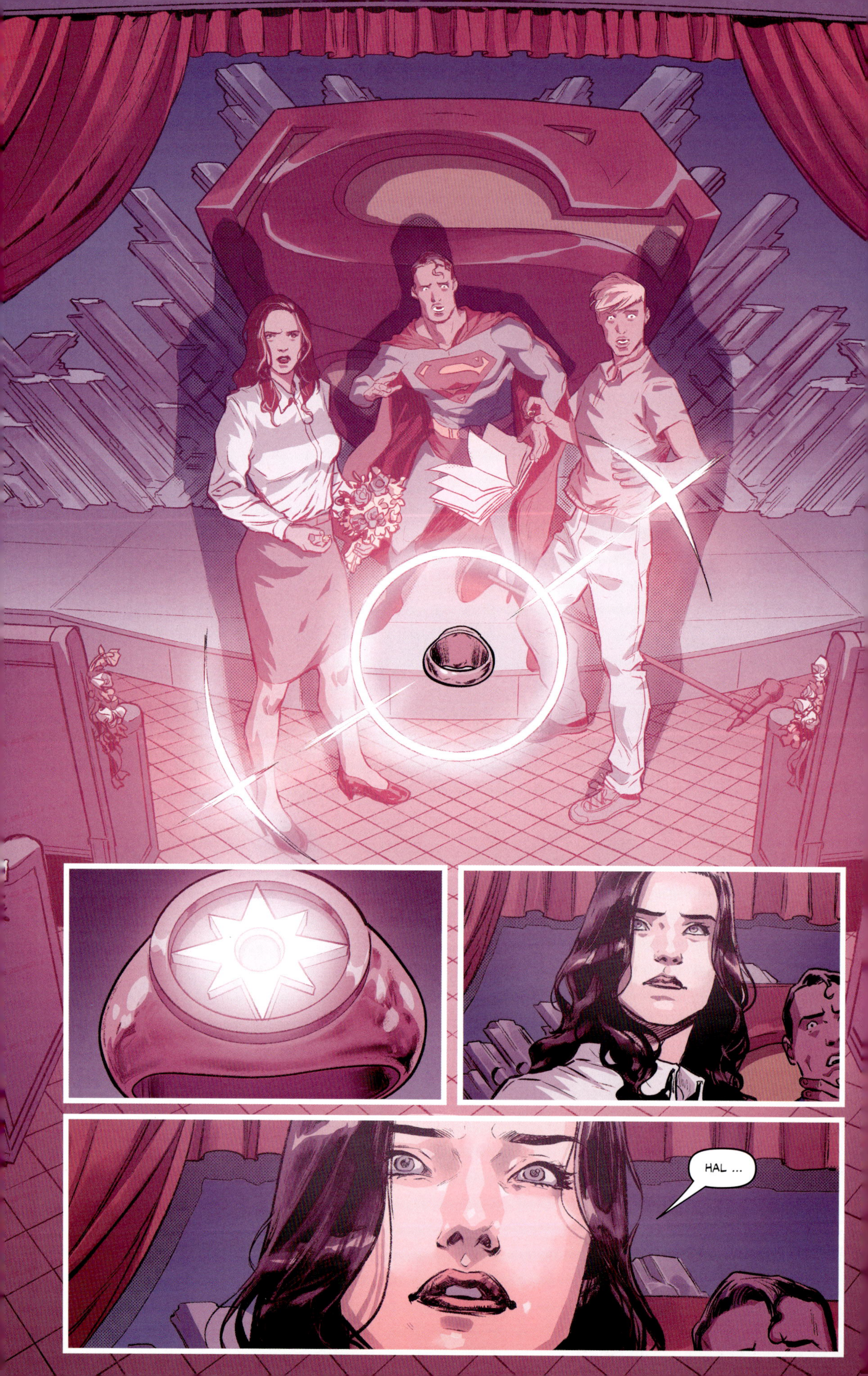
HAL ...

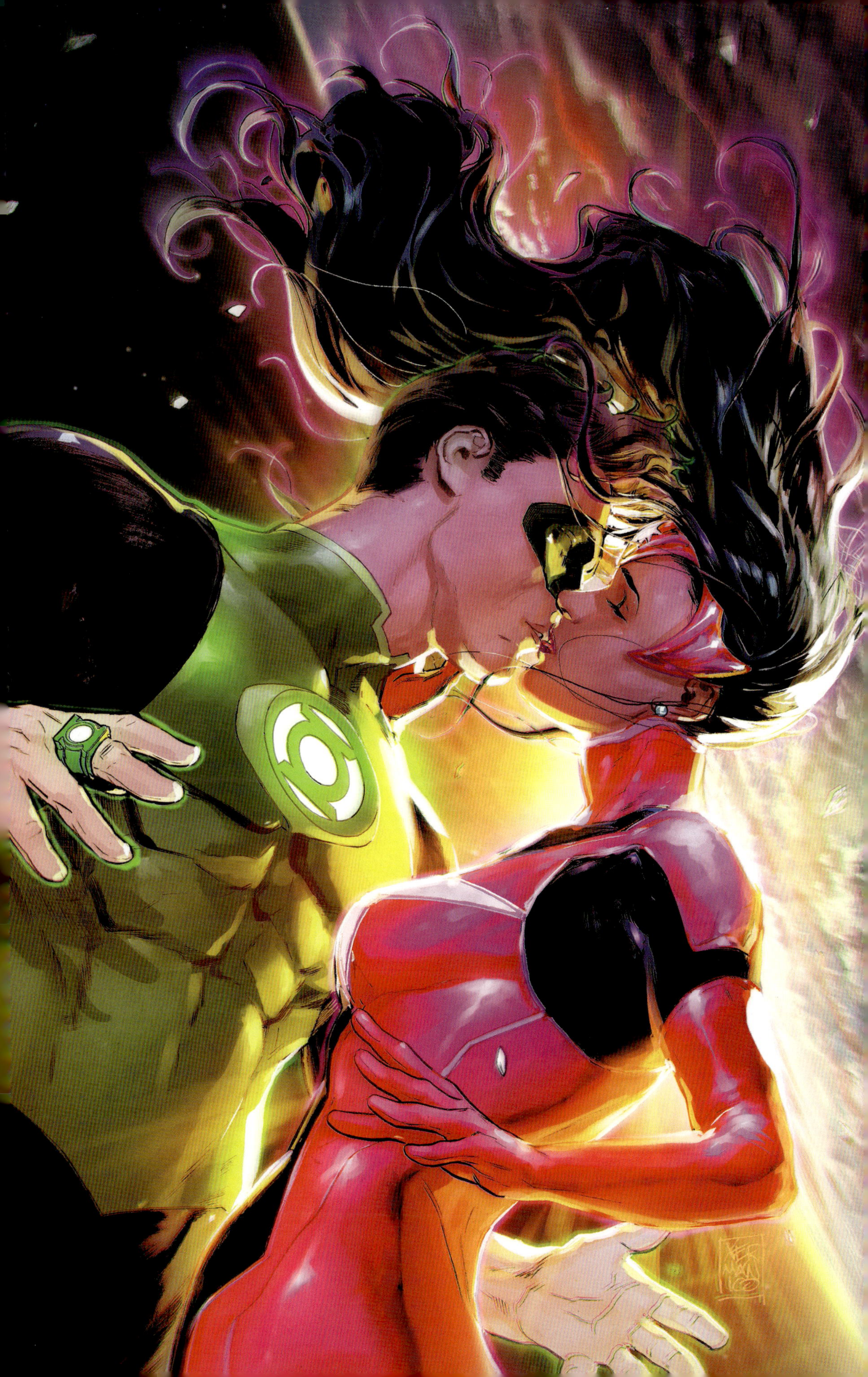

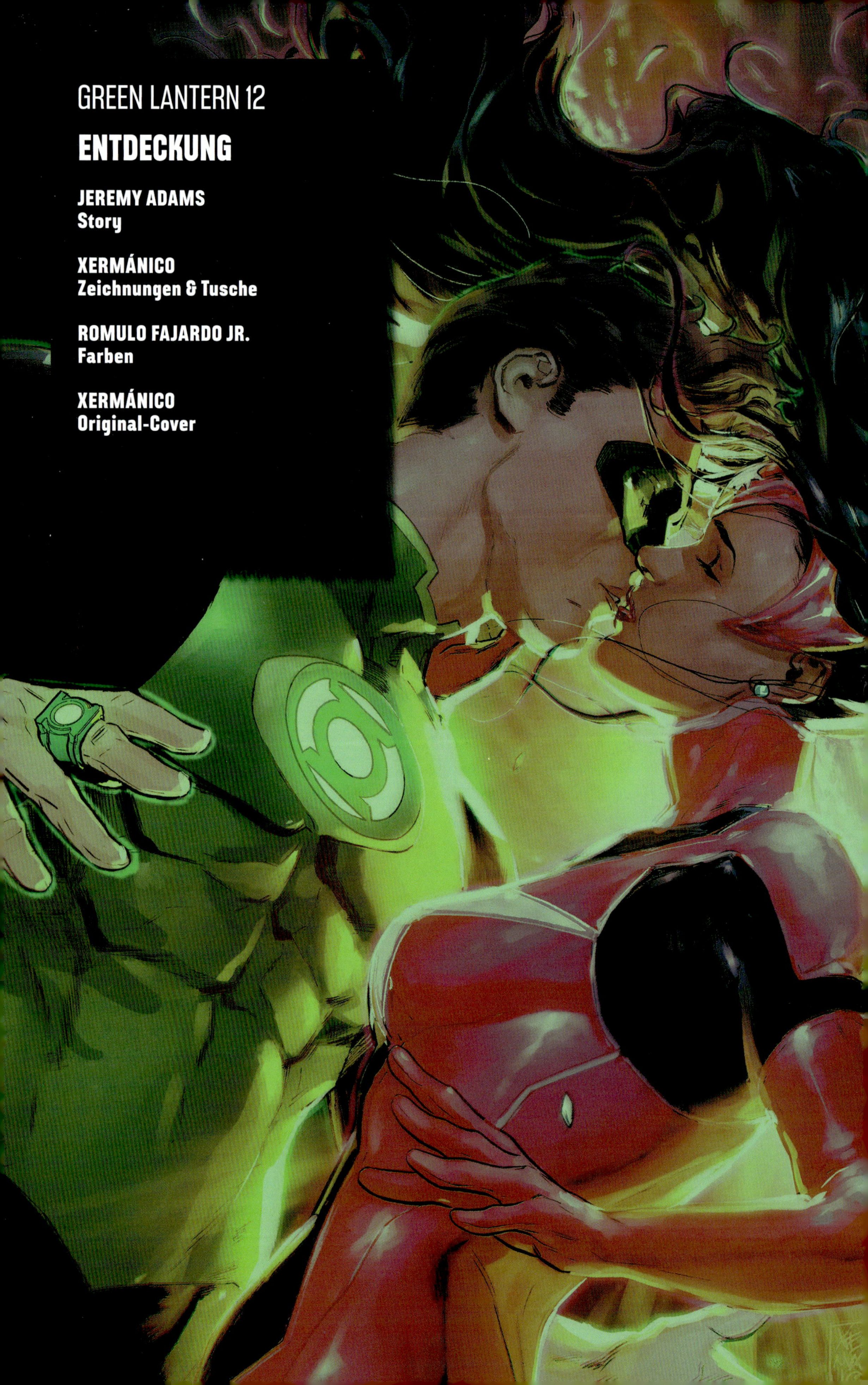

GREEN LANTERN 12

ENTDECKUNG

JEREMY ADAMS
Story

XERMÁNICO
Zeichnungen & Tusche

ROMULO FAJARDO JR.
Farben

XERMÁNICO
Original-Cover

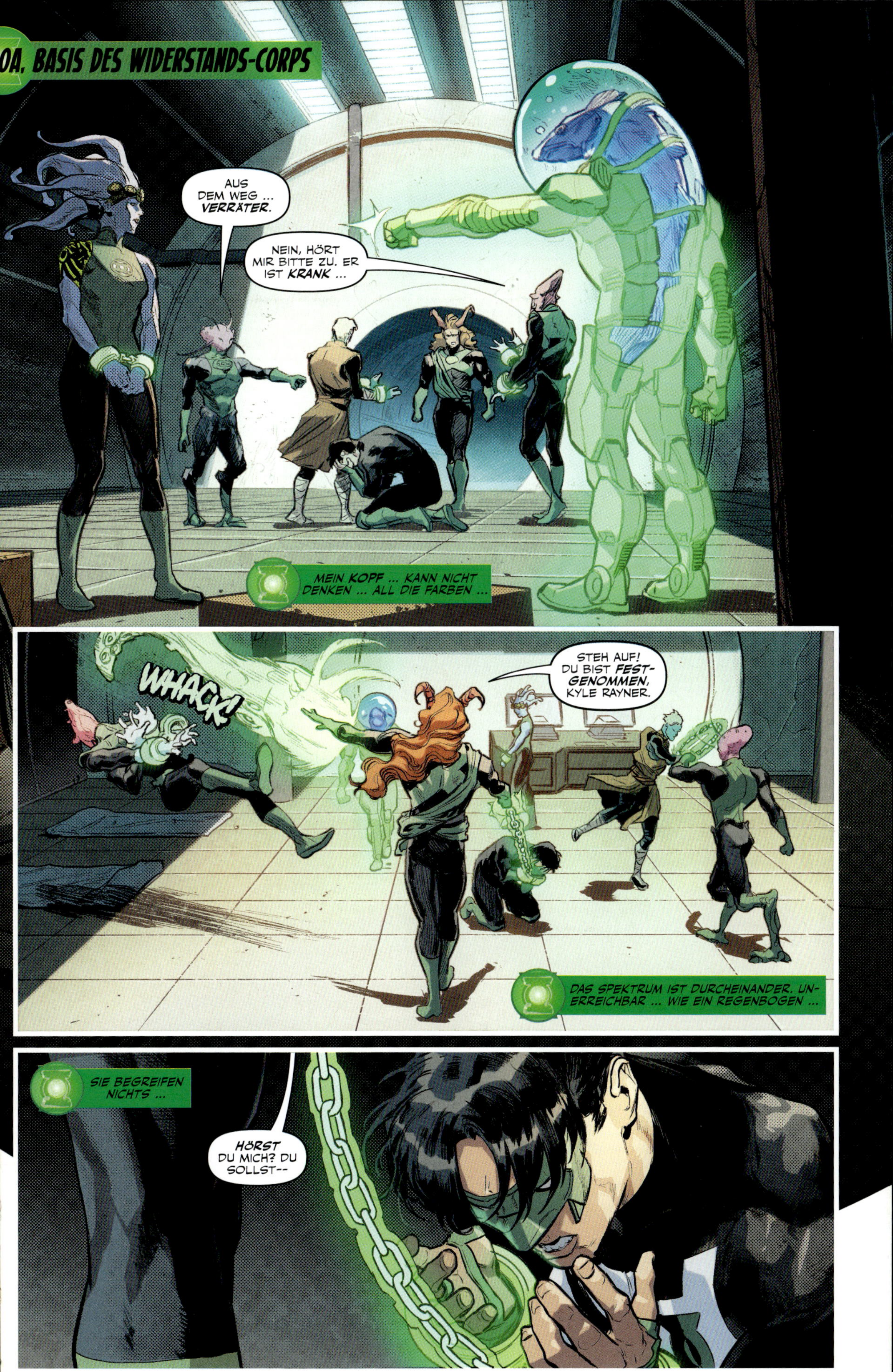

OA, BASIS DES WIDERSTANDS-CORPS

AUS DEM WEG ... VERRÄTER.

NEIN, HÖRT MIR BITTE ZU. ER IST KRANK ...

MEIN KOPF ... KANN NICHT DENKEN ... ALL DIE FARBEN ...

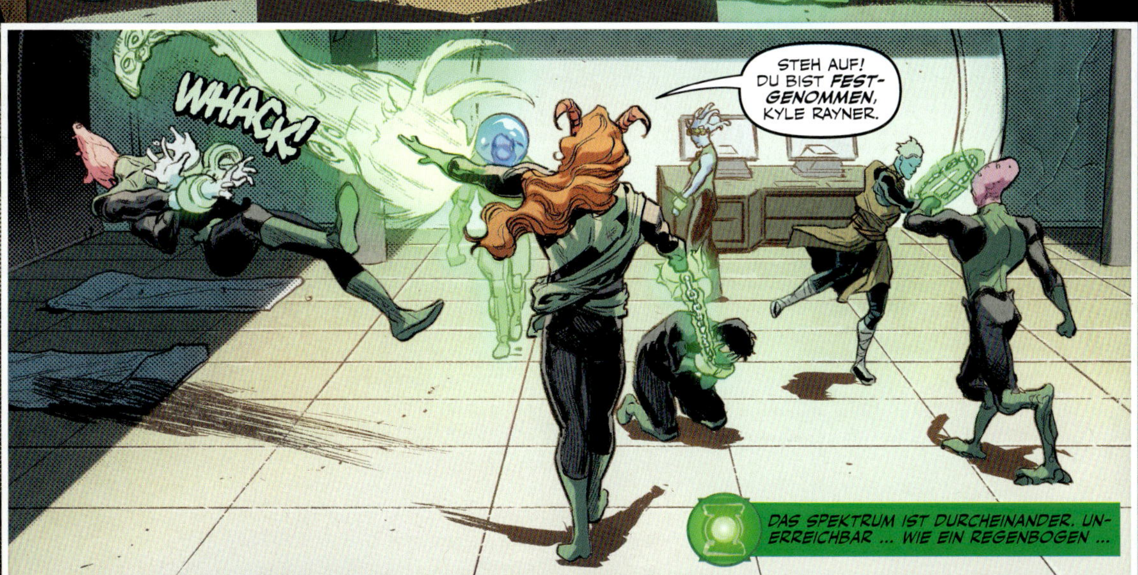

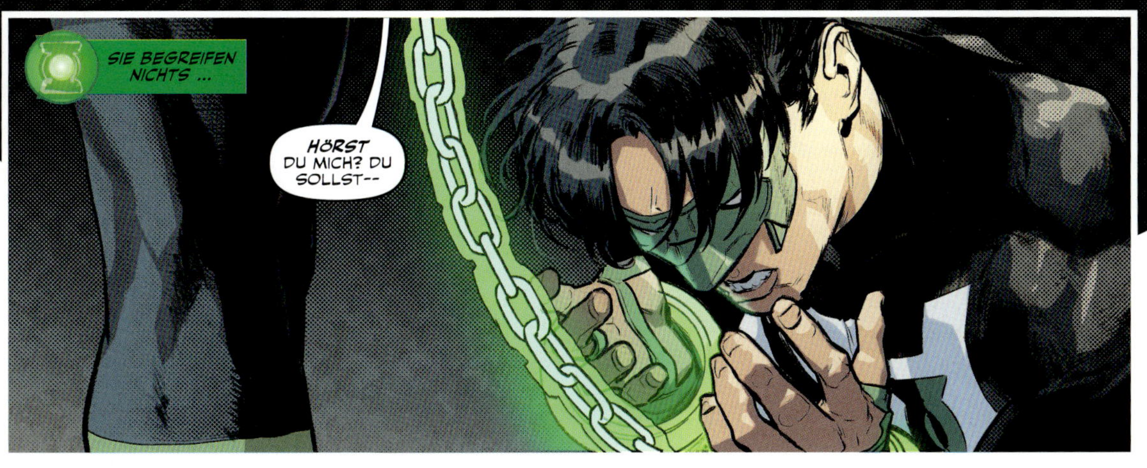

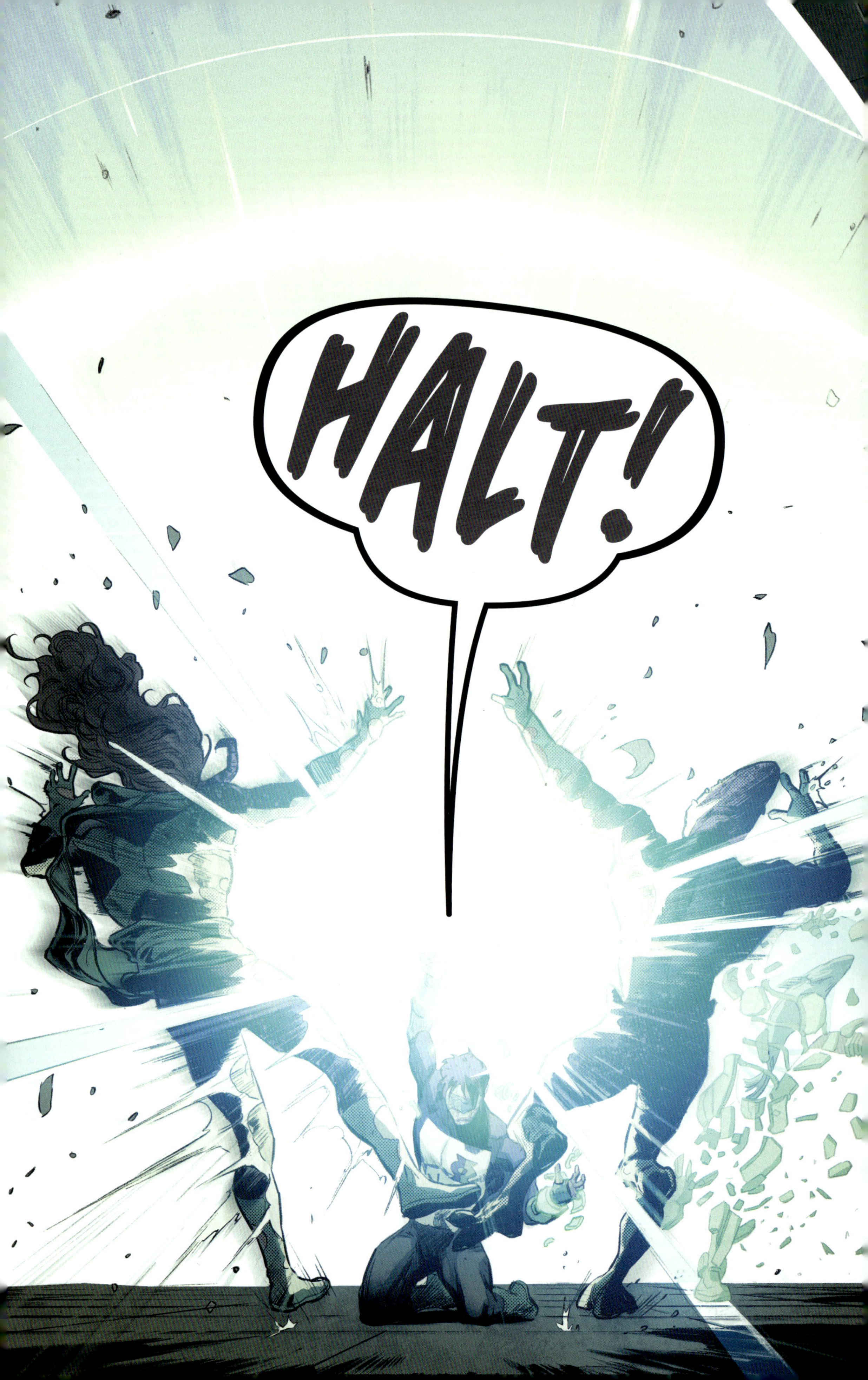
HALT!

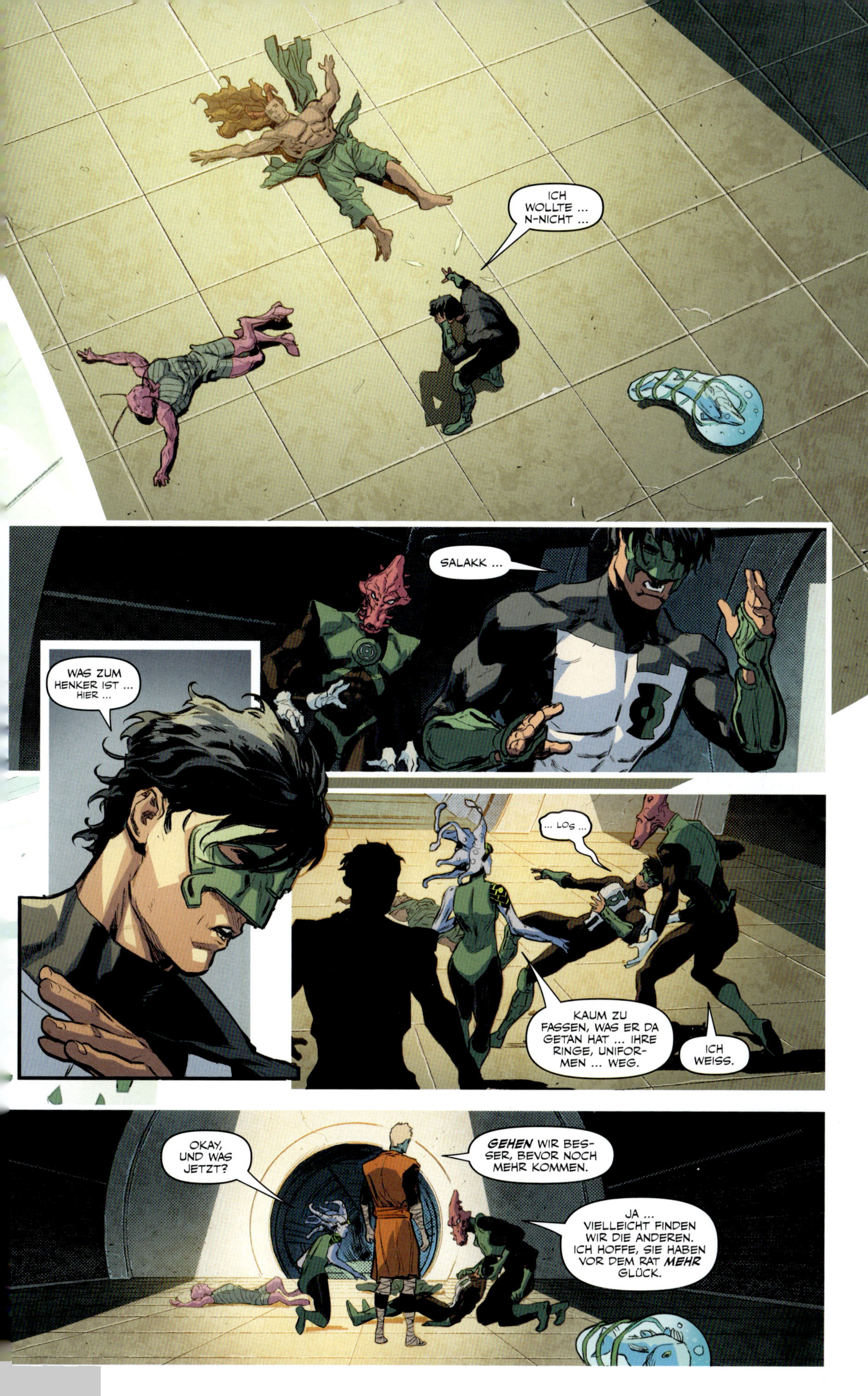
ICH WOLLTE ... N-NICHT ...
SALAKK ...
WAS ZUM HENKER IST ... HIER ...
... LOS ...
KAUM ZU FASSEN, WAS ER DA GETAN HAT ... IHRE RINGE, UNIFORMEN ... WEG.
ICH WEISS.
OKAY, UND WAS JETZT?
GEHEN WIR BESSER, BEVOR NOCH MEHR KOMMEN.
JA ... VIELLEICHT FINDEN WIR DIE ANDEREN. ICH HOFFE, SIE HABEN VOR DEM RAT MEHR GLÜCK.

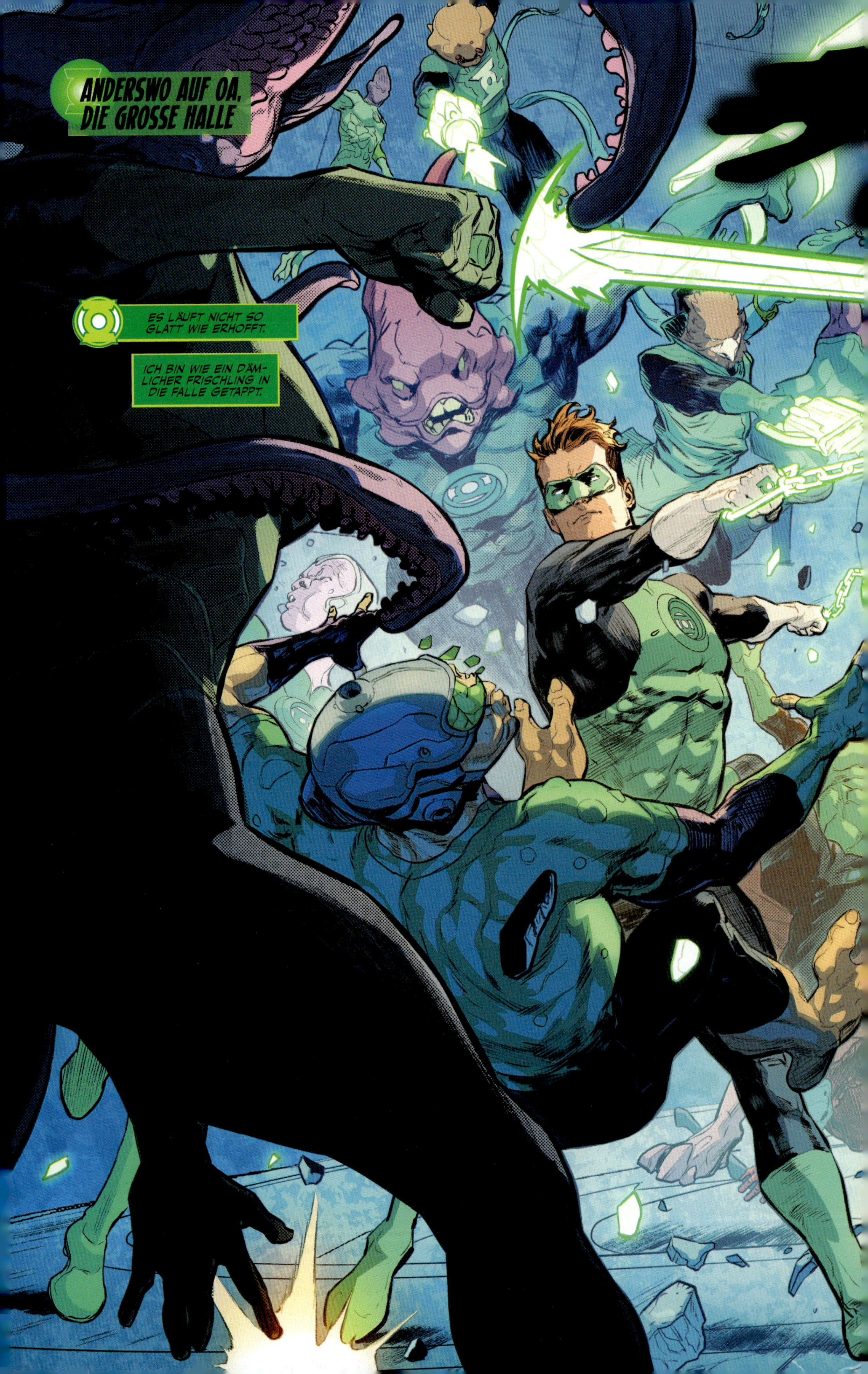
ANDERSWO AUF OA, DIE GROSSE HALLE
ES LÄUFT NICHT SO GLATT WIE ERHOFFT.
ICH BIN WIE EIN DÄMLICHER FRISCHLING IN DIE FALLE GETAPPT.

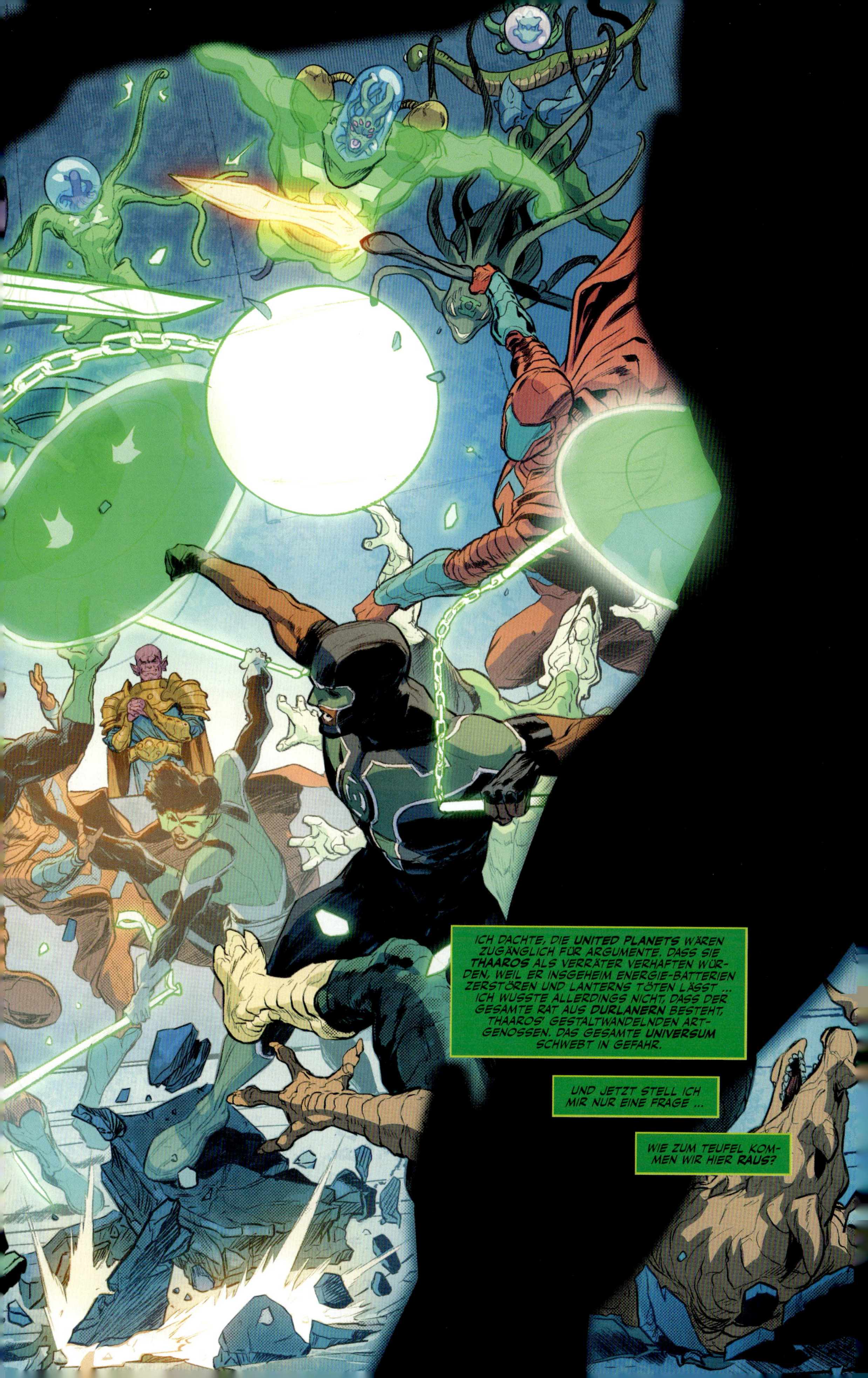
ICH DACHTE, DIE UNITED PLANETS WÄREN ZUGÄNGLICH FÜR ARGUMENTE. DASS SIE THAAROS ALS VERRÄTER VERHAFTEN WÜRDEN, WEIL ER INSGEHEIM ENERGIE-BATTERIEN ZERSTÖREN UND LANTERNS TÖTEN LÄSST ... ICH WUSSTE ALLERDINGS NICHT, DASS DER GESAMTE RAT AUS DURLANERN BESTEHT, THAAROS' GESTALTWANDELNDEN ARTGENOSSEN. DAS GESAMTE UNIVERSUM SCHWEBT IN GEFAHR.
UND JETZT STELL ICH MIR NUR EINE FRAGE ...
WIE ZUM TEUFEL KOMMEN WIR HIER RAUS?

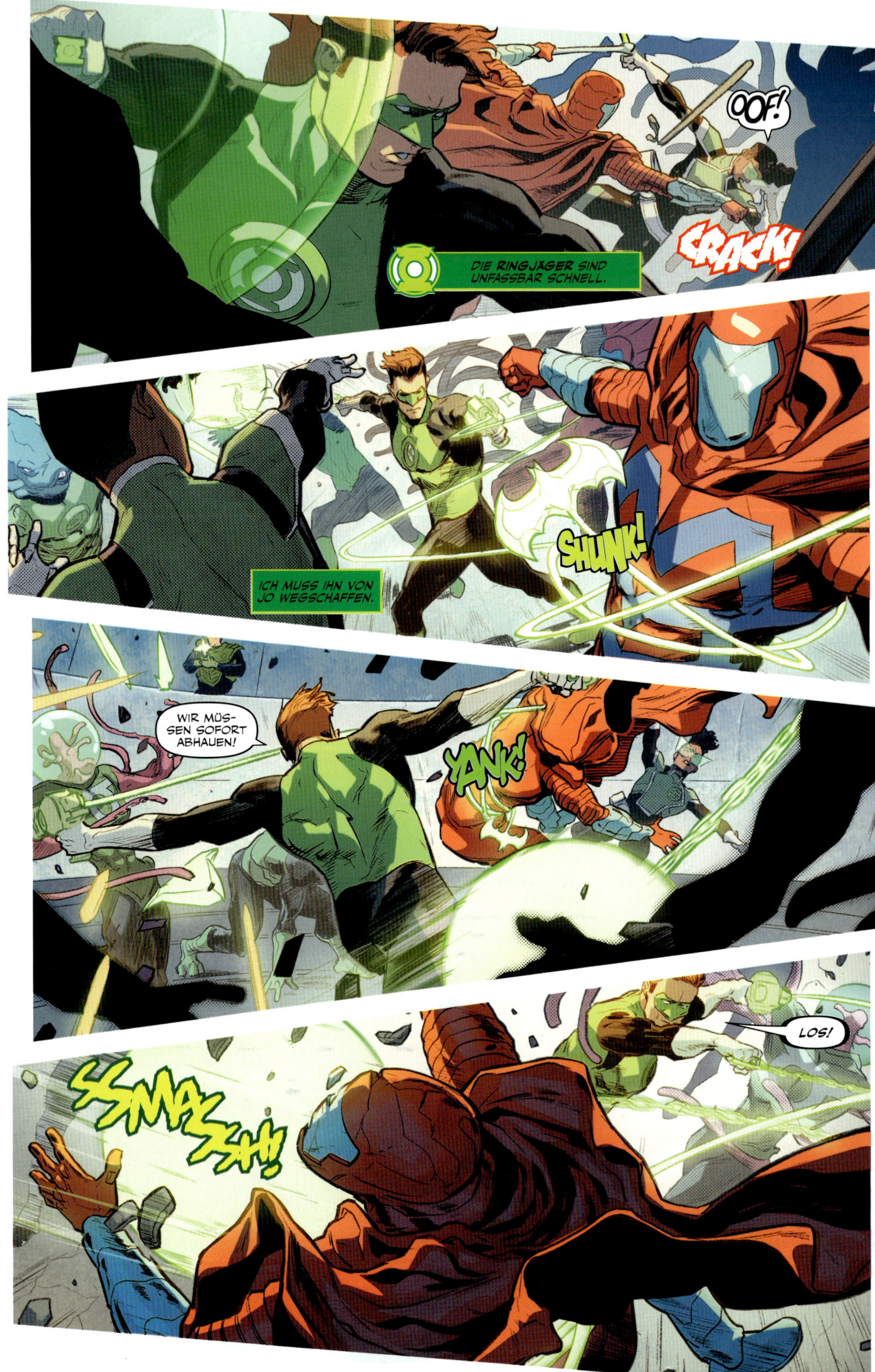
OOF!
CRACK!
DIE RINGJÄGER SIND UNFASSBAR SCHNELL.
ICH MUSS IHN VON JO WEGSCHAFFEN.
SHUNK!
WIR MÜS-SEN SOFORT ABHAUEN!
YANK!
LOS!
SMASH!

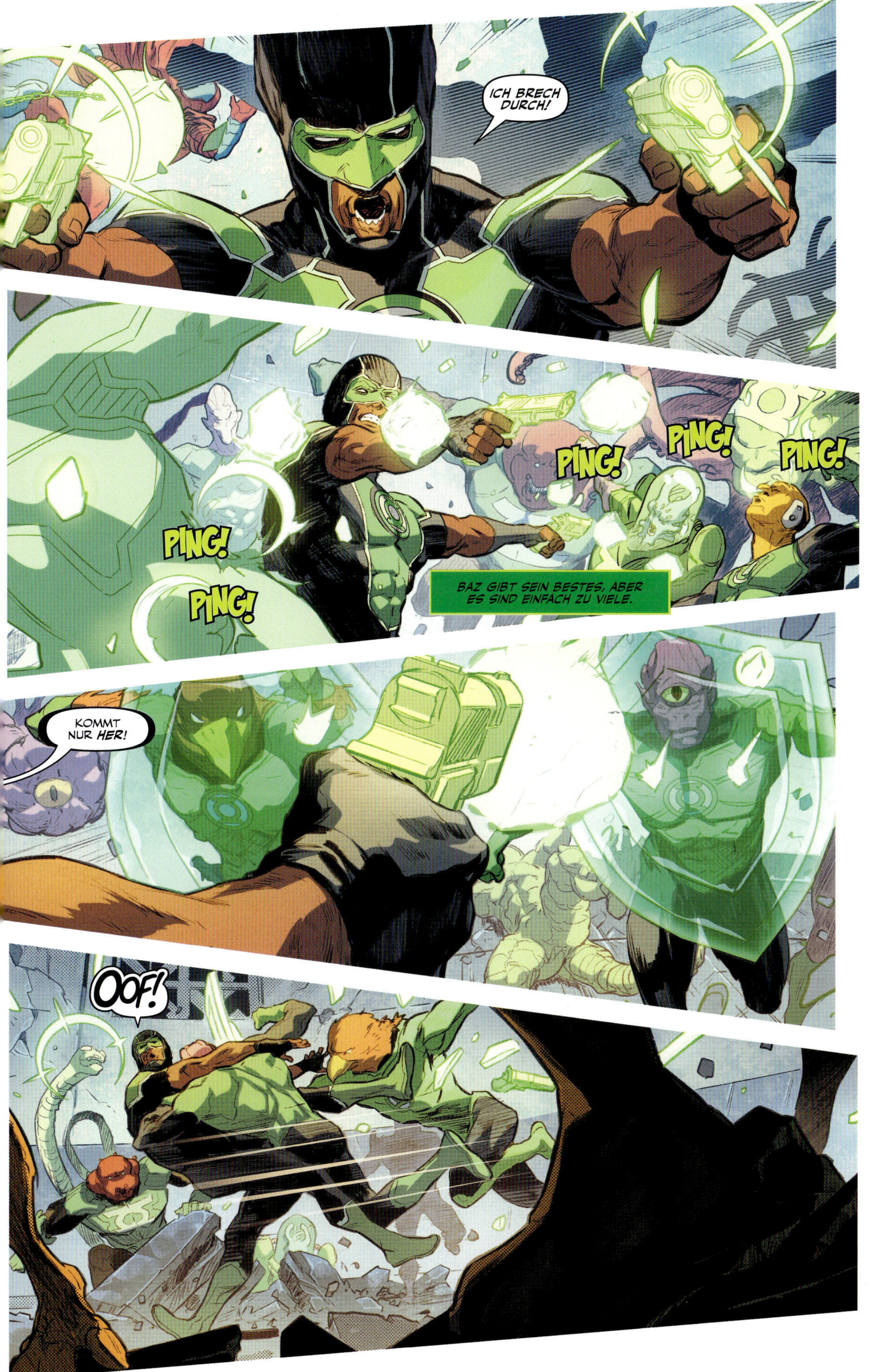
ICH BRECH DURCH!
PING!
PING!
PING!
PING!
PING!
BAZ GIBT SEIN BESTES, ABER ES SIND EINFACH ZU VIELE.
KOMMT NUR HER!
OOF!

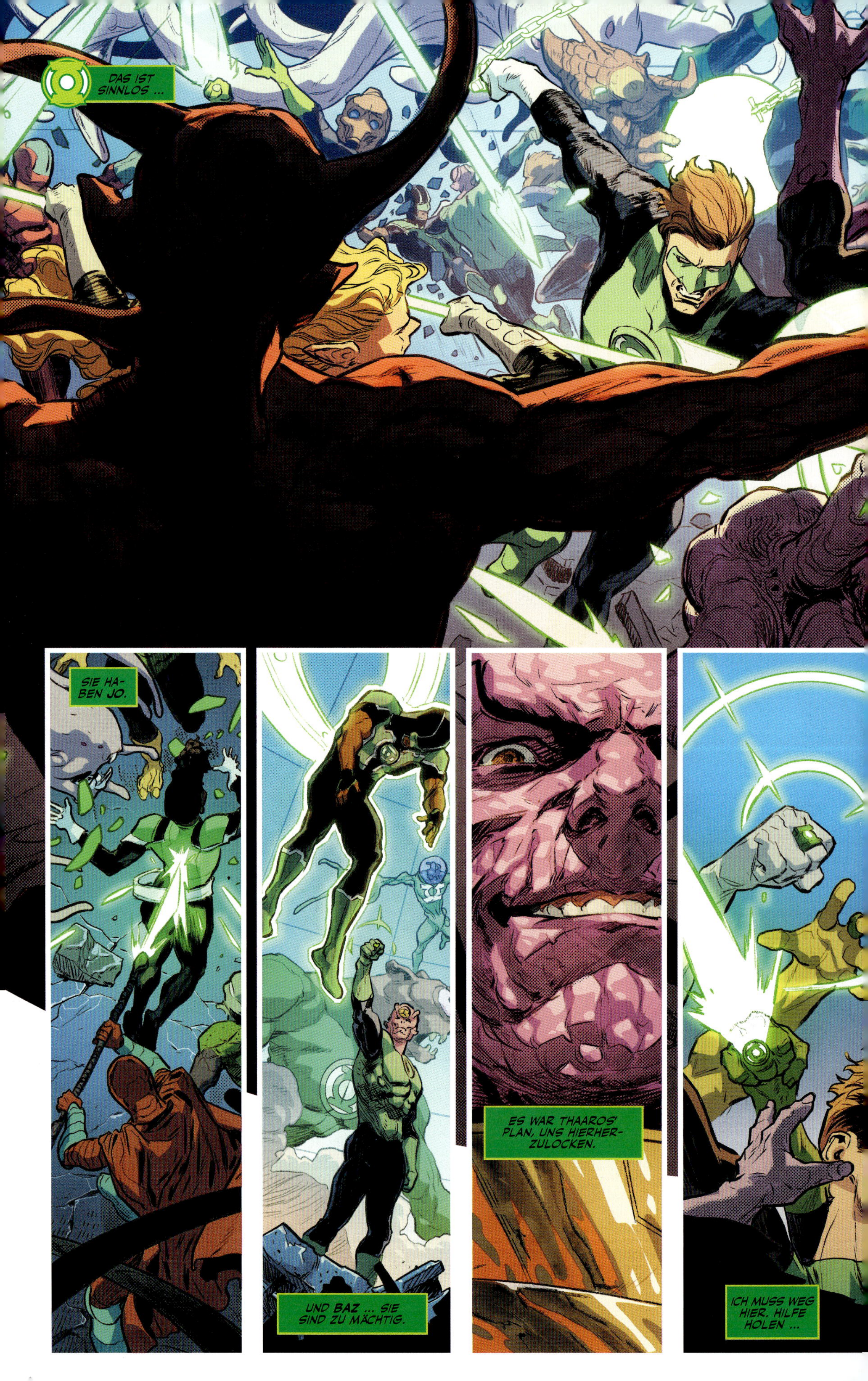
DAS IST SINNLOS ...
SIE HABEN JO.
UND BAZ ... SIE SIND ZU MÄCHTIG.
ES WAR THAAROS' PLAN, UNS HIERHERZULOCKEN.
ICH MUSS WEG HIER. HILFE HOLEN ...

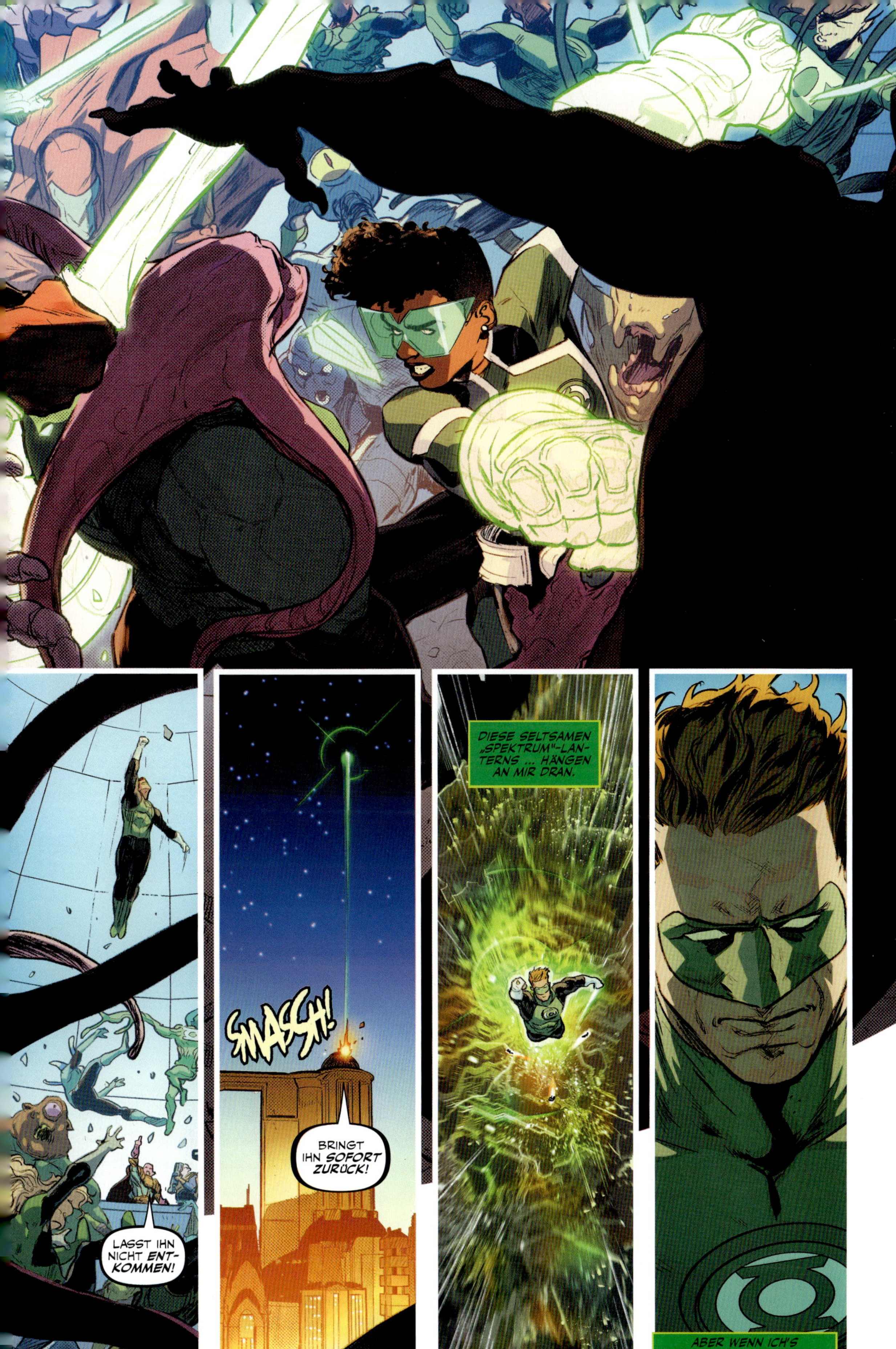
LASST IHN NICHT ENT-KOMMEN!
SMASSH!
BRINGT IHN SOFORT ZURÜCK!
DIESE SELTSAMEN „SPEKTRUM"-LAN-TERNS ... HÄNGEN AN MIR DRAN.
ABER WENN ICH'S NACH HAUSE SCHAFFE ... HILFE HOLE ... DANN KANN ICH HIE--

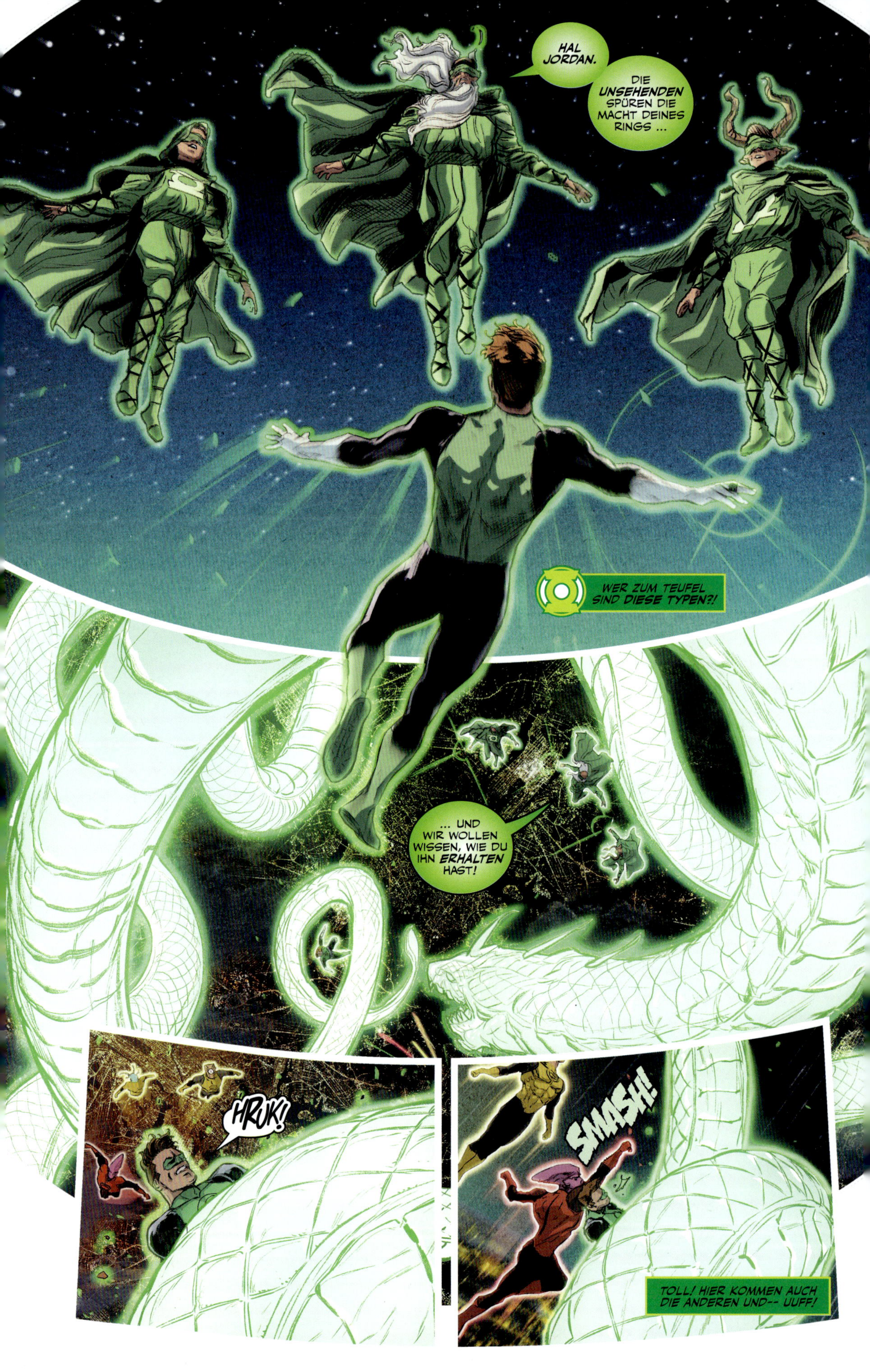
HAL JORDAN.
DIE UNSEHENDEN SPÜREN DIE MACHT DEINES RINGS ...
WER ZUM TEUFEL SIND DIESE TYPEN?!
... UND WIR WOLLEN WISSEN, WIE DU IHN ERHALTEN HAST!
HRUK!
SMASH!
TOLL! HIER KOMMEN AUCH DIE ANDEREN UND-- UUFF!

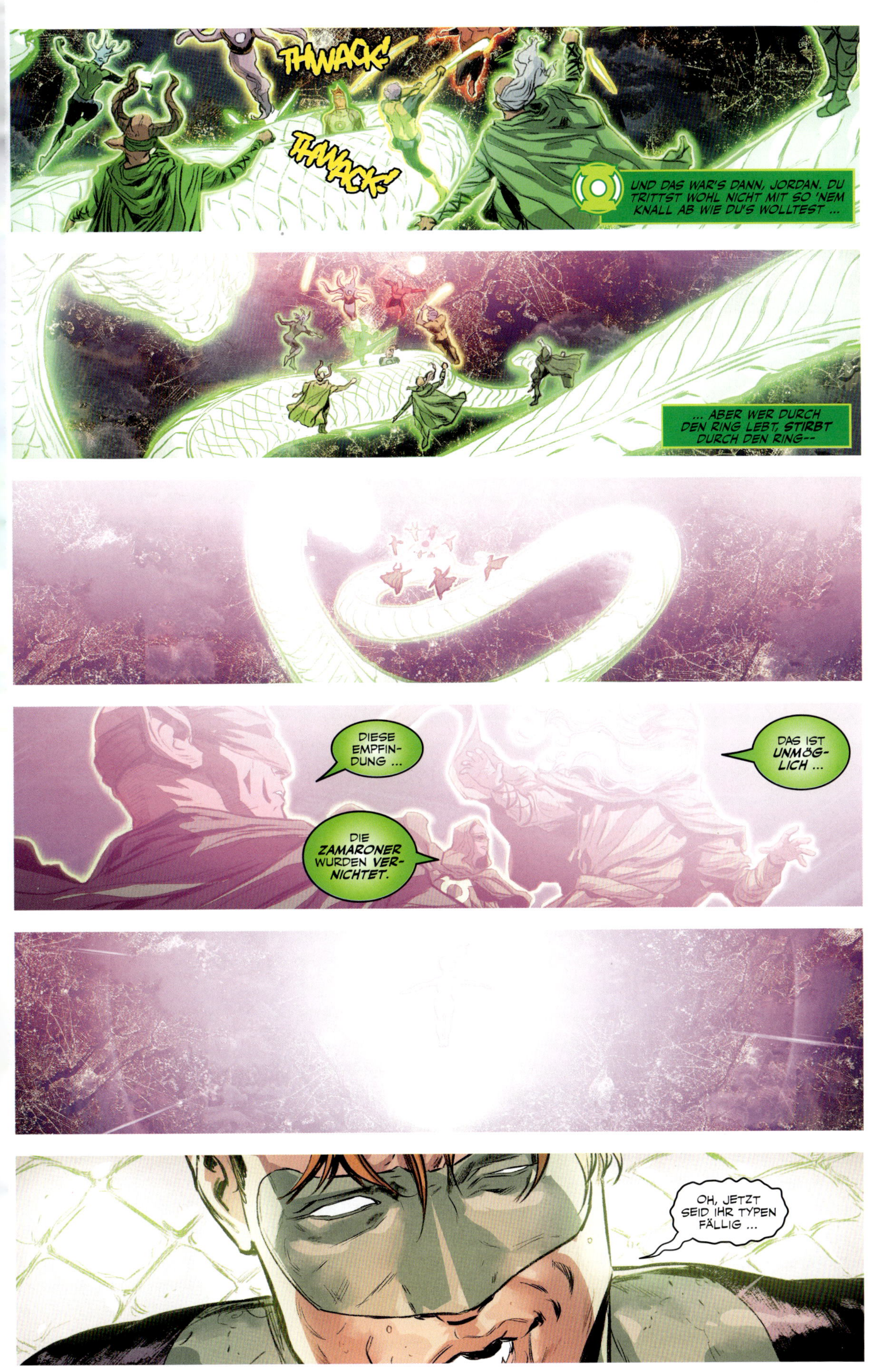
THWACK!
THWACK!
UND DAS WAR'S DANN, JORDAN. DU TRITTST WOHL NICHT MIT SO 'NEM KNALL AB WIE DU'S WOLLTEST ...
... ABER WER DURCH DEN RING LEBT, STIRBT DURCH DEN RING--
DIESE EMPFIN-DUNG ...
DIE ZAMARONER WURDEN VER-NICHTET.
DAS IST UNMÖG-LICH ...
OH, JETZT SEID IHR TYPEN FÄLLIG ...

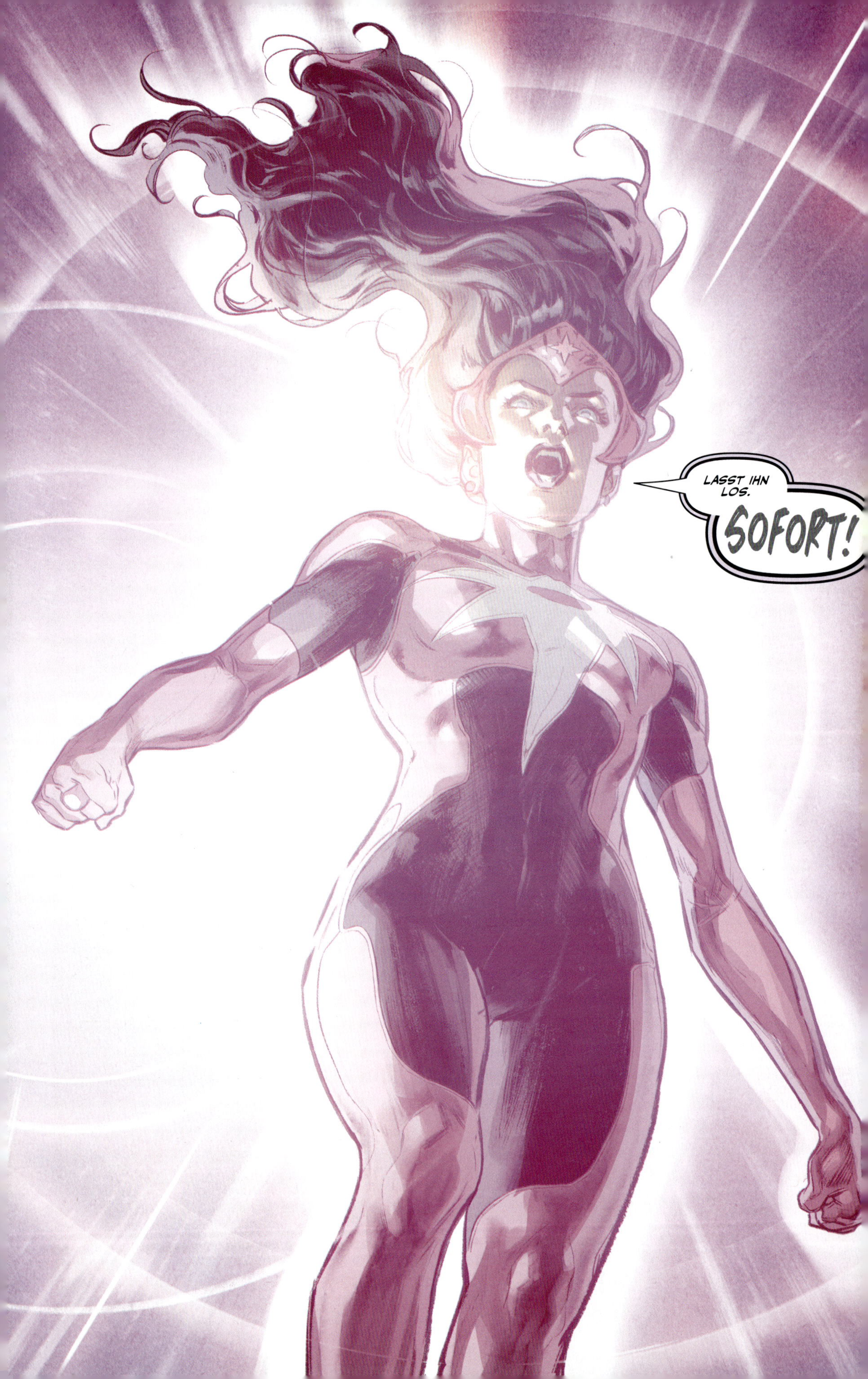
LASST IHN LOS.
SOFORT!

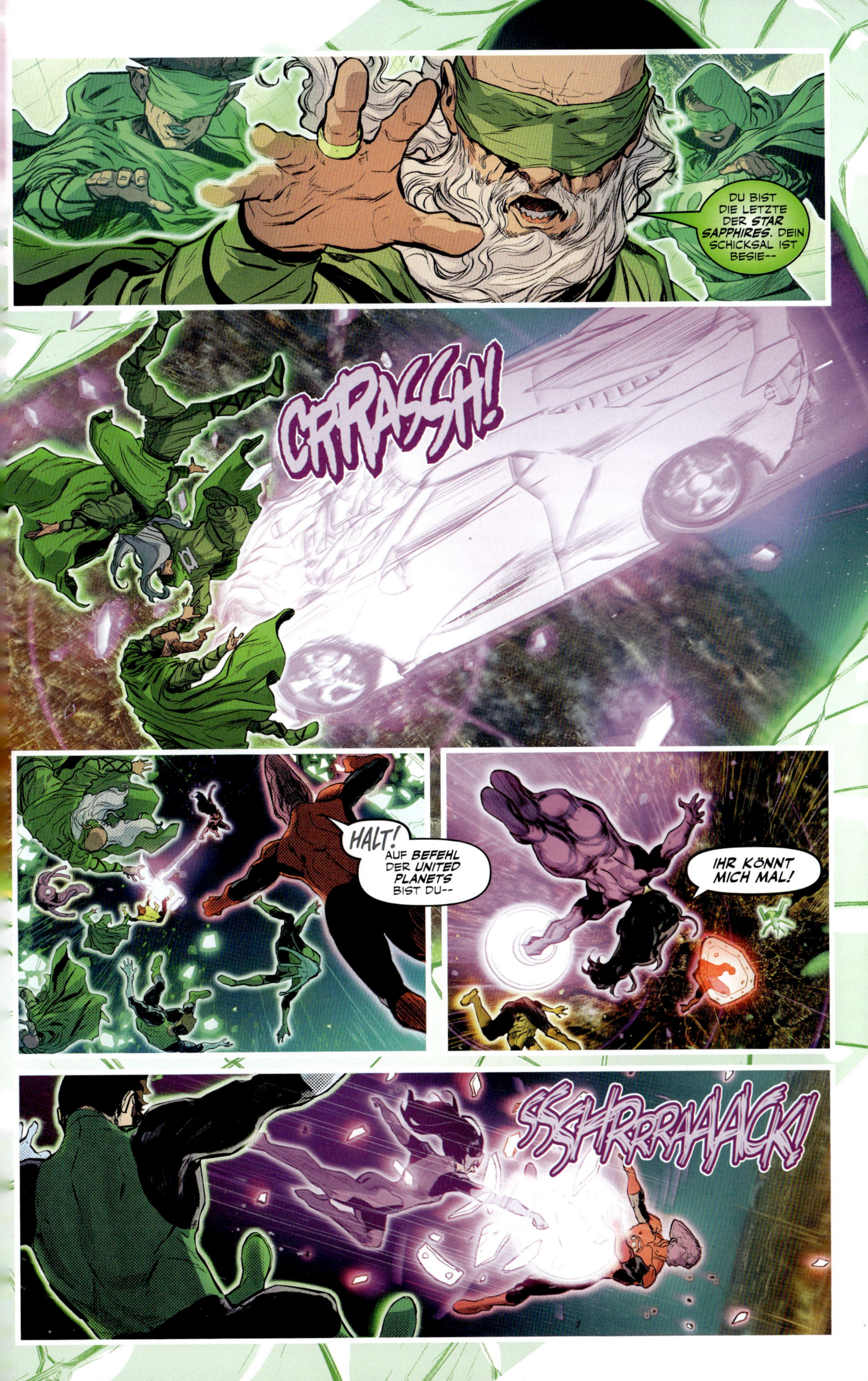
DU BIST DIE LETZTE DER STAR SAPPHIRES. DEIN SCHICKSAL IST BESIE--
CRRASSH!
HALT! AUF BEFEHL DER UNITED PLANETS BIST DU--
IHR KÖNNT MICH MAL!
SSSHRRRAAACK!

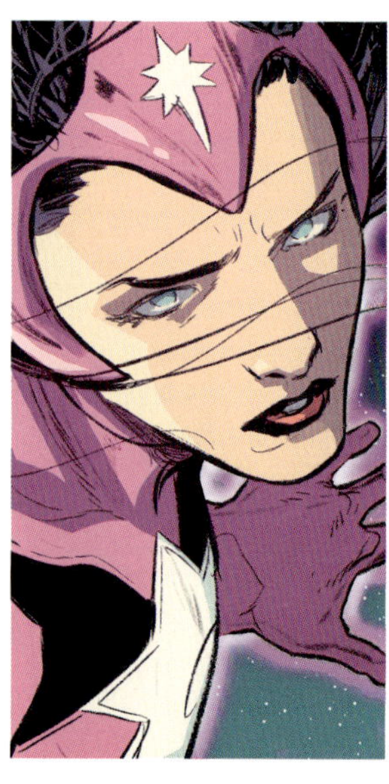

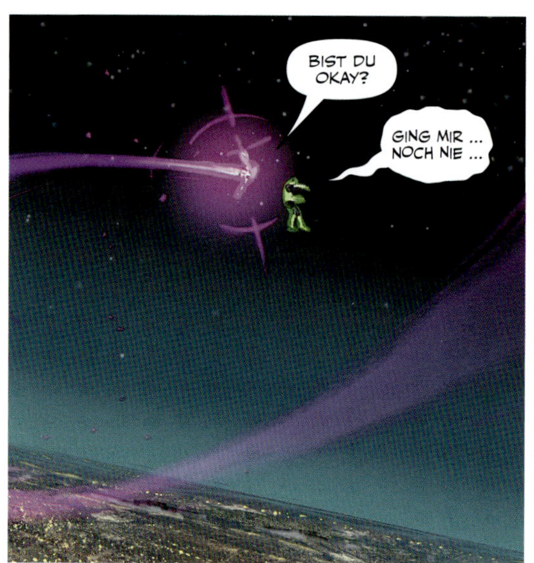
BIST DU OKAY?
GING MIR ... NOCH NIE ...

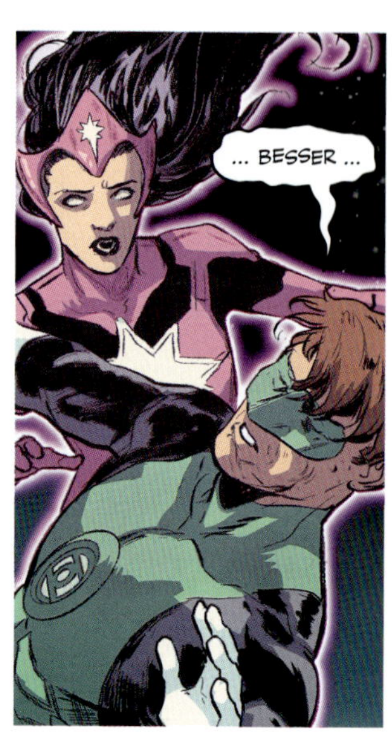
... BESSER ...

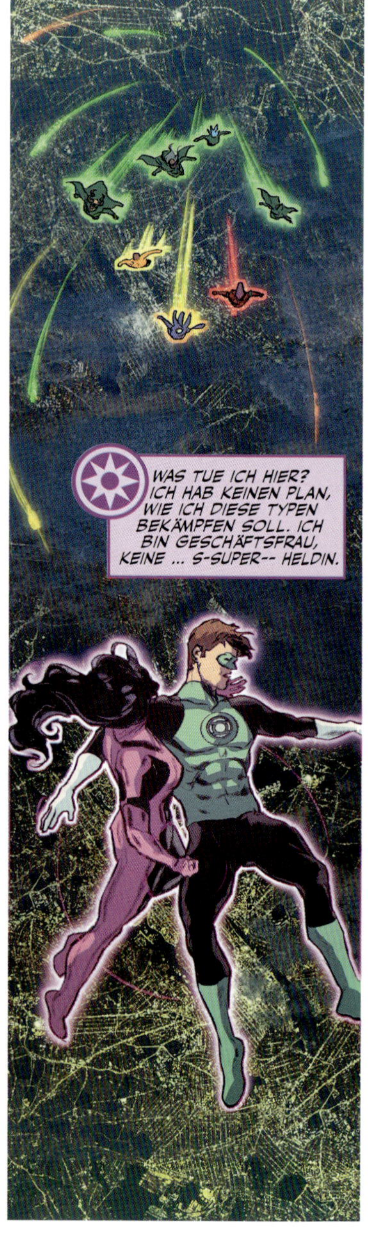
WAS TUE ICH HIER? ICH HAB KEINEN PLAN, WIE ICH DIESE TYPEN BEKÄMPFEN SOLL. ICH BIN GESCHÄFTSFRAU, KEINE ... S-SUPER-- HELDIN.

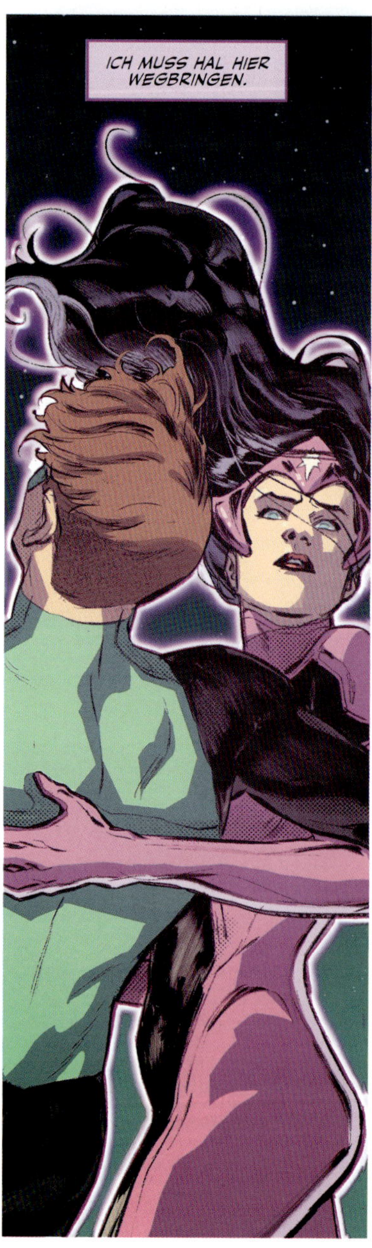
ICH MUSS HAL HIER WEGBRINGEN.

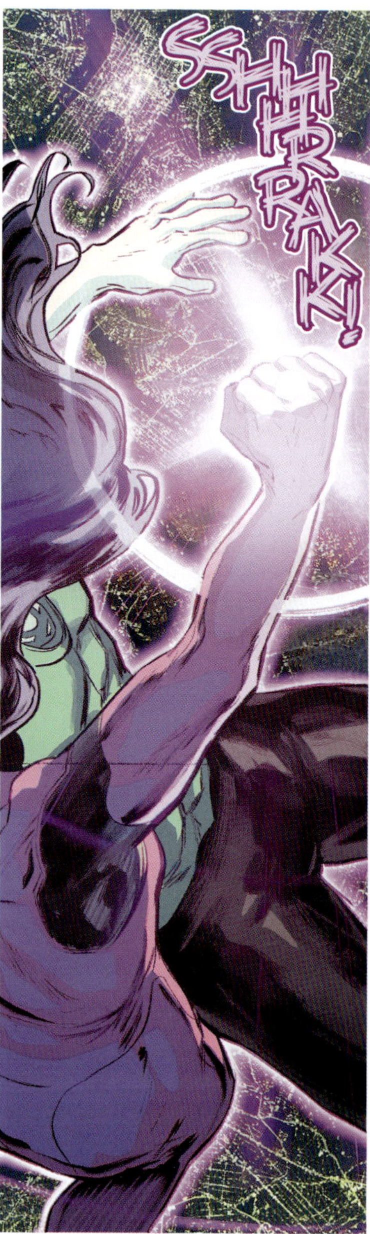
SSHHHRRAKK!

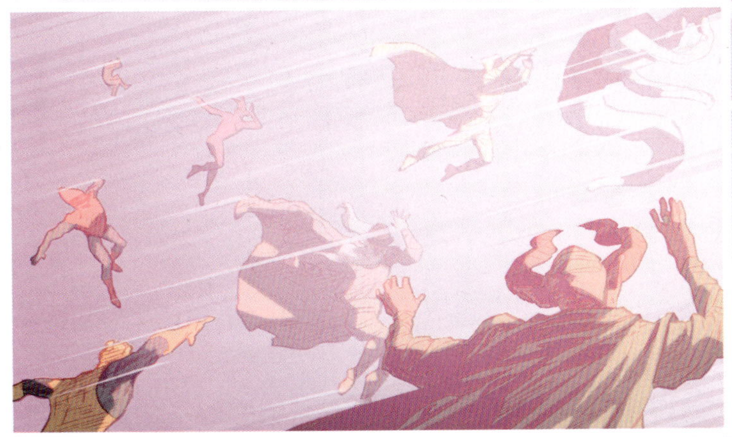
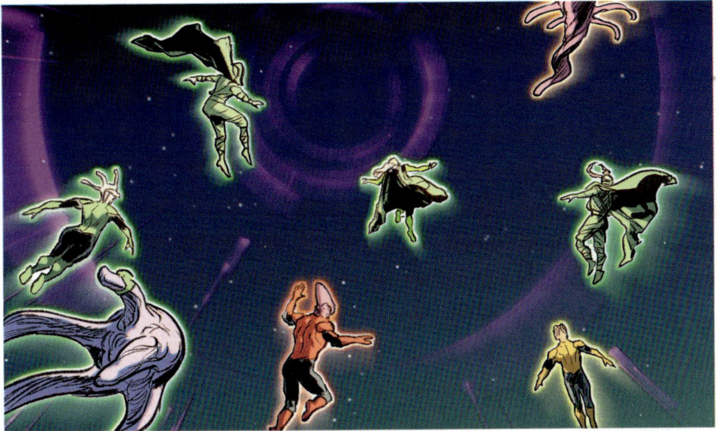
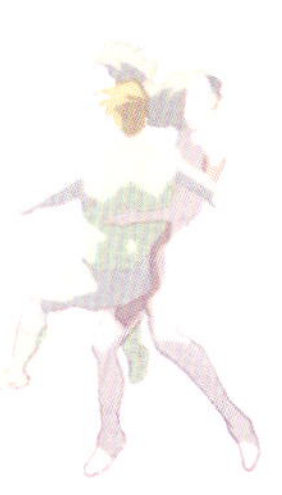
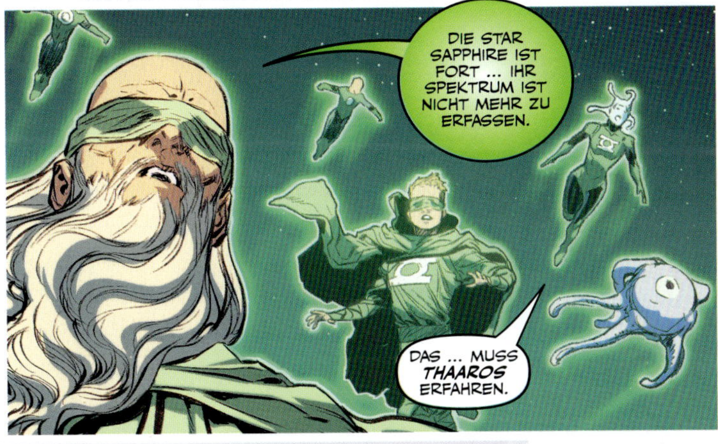
DIE STAR SAPPHIRE IST FORT ... IHR SPEKTRUM IST NICHT MEHR ZU ERFASSEN.
DAS ... MUSS THAAROS ERFAHREN.
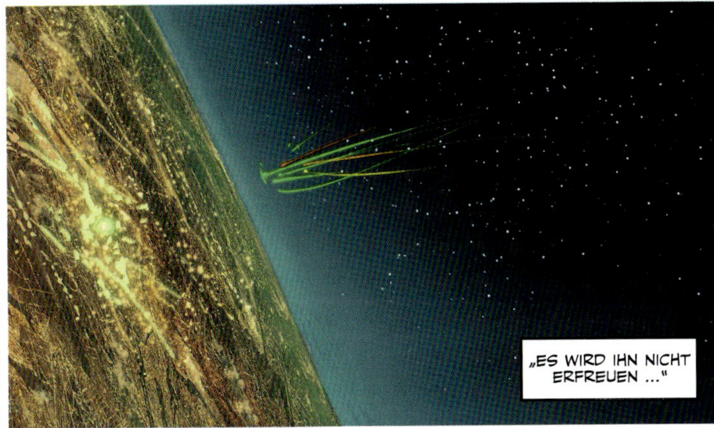
„ES WIRD IHN NICHT ERFREUEN ..."

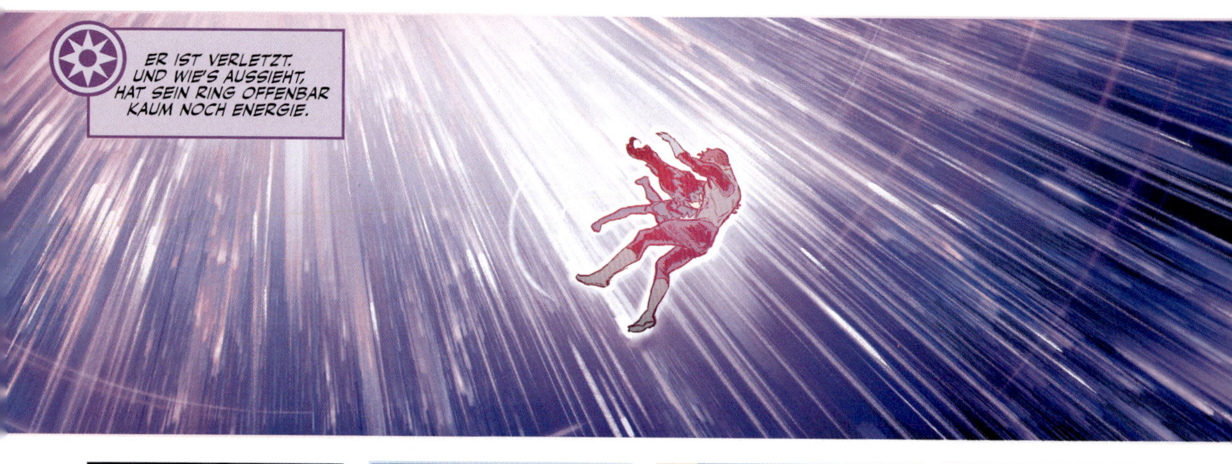
ER IST VERLETZT. UND WIE'S AUSSIEHT, HAT SEIN RING OFFENBAR KAUM NOCH ENERGIE.

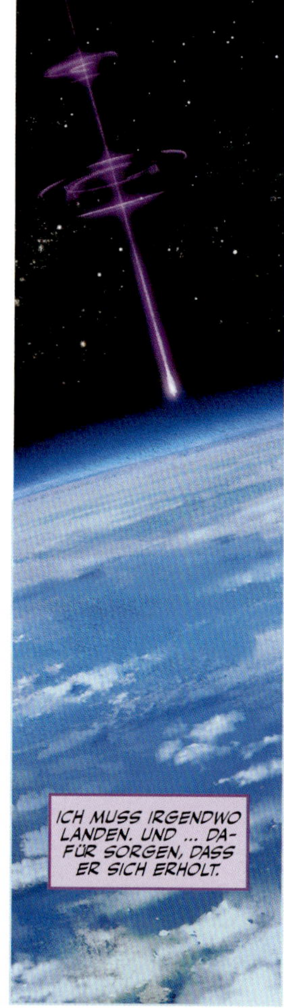
ICH MUSS IRGENDWO LANDEN. UND ... DAFÜR SORGEN, DASS ER SICH ERHOLT.

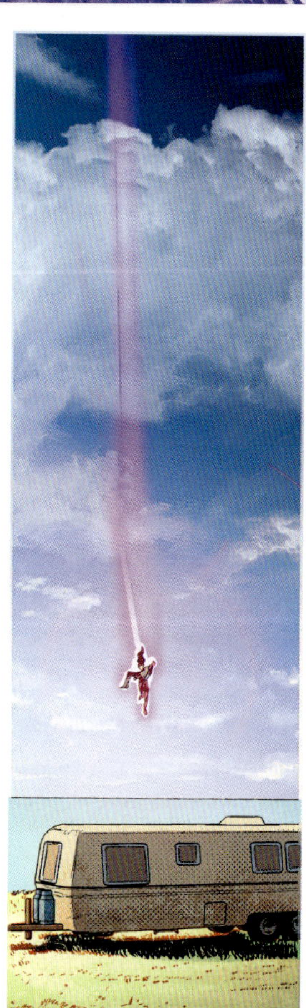

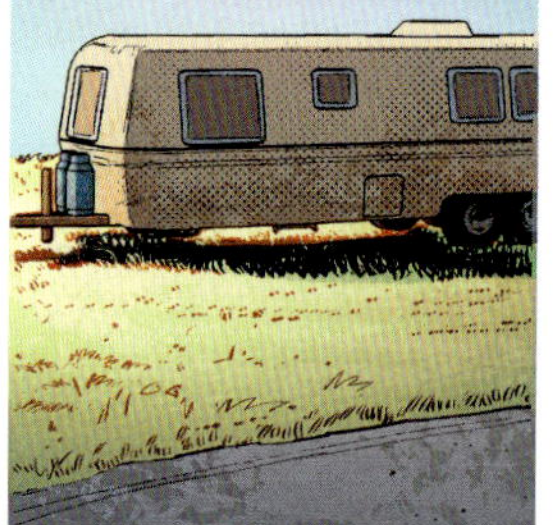

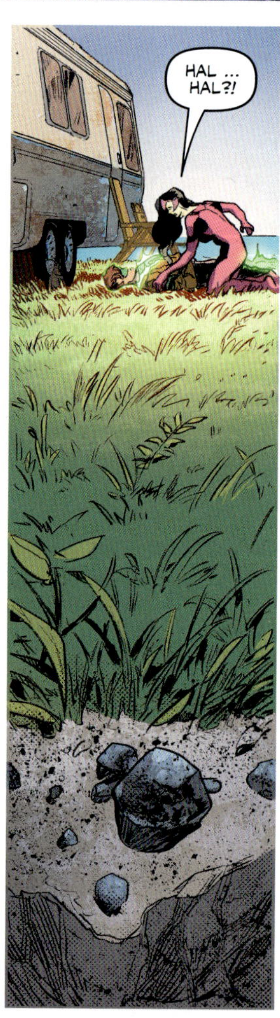
HAL ... HAL?!

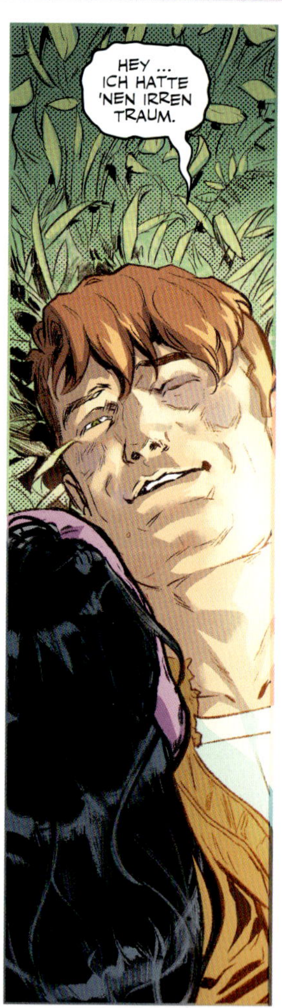
HEY ... ICH HATTE 'NEN IRREN TRAUM.

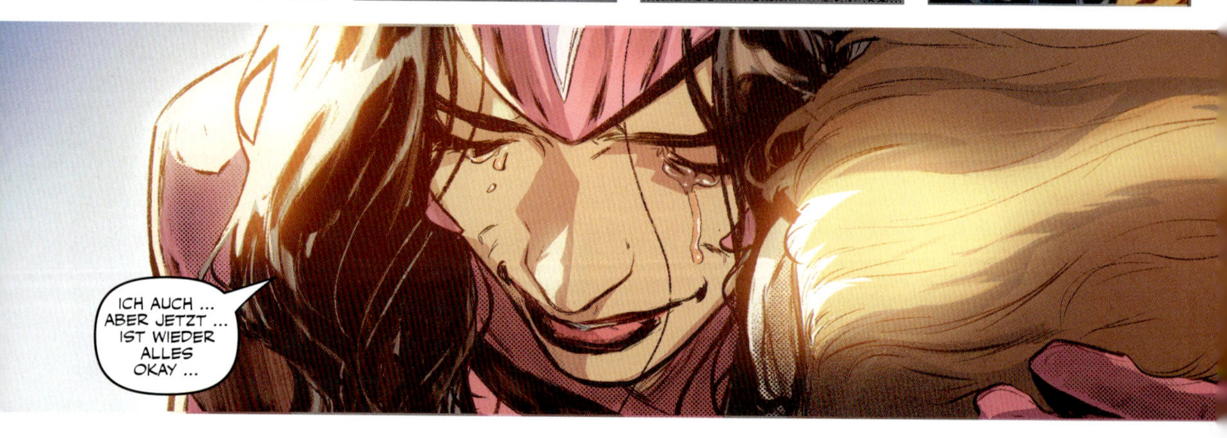
ICH AUCH ... ABER JETZT ... IST WIEDER ALLES OKAY ...

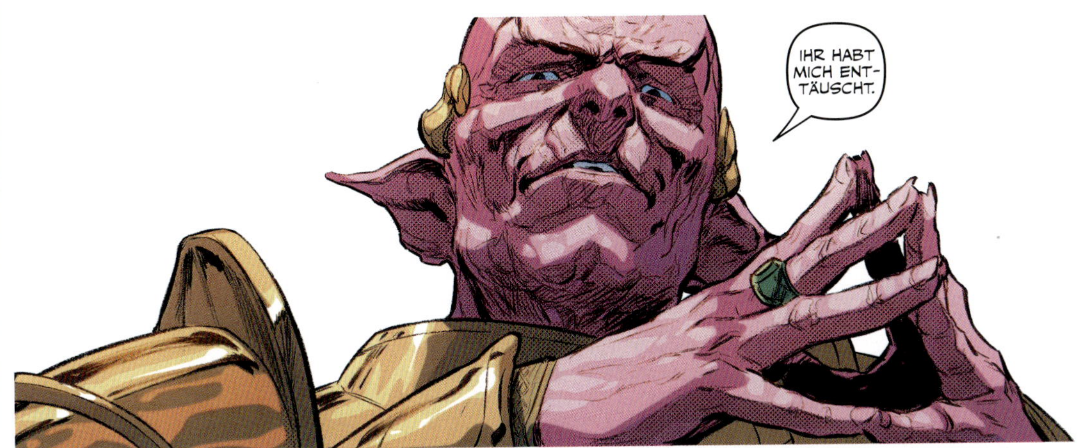
IHR HABT MICH ENT-TÄUSCHT.
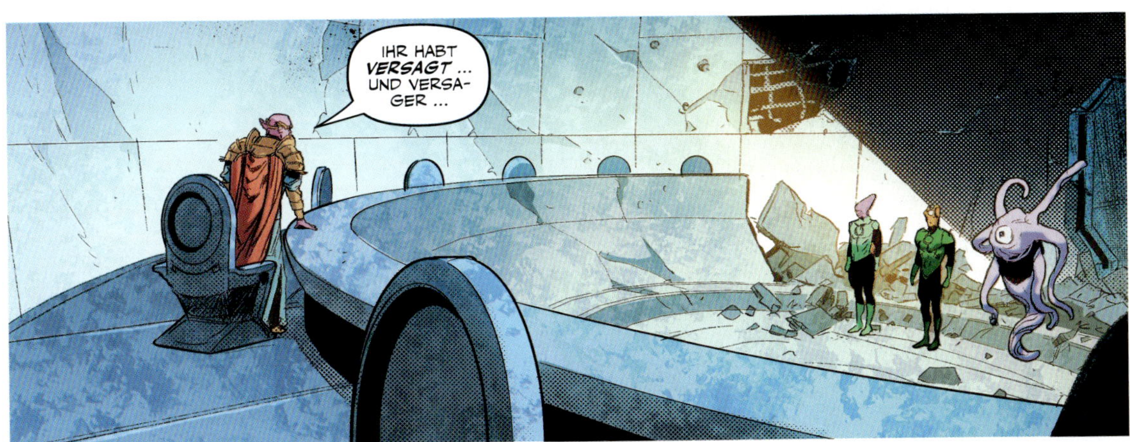
IHR HABT VERSAGT ... UND VERSA-GER ...
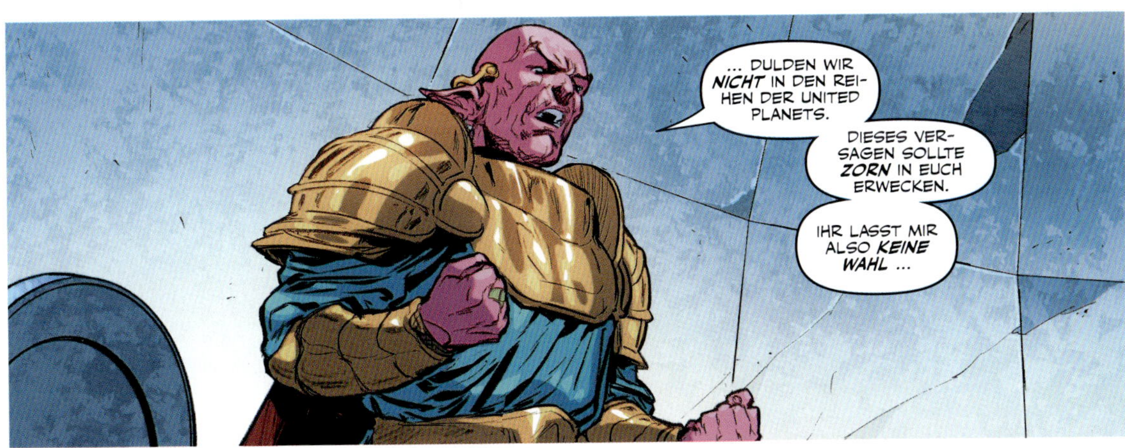
... DULDEN WIR NICHT IN DEN REI-HEN DER UNITED PLANETS.
DIESES VER-SAGEN SOLLTE ZORN IN EUCH ERWECKEN.
IHR LASST MIR ALSO KEINE WAHL ...
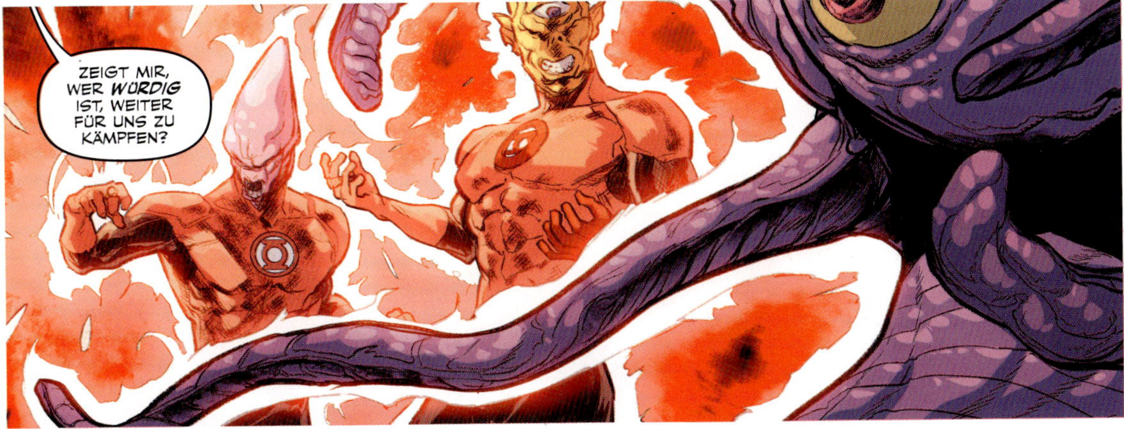
ZEIGT MIR, WER WÜRDIG IST, WEITER FÜR UNS ZU KÄMPFEN?

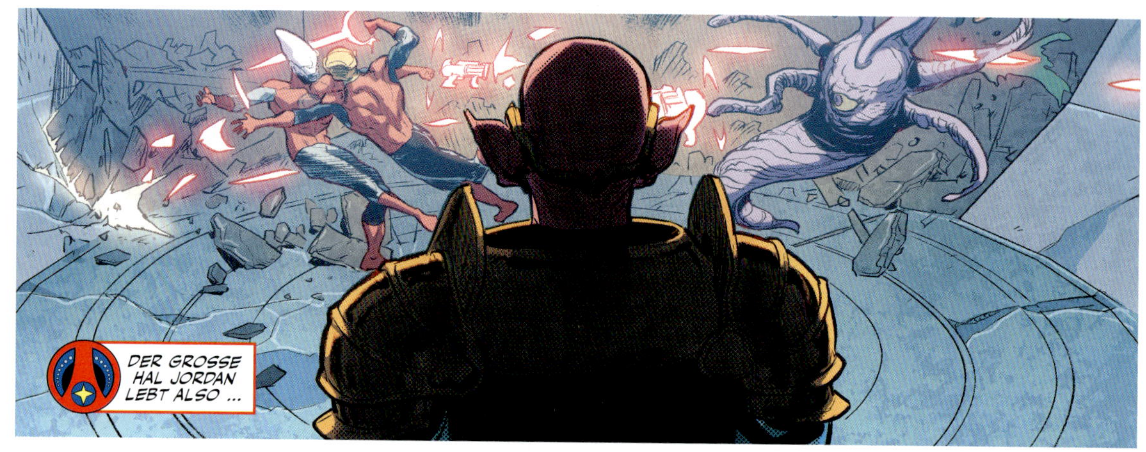
DER GROSSE HAL JORDAN LEBT ALSO ...

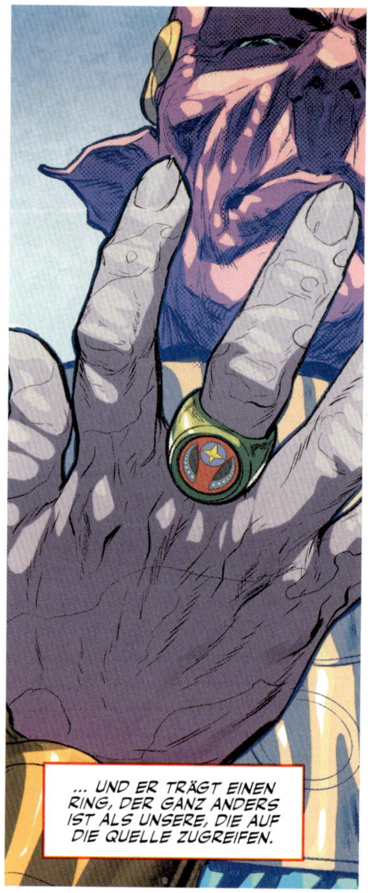
... UND ER TRÄGT EINEN RING, DER GANZ ANDERS IST ALS UNSERE, DIE AUF DIE QUELLE ZUGREIFEN.

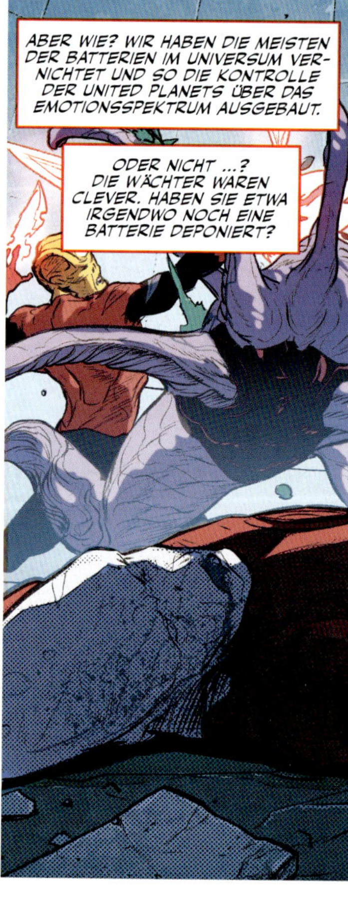
ABER WIE? WIR HABEN DIE MEISTEN DER BATTERIEN IM UNIVERSUM VERNICHTET UND SO DIE KONTROLLE DER UNITED PLANETS ÜBER DAS EMOTIONSSPEKTRUM AUSGEBAUT.
ODER NICHT ...? DIE WÄCHTER WAREN CLEVER. HABEN SIE ETWA IRGENDWO NOCH EINE BATTERIE DEPONIERT?

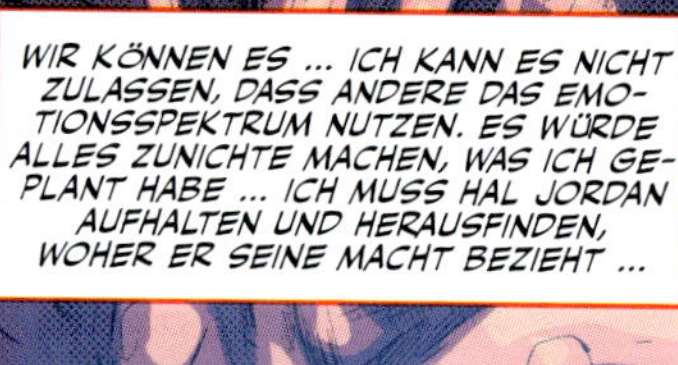
WIR KÖNNEN ES ... ICH KANN ES NICHT ZULASSEN, DASS ANDERE DAS EMOTIONSSPEKTRUM NUTZEN. ES WÜRDE ALLES ZUNICHTE MACHEN, WAS ICH GEPLANT HABE ... ICH MUSS HAL JORDAN AUFHALTEN UND HERAUSFINDEN, WOHER ER SEINE MACHT BEZIEHT ...

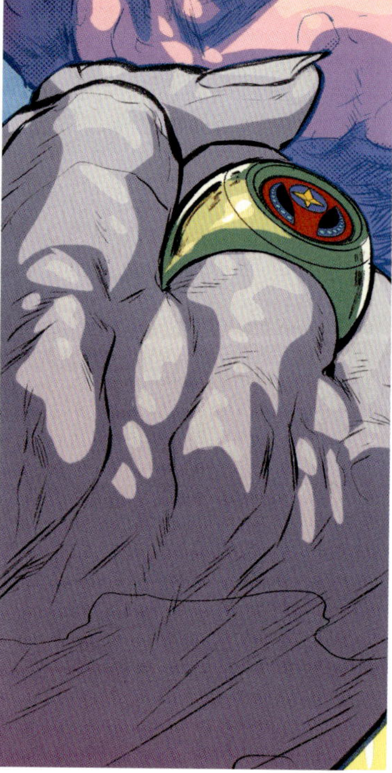

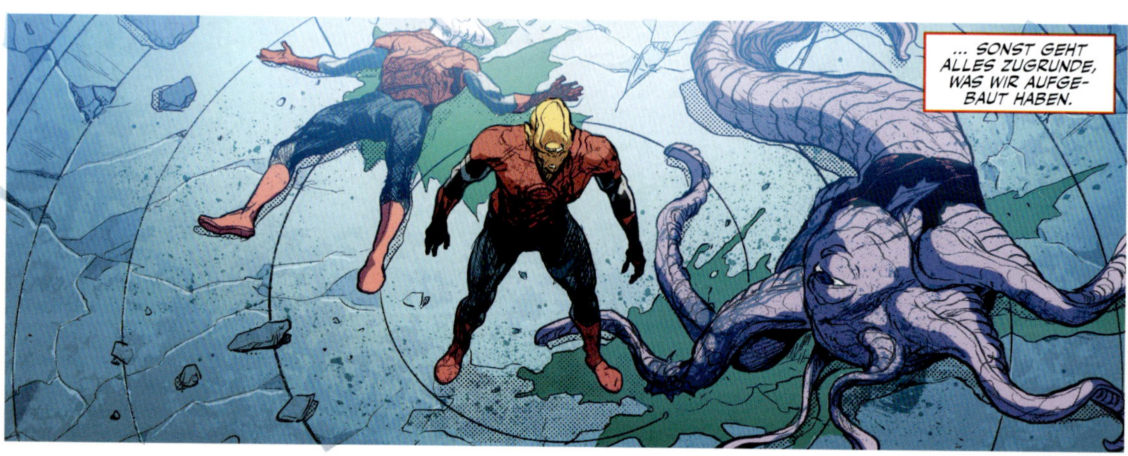
... SONST GEHT ALLES ZUGRUNDE, WAS WIR AUFGEBAUT HABEN.

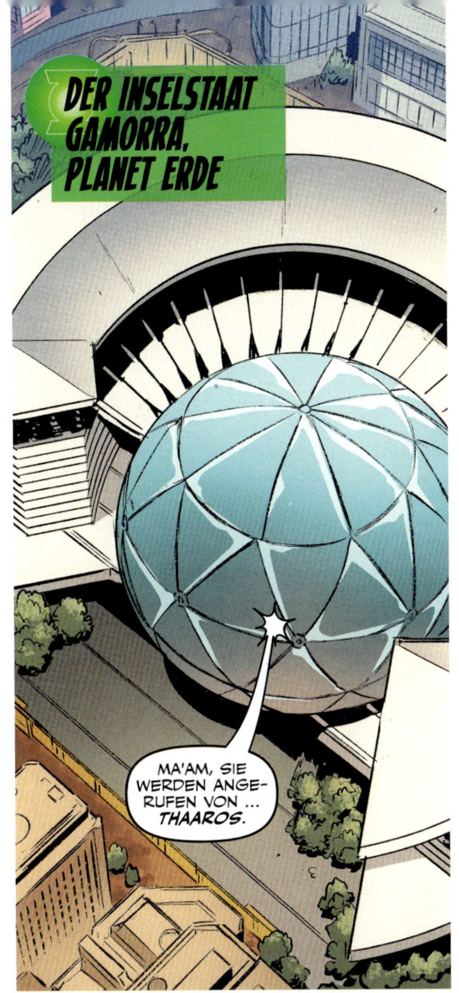
DER INSELSTAAT GAMORRA, PLANET ERDE
MA'AM, SIE WERDEN ANGERUFEN VON ... *THAAROS*.

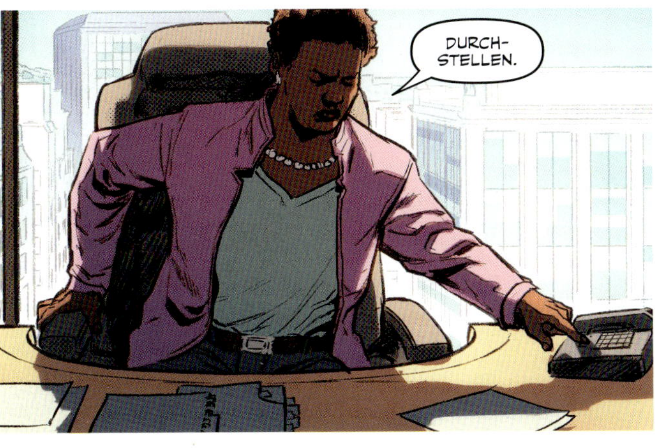
DURCH-STELLEN.

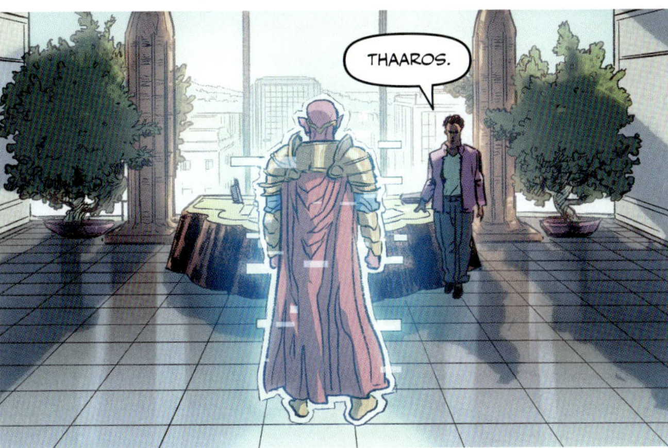
THAAROS.

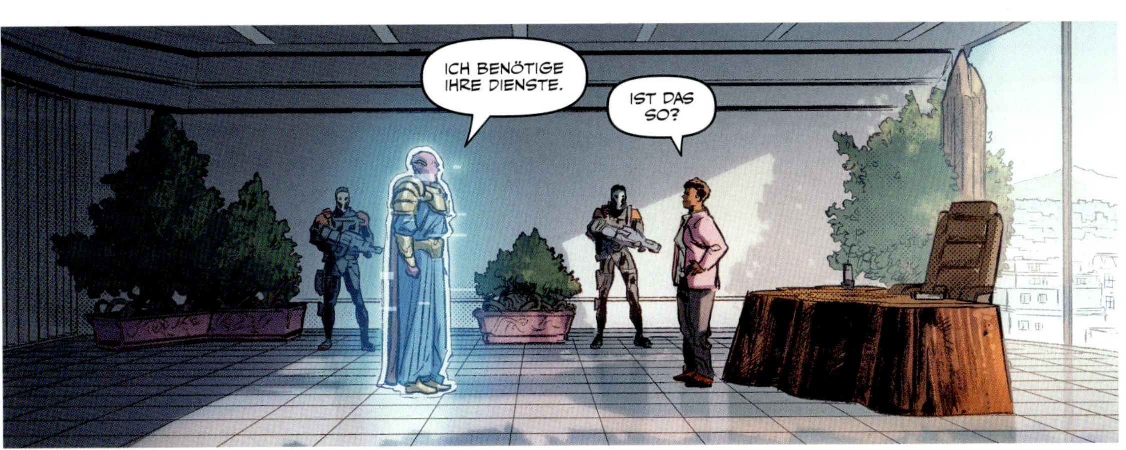
ICH BENÖTIGE IHRE DIENSTE.
IST DAS SO?

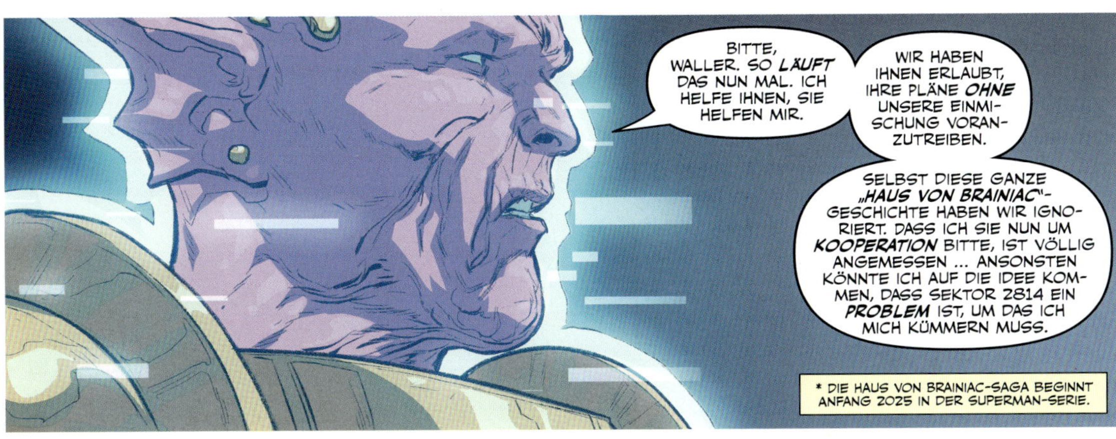
BITTE, WALLER. SO *LÄUFT* DAS NUN MAL. ICH HELFE IHNEN, SIE HELFEN MIR.
WIR HABEN IHNEN ERLAUBT, IHRE PLÄNE *OHNE* UNSERE EINMISCHUNG VORANZUTREIBEN.
SELBST DIESE GANZE *„HAUS VON BRAINIAC"*-GESCHICHTE HABEN WIR IGNORIERT. DASS ICH SIE NUN UM *KOOPERATION* BITTE, IST VÖLLIG ANGEMESSEN ... ANSONSTEN KÖNNTE ICH AUF DIE IDEE KOMMEN, DASS SEKTOR 2814 EIN *PROBLEM* IST, UM DAS ICH MICH KÜMMERN MUSS.
* DIE HAUS VON BRAINIAC-SAGA BEGINNT ANFANG 2025 IN DER SUPERMAN-SERIE.

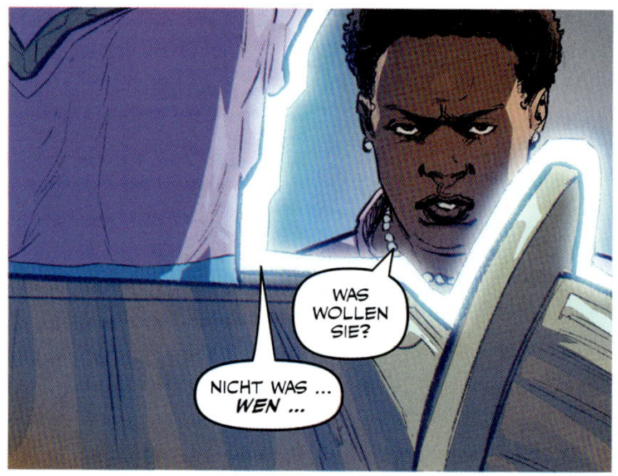
WAS WOLLEN SIE?
NICHT WAS ... *WEN ...*
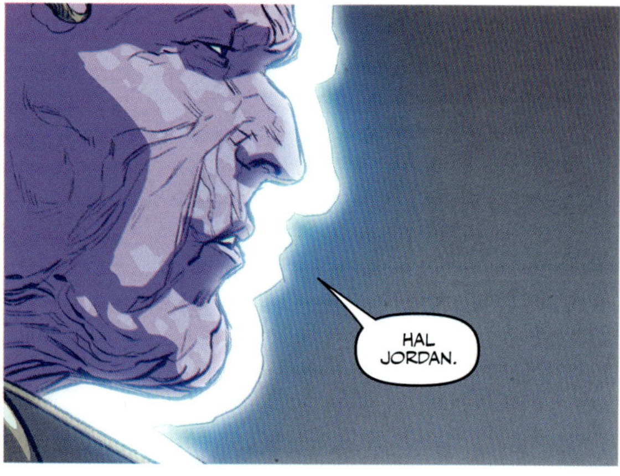
HAL JORDAN.
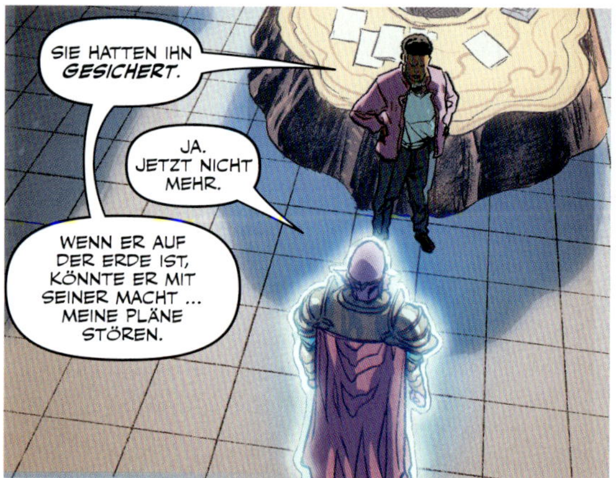
SIE HATTEN IHN *GESICHERT*.
JA. JETZT NICHT MEHR.
WENN ER AUF DER ERDE IST, KÖNNTE ER MIT SEINER MACHT ... MEINE PLÄNE STÖREN.
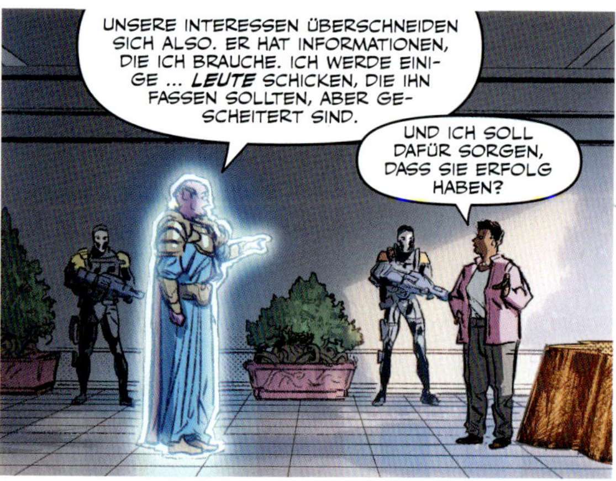
UNSERE INTERESSEN ÜBERSCHNEIDEN SICH ALSO. ER HAT INFORMATIONEN, DIE ICH BRAUCHE. ICH WERDE EINIGE ... *LEUTE* SCHICKEN, DIE IHN FASSEN SOLLTEN, ABER GESCHEITERT SIND.
UND ICH SOLL DAFÜR SORGEN, DASS SIE ERFOLG HABEN?
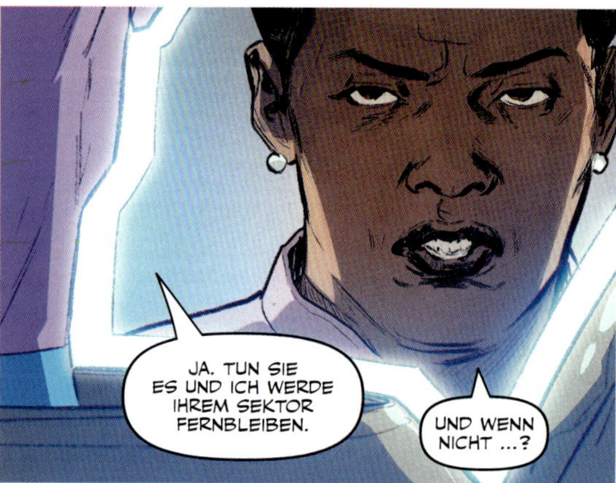
JA. TUN SIE ES UND ICH WERDE IHREM SEKTOR FERNBLEIBEN.
UND WENN NICHT ...?
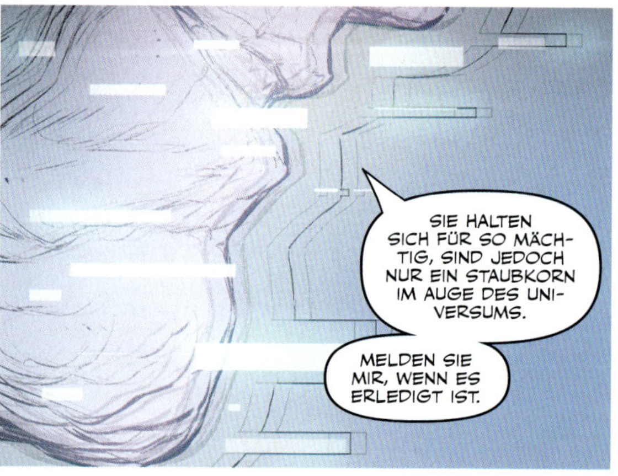
SIE HALTEN SICH FÜR SO MÄCHTIG, SIND JEDOCH NUR EIN STAUBKORN IM AUGE DES UNIVERSUMS.
MELDEN SIE MIR, WENN ES ERLEDIGT IST.
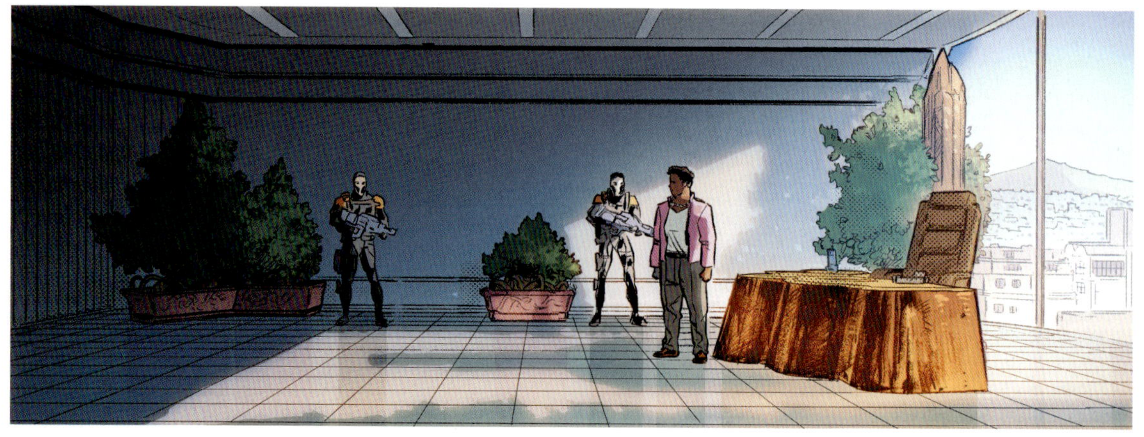

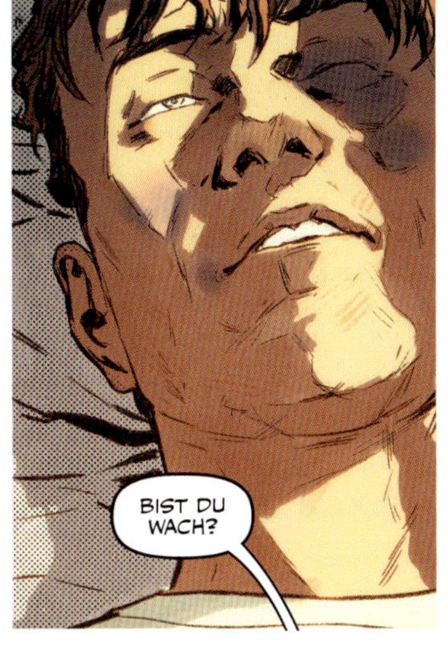
BIST DU WACH?

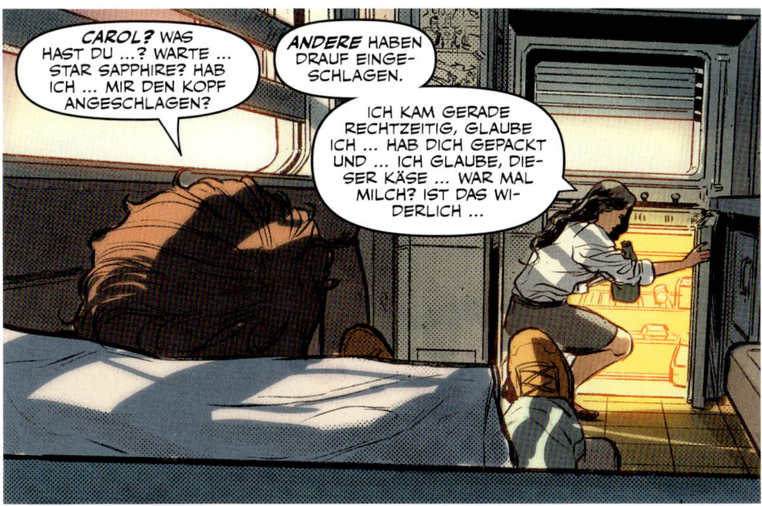
CAROL? WAS HAST DU ...? WARTE ... STAR SAPPHIRE? HAB ICH ... MIR DEN KOPF ANGESCHLAGEN?
ANDERE HABEN DRAUF EINGESCHLAGEN.
ICH KAM GERADE RECHTZEITIG, GLAUBE ICH ... HAB DICH GEPACKT UND ... ICH GLAUBE, DIESER KÄSE ... WAR MAL MILCH? IST DAS WIDERLICH ...

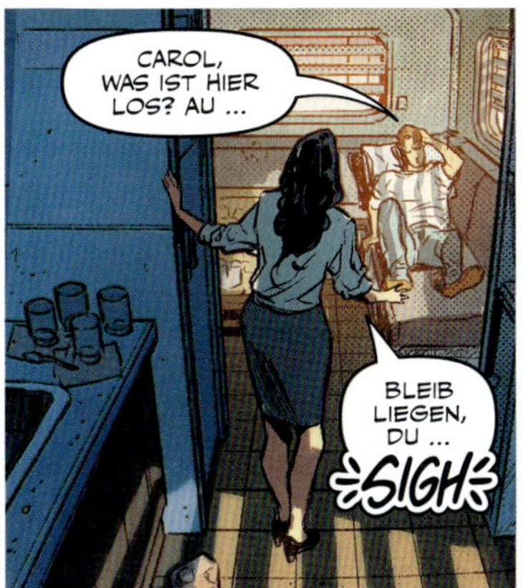
CAROL, WAS IST HIER LOS? AU ...
BLEIB LIEGEN, DU ...
SIGH

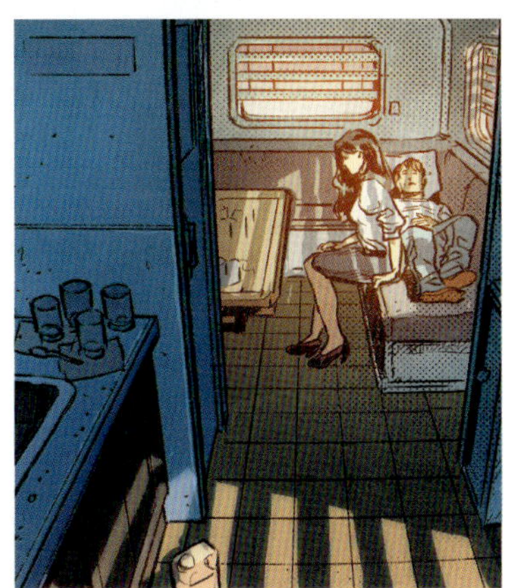

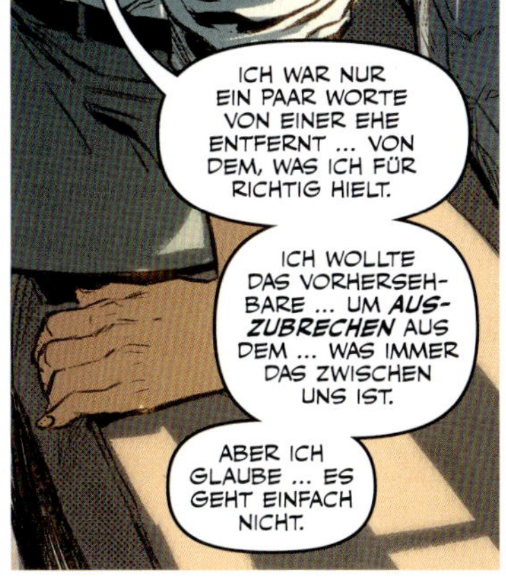
ICH WAR NUR EIN PAAR WORTE VON EINER EHE ENTFERNT ... VON DEM, WAS ICH FÜR RICHTIG HIELT.
ICH WOLLTE DAS VORHERSEHBARE ... UM AUSZUBRECHEN AUS DEM ... WAS IMMER DAS ZWISCHEN UNS IST.
ABER ICH GLAUBE ... ES GEHT EINFACH NICHT.

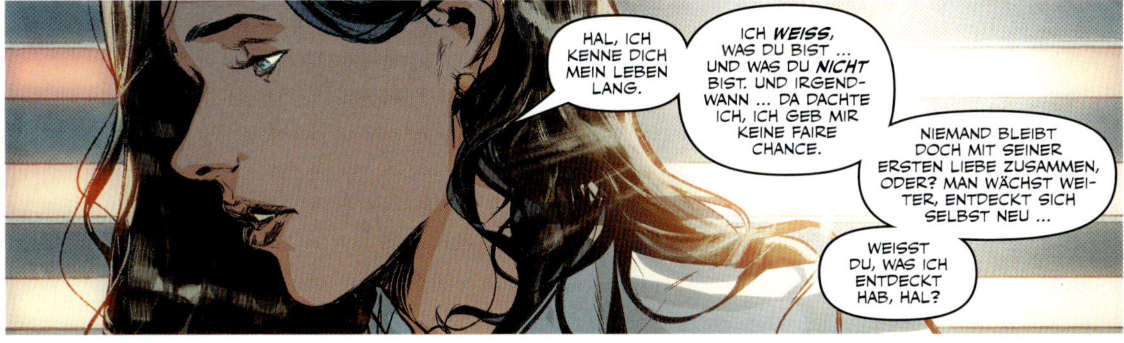
HAL, ICH KENNE DICH MEIN LEBEN LANG.
ICH WEISS, WAS DU BIST ... UND WAS DU NICHT BIST. UND IRGENDWANN ... DA DACHTE ICH, ICH GEB MIR KEINE FAIRE CHANCE.
NIEMAND BLEIBT DOCH MIT SEINER ERSTEN LIEBE ZUSAMMEN, ODER? MAN WÄCHST WEITER, ENTDECKT SICH SELBST NEU ...
WEISST DU, WAS ICH ENTDECKT HAB, HAL?

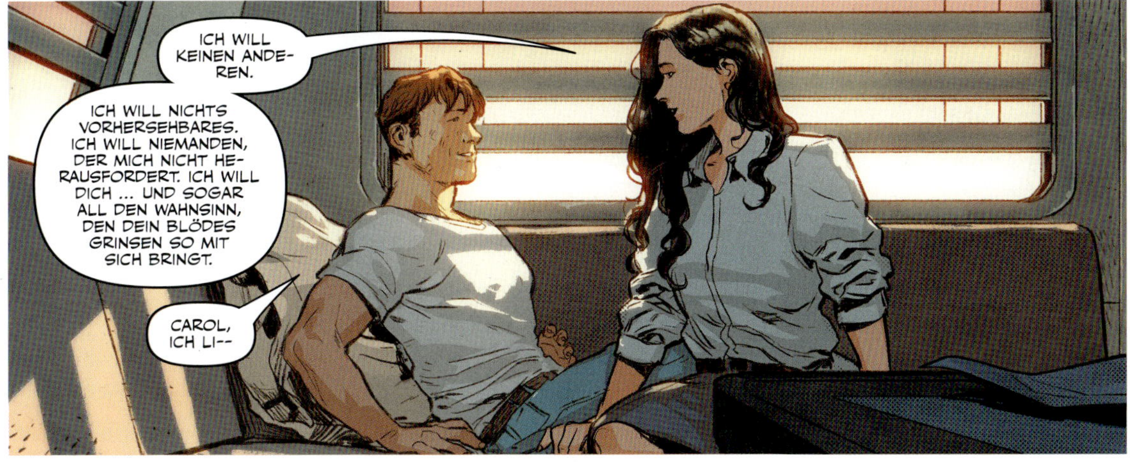
ICH WILL KEINEN ANDEREN.
ICH WILL NICHTS VORHERSEHBARES. ICH WILL NIEMANDEN, DER MICH NICHT HERAUSFORDERT. ICH WILL DICH ... UND SOGAR ALL DEN WAHNSINN, DEN DEIN BLÖDES GRINSEN SO MIT SICH BRINGT.
CAROL, ICH LI--

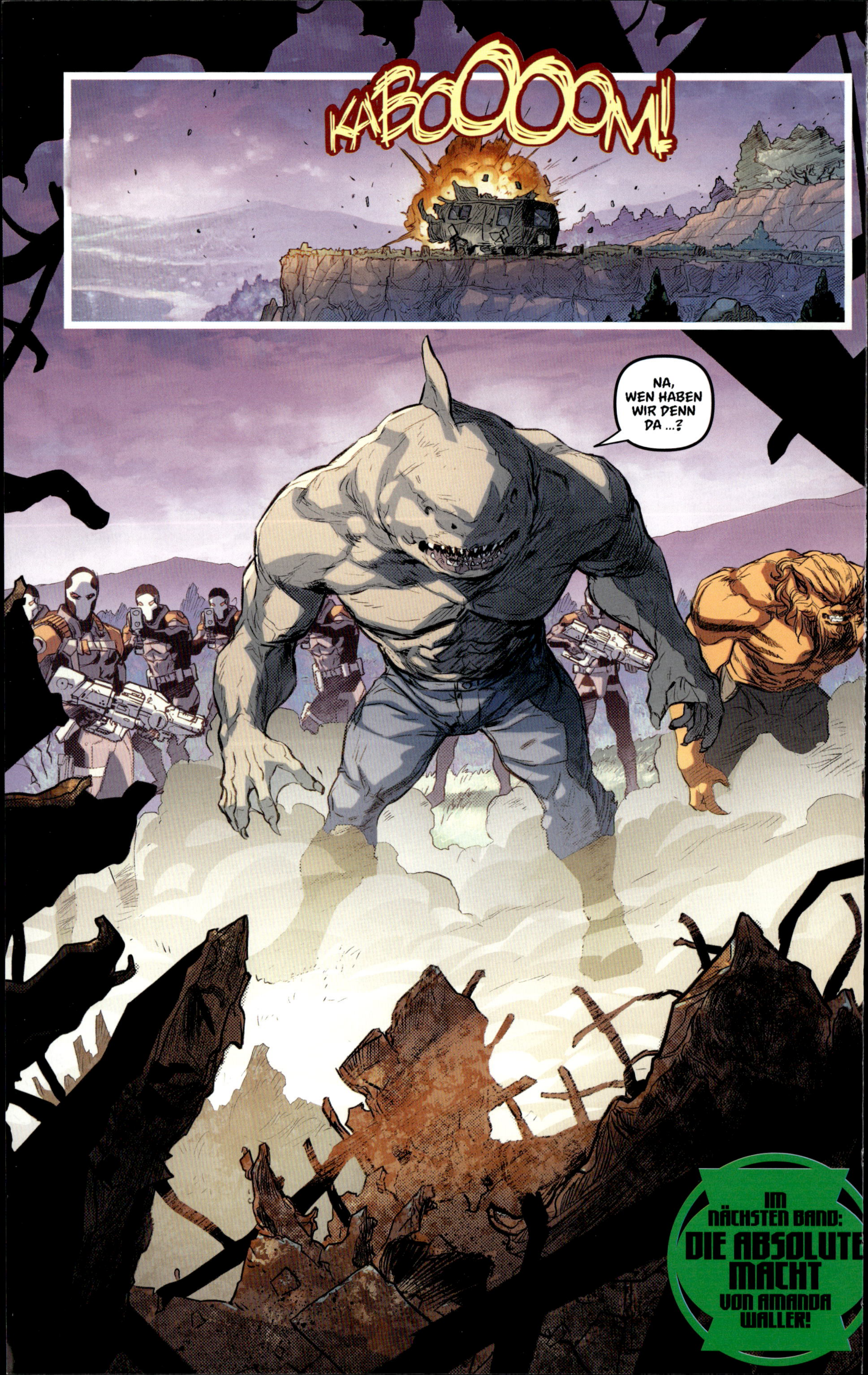
KABOOOOOM!
NA, WEN HABEN WIR DENN DA ...?
IM NÄCHSTEN BAND:
DIE ABSOLUTE MACHT
VON AMANDA WALLER!

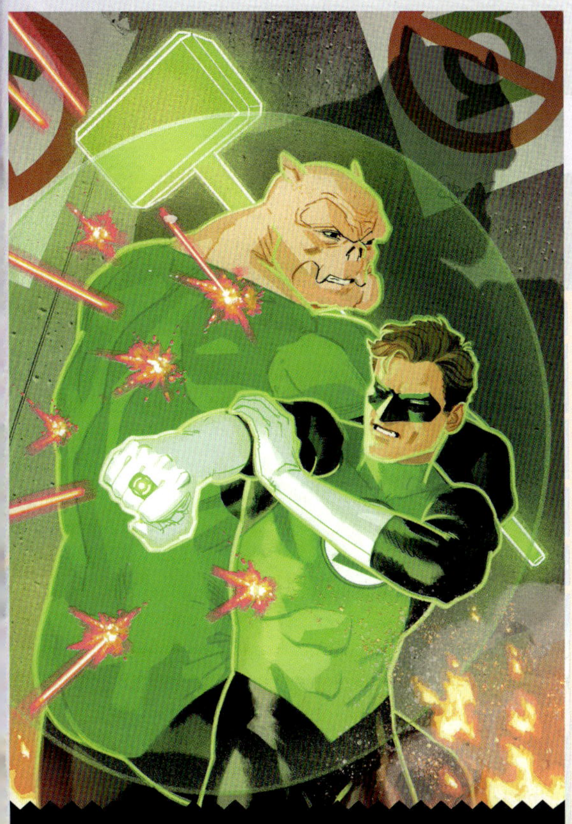

GREEN LANTERN 7
Variant-Cover von EVAN „DOC“ SHANER

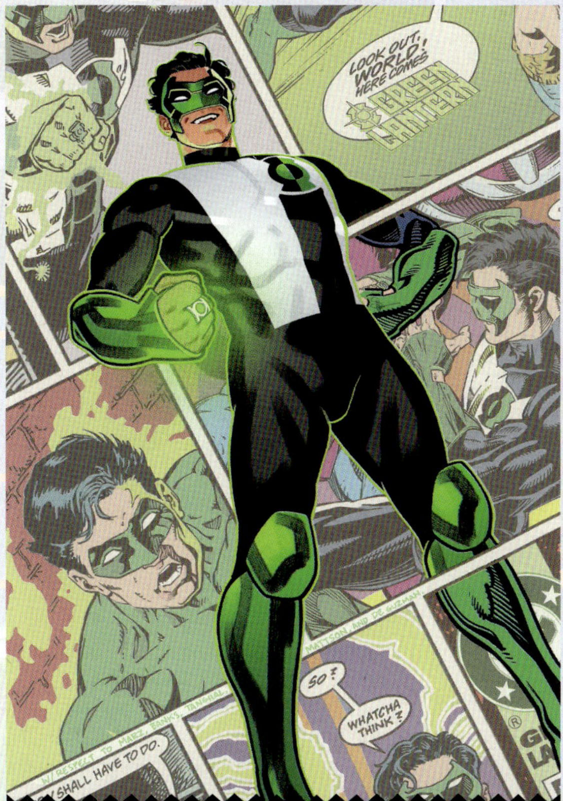

GREEN LANTERN 8
Variant-Cover von EVAN „DOC“ SHANER

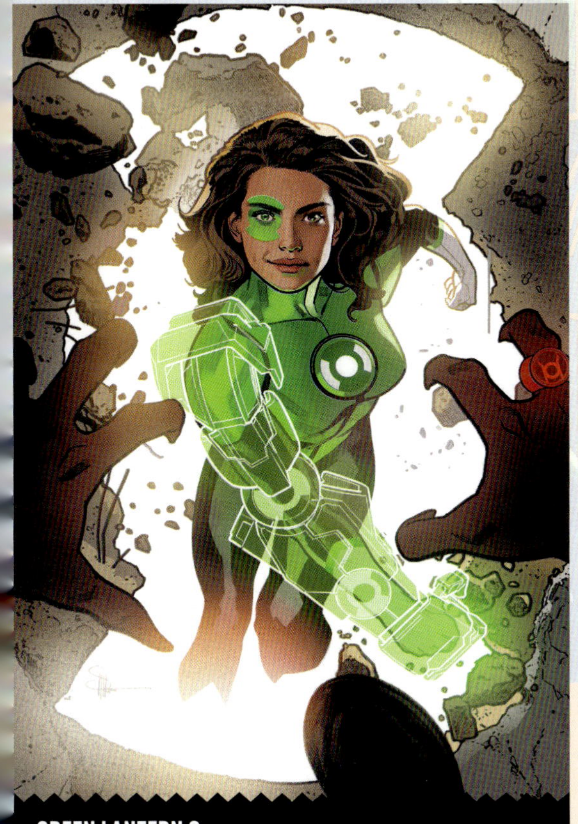

GREEN LANTERN 9
Variant-Cover von EVAN „DOC“ SHANER

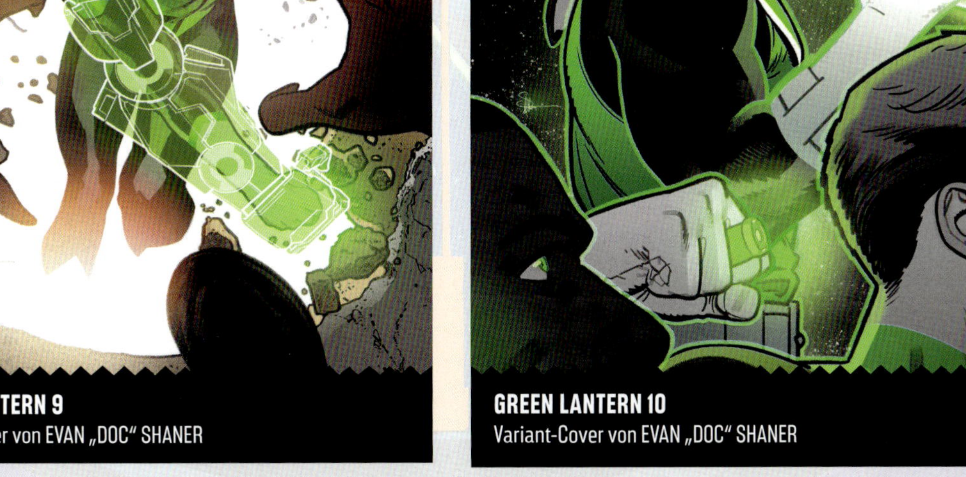

GREEN LANTERN 10
Variant-Cover von EVAN „DOC“ SHANER

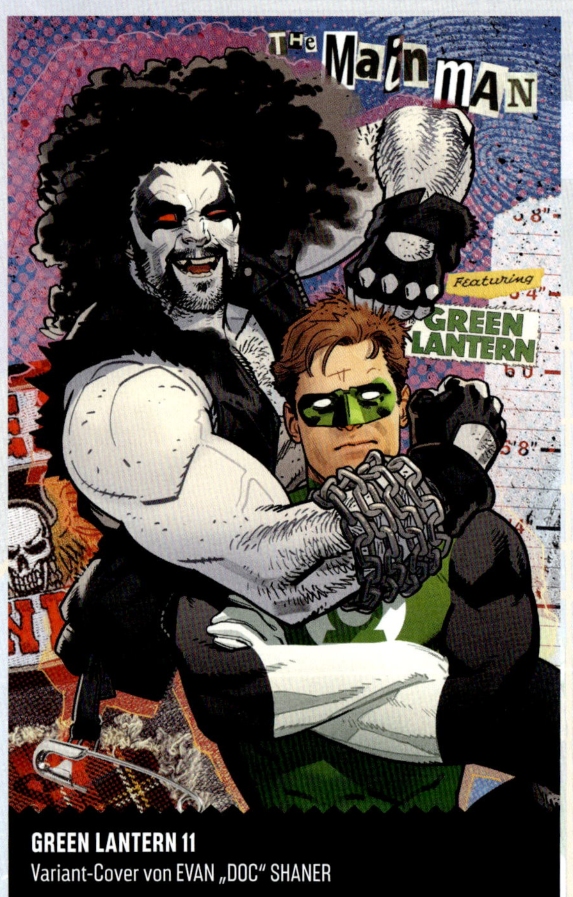

GREEN LANTERN 11
Variant-Cover von EVAN „DOC“ SHANER

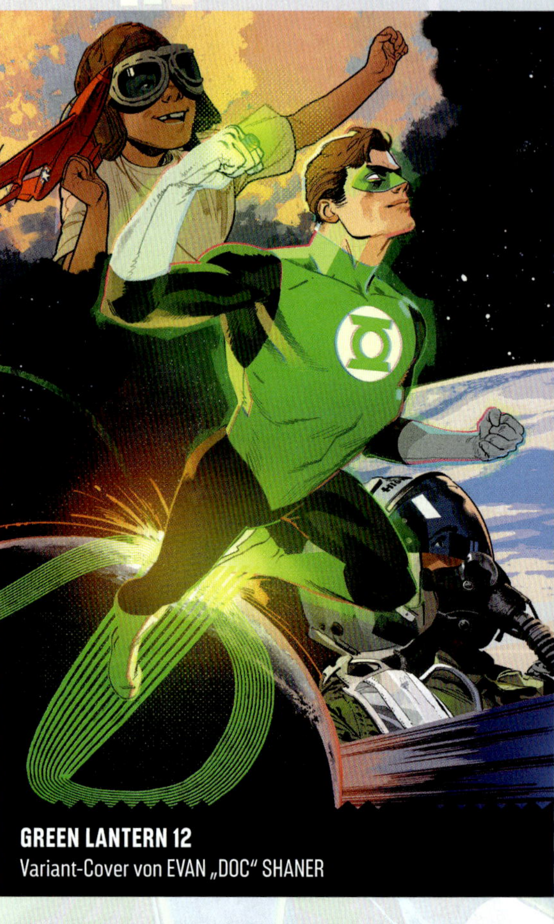

GREEN LANTERN 12
Variant-Cover von EVAN „DOC“ SHANER

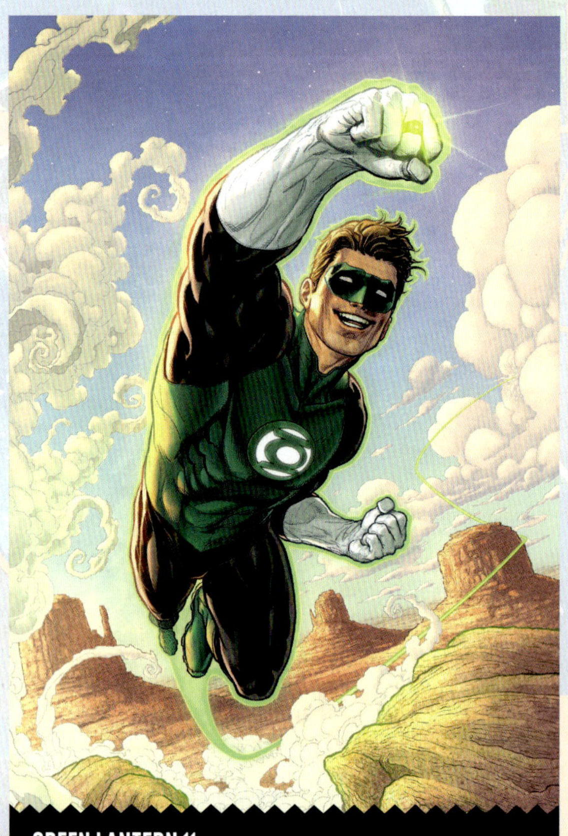

GREEN LANTERN 11
Variant-Cover von IAN CHURCHILL

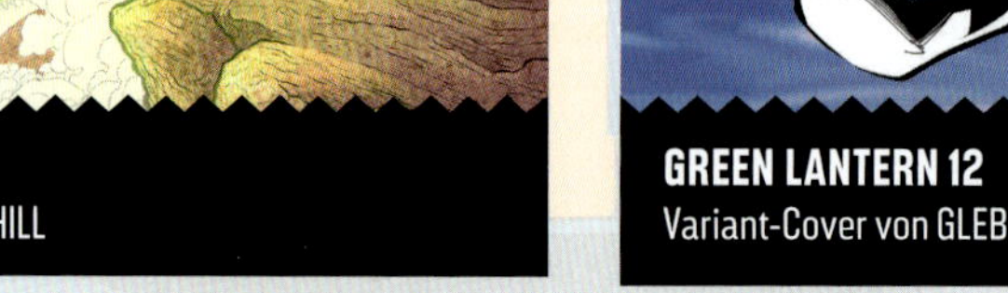

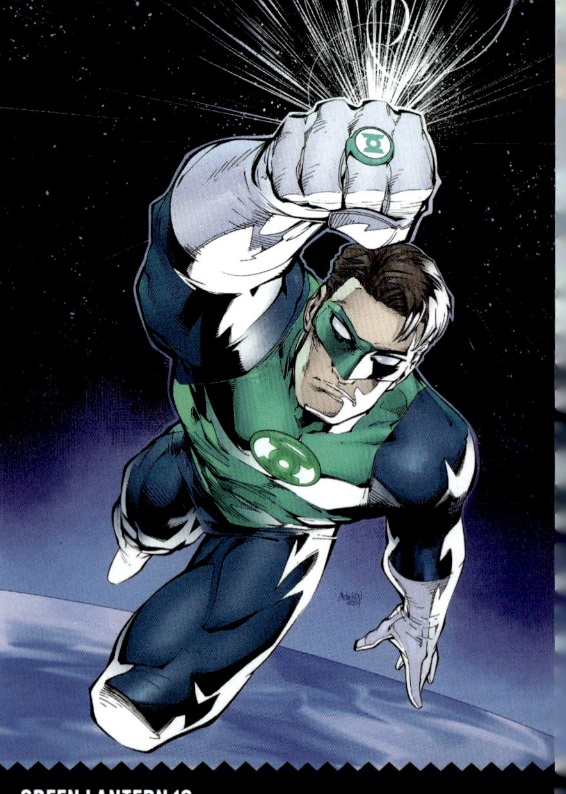

GREEN LANTERN 12
Variant-Cover von GLEB MELNIKOV

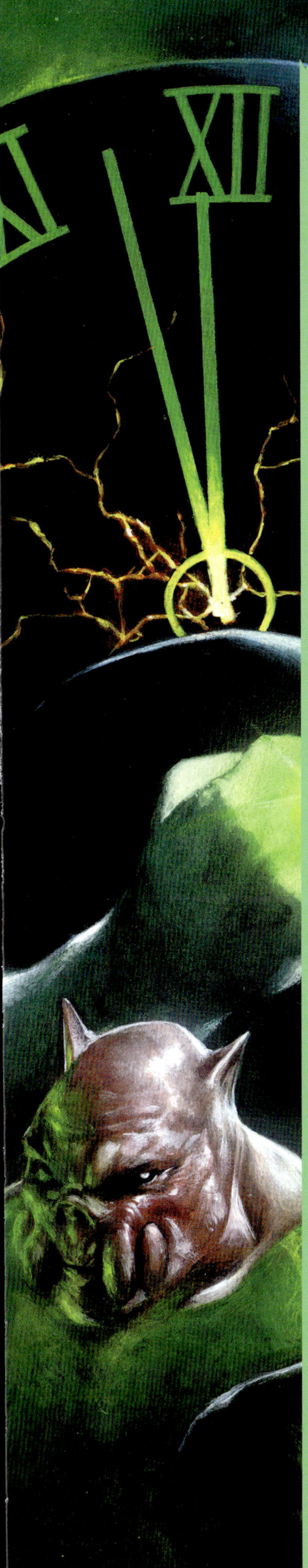

RAUMSEKTOR ERDE

von **Christian Heiß**

ALL YOU NEED IS LOVE

Was lange wirbt, wird endlich gut! Von Kapitel 1 des ersten Bandes dieser Serie an hat **Hal Jordan** versucht, die Beziehung zu seiner einzig wahren Liebe **Carol Ferris** zu kitten. Trotz oder gerade wegen ihrer langen gemeinsamen Vergangenheit war Carol von dieser Vorstellung wenig begeistert und wäre fast im beschaulichen Hafen der Ehe eingetrudelt. Die Macht der (wahren) Liebe, symbolisiert im violetten Energiering der **Star Sapphires**, ist jedoch stärker … und schon bald wird sich zeigen, wie sehr diese neue, alte Liebe den Prüfungen des alltäglichen Superhelden-Daseins gewachsen ist!

ALTE FREUNDE

Doch nicht nur Liebe, sondern auch gute Freunde braucht man im Leben. Freunde so wie **Tom Kalmaku**, eine Figur, die in den frühesten Tagen nach Hals Comic-Debüt von großer Bedeutung war. Tom war für Hal das, was **Robin** für **Batman** ist, ein waschechter Sidekick, allerdings einer, der kein Superhelden-Kostüm trug, sondern dem Ringträger mit Rat und Tat stets zur Seite stand.
Tom Kalmaku trat erstmals in US-*Green Lantern* 2 (Oktober 1960) auf. Der junge Inuit hatte seinen Stamm in Alaska verlassen, um sich viel weiter südlich als Mechaniker durchzuschlagen, was ihn schließlich zu den Flugzeugwerken von **Ferris Air** führte. Dort etablierte er sich rasch als einer der besten Schrauber und freundete sich mit dem furchtlosen Testpiloten Hal Jordan an. Wie alle anderen Bewohner von **Coast City** war Tom von **Green Lantern** begeistert, der mit seinem grünen Energiering die Stadt beschützte, und verfolgte dessen Abenteuer ganz genau. So fand er auch schnell heraus, dass sein Kumpel Hal Green Lantern ist. Tom offenbarte Hal seine Entdeckung und nutzte fortan all sein Wissen, um Hal in seiner anderen Identität bei seinen gefahrvollen Einsätzen zu unterstützen. Während des Events **Millennium** aus dem Jahr 1988, das Tom in diesem Band anspricht, wurden diverse Erdbewohner von den **Wächtern des Universums** und der Spezies der **Zamaroner** auserwählt, um Superkräfte zu erhalten. Zu diesen sogenannten **New Guardians**, die als Repräsentanten der gesamten Erde fungieren sollten, zählte auch Tom.

DURLANISCHES DOPPELSPIEL

Lord Premier Thaaros, der Vorsitzende der **United Planets**, hat bereits an anderer Stelle einen schlechten Eindruck hinterlassen, wovon allerdings nur Leser der Serie *Superman: Action Comics* etwas mitbekommen haben. Der **Durlaner**, der erstmals in *Superman: Action Comics* 2 zu sehen war, machte in dieser Serie von Autor **Phillip Kennedy Johnson** gemeinsame Sache mit **Mongul**, dem grausamen Despoten des künstlichen und tödlichen Planeten **Warworld**. Nun zeigt sich, dass Thaaros' Pläne noch weiter reichen und die gestaltwandelnden Durlaner den gesamten Rat der UP infiltriert haben. Seine Kooperation mit **Amanda Waller** verheißt nichts Gutes, besonders wenn man weiß, dass diese seit dem Ende der **Dark Crisis** perfide Pläne ausheckt, um allen Erdenhelden ein Ende zu bereiten. Dazu erfahrt ihr mehr im nächsten Band … und beim Start des nächsten großen DC-Events **Absolute Power**!

DAS KREATIV-TEAM

JEREMY ADAMS stammt aus der Kleinstadt Prescott, Arizona, und machte sich nach seinem Abschluss an der Universität von Arizona sofort nach Los Angeles auf, um seinen Traum von einem Job in der Entertainment-Industrie zu verwirklichen. Er machte sich vor allem als Drehbuchautor für Film und Fernsehen schnell einen Namen. Seine Arbeit umfasst Serien wie *Supernatural*, *Green Lantern: The Animated Series*, *DC Super Hero Girls* und *Justice League Action*, aber auch Animationsfilme wie *Justice Society: World War II*, *Batman: Soul of the Dragon* und *Mortal Kombat Legends: Battle of the Realms*. Dazu kommen viele Projekte zu Lego und Scooby-Doo. Mit Storys zum dystopischen Event-Spektakel *Future State* wurde er zum DC Comics-Autor, wenig später übernahm er die aktuelle *Flash*-Serie, mit der er Fans und Kritiker begeisterte. Zuletzt schrieb Adams zusammen mit DC-Ikone Geoff Johns die Event-Miniserie *Flashpoint Beyond*.

XERMÁNICO ist der Künstlername des spanischen Illustrators Alejandro Germánico Benit, der nach einem Studium der Schönen Künste in Salamanca weitere zwei Jahre am Zentrum für Comics und Bildkunst Escola Joso in Barcelona studierte. 2011 begann er, Comics für den US-amerikanischen Markt für Verlage wie Zenescope und IDW zu bebildern, darunter eine zweiteilige Serie über den Videogame-Charakter Duke Nukem. Als Zeichner der Serie *Arrow* zum gleichnamigen TV-Hit und der Videogame-Begleitreihe *Injustice: Götter unter uns* gelang ihm der Schritt zu DC Comics. Es folgten weitere Arbeiten für den amerikanischen Verlagsriesen wie *Wonder Woman*, Grant Morrisons *Green Lantern* und zuletzt die Event-Serien *Flashpoint Beyond* und *Justice League: Infinite Frontier*.

AMANCAY NAHUELPAN ist ein Comic-Zeichner und Autor, der in Vancouver, Kanada, geboren und im Süden Chiles aufgewachsen ist, bevor er 2009 nach Stationen in Europa und Asien wieder nach Vancouver zurückkehrte. Amancay schloss ein Universitätsstudium im Bereich Innenarchitektur ab, verfolgte dann aber seinen eigentlichen Traum und etablierte sich als Comic-Illustrator. Er begann seine Karriere bei dem unabhängigen chilenischen Verlag Caleuche Comics, bevor er als Teilnehmer der Zuda Comics Competitions auf dem US-Markt Fuß fasste. Seine erste in den USA veröffentlichte Arbeit war in *Occupy Comics* zu sehen. Nach Titeln wie *Robocop* für Boom! und *Boy-1* für IDW war er an dem Projekt *Clandestino* für Black Mask nicht nur als Zeichner, sondern auch als Autor, Kolorist und Letterer tätig. Für DC Comics hat er unter anderem *Nightwing*, *Batman*, *Wonder Woman*, *Justice League Dark* und *Crush & Lobo* bebildert.

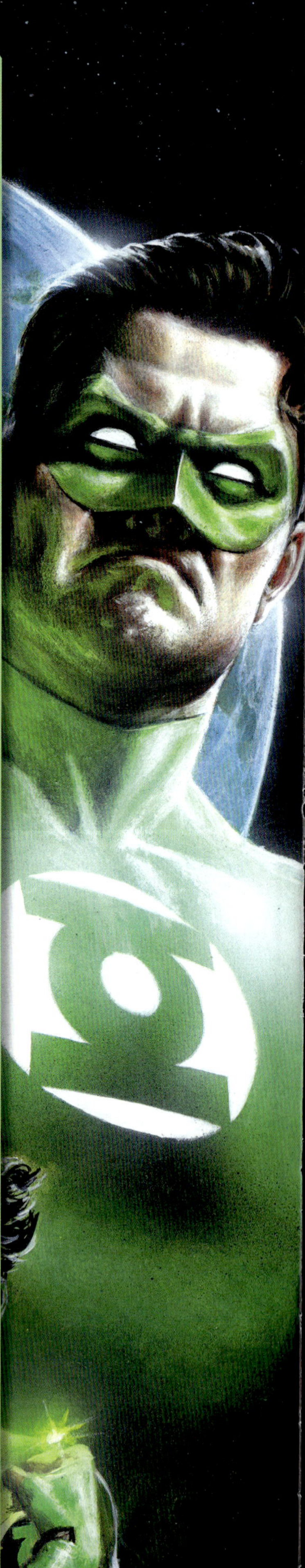